21 世纪高等院校教材·医学类

有机化学

主　编　胡满根　胡　昱
副主编　张和安　吕小兰

科学出版社
北　京

第二节 有机化合物的特点

绝大多数有机物只是由碳、氢、氧、氮、硫、磷、卤素等少数元素组成，而且一个有机化合物只含有其中少数元素。但是，有机化合物的数量却非常庞大，已知的有机化合物已达 1000 多万种。有机化合物数量如此之庞大，是因为碳原子成键能力强，碳原子可以互相结合成不同碳原子数的链或环。此外，即使碳原子数相同的分子，由于碳原子之间的连接方式多种多样，因此又可以组成结构不同的许多化合物。分子式相同而结构不同因而性质也各异的化合物称为同分异构体，这种现象称为同分异构现象。它们的性质千变万化，各不相同，总数远远超过了无机化合物的总和(所有非碳元素化合物估计只有几十万种)，因此完全有必要把有机化学单独作为一门学科来研究。

与无机化合物相比，有机化合物一般有以下特点：

(1) 大多数有机化合物可以燃烧。

(2) 一般有机化合物热稳定性差，受热易分解，许多有机化合物在 200～300 ℃逐渐分解。

(3) 许多有机化合物在常温下是气体、液体。常温下为固体的有机物，它们的熔点一般很低，超过 300 ℃的有机物很少。

(4) 一般有机化合物的极性较弱或完全没有极性，而水是强极性，因此一般有机化合物难溶于水而易溶于乙醇、乙醚、丙酮等有机溶剂中。

(5) 有机化合物的反应多数不是离子反应，而是分子间的反应，除少数反应(自由基反应)较快外，大多数有机反应时间较长。

(6) 有机反应往往不是单一的反应，除主反应外，还有副反应。

第三节 有机化合物的分类

为了方便学习、研究，数目庞大的有机化合物需要一个完善的分类方法。有机化合物一般有两种分类方法：一种是按碳架分类；另一种是按官能团分类。

一、按碳架分类

按碳链结合方式的不同，有机化合物可以分为三大族。

(一) 开链族化合物(脂肪族化合物)

开链族化合物(脂肪族化合物)是指分子中碳原子间相互结合而成碳链，不成环状。例如

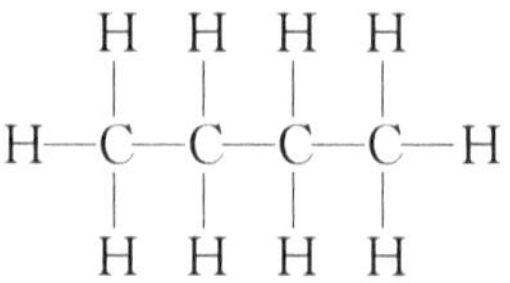

正丁烷

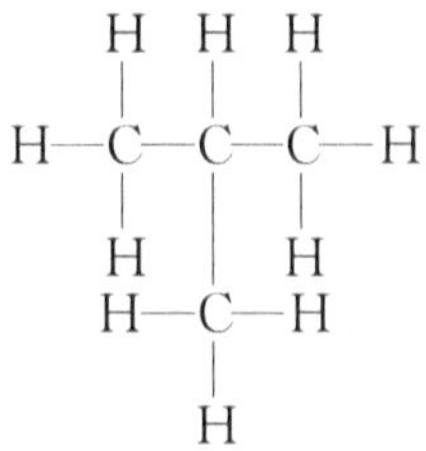

异丁烷

（二）碳环族化合物

碳环族化合物是指分子中具有由碳原子连接而成的环状结构。

碳环族化合物又可分为以下两类：

（1）脂环族化合物。这类化合物可以看成是由开链化合物连接闭合成环而得。它们的性质与脂肪族化合物相似，所以又称脂环族化合物。例如

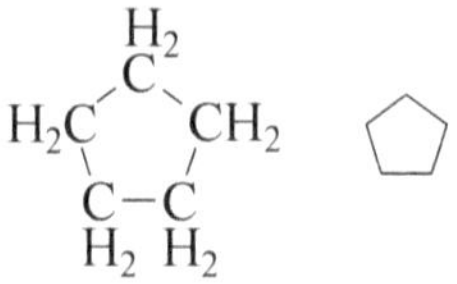

环戊烷

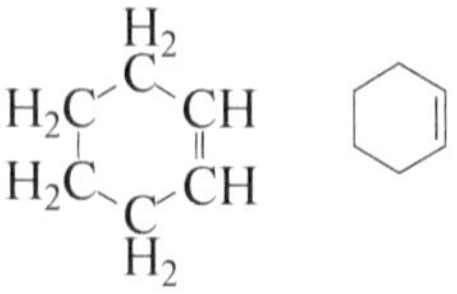

环己烯

（2）芳香族化合物。这类化合物具有由碳原子连接而成的特殊环状结构，因此具有一些特殊的性质。例如

苯

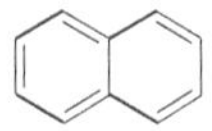

萘

（三）杂环族化合物

杂环族化合物也具有环状结构，但是这种环是由碳原子和其他原子（如氧、硫、氮等）共同组成的。例如

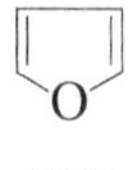

呋喃

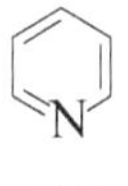

吡啶

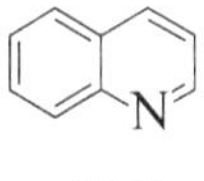

喹啉

二、按官能团分类

在上述每一类化合物中，又可按分子中含有相同的、容易发生某些特征反应的原子（如卤素原子）、原子团[如—OH（羟基）、—COOH（羧基）]或某些特征化学键结构[如 $>C=C<$（双键）、$—C\equiv C—$（叁键）]等进一步分类。有机化合物分子中能体现一类

化合物性质的原子或原子团统称为官能团(表 1-1)。

表 1-1　常见官能团及其相应化合物

化合物类别	官能团	举　例
烯烃	$>C=C<$ (碳-碳双键)	$CH_2=CH_2$
炔烃	$-C\equiv C-$ (碳-碳叁键)	$CH\equiv CH$
卤代烃	$-X$ (卤原子)	CH_3Br
醇、酚	$-OH$ (羟基)	C_2H_5OH、C_6H_5OH
醚	$-\overset{\vert}{\underset{\vert}{C}}-O-\overset{\vert}{\underset{\vert}{C}}-$ (醚键)	$C_2H_5OC_2H_5$
醛、酮	$>C=O$ (羰基)	$HCHO$、CH_3COCH_3
羧酸	$-COOH$ (羧基)	CH_3COOH
酯	$-\overset{O}{\overset{\Vert}{C}}-O-$ (酯键)	$CH_3COOC_2H_5$
酸酐	$-\overset{O}{\overset{\Vert}{C}}-O-\overset{O}{\overset{\Vert}{C}}-$ (酐键)	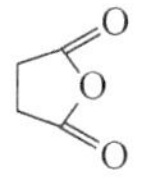
酰胺	$-CONH_2$ (酰胺键)	CH_3CONH_2
硝基化合物	$-NO_2$ (硝基)	$C_6H_5NO_2$
胺	$-NH_2$ (氨基)	$C_2H_5NH_2$
硫醇、硫酚	$-SH$ (巯基)	C_2H_5SH、C_6H_5SH
磺酸	$-SO_3H$ (磺酸基)	$C_6H_5SO_3H$
腈	$-CN$ (氰基)	C_2H_5CN

第四节　有机化合物构造式的表示方法

表示分子中原子间连接次序的化学式称为构造式。常见的表示方法有蛛网式(短线构造式)、结构简式(缩写式)、键线式(骨架式)。

蛛网式：

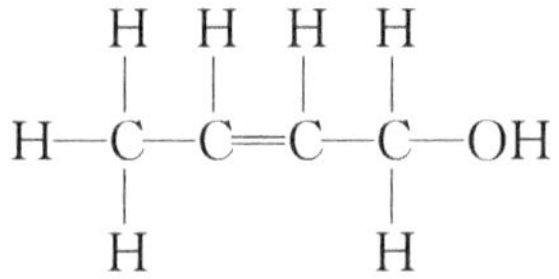

结构简式：　$CH_3CH=CHCH_2OH$

键线式：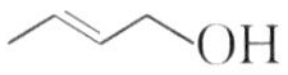

第五节　有机反应的基本类型

有机化合物发生化学反应不同于无机的正、负离子反应，涉及反应物分子中共价键的断裂和产物分子中共价键的生成。

共价键的断裂有两种方式。一种是均匀的裂解，也就是两个原子之间的共用电子对均匀分裂，两个原子各保留一个电子，形成自由基或称游离基(带有单电子的原子或基团)。共价键的这种断裂方式称为键的均裂。例如

$$A:B \longrightarrow A\cdot + \cdot B$$

$$Cl:Cl \longrightarrow Cl\cdot + \cdot Cl$$

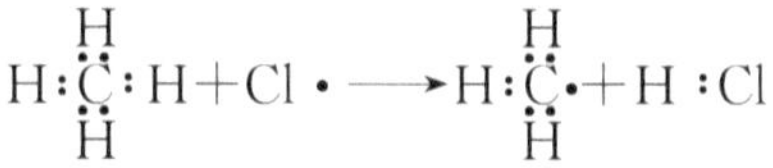

这种经过均裂生成自由基的反应称为自由基反应。反应一般在光、热或过氧化物(R—O—O—R)存在下进行。自由基只是反应的活泼中间体，它只能在瞬间存在。

共价键断裂的另一种方式是不均匀裂解，也就是在键断裂时，两原子间的共用电子对完全转移到其中的一个原子上。共价键的这种断裂方式称为键的异裂。键异裂的结果是产生带正电荷或负电荷的离子。例如

$$A:B \longrightarrow A^+ + B^-$$

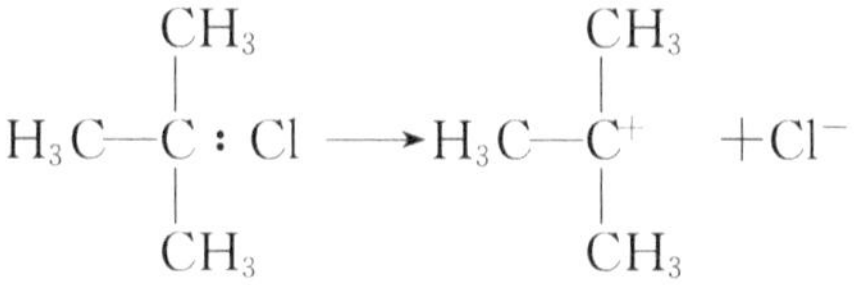

由共价键异裂产生离子而进行的反应称为离子型反应。带正电荷的碳原子称为碳正离子，带负电荷的碳原子称为碳负离子，它们都是不稳定的中间体，也只能在瞬间存在。离子型反应一般发生在极性分子之间。

除自由基反应和离子型反应外，还有一类有机反应，反应物分子中共价键的断裂和产物分子中共价键的生成同时进行，无中间体生成，这类反应称为协同反应。

第六节　有机酸碱概念

有机化学中也常用路易斯(Lewis)所提出的概念来理解酸和碱，即凡是能接受外来电子对形成共价键的物质都称为酸，凡是能给予电子对的都称为碱。按此定义，路易斯碱就是布朗斯台德-洛里(Brönsted-Lowry)定义的碱。例如，NH_3 可以接受质子，所

以是布朗斯台德定义的碱；但它在与 H^+ 结合时，是氮原子给出一对电子而与 H^+ 成键，所以又是路易斯碱。路易斯酸则与布朗斯台德酸略有不同。例如，质子 H^+ 按布朗斯台德定义不是酸，按路易斯定义它能接受外来电子对，所以是酸。又如，按布朗斯台德定义，HCl、H_2SO_4 等都是酸，但按路易斯定义，它们本身不能成为酸，它们所给出的质子才是酸。反之，有些化合物按布朗斯台德定义不是酸，但按路易斯定义却是酸。例如，在有机化学中常见的试剂氟化硼和三氯化铝：

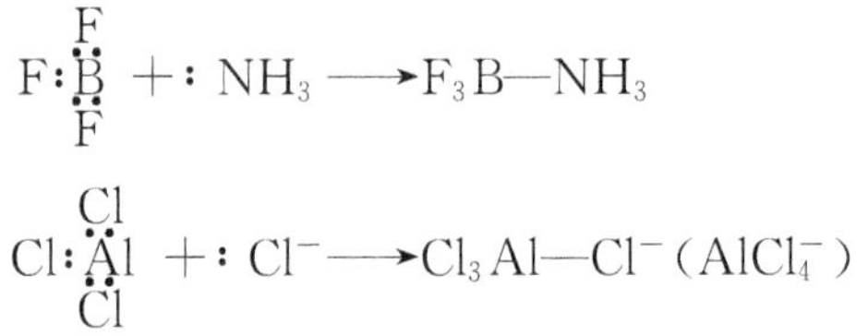

路易斯酸　路易斯碱

在一般的有机化学资料中，泛称的酸碱都是指按布朗斯台德定义的酸碱，当需要涉及路易斯酸碱概念时，则都专门指出它们是路易斯酸碱。

第七节　有机化合物的结构

有机化合物的性质取决于结构，反之，从性质可推测化合物的结构，结构和性质的关系是有机化学的精髓。对有机化合物结构的研究是有机化学学科的重要内容之一。

一、经典结构理论

组成分子的若干原子在分子内按一定的顺序和结合方式连接，这种排列和结合方式称为结构。

19 世纪中叶，由凯库勒(Kekulé)、库珀(Couper)、布特列洛夫(Buteleroff)、范特霍夫(van't Hoff)、勒贝尔(Le Bel)等提出的经典结构理论的要点如下：

(1) 有机化合物中的碳元素总是四价的，其他元素都有各自的氧化值，如氢一价、氧二价、氮三价、卤素一价。

(2) 碳原子间可以彼此以单键、双键或叁键结合。例如

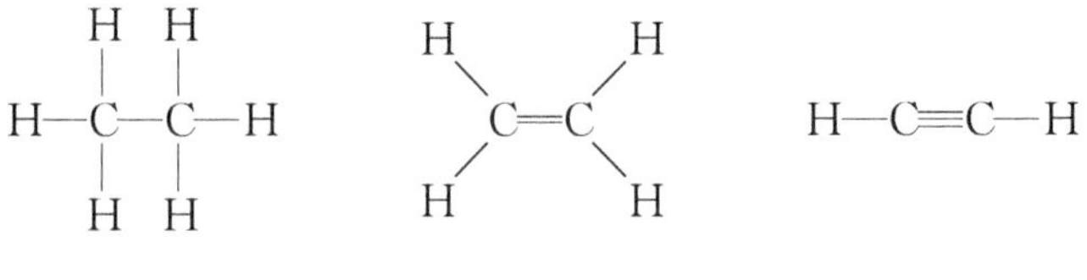

(3) 饱和碳原子具有正四面体结构。例如

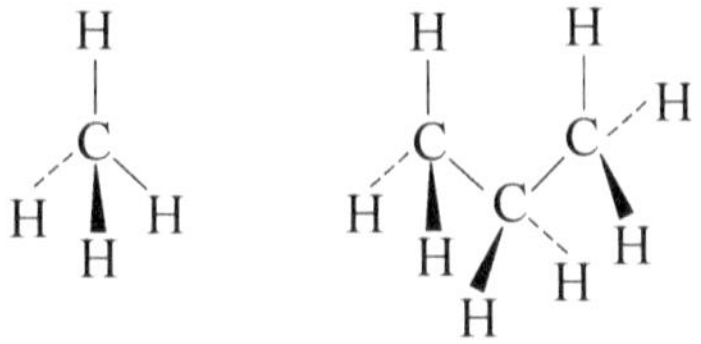

(4) 分子结构决定分子性质，性质反映结构。

根据上述要点，就可以依分子式写出化合物的可能结构。经典结构理论反映了原子间的结合方式及组成，但无法说明原子为什么要以一定比例结合。

二、现代共价键理论

(一) 原子轨道

原子轨道是波函数 Ψ 的图像。Ψ 是描写原子核外电子运动状态的数学函数式，可以粗略地把 Ψ 看作在 x、y、z 三维空间中能找到电子的一个区域。原子轨道有 s、p、d、f 等不同类型。它们的形状、大小各不相同。不同能量的电子分占不同类型的轨道。与有机化合物密切相关的是 s 轨道和 p 轨道(图 1-1)。每个 p 轨道都由两瓣组成，分别代表波函数 Ψ 的不同相位，原子核处于两瓣之间。原子核外电子排布遵循泡利(Pauli)不相容原理、能量最低原理和洪德(Hund)规则，即任何一个原子轨道最多只能容纳两个自旋相反的电子，用符号↑↓表示。电子首先占据能量最低轨道，当此轨道填满后，才依次占据能量较高的轨道。当有几个能量相等的轨道时，电子将尽可能以自旋平行的方向分占不同的轨道。

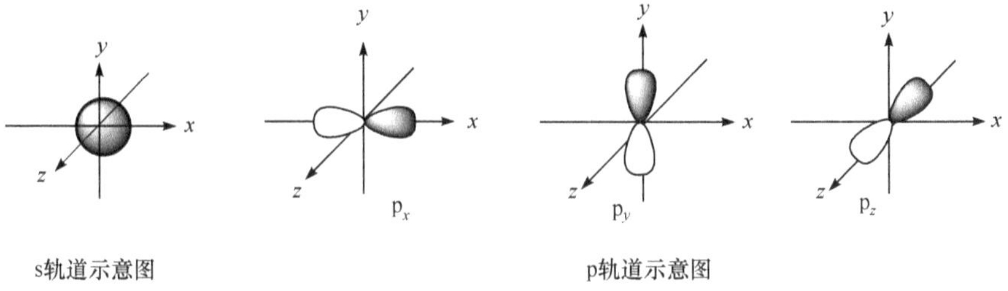

图 1-1　原子轨道示意图

(二) 价键法

1927 年，德国化学家海特勒(Heitler)和伦敦(London)首先用量子力学的近似方法处理化学键问题，计算氢分子中共价键形成时体系的能量变化，结果表明：当各带一个单电子且自旋相反的两个氢原子相互接近到一定程度时，由于两个原子轨道的重叠，核间产生电子云密度较大的区域吸引着两个核，体系能量降低，形成稳定的氢分子，这种结合力就是共价键的本质。后来鲍林(Pauling)等将此结论定性地推广到双原子和多原子分子，发展成为现代价键理论，也称价键法或电子配对法。其基本要点是：①形成共价键的两个电子必须自旋方向相反；②共价键有饱和性，原子的共价数等于该原子的未成对电子数;③当形成共价键时,原子轨道重叠越多,形成的键越强,称为最大重叠原理。

（三）杂化轨道理论

根据原子核外电子排布规律和价键法,碳原子轨道中的电子以$(1s)^2(2s)^2(2p_x)^1(2p_y)^1(2p_z)^0$形式排布,有两个未成对电子应该是二价的。但有机化合物中的碳总是四价的,这是因为发生了电子跃迁。

$$\underset{\text{基态}}{(2s)^2(2p_x)^1(2p_y)^1(2p_z)^0} \xrightarrow{\text{电子跃迁}} \underset{\text{激发态}}{(2s)^1(2p_x)^1(2p_y)^1(2p_z)^1}$$

此结果虽然解释了碳四价问题,但无法解释甲烷中四个 C—H 键相同的结果。杂化轨道理论对此进行了合理的解释。有机化合物中常见的杂化轨道类型为 sp^3、sp^2、sp 杂化轨道。

(1) sp^3 杂化轨道:一个 s 轨道与三个 p 轨道"混合",形成四个 sp^3 杂化轨道。若四个轨道成分相同,则是等性 sp^3 杂化,轨道间夹角为 109.5°,成键后空间构型为正四面体(如 CH_4 分子);若四个轨道成分不同(如轨道上有孤电子对存在),则是不等性 sp^3 杂化。含有一个孤电子对的 sp^3 轨道的空间构型为三角锥形(如 NH_3 分子),含有两个孤电子对的 sp^3 轨道的空间构型为 V 形(如 H_2O 分子)。甲烷碳原子采取 sp^3 杂化轨道,形成四个等同的 C_{sp^3}—H_s 共价键。

(2) sp^2 杂化轨道:一个 s 轨道与两个 p 轨道"混合",形成三个能量相等的 sp^2 轨道,轨道间夹角为 120°,成键后空间构型为平面三角形。

(3) sp 杂化轨道:一个 s 轨道与一个 p 轨道"混合",形成两个能量相等的 sp 轨道,轨道间夹角为 180°,空间构型为直线形。

（四）分子轨道法

分子轨道描述的是分子中的电子的运动状态,用波函数 ψ 表示。分子轨道可以看作原子轨道的线性组合。两个原子轨道组合可以形成两个分子轨道:波相相同的原子轨道重叠能有效成键,得到成键分子轨道(图 1-2);波相不同的原子轨道重叠不能有效成键,得到反键分子轨道(图 1-3)。

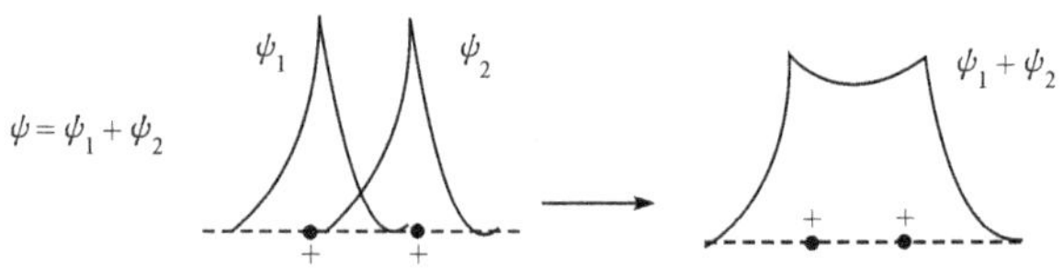

图 1-2　成键分子轨道

1) 几种典型的分子轨道

如图 1-4 所示,其中 σ^* 和 π^* 表示反键轨道,σ 和 π 表示成键轨道。

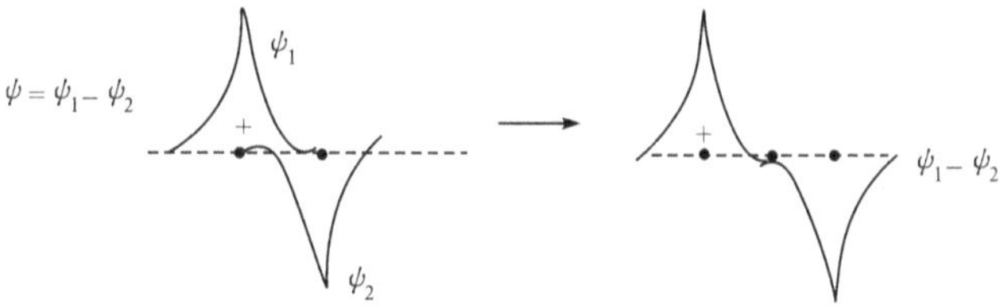

图 1-3 反键分子轨道

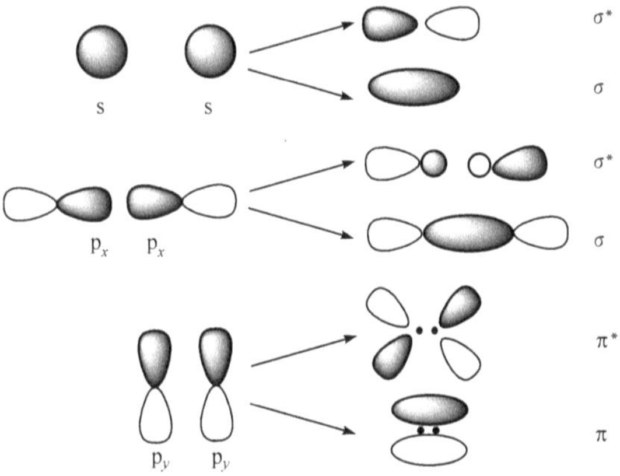

图 1-4 分子轨道示意图

成键轨道中两原子核间电子云密度较高,因此成键轨道的能量比单独的原子轨道能量低,稳定性好。反键轨道中两原子核间电子云密度较低,反键轨道的能量比单独的原子轨道能量高,稳定性差。

2) σ 键与 π 键

原子轨道沿着轨道的对称轴方向"头对头"相互重叠所形成的键称为 σ 键(图1-5)。

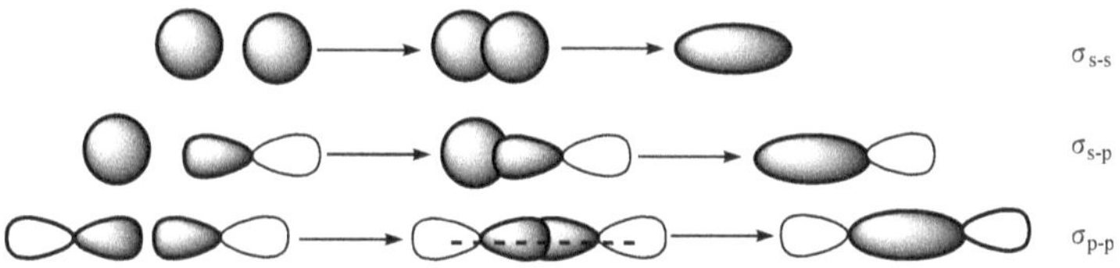

图 1-5 σ 键示意图

σ 键特点:电子云对称分布于键轴周围,可以自由旋转。两个原子间只能形成一个 σ 键。

两个 p 轨道彼此平行"肩并肩"重叠所形成的键称为 π 键(图 1-6)。

π 键特点:电子云分布于键轴上下,不能自由旋转,键能小。两个原子间可以形成一个或两个 π 键。

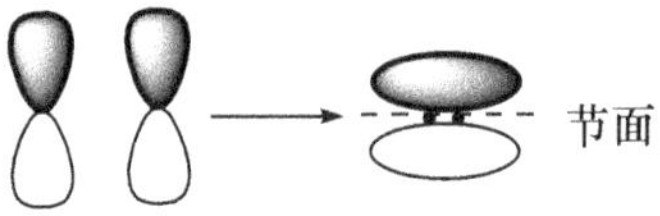

图 1-6　π 键示意图

三、共价键的极性与极化性

（一）电负性

分子中成键原子吸引电子的相对能力用电负性表示。电负性越大，吸引和保持电子的能力越大。常见元素的电负性为：F，4.0；O，3.5；Cl，3.0；N，3.0；Br，2.9；S，2.5；C，2.6；I，2.5；H，2.1。

（二）极性

电负性不同的原子结合形成共价键，由于正、负电荷中心不重合而产生极性。极性共价键中电负性较大的原子带有部分负电荷，用 δ^- 表示；电负性较小的原子相应地带有部分正电荷，用 δ^+ 表示。极性方向用符号 $+\!\!\longrightarrow$ 标出，箭头指向负端。例如

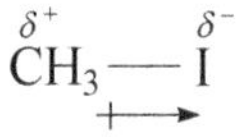

对于双原子分子来说，含有极性共价键的分子必然是极性分子；但对多原子分子来说，含有极性键并不一定是极性分子。分子的极性是各个化学键极性的矢量和。分子的极性大小用偶极矩 μ（单位为 C · m）表示，它的值等于正电荷和负电荷中心的距离 d（单位为 m）与电荷 q（单位为 C）的乘积，$\mu=q\cdot d$。例如

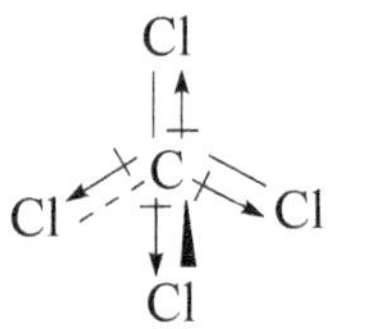

$\mu=0$

（三）极化性

外电场（极性试剂、极性溶剂等）的影响引起成键电子对偏移，从而改变键的极性，共价键的这种性质称为极化性。极化性的大小与价电子的活动性有关。成键原子对核外价电子的束缚能力越弱，极化性越强。

极性是由成键原子电负性差异引起的，是分子固有的，是永久性的；极化性是由外电场引起的，一旦外电场消失，极化性即不存在，所以极化性是暂时的。

四、分子间作用力

化学键是分子内部原子间的作用力是决定分子化学性质的重要因素。分子间有较弱的作用力(比键能小一个数量级)，它是决定分子物理性质的重要因素。从本质上讲，分子间的作用力都是静电作用力，主要包括以下两种力。

(1) 范德华(van der Waals)力：分子间的一种弱的作用力，包括取向力、诱导力和色散力，就其本质来说是一种静电引力。非极性分子之间只有色散力，极性与非极性分子之间有诱导力和色散力，极性分子之间有取向力、诱导力和色散力。

(2) 氢键：当氢原子与一个原子半径较小而电负性又很强，并带有未共用电子对的原子(O、F、N 等)相结合时，可以形成氢键。其中氢以共价键与一个原子结合，又以纯粹的静电力与另一原子结合。例如

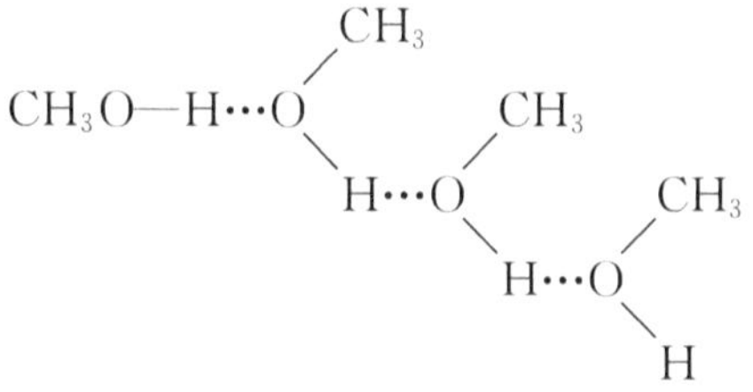

···F—H···F—H···

(分子间氢键)

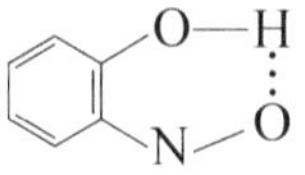

(分子内氢键)

第八节　有机化学的发展及学习有机化学的重要性

有机化合物遍布自然界，人们的衣食住行都与有机物质有关。人体中存在的蛋白质、核酸等都是极其复杂的有机化合物。有机化学的发展史也是人们认识自然、征服自然的历史。从只能由生物体分离出简单的有机化合物开始，随着对有机化合物分子结构逐步深入的了解和有机合成的进一步发展，到今天，人们已经能够从简单的有机工业原料来合成许多结构极为复杂的有机化合物，合成比某些天然有机物性能更优异的有机化合物和合成材料。在有机化学指导下发展起来的有机化学工业的原料早已不受农副产品、煤和煤焦油的局限。近年来石油化工的发展已使石油成为今日有机化学工业的主要原料。

目前，越来越多的生活和工业上需要的合成材料来自有机化学工业。有机化学和有机化学工业在发展国民经济和现代科学技术的过程中具有极为重要的地位。此外，在对自然界的进一步认识方面，有机化学也起着极为重要的作用。近年来，有机化学在物理、数学、生物等学科及化学的其他分支学科(如物理化学、生物化学等)的配合下，对复杂的有机分子，特别是和生命现象密切相关的蛋白质、核酸等天然有机化合物的结构、性能和合成方法的认识有了很大的进展。

有机化学是高等学校化学、药学、生物、医学、化工等专业的一门基础课。在有限的学习时间内，学生应主要掌握本学科的基本规律，即熟悉有机化合物的结构、性能、合成方法以及它们之间相互联系的规律和理论。掌握这些基本规律和理论，不仅是为了更好地学习后继专业课程，更重要的是，在掌握比较全面的基本原理的基础上，根据今后工作的需要，进一步继续学习和钻研与专业发展密切相关的有机化学知识。和其他学科一样，有机化学也是在迅速发展的，学生不应满足于今天的学习水平，要适应科学发展的需要，还必须具有能在今后工作中独立钻研和不断提高的能力。

第二章　烷烃和环烷烃

由碳和氢两种元素组成的有机化合物称为碳氢化合物，简称烃(hydrocarbon)。根据烃分子中的碳架及碳原子间的连接方式，烃可以分为以下几类：

- 烃
  - 链烃(脂肪烃)
    - 饱和烃：烷烃
    - 不饱和烃
      - 烯烃、二烯烃
      - 炔烃
  - 环烃(闭链烃)
    - 脂环烃
    - 芳香烃

链烃(chain hydrocarbon)是指分子中碳原子互相连接成不闭合“链”状的烃，又称脂肪烃。环烃(cyclic hydrocarbon)是指分子中碳原子互相连接成闭合“环”状的烃，又称闭链烃。

第一节　烷　　烃

开链的饱和烃又称烷烃(alkane)。烷烃是指分子中的碳原子以单键相连、碳的其他价键都为氢原子所饱和的化合物。

一、烷烃的结构

(一) 烷烃的通式和同系列

在烷烃系列化合物中，最简单的烷烃是甲烷。随着碳原子数目的增加，可以得到一系列化合物，依次为乙烷、丙烷、丁烷等，它们的分子式、构造式、结构简式分别为

	分子式	构造式	结构简式
甲烷	CH_4	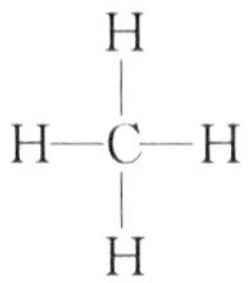	$H—CH_2—H$
乙烷	C_2H_6	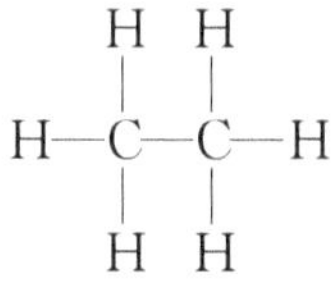	$H—(CH_2)_2—H$

丙烷　C_3H_8　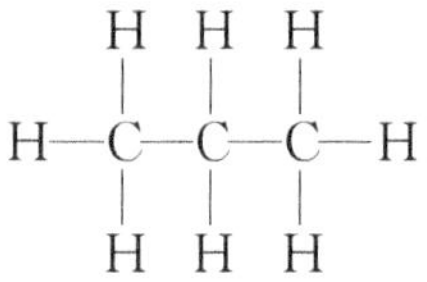　H—$(CH_2)_3$—H

丁烷　C_4H_{10}　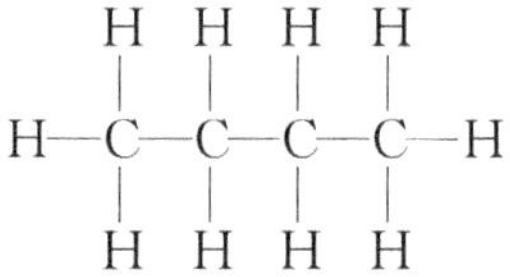　H—$(CH_2)_4$—H

从上述结构式不难看出，每个烷烃的分子组成都是相差一个或几个 CH_2（亚甲基）而连成碳链，碳链的两端各连一个氢原子，所以烷烃的通式为 C_nH_{2n+2}。

这种结构和化学性质相似、组成上相差一个或多个 CH_2 的一系列化合物称为同系列（homologous series），同系列中的化合物互称为同系物（homolog），而 CH_2 称为同系列的系差。

（二）碳原子的类型

在烷烃分子中，按照碳原子之间的结合方式不同，可将碳原子分为伯、仲、叔、季四种类型。

（1）伯碳原子或称一级碳原子（primary carbon）：仅与一个碳相连的碳原子，用 1°表示。

（2）仲碳原子或称二级碳原子（secondary carbon）：与两个碳相连的碳原子，用 2°表示。

（3）叔碳原子或称三级碳原子（tertiary carbon）：与三个碳相连的碳原子，用 3°表示。

（4）季碳原子或称四级碳原子（quaternary carbon）：与四个碳相连的碳原子，用 4°表示。

例如

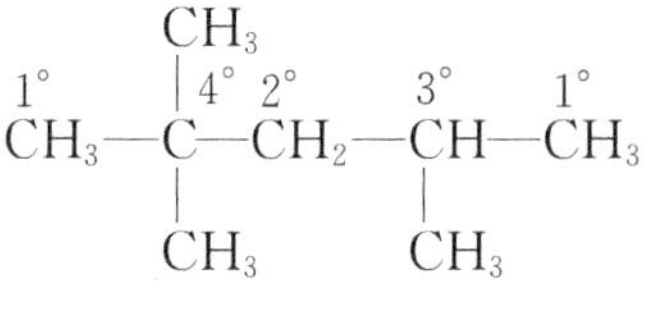

与伯、仲、叔碳原子相连的氢原子分别称为伯、仲、叔氢原子，不同类型的氢原子的反应性能有一定的差别。

（三）烷烃的结构

构型是指具有一定构造的分子中原子在空间的排列状况，实验证明甲烷分子是正四面体构型。甲烷分子中，四个氢原子在四面体的四个顶点上，碳原子位于正四面体构的中心，四个 C—H 键长完全相等，都为 0.109 nm，H—C—H 间夹角都是 109.5°（图 2-1）。

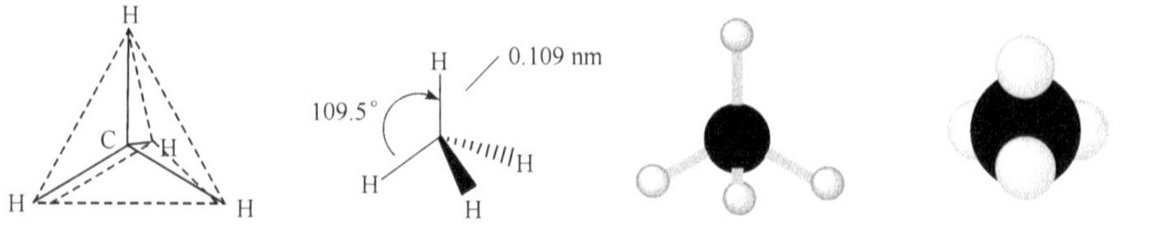

(a) 甲烷的四面体构型 (b) 甲烷的立体构造式 (c) 甲烷的凯库勒模型 (d) 甲烷的斯陶特模型

图 2-1 甲烷的结构与模型

为了更好地观察分子的立体形状，常用凯库勒模型或斯陶特(Stuart)模型。前者说明原子在空间的相对位置，后者表示的立体形状更真实。

甲烷分子的正四面体形结构可以由碳原子轨道的杂化加以解释。碳原子在以四个单键与其他四个原子或基团结合时，一个 s 轨道三个 p 轨道经过杂化后，形成四个等同的 sp^3 杂化轨道，四个 sp^3 杂化轨道的轴在空间的取向相当于从正四面体的中心伸向四个顶点的方向，这样价电子对间的互相排斥作用最小，体系最稳定。

烷烃分子中每个碳原子都以 sp^3 杂化轨道参与成键。烷烃分子形成时，碳原子的 sp^3 杂化轨道沿着对称轴的方向分别与碳的 sp^3 杂化轨道或氢的 1s 轨道相互重叠成键。甲烷的形成示意图如图 2-2 所示。

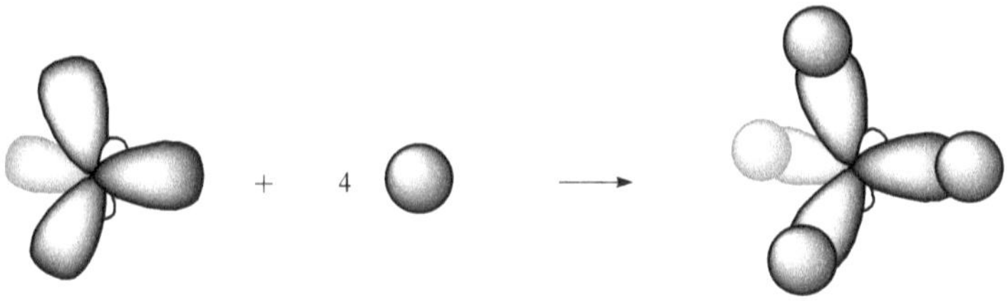

图 2-2 甲烷分子的形成

乙烷分子中的 C—C 键是由两个 sp^3 杂化轨道形成的，如图 2-3 所示。

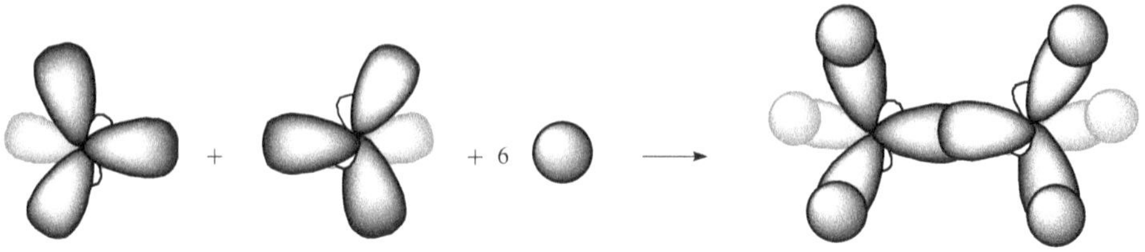

图 2-3 乙烷分子的形成

从图 2-2 和图 2-3 可以看出，C—H 键或 C—C 键中原子的电子云是沿着它们的轴向重叠的，这样形成的键称为 σ 键。

σ 键有以下特点：

(1) 电子云沿键轴呈圆柱形对称分布。

(2) 可自由旋转而不影响电子云重叠的程度。

(3) 结合较牢固。

所有烷烃分子中的碳原子都是以 sp^3 杂化轨道与其他原子形成 σ 键，碳原子都为正四面体结构，C—C 键长均为 0.154 nm，C—H 键长为 0.109 nm，其中C—H 键键能 415.3 kJ/mol；C—C 键键能 345.6 kJ/mol，键角都接近 109.5°。

二、烷烃的命名

有机化合物的数目庞大，很多化合物的结构又很复杂，为了便于学习和交流，避免造成混乱，必须有完善的命名方法。一般使用的有机物命名法有普通命名法（也称习惯命名法）和系统命名法[也称 IUPAC（国际纯粹与应用化学联合会）命名法]。对于某些天然产物以及系统名称过于复杂的化合物习惯采用俗名。烷烃的命名主要有普通命名和系统命名两种方法。

（一）普通命名法

普通命名法适用于结构简单的烷烃，命名时根据分子中碳原子数的多少称为“某烷”，碳原子数在十以内的依次用甲、乙、丙、丁、戊、己、庚、辛、壬、癸表示，碳原子数在十以上的用汉字数字十一、十二等表示。用正、异、新表示同分异构体。例如

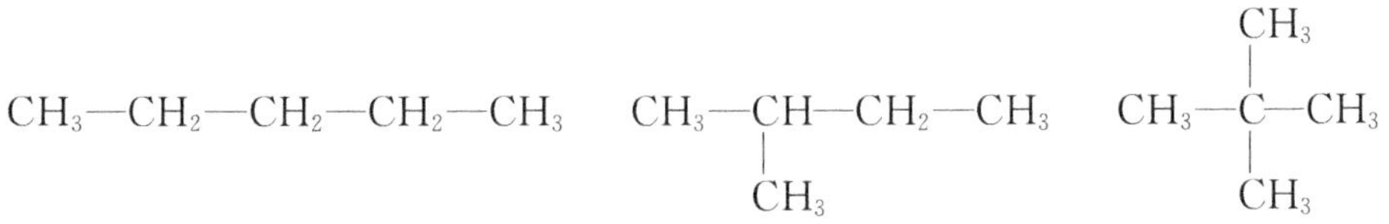

正戊烷　　异戊烷　　新戊烷

“正”代表直链烷烃，normal，用“*n*-”表示。

“异”指仅在一末端具有 $(CH_3)_2CH$—构造而无其他支链的烷烃，isomeric，，用“*iso*-”表示。

“新”专指具有 $(CH_3)_3C$—构造的含五、六个碳原子的烷烃，用“*neo*-”表示。

除“正”字可用来表示所有不含支链的烷烃外，“异”和“新”二字只适用于少于七个碳原子的烷烃。

普通命名法简单方便，但只适用于构造比较简单的烷烃。对于比较复杂的烷烃，必须使用系统命名法。

（二）系统命名法

目前有机化合物最常用的命名法是 IUPAC 制定的有机化合物的系统命名方法。我国现用系统命名法是根据 IUPAC 规定的原则，再结合我国汉字的特点而制定的。

根据系统命名法，直链烷烃的命名与普通命名法基本一致，只是“正”字可省略。带有支链的烷烃则看作直链烷烃的烷基衍生物。

烷基（alkyl group）是指烷烃分子中去掉一个氢原子剩下的原子团。烷基的通式为 C_nH_{2n+1}，通常用 R—表示，对于具体的烷基，则按相应的母体烷烃命名。例如

烷基	名称	通常符号
CH_3—	甲基	Me
CH_3CH_2—	乙基	Et
$CH_3CH_2CH_2$—	正丙基	*n*-Pr
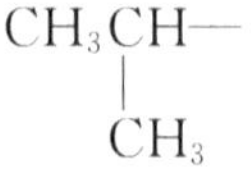	异丙基	*i*-Pr
$CH_3CH_2CH_2CH_2$—	正丁基	*n*-Bu
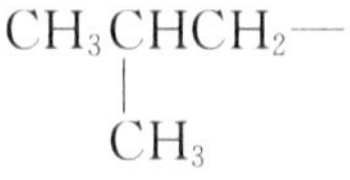	异丁基	*i*-Bu
	仲丁基	*s*-Bu
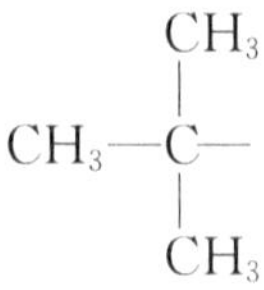	叔丁基	*t*-Bu

可以看出，甲烷和乙烷分子中只有一种氢，相应的烷基只有一种甲基和乙基，但从丙烷开始，相应的烷基就不止一种。

此外，烷烃分子中从形式上去掉两个 H 原子后余下的基团称为亚烷基。例如

亚甲基　　亚乙基　　1,2-亚乙基(二亚甲基)

烷烃系统命名法规则如下。

1. 选择主链

选择含碳原子数目最多的碳链作为主链，支链作为取代基，分子中有两条以上等长碳链时，则选择支链最多的一条为主链。例如

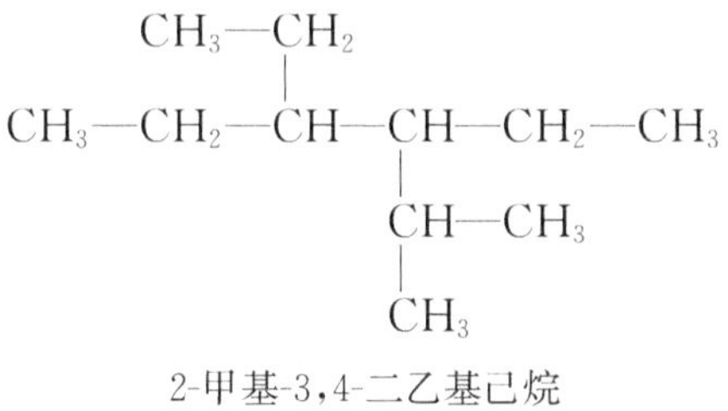

2-甲基-3,4-二乙基己烷

2. 碳原子的编号

(1) 从最靠近取代基的一端开始，将主链碳原子用阿拉伯数字编号。例如

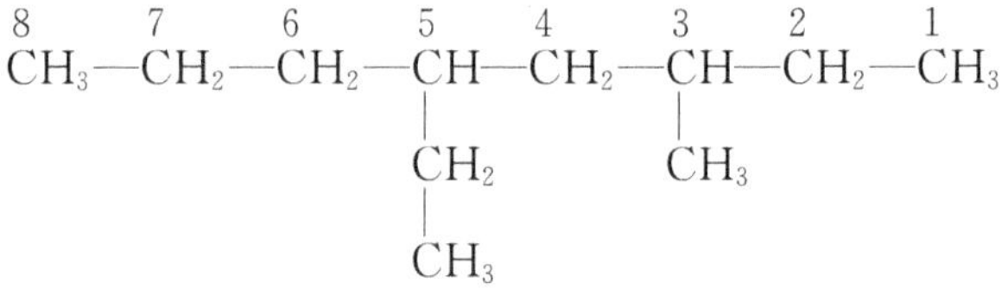

3-甲基-5-乙基辛烷

(2) 从碳链任何一端开始，第一个支链的位置都相同时，则从较简单的一端开始编号。例如

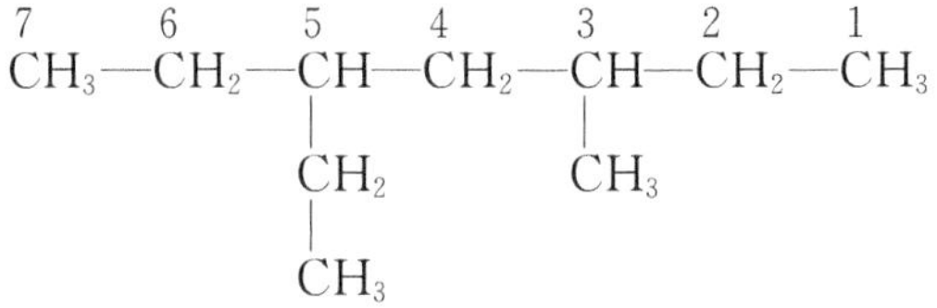

3-甲基-5-乙基庚烷

(3) 若第一个支链的位置相同，则依次比较第二、第三个支链的位置，以取代基的系列编号最小为原则。例如

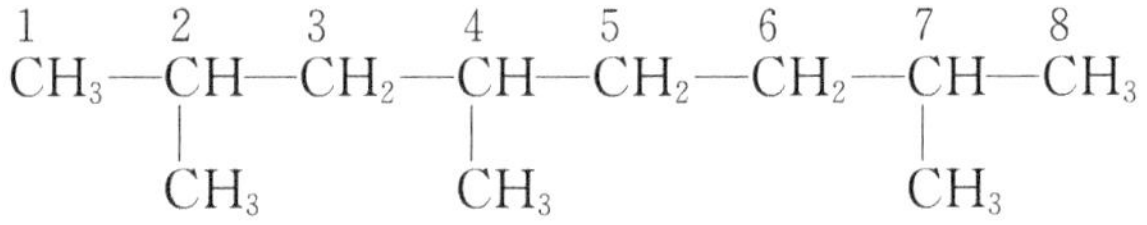

2,4,7-三甲基辛烷

3. 烷烃的名称

(1) 将支链(取代基)的位置和名称写在主链名称的前面。

(2) 取代基按“次序规则”，次序规则的要点有：

(i) 单原子取代基按原子序数大小排列，原子序数大的顺序在前，原子序数小的顺序在后，有机化合物中常见的元素顺序如下：I>Br>Cl>S>P>F>O>N>C>D>H。

(ii) 如果两个多原子基团的第一个原子相同，则比较与它相连的其他原子，比较时，按原子序数排列，先比较最大的，如相同，再比较居中的、最小的。例如，$—CH_2Br$ 与 $—CHCl_2$，$—CH_2Br$ 相当于—C(Br,H,H)，第一个原子为碳原子，第二个原子为 Br，而 $—CHCl_2$ 相当于—C(Cl,Cl,H)，第一个原子也是碳原子，第二个原子为 Cl，Br 优先于 Cl，故 $—CH_2Br$ 在前。

(iii) 含有双键或叁键的基团可认为连有两个或三个相同的原子。例如，下列基团排列顺序为

$$—C{\equiv}CH > —C(CH_3)_3 > —CH{=}CH_2 > —CH(CH_3)_2 > —CH_2CH_3 > —CH_3$$

(3) 相同基团合并，写出位置用 2、3、… 标出，取代基数目用汉字数字二、三、…… 标出。

(4) 表示位置的数字间用“,”隔开，位次和取代基名称之间用短横线“-”隔开。

例如

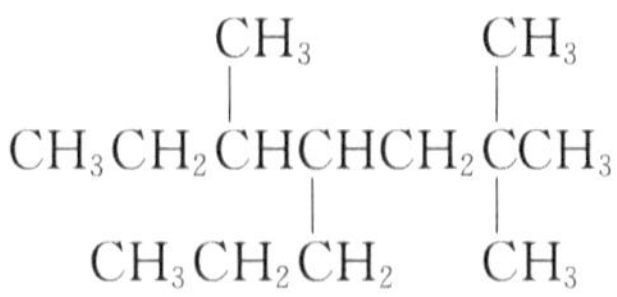

2,2,5-三甲基-4-丙基庚烷

三、烷烃的同分异构现象

（一）碳链异构

有机化合物中，分子式相同而结构不同的化合物称为同分异构体(isomer)，这种现象称为同分异构现象(isomerism)。同分异构现象在有机化学中普遍存在，这种异构如果是由于碳链的构造不同而形成的，则称为碳链异构(carbon-chain isomerism)。例如，丁烷的碳原子之间就有两种不同的连接方式，其结构式分别为

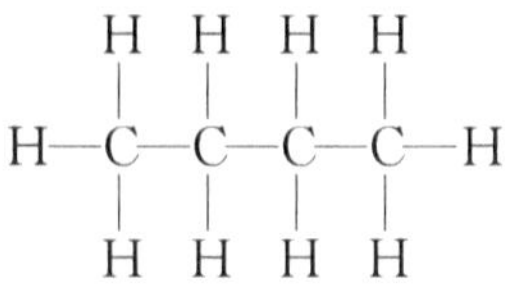

正丁烷
（沸点−0.5 ℃）

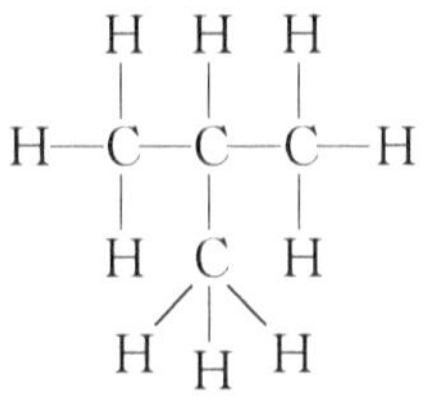

异丁烷
（沸点−11.7 ℃）

随着碳原子数目增多，异构体的数目也增多。一些烷烃异构体的数目见表2－1。

表 2－1　一些烷烃异构体的数目

碳原子数	异构体数	碳原子数	异构体数
1～3	1	8	18
4	2	9	35
5	3	10	75
6	5	15	4347
7	9	20	366 319

这些异构体在物理性质(如熔点、沸点、折光率、相对密度、光谱数据等)方面常有明显的差别，其化学性质则较为相似。

（二）构象异构

单键 σ 键可以“自由”旋转，使分子中原子或基团在空间产生不同的排列方式，这种特定的排列方式称为构象(conformation)。由于单键旋转而产生的异构体称为构象异构体(conformational isomer)或旋转异构体。

1. 乙烷的构象

在乙烷分子中，如果使一个甲基固定，而使另一个甲基沿着 C—C σ 键的键轴旋转，则两个甲基中 H 原子的相对位置将不断改变。理论上讲，乙烷分子中 C—C 单键的自由旋转可以产生无数种构象，但极限构象只有两种，即交叉式(staggered)和重叠式(eclipsed)。构象通常用透视式(锯架式，perspective formula)或纽曼投影式(Newman projection)表示。透视式是从 C—C 键轴斜 45°方向看；纽曼式是从 C—C 键轴线上看，前面的碳原子用  表示，后面的碳原子用 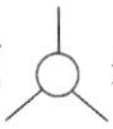 表示。

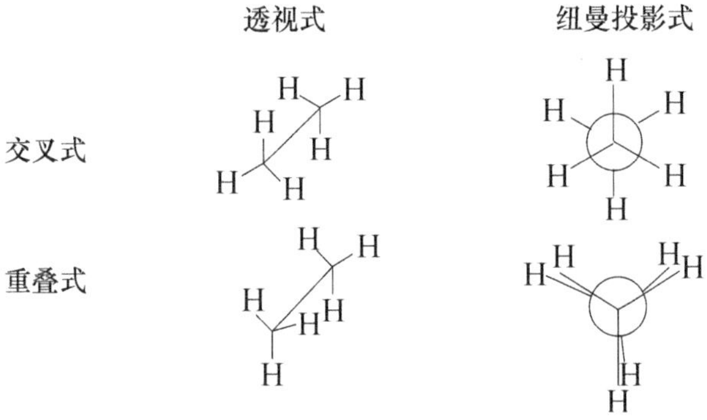

影响构象稳定性因素有：①角张力：任何原子都倾向于使其键角与成键轨道的角度相匹配，存在与正常键角的任何偏差都会产生角张力；②扭转张力：相互连接的两个 sp^3 杂化碳原子都倾向于它们的键成交叉式构象，与交叉式排列的任何偏差都会引起扭转张力；③空间张力：非成键的原子或基团，其大小、极性、相互距离均影响构象的稳定性。例如，非键合的原子或基团间距离等于或大于它们的范德华半径之和时，就相互吸引，小于范德华半径之和时，就彼此排斥，从而产生范德华张力，即空间张力。

在重叠式中，两个碳原子上的 C—H σ 键两两相对，C—H 键上的 σ 电子对之间距离最近，相互作用最大，相互排斥，因而能量最高，也最不稳定；反之，在交叉式中，C—H σ 键两两交错，σ 电子对之间距离最远，相互作用最小，排斥力最小，因而能量最低、最稳定。重叠式比交叉式的能垒(扭转能)高 12.6 kJ/mol。单键旋转的能垒一般为12～42 kJ/mol，在室温时，乙烷分子中的 C—C 键能迅速旋转，因此不能分离出乙烷的某一构象。在低温时，交叉式增加。例如，乙烷在－170 ℃时基本上是交叉式，如图 2－4所示。

2. 正丁烷的构象

正丁烷可以看作乙烷分子中每个碳原子上各有一个氢原子被—CH_3 取代的化合物，其构象更为复杂。

现以正丁烷的 C2—C3 σ 键的旋转讨论丁烷的构象。固定前面的 C2，把 C3 按顺时针方向旋转一圈，自对位交叉的构象开始，每次转 60°，可得到以下四种典型构象：

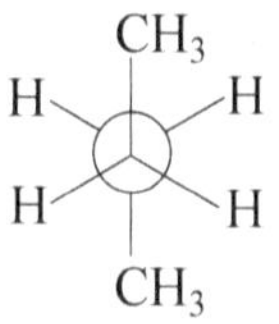

对位交叉式

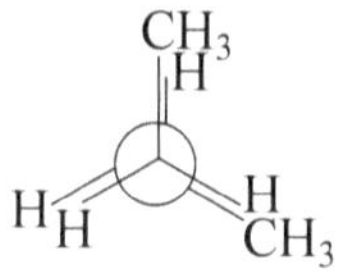

部分重叠式

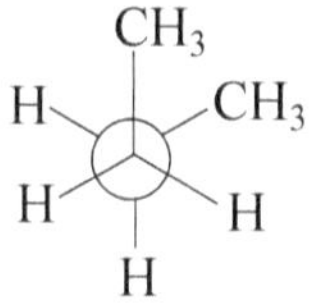

邻位交叉式

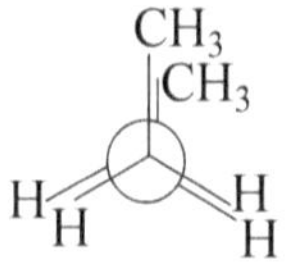

全重叠式

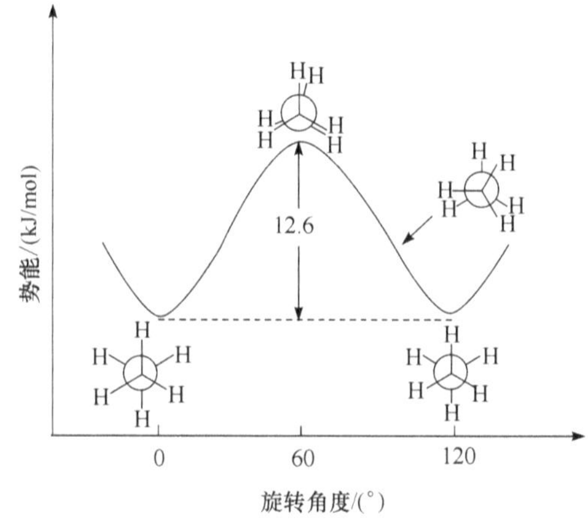

图 2-4 乙烷分子不同构象的能量曲线图

四种典型构象与能量的关系如图 2-5 所示。

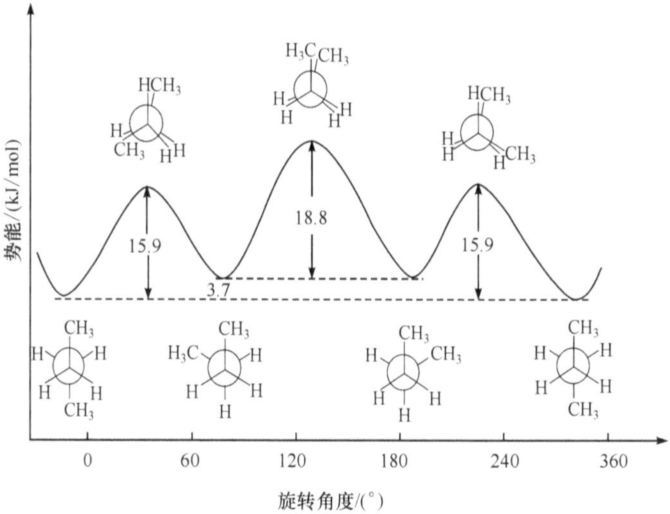

图 2-5 丁烷各种构象的势能关系图

其稳定性次序为

	对位交叉式 >	邻位交叉式 >	部分重叠式 >	全重叠式
相对能垒/(kJ/mol)	0	3.7	15.9	18.8

室温时，对位交叉式构象约占 70%，邻位交叉式构象约占 30%，其他的构象极少。

四、烷烃的性质

(一) 烷烃的物理性质

在室温和常压下，C_1～C_4 的正烷烃是气体，C_5～C_{17}的正烷烃是液体，C_{18}和更高级的正烷烃是固体。

正烷烃的沸点随着碳原子的增多而呈现出有规律的升高(图 2-6)。除了碳原子数很少的烷烃外，链上每增加一个碳原子，沸点升高 20～30 ℃。在碳原子数相同的烷烃异构体中，支链越多，沸点越低。沸点的高低与分子间引力——范德华引力有关。烃的碳原子数目越多，分子间的力越大。支链增多时，分子间的距离增大，分子间的力减弱，因而沸点降低。

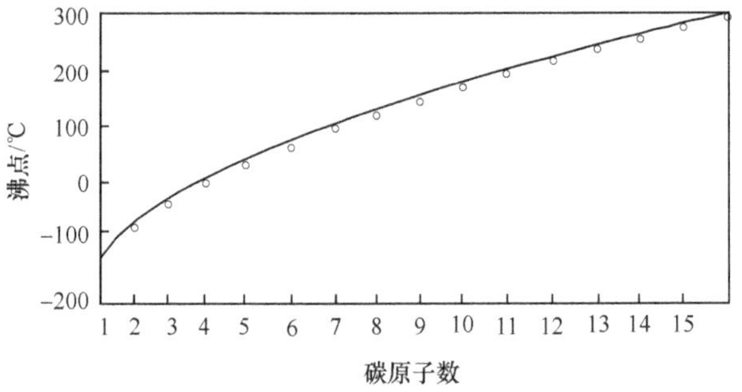

图 2-6　正烷烃的沸点曲线

正烷烃的熔点随着碳原子数的增多而升高，但其变化并不像沸点那样规则。分子的对称性越好，熔点越高。在晶体中，分子间的作用力不仅取决于分子的大小，而且与晶体中晶格排列的对称性有关。对称性大的烷烃晶格排列比较紧密，分子间吸引力大，熔点相对较高。一般偶数碳链具有较高的对称性，故在正烷烃中含偶数碳原子烷烃的熔点比含奇数碳原子的烷烃的熔点升高较多，这样就形成相应的两条熔点曲线，偶数居上，奇数居下。正烷烃的熔点变化规律如图 2-7 所示。

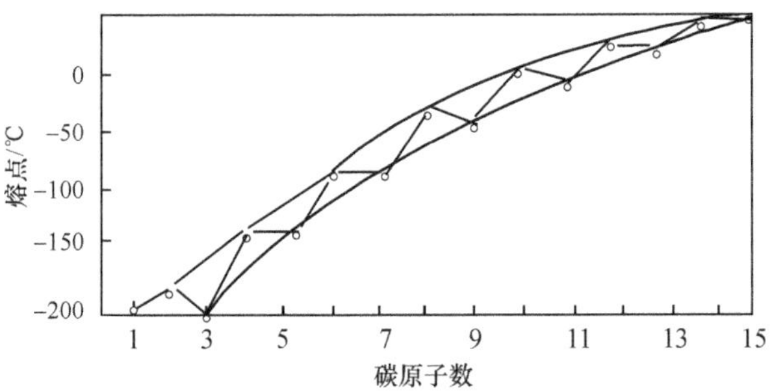

图 2-7　正烷烃的熔点曲线

正烷烃的密度随着碳原子数的增多而增大，但在 0.8 g/cm^3 左右时趋于稳定。所有烷烃的密度都小于 1 g/cm^3，烷烃是所有有机化合物中密度最小的一类化合物。

烷烃分子是非极性或弱极性的化合物。根据“极性相似者相溶”的经验规律，烷烃易溶于非极性或极性较小的苯、氯仿、四氯化碳、乙醚等有机溶剂，而难溶于水和其他强极性溶剂。液态烷烃作为溶剂时，可溶解弱极性化合物，但不溶解强极性化合物。

（二）烷烃的化学性质

烷烃分子中的化学键都是非极性或弱极性的 σ 键，键能大，分子中的共价键不易极化，故其化学性质稳定（特别是正烷烃），一般条件下（常温、常压），与大多数试剂（如强酸、强碱）、强氧化剂、强还原剂（如金属钠等）都不发生反应，或反应速率极慢。但在一定条件下（如高温、高压、光照、催化剂），烷烃也能发生一些化学反应。

1. 卤代反应及其反应机理

烷烃在日光、紫外光照射或在高温下，能发生取代反应（substitution reaction）。烷烃的氢原子被卤素取代生成卤代烃的反应称为卤代（halogenation）反应，通常是指氯代或溴代。

1）卤代反应

烷烃于室温且黑暗中与氯气不发生反应，在紫外光照射或温度为 250～400 ℃的条件下，甲烷和氯气这两种气体混合物可剧烈地发生氯代反应。

$$CH_4 + Cl_2 \xrightarrow{\text{黑暗中}} \text{不发生反应}$$

$$CH_4 + Cl_2 \xrightarrow{\text{强烈日光}} 4HCl + C \quad \text{剧烈反应}$$

$$CH_4 + Cl_2 \xrightarrow{\text{漫射光}} CH_3Cl + HCl$$

$$CH_3Cl + Cl_2 \xrightarrow{\text{漫射光}} CH_2Cl_2 + HCl$$

$$CH_2Cl_2 + Cl_2 \xrightarrow{\text{漫射光}} CHCl_3 + HCl$$

$$CHCl_3 + Cl_2 \xrightarrow{\text{漫射光}} CCl_4 + HCl$$

甲烷的氯代反应较难停留在一取代阶段，氯甲烷还会继续发生氯化反应，生成二氯甲烷、三氯甲烷和四氯化碳。因此，所得产物为四种氯甲烷的混合物，工业上常将这种混合物作为溶剂使用。

其他烷烃的氯代反应，反应条件与甲烷的氯代相同，但产物更为复杂，因氯可取代不同碳原子上的氢，得到各种一氯代或多氯代产物。

卤素与甲烷及其他烷烃的反应活性顺序为 $F_2 > Cl_2 > Br_2 > I_2$。

2）卤代反应机理

反应历程是化学反应所经历的途径或过程，又称反应机理（reaction mechanism）。一种反应机理只适用于某一类型的反应。

烷烃的卤代反应属于典型的自由基链锁反应(free-radical chain reaction)机理。经研究发现，甲烷的氯代反应机理分为以下三个步骤：

$$Cl:Cl \xrightarrow{h\nu \text{或} \triangle} 2Cl\cdot \quad \text{链引发}$$

$$\left.\begin{aligned} CH_4 + Cl\cdot &\longrightarrow CH_3\cdot + HCl \\ CH_3\cdot + Cl_2 &\longrightarrow CH_3{-}Cl + Cl\cdot \\ CH_3{-}Cl + Cl\cdot &\longrightarrow \cdot CH_2{-}Cl + HCl \\ \cdot CH_2{-}Cl + Cl_2 &\longrightarrow CH_2{-}Cl_2 + Cl\cdot \end{aligned}\right\} \text{链增长}$$

$$\vdots$$

$$\left.\begin{aligned} Cl\cdot + Cl\cdot &\longrightarrow Cl_2 \\ CH_3\cdot + \cdot CH_3 &\longrightarrow CH_3{-}CH_3 \\ \cdot CH_3 + Cl\cdot &\longrightarrow CH_3{-}Cl \end{aligned}\right\} \text{链终止}$$

首先氯分子在光照下均裂为两个原子 Cl·，即氯游离基或自由基，这一阶段称为链引发(chain-initiating step)。氯自由基与甲烷分子中的 C—H 键作用，使 C—H 键均裂生成 HCl 和甲基自由基·CH_3，甲基自由基非常活泼，又与氯分子作用使之均裂，生成一氯甲烷和新的氯自由基；当一氯甲烷达到一定浓度时，氯自由基除与甲烷作用外，也可与一氯甲烷作用生成·CH_2Cl，它再与氯分子作用生成 CH_2Cl_2 和·Cl，如此反应继续下去即链增长(chain-propagating step)。随着反应体系中自由基的增多和原料的减少，氯自由基可以自身结合成氯分子或不同自由基之间结合成分子，反应就慢慢地停止，即链终止(chain-terminating step)。整个反应是经自由基的引发而连续发生，如同锁链一环扣一环，故称自由基链锁反应。由于反应结果是烷烃分子中的氢原子被取代，因此该反应是自由基取代反应。

凡是自由基反应，都是经过链引发、链增长、链终止三个阶段完成的。

甲烷氯代反应时，只要开始反应时供给一定的能量，待产生了自由基后，链锁反应可继续进行。甲烷的氯代反应机理还适用于其他烷烃，甚至适用于分子中含有类似烷烃结构的许多非烷烃化合物。

3）烷基自由基的稳定性

烷烃对卤代反应的相对活性与烷基自由基的稳定性有关。不同类型的氢原子解离能不同，所形成的烷基自由基的稳定性也有区别。烷烃中各种 C—H 键的键解离能(ΔH)如下：

$$CH_3{-}H \longrightarrow CH_3\cdot + \cdot H \qquad \Delta H = +439.3\ \text{kJ/mol}$$

$$CH_3CH_2{-}H \longrightarrow CH_3CH_2\cdot + \cdot H \qquad \Delta H = +410.0\ \text{kJ/mol}$$

$$CH_3CH_2CH_2{-}H \longrightarrow CH_3CH_2CH_2\cdot + \cdot H \qquad \Delta H = +410.0\ \text{kJ/mol}$$

$$(CH_3)_2CH{-}H \longrightarrow (CH_3)_2CH\cdot + \cdot H \qquad \Delta H = +397.5\ \text{kJ/mol}$$

$$(CH_3)_3C{-}H \longrightarrow (CH_3)_3C\cdot + \cdot H \qquad \Delta H = +389.1\ \text{kJ/mol}$$

形成各种类型的自由基所需的能量按以下次序降低：$CH_3\cdot > 1° > 2° > 3°$。形成自由基的能量越小，这种自由基就越稳定，故自由基的稳定性次序为 3°＞2°＞1°＞CH_3 ·。这个次序与伯、仲、叔氢被取代的难易程度是一致的，即氢的活性次序为叔氢＞仲氢＞伯氢。

2. 氧化和燃烧

(1) 烷烃在空气中燃烧，生成二氧化碳和水，并放出大量的热。例如

$$C_nH_{2n+2}+\frac{3n+1}{2}O_2 \xrightarrow{\text{燃烧}} nCO_2+(n+1)H_2O+热(Q)$$

$$C_6H_{14}+9\frac{1}{2}O_2 \longrightarrow 6CO_2+7H_2O+4138\ \text{kJ/mol}$$

这正是汽油、柴油(主要成分为不同碳链的烷烃混合物)等用作内燃机燃料的基本原理。

(2) 在催化剂的作用下，烷烃可被部分氧化，生成醇、醛、酮、羧酸等一系列含氧化合物。例如，正丁烷氧化成羧酸，高级烷烃(C_{20}～C_{30})氧化成高级脂肪酸。

第二节　环　烷　烃

一、环烷烃的分类、命名

环烃(cyclic hydrocarbon)是由 C 和 H 两种元素组成的环状化合物，包括脂环烃和芳环烃。结构上具有环状碳骨架，而性质上与脂肪烃相似的烃类称为脂环烃(alicyclic hydrocarbon)；而分子中具有碳环结构的烷烃称为环烷烃(naphthenic hydrocarbon)。环烷烃的通式为 C_nH_{2n}，与相同碳原子数的单烯烃互为同分异构体。

(一) 环烷烃的分类

根据碳环的数目可将环烷烃分类如下：

- 单环烷烃
  - 小环(C_3～C_4)
  - 常见环(C_5～C_6)
  - 中环(C_7～C_{11})
  - 大环(≥C_{12})
- 多环烷烃
  - 螺环烃(两个碳环共用一个 C)
  - 桥环烃(两个或两个以上碳环共用两个以上 C)

(二) 环烷烃的命名

1. 单环烷烃的命名

单环烷烃(monocyclic alkane)的命名与烷烃基本相同，只是在相应烷烃名称前加一“环”字；当环上连有取代基时，按照表示取代基位置编号尽可能小的原则，将成环碳

原子编号；环上连有不同取代基时，则根据次序规则，给较优基团以较大的编号。例如

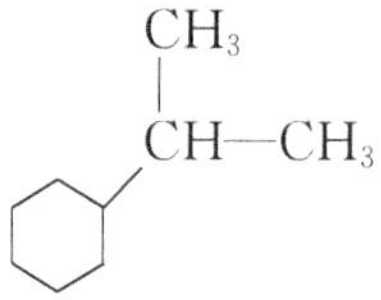

异丙基环己烷

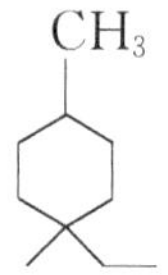

1,4-二甲基-1-乙基环己烷

2．多环烷烃的命名

1）螺环烷烃

螺环烷烃(soirocyclic hydrocarbon)是两个环共用一个碳原子(称螺原子)的多环烷烃(polycyoalkane)。螺环烷烃的编号原则：从较小环中与螺原子相邻的一个碳原子开始，经过小环到螺原子，再沿大环至所有环碳原子。根据成环碳原子的总数称为螺某烷，在方括号中标出各碳环中除螺碳原子以外的碳原子数目(小的数目在前，大的在后，数字间用圆点隔开)，其他与环烷烃的命名相同。例如

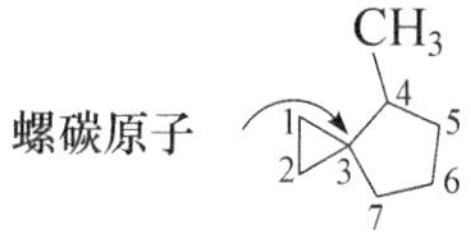

4-甲基螺[2.4]庚烷

2）桥环烷烃

分子中含有两个或多个碳环的多环化合物，两个环共用两个或多个碳原子的多环烷烃称为桥环烷烃(bridged hydrocarbon)。桥环烷烃的编号原则：从桥头的一端开始，沿最长桥编到桥的另一端，再沿次长桥到始桥头，最短的桥最后编号。根据成环碳原子的总数称为环某烷，在方括号中标出除桥头碳原子外的桥碳原子数(大的数目在前，小的在后，数字间用圆点隔开)，其他与环烷烃的命名相同。例如

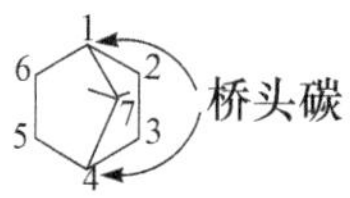

7,7-二甲基
二环[2.2.1]庚烷

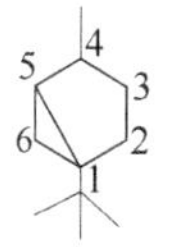

4-甲基-1-叔丁基
二环[3.1.0]己烷

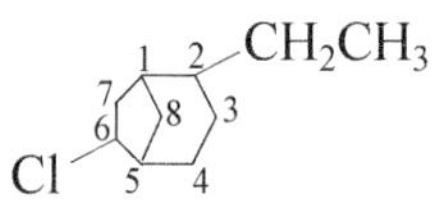

2-乙基-6-氯
二环[3.2.1]辛烷

二、单环烷烃的性质

(一) 物理性质

环丙烷和环丁烷在常温下是气体，环戊烷是液体，高级环烷烃是固体。环烷烃的熔点、沸点和相对密度都比含同数碳原子的开链烷烃高，但仍比水轻。因为链状化合物可

以比较自由地摇动，分子间“拉”得不紧，容易挥发，所以沸点较低。由于这种摇动，链状化合物比较难以在晶格内做有次序的排列，所以熔点也较低。环烷烃排列得较紧密，所以相对密度较高。表 2-2 列出某些环烷烃及相应烷烃的物理常数。

表 2-2 某些环烷烃及相应烷烃的物理常数

化合物	熔点/℃	沸点/℃	相对密度
环丙烷	−127.6	−32.7	
丙烷	−187.1	−42.2	0.5824
环丁烷	−80	12.5	
正丁烷	−135.0	−0.5	0.5788
环戊烷	−93.9	49.3	0.7457
正戊烷	−129.3	36.1	0.6264
环己烷	6.6	80.7	0.7786
正己烷	−94.0	68.7	0.6594

（二）化学性质

大环环烷烃与链状烷烃的化学性质很相似，对一般试剂表现得不活泼。小环脂环烃与烯烃相似，分子不稳定，比较容易发生开环，它与氢、卤素、卤化氢都可以发生开环作用，因此小环可以比作一个双键。随着环的增大，它的反应性能逐渐减弱。五元、六元环烷烃即使在相当强烈的条件下也不开环。

1. 开环反应

开环反应是小环烷烃的特性反应，小环烷烃可以与 H_2、X_2、HX 等反应。

1）催化加氢

环烷烃（主要是小环的环丙烷和环丁烷）虽无双键，但与烯烃相似，易开环而发生加成反应。在催化剂存在下，环丙烷、环丁烷与 H_2 可以发生加成反应，开环得到开链的烷烃。

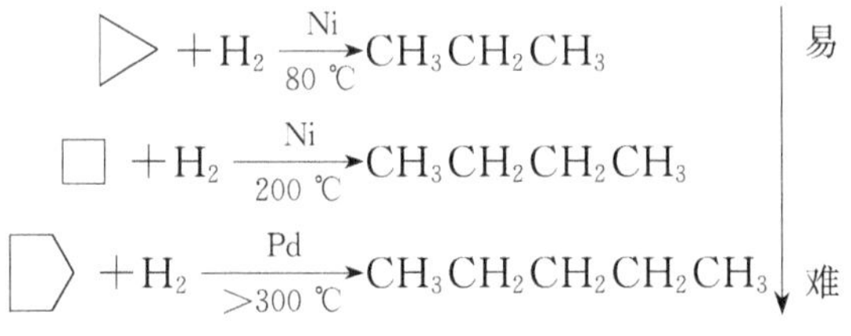

可以看出，三元环和四元环是不太稳定的。

2）加卤素或卤化氢

环丙烷及其烷基衍生物易开环与 Br_2 加成。与 HX 加成时，环的断裂发生在含氢最多和含氢最少的两个碳原子之间，并且与卤化氢的加成符合马氏规则。

与卤素加成：

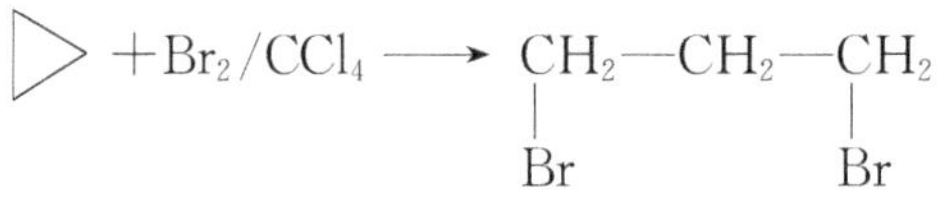

与卤化氢加成：

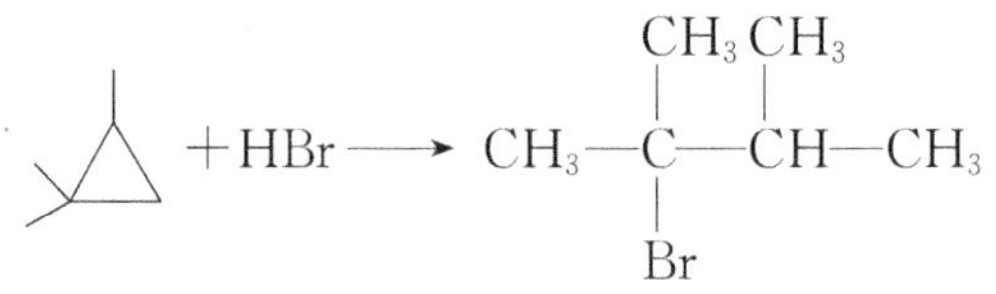

与溴水的加成反应可以用来鉴定小环烷烃，但不宜用溴水褪色的方法区别小环烷烃和烯烃。小环烷烃不如烯烃活泼，不像烯烃那样容易被高锰酸钾氧化。另外，环戊烷以上的环烷烃难以与 Br_2 进行开环加成反应，但温度升高时，可以发生自由基取代反应。

从上述例子可以看出，环烷烃开环的反应活性为三元环＞四元环＞五元、六元、七元环。

2. 取代反应

在光和热的引发下，环烷烃可以发生卤代反应。例如

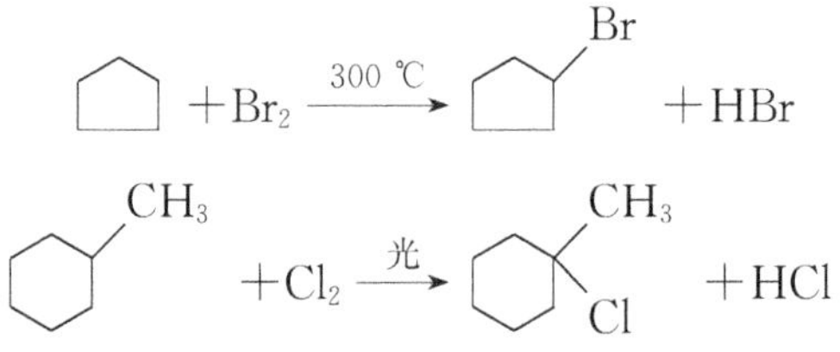

三、单环烷烃的结构与稳定性

（一）拜尔张力学说

为了解释各种环的稳定性，1885 年拜尔（Baeyer）提出了张力学说（strain theory）。拜尔根据碳原子四面体的概念，假定环上碳原子都在一个平面上。由于成环的碳原子均为 sp^3 杂化，C—C—C 键夹角为 109.5°，而环丙烷键角为 60°，环丁烷为 90°，环戊烷为 108°，环己烷为 120°，因此环烷烃成环时 C—C 键必须向内偏或者向外扩张，引起环张力，称为角张力。按照拜尔张力学说，五元环最稳定，六元环以上的化合物，环越大，角张力越大，应该是不稳定的。

从环烷烃的燃烧热(表 2－3)可以看出,由环丙烷到环戊烷,每个 CH_2 的燃烧热逐渐降低,这说明环越小,能量越高,因此是不稳定的。从环己烷开始,每个 CH_2 的燃烧热几乎是一个常数,其稳定性相似,没有张力存在。

表 2－3　环烷烃每个 CH_2 的燃烧热

环大小	每个 CH_2 的燃烧热/(kJ/mol)	环大小	每个 CH_2 的燃烧热/(kJ/mol)	环大小	每个 CH_2 的燃烧热/(kJ/mol)
3	697.1	8	663.6	13	658.1
4	686.2	9	664.4	14	658.0
5	664.0	10	663.6	15	659.0
6	658.6	11	662.7	16	658.9
7	662.3	12	659.4	17	657.7

(二) 环烷烃的结构

在环丙烷中,由于几何形状的限制,碳原子之间的夹角必须是 60°。若以 sp^3 杂化轨道成键,其夹角要求为 109.5°。因此,碳原子之间的轴和成键轨道不能在同一直线上,只是形成一个弯曲的 σ 键,称为香蕉键(banana bond)。由于形成弯曲键,原子轨道重叠程度小,因此不稳定。

现代物理方法测定得知,在环丙烷分子中,C—C—C 键角为 105.5°,比烷烃 109.5°小;C—C 键长为 0.152 nm,比烷烃 0.154 nm 短。这也说明了环丙烷分子中的 C—C σ 键是弯曲键,如图 2－8 所示。

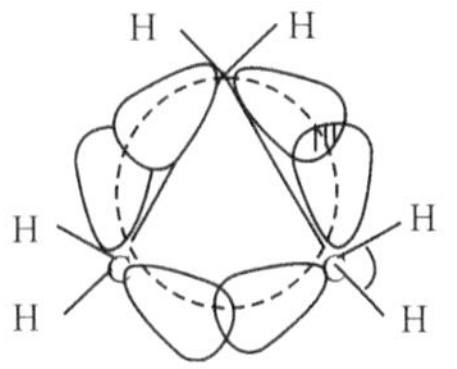

图 2－8　环丙烷的原子轨道重叠情况

环丁烷与环丙烷相似,也形成弯曲键,但弯曲程度小于环丙烷(图 2－9)。另外,环丁烷的四个碳原子不在同一平面上,呈折叠状排列(蝴蝶形),可使扭转张力减小,但环张力还是相当大的,所以环丁烷也是不稳定的化合物。

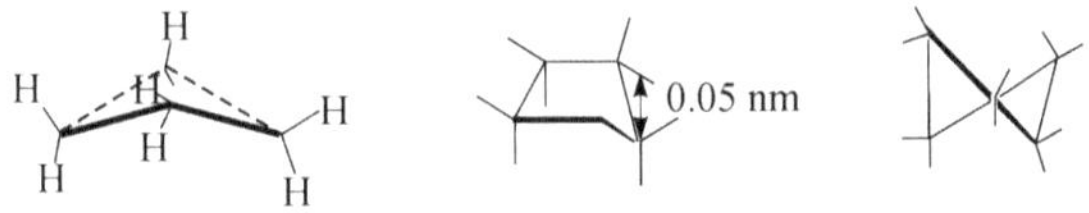

蝴蝶形　　信封形　　扭曲形

图 2－9　环丁烷和环戊烷的结构排列

环戊烷的五个碳原子也不在同一平面上,键角已接近正常键角,环的张力不大,环戊烷存在两种不同结构——信封形和扭曲形(图 2－9)。环己烷分子中的键角是正常键角 109.5°,没有环张力。而由 7～12 个碳原子组成的环烷烃虽然保持 109.5°的键角,但环内氢原子之间比较拥挤,存在扭转张力,故也不如环己烷稳定。只有相当大的环才与环己烷一样稳定,如环十二烷。

四、环己烷及取代环己烷的构象

在环烷烃中，环己烷最稳定，环己烷及其衍生物是自然界中存在最广泛的脂环化合物，因此环己烷在环烷烃中最重要，本章重点讨论。

环己烷分子中，六个碳原子不在同一平面内，碳-碳键之间的夹角可以保持 109.5°，因此环很稳定。环己烷有两种典型构象：椅式构象和船式构象。

（一）椅式构象和船式构象

在椅式构象中，相邻碳原子上的 C—H 键全部为交叉式，有六个邻位交叉构象；C1 和 C4 上的氢相距较远（0.251 nm），没有范德华斥力，因此椅式构象更稳定。

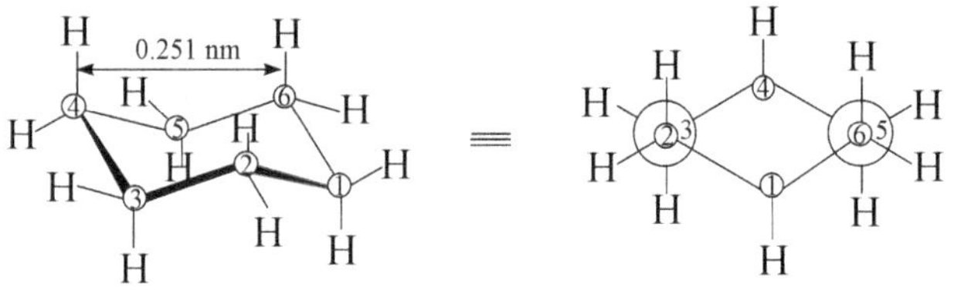

相邻碳上的C—H键全部为交叉式

在船式构象中，C2—C3 之间、C5—C6 之间为全重叠式构象，存在扭转张力，且其余相邻 C 原子之间有四个交叉构象；而 C1 和 C4 上的氢相距较近（0.183 nm），小于范德华半径（0.25 nm），存在范德华斥力，故船式构象不稳定。

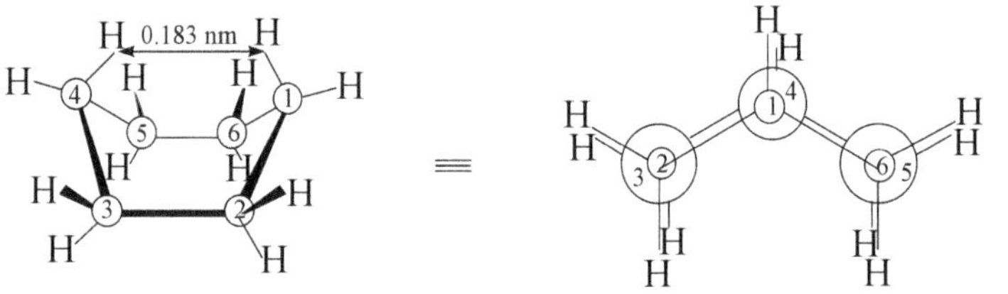

相邻碳上的C—H键全部为重叠式

（二）平伏键（e 键）与直立键（a 键）

进一步考察椅式构象（图 2-10），将其中 12 个 C—H 键分为两类：第一类六个 C—H

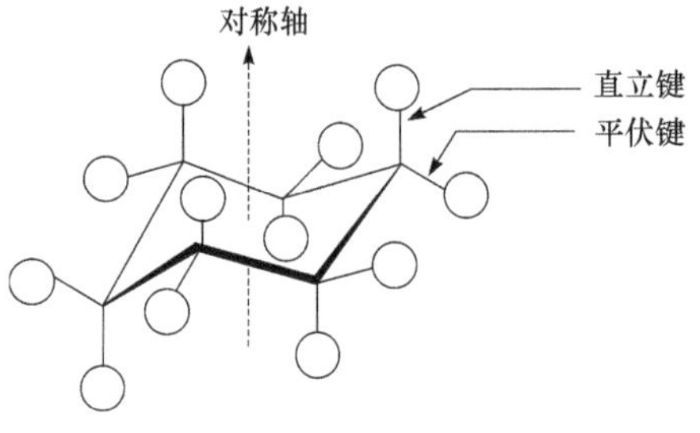

图 2-10　环己烷的直立键和平伏键

键与分子的对称轴平行，称为直立键或 a 键（其中三个向环平面上方伸展，另三个向环平面下方伸展）；第二类六个 C—H 键与直立键形成接近 109.5°的夹角，平伏着向环外伸展，称为平伏键或 e 键。每个 C 原子上具有一个 a 键和一个 e 键，如 a 键向上，则 e 键向下，交替排列；相邻两个碳原子上的 a 键（或 e 键）都是一个向上、一个向下（反式）；相隔一个碳原子的两个 a 键（或 e 键）的方向是一致的（顺式）；处于对位的两个碳原子上的 a 键（或 e 键）的方向是相反的（反式）。

在环己烷中，一种椅式构象体可以转变为另一种椅式构象体，也称构象异构体，两种构象是同一种构象。在互相转变中，原来的 a 键变成了 e 键，而原来的 e 键变成了 a 键。

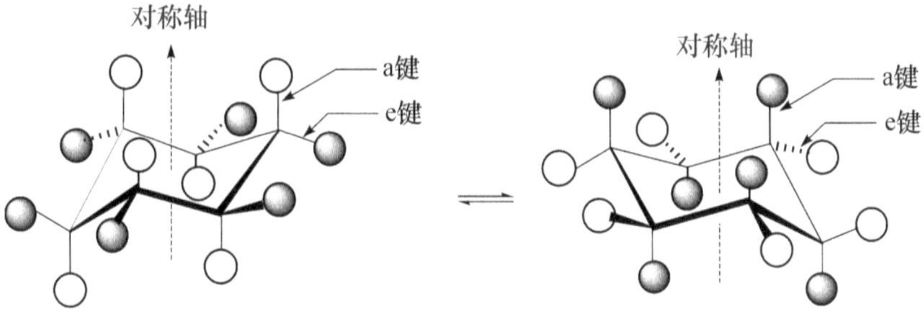

当环己烷上的氢原子被其他的原子或原子团取代后，则构象不同。

（三）取代环己烷的构象

1. 一元取代环己烷的构象

一元取代环己烷的取代基可占据 a 键，也可占据 e 键。在一般情况下，以 e 键相连的构象占优势。因为取代基在 a 键时，与相邻碳所连的碳架处于邻位交叉式位置，而取代基在 e 键时，与相邻碳所连的碳架处于对位交叉式位置。例如，1-甲基环己烷 95%是甲基处于 e 键的构象。

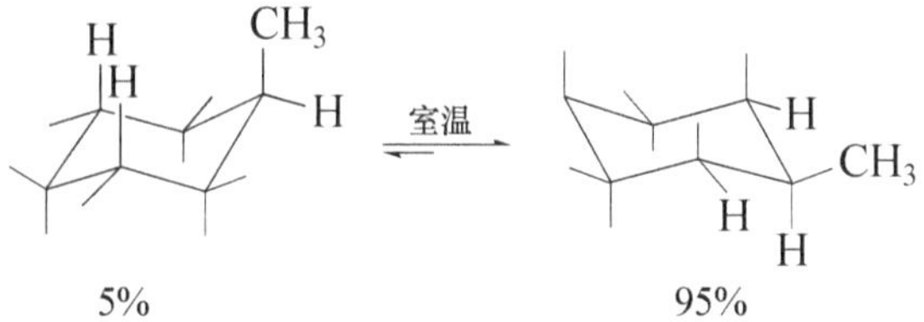

5%　　　　95%

而且取代基越大，则越明显。例如，在叔丁基环己烷中，叔丁基占据 e 键比叔丁基占据 a 键的构象更加稳定，在平衡系统中占 99.9%以上。

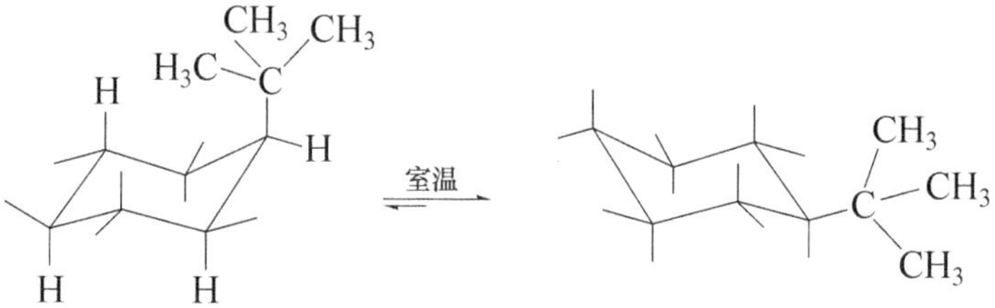

<0.1% >99.9%

所以，对于环己烷的一元取代物，取代基处于 e 键的构象是优势构象。

2. 二元取代或多元取代环己烷的构象

当环己烷上有两个或两个以上取代基时，根据取代基在环面的同侧或反侧，可产生几何异构体。例如，1,2-二甲基环己烷有顺式和反式两种异构体。

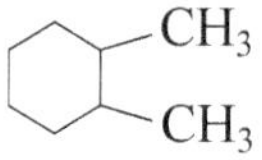

顺式

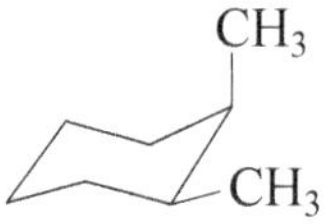

只能是e, a构象

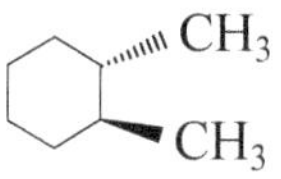

反式

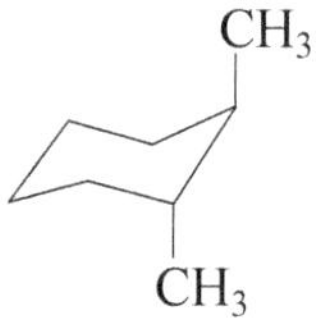

a, a构象

e, e构象(优势构象)

由上述实例可以看出，环己烷有两种极限构象（椅式和船式），椅式为优势构象；一元取代基主要以 e 键与环相连。多元取代环己烷最稳定的构象是 e 键上取代基最多的构象。如果环上有不同取代基，则大的取代基在 e 键上构象最稳定。

习 题

1. 用系统命名法命名下列化合物，并指出(1)、(2)、(3)、(4)化合物中的伯、仲、叔、季碳原子。

(1) $CH_3CH_2C(CH_2CH_3)_2CH_2CH_3$ (2) $(CH_3)_2CHCH_2CH_2CH(C_2H_5)_2$

(3) 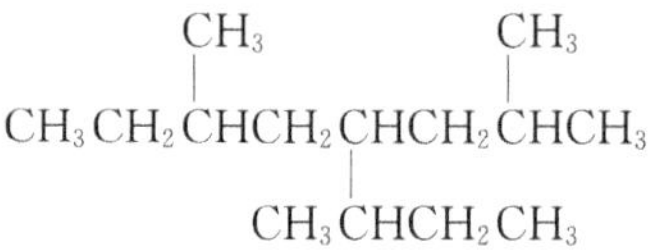

(4) 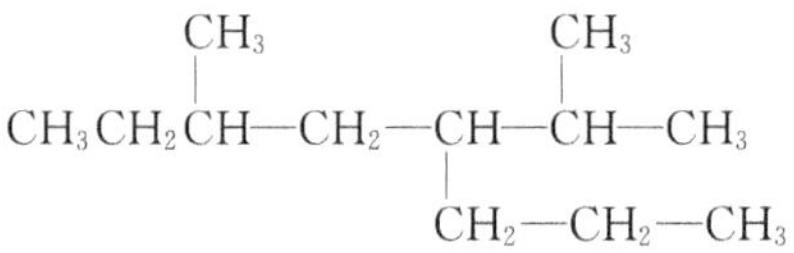

(5) 

(6) 

(7) 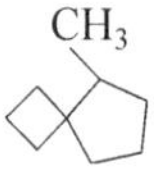

(8) 

2. 下列结构式中，哪些代表相同的化合物？用系统命名法命名。

(1) 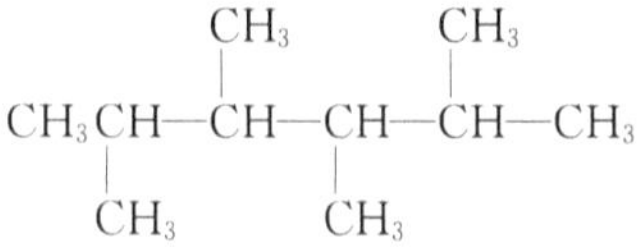　　(2) $CH_3CH(CH_3)CH_2CH_2CH_3$

(3) 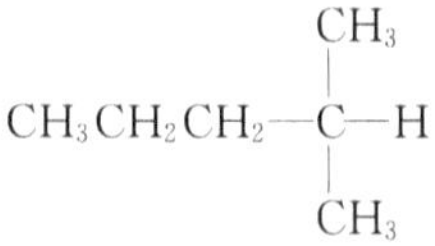　　(4) 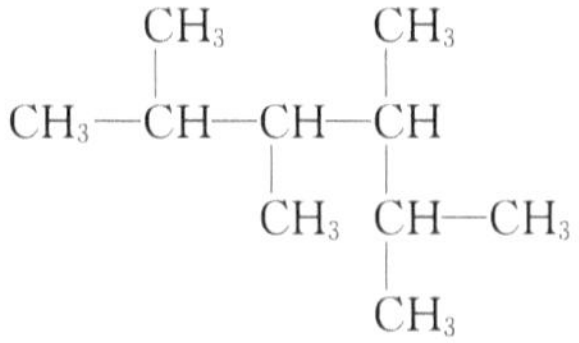

(5) $CH_3(CH_2)_2CH(CH_3)_2$　　(6) 

3. 写出符合下列条件的 C_5H_{12} 的结构式，并以系统命名法命名。

(1) 只含有伯氢，没有仲氢或叔氢。

(2) 含有一个叔氢。

(3) 只含有伯氢和仲氢而无叔氢。

4. 写出 C_7H_{16} 的同分异构体，并用系统命名法命名。

5. 写出下列各化合物的结构式，若名称违反系统命名原则，请予以改正。

(1) 2-乙基-3-甲基戊烷

(2) 3,3-二甲基丁烷

(3) 3,3,4-三甲基戊烷

(4) 3,4-二甲基-5-乙基癸烷

6. 画出 2-甲基丁烷中围绕 C2—C3 旋转的最稳定和最不稳定的纽曼投影式。

7. 指出下列化合物的沸点高低顺序。

(1) a. 2-甲基戊烷　b. 正己烷　c. 正庚烷　d. 十二烷

(2) a. $CH_3(CH_2)_4CH_3$　b. 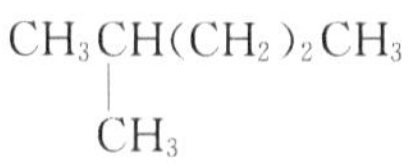　c. 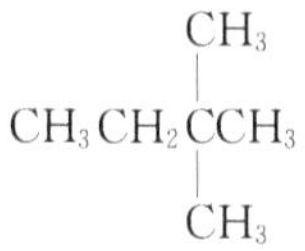

d. 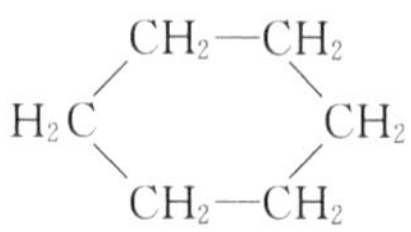

8. 比较下列自由基的稳定性。

a. 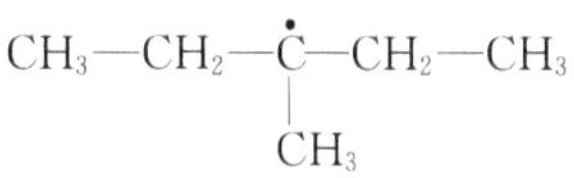　b. 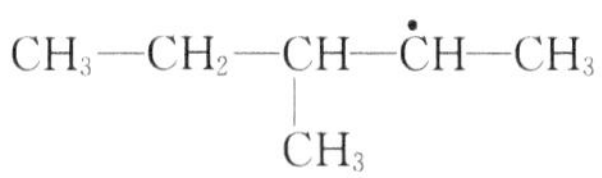

c. 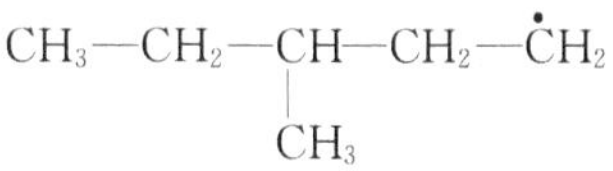

9. 试画出 1,3-二甲基环己烷的稳定构象，并说明理由。

第三章　烯　　烃

分子中含有碳-碳双键的不饱和烃称为烯烃(alkene)，分子中只含有一个碳-碳双键的不饱和烃称为单烯烃。由于分子中有一个双键，因此单烯烃比相同碳原子数的烷烃少两个氢原子，其通式为 C_nH_{2n}，它与碳原子数相同的单环烷烃互为同分异构体。

第一节　烯烃的结构和命名

一、烯烃的结构

碳-碳双键是烯烃的官能团，也是烯烃的结构特征。以乙烯为例说明碳-碳双键的结构。物理方法证明，乙烯分子的所有碳原子和氢原子都分布在同一平面上(图3-1)。

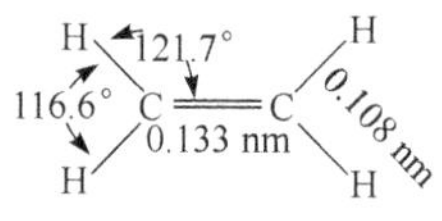

图 3-1　乙烯的结构

乙烯分子中每个碳原子只能与其他三个原子相连，因此每一个碳原子只需要三个价电子构成 σ 键，在这种情况下碳原子的价电子并不像烷烃中那样进行 sp^3 杂化，而是进行一个 s 轨道和两个 p 轨道参与的 sp^2 杂化，其结果是形成处于同一平面的三个 sp^2 杂化轨道，这三个轨道是以碳原子为中心，分别指向正三角形的三个顶点，相互之间形成一个 120°的夹角。这种排布方式常称为三角形模型。这样，乙烯分子中的两个碳原子各以两个 sp^2 杂化轨道与两个氢原子的 s 轨道交盖形成两个 σ 键，两个碳原子之间又各以一个 sp^2 杂化轨道相互交盖形成一个 σ 键，这五个 σ 键都在同一平面上(图 3-2)。

每个碳原子上还各有一个未参加杂化的 p 轨道，它们垂直于乙烯分子所在的平面上，所以它们是互相平行的，从侧面交盖形成了另一种键，称为 π 键。这种键与 σ 键不同，它不能围绕键轴自由旋转(图 3-3)。

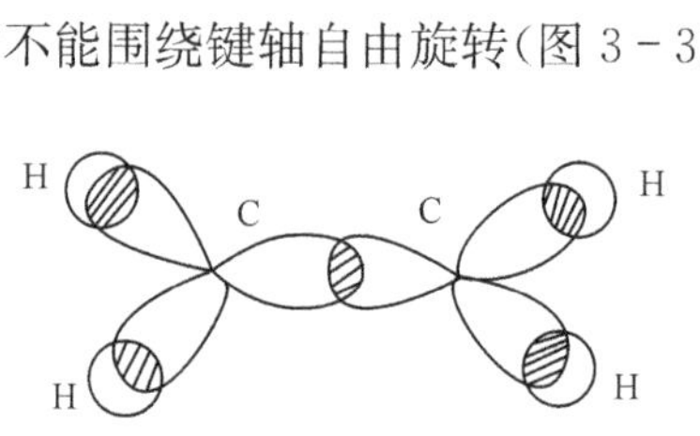

图 3-2　乙烯分子中由 sp^2 杂化轨道交盖所形成的五个 σ 键

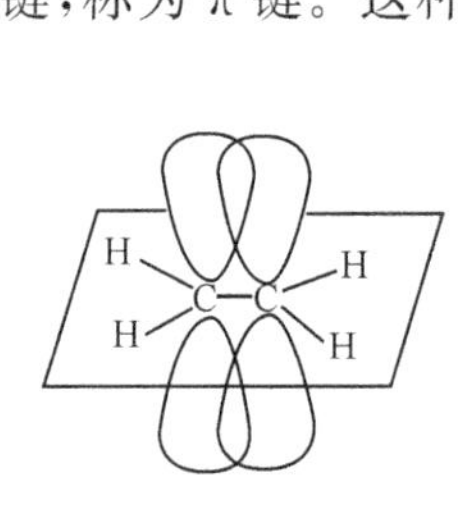

图 3-3　乙烯分子中由 p 轨道交盖所形成的 π 键

由此可见，乙烯分子中的双键是由一个 σ 键和一个 π 键组成的。当两个 p 轨道彼此平行时，彼此的侧面重叠才能最大，否则就会使 π 键削弱以致破坏，因此，以双键相连的两个碳原子之间不能自由旋转(破坏 π 键需要 263.3 kJ/mol 的能量)。由于 π 键是两个轨道侧面重叠而成的，重叠程度比较小，因而 π 键不如 σ 键牢固，容易破裂。同时，由于 π 键电子云不像 σ 键电子云那样集中在两个原子核连线上，而是分散在 σ 键面的上下方，故原子核对 π 电子的束缚较小，所以 π 电子云具有较大的流动性，容易受外界电场的影响而极化，因而 π 键的存在使烯烃具有(比烷烃)较大的反应活性。两个碳原子间由于增加了一个键，两对电子对核的束缚力比一对电子大，因而使碳原子间靠得更近。

二、烯烃的构造异构和顺反异构

烯烃由于碳架不同和双键在碳架上的位置不同而有各种构造异构体。例如，丁烯的三个同分异构体为

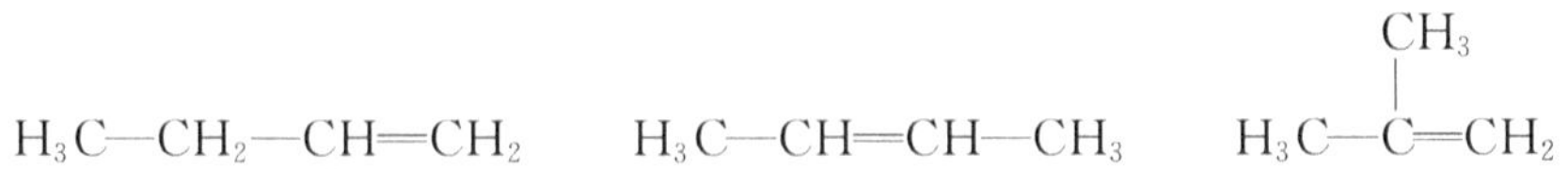

前两者为碳-碳双键位置不同而产生的官能团位置异构，后者为碳链的构造不同而产生的碳链异构。又如，戊烯的五个异构体中，其中两个是直链戊烯，只是双键位置不同；另三个是具有支链的甲基丁烯，区别也在于双键位置不同。

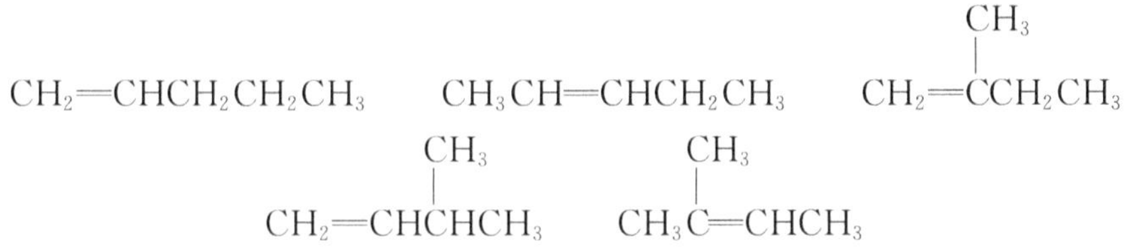

由于双键不能自由旋转，且双键两端碳原子连接的四个原子处于同一平面上，因此，当双键的两个碳原子各连接不同的原子或基团时，就会出现两种不同的空间排列方式。例如

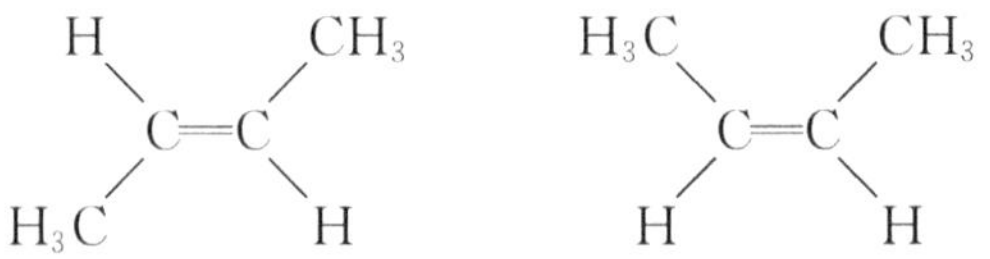

反-2-丁烯　　　　顺-2-丁烯

如上所示，两个相同基团处于双键同侧称为顺式；反之则称为反式。顺反异构体(又称几何异构体)的分子构造是相同的，即分子中各原子连接次序是相同的，不属于构造异构；而分子中各原子或基团在空间的排列方式不同，所以顺反异构属于立体异构，但它又有别于构象异构(异构体间可通过单键的旋转而相互转化)，顺反异构体之间的转化必须首先断裂共价键才能实现，因此顺反异构属于立体异构中的构型异构。

产生顺反异构体必须具备以下两个条件：

(1) 分子中存在限制碳原子旋转的因素，如碳-碳双键或环状结构。

(2) 不能自由旋转的碳原子连接的原子或原子团必须是不相同的。

三、烯烃的命名

(1) 选择含碳-碳双键在内的最长的碳链为主链,按主链碳原子的数目称为某烯。

(2) 编号从靠近双键一端开始,即首先考虑双键具有最低位次,其次考虑取代基具有最低位次,把双键碳原子上相对较低的碳原子编号写在母体名称前并用半字线隔开表示双键位置,当不可能发生误会时,也可不注明双键位置。

(3) 支链作取代基,表示方法与烷烃相同。例如

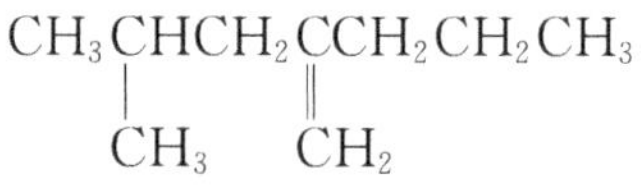

4-甲基-2-正丙基-1-戊烯

3-甲基环丙烯

烯烃分子中去掉一个氢原子的基团称为烯基。例如

$CH_2{=}CH-$	$CH_3CH{=}CH-$	$CH_2{=}CHCH_2-$
乙烯基	丙烯基(1-丙烯基)	烯丙基(2-丙烯基)

同一个碳上带有两个游离价的基团称为"亚某基"。例如

$CH_2{=}$	$CH_3CH_2CH_2CH{=}$	$(CH_3)_2C{=}$
亚甲基	亚丁基	亚异丙基

对于不能用顺、反两字命名的顺反异构体,如

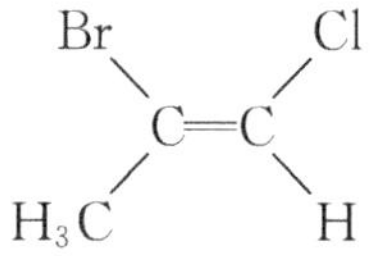

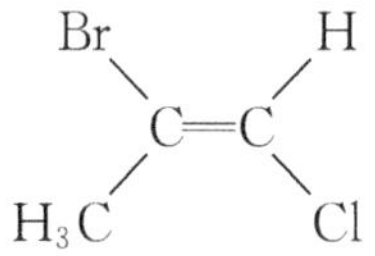

IUPAC 命名法规定用 Z、E 两个字母分别标记顺、反异构体的方法,这就是 Z/E 标记法。Z 是德文 Zusammen 的第一个字母,是"共同"的意思;E 是德文 Entgegen 的第一个字母,是"相反"的意思。这个命名法是以比较各取代基团的先后次序来区别顺反异构体的,而这种先后次序是由"次序规则"规定的(见第二章)。

设 a,a′、b,b′为烯烃所连接的四个基团,比较它们的先后次序(a 与 a′比较,b 与 b′比较)。如果 a 的次序在 a′之前、b 的次序在 b′之前(也常表示为 a>a′,b>b′),则下列结构式中,(Ⅰ)为 Z 构型,因为两个次序在前的取代基团(a 和 b)在双键同侧;(Ⅱ)为 E 构型,因为两个次序在前的取代基团(a 和 b)在双键异侧。

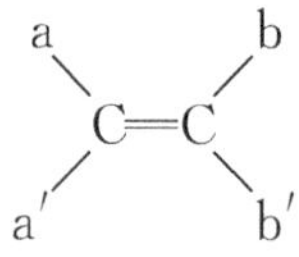

(Ⅰ)Z构型

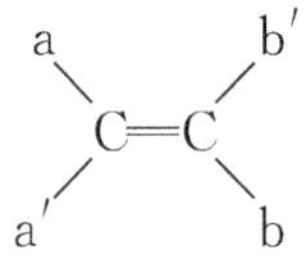

(Ⅱ)E构型

按照 Z/E 标记法,顺反异构体的命名示例如下:

例 1：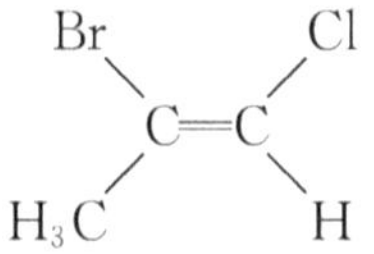　(Z)-1-氯-2-溴丙烯

例 2：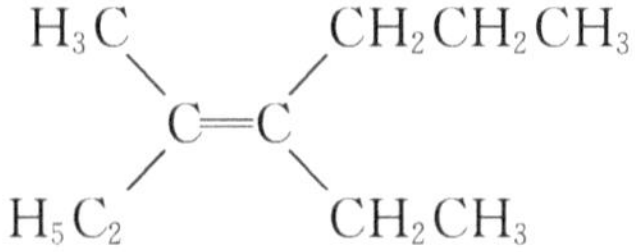　(E)-3-甲基-4-乙基-3-庚烯

例 3：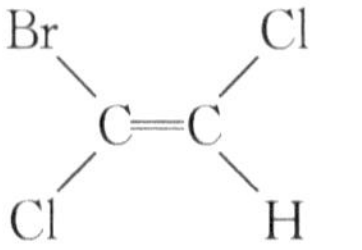　(Z)-1,2-二氯-1-溴乙烯

但按顺反命名法，例 2 和例 3 分别应为顺式和反式。可见顺式不一定是 Z 构型，反式也不一定是 E 构型。对于多烯烃(含两个或两个以上双键的烯烃)，其顺反异构体数目有可能不止两个。举例如下：

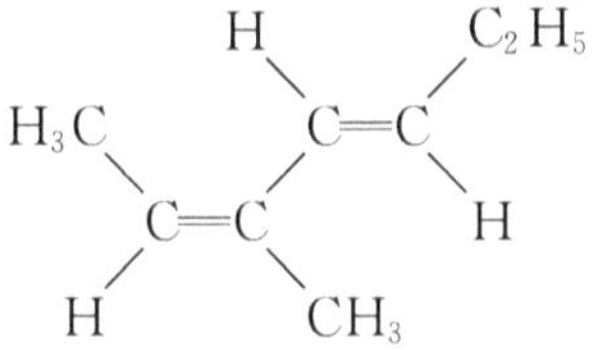

(2Z,4E)-3-甲基-2,4-庚二烯

第二节　烯烃的性质

一、烯烃的物理性质

在常温、常压下，含 2～4 个碳原子的烯烃为气体，含 5～18 个碳原子的烯烃为液体，含 19 个碳原子以上的烯烃为固体。烯烃的沸点与烷烃一样，随着碳原子数的增加而升高。与带有支链的异构体相比，直链烯烃的沸点略高。顺式异构体一般都具有比反式异构体较高的沸点和较低的熔点。这是因为顺式异构体的偶极矩比反式异构体大，而反式异构体在晶体中比顺式异构体能更紧密地排列。烯烃的相对密度都小于 1。烯烃几乎不溶于水，但可溶于非极性溶剂，如戊烷、四氯化碳和乙醚等。

二、烯烃的化学性质

(一) 加成反应

加成反应就是双键中 π 键打开，两个一价的原子或基团分别加到双键两端的碳原子上，形成两个新的 σ 键，这是烯烃的主要反应。烯烃的几何形状及电子分布决定了烯烃容易受到带正电荷或带部分正电荷的亲电试剂(分子或离子)的进攻，具有供电性能(亲核性能)。在反应中，具有亲电性能的试剂称为亲电试剂，由亲电试剂的作用而引起的加成反应称为亲电加成反应。烯烃的加成反应主要是亲电加成反应(催化氢化

除外)。

1. 催化加氢

$$RCH{=}CHR' + H_2 \xrightarrow{Ni} RCH_2CH_2R'$$

该反应需要很高的活化能,通常情况下反应是不会发生的,催化剂可使活化能降低,使反应进行。催化剂的种类很多,除镍(Ni)外,还可用钯(Pd)、铂(Pt)等金属细粉以及一些复杂的配合物,如氯化铑和三苯基膦的配合物$(Ph_3P)_3RhCl$。这一反应机理一般认为是氢和烯烃都被吸附于催化剂的表面进行反应。

烯烃的加氢反应是放热反应。1 mol 不饱和化合物(含一个双键)氢化时所放出的热量称为氢化热。具体数值随烯烃结构的不同而有所变化,氢化热大,表明分子的热力学能大,稳定性低。

2. 加卤素

烯烃容易与氯或溴发生加成反应,碘一般不与烯烃发生反应。氟与烯烃反应太剧烈,得到碳链断裂各种产物,无实用意义。例如

$$CH_3CH{=}CH_2 + Br_2 \xrightarrow{CCl_4} H_3C{-}\underset{\displaystyle Br}{\underset{|}{C}H}{-}\overset{\displaystyle Br}{\overset{|}{C}H_2}$$

烯烃和卤素的加成也是亲电加成反应,实验证明卤素加成是反式加成,得到反式加成产物。

实验证实,其反应机理如下:烯烃 π 键的存在使碳-碳双键具有供电性,当溴分子接近烯烃时,由于 π 电子云的影响,溴分子发生了极化,一个溴原子带部分正电荷,另一个溴原子带部分负电荷。溴的带正电荷部分进一步接近烯烃时,溴的极化程度加深,结果溴分子发生了异裂,形成环状溴鎓离子,使第二步溴负离子只能从环的反面进攻碳原子,得到反式加成产物。

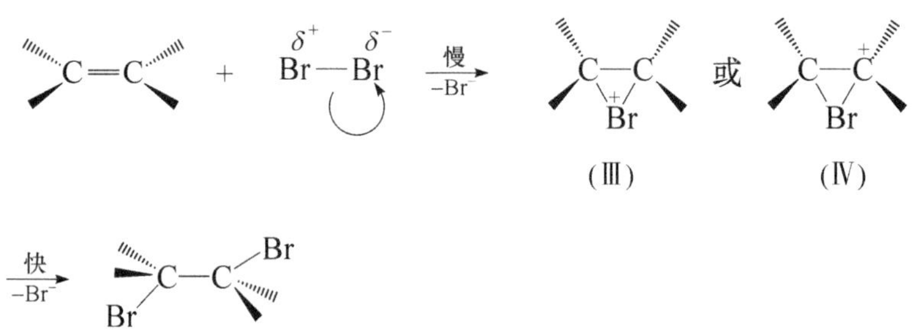

(Ⅲ) (Ⅳ)

3. 加卤化氢

烯烃可与卤化氢发生亲电加成反应，生成相应的卤代烷。反应可在适度极性溶剂(如乙醇、乙酸等)中进行，因为极性卤化氢和极性较低的烯烃可溶于这些溶剂。

卤化氢反应活性为 HI>HBr>HCl。HF 与烯烃反应十分剧烈，同时发生聚合等副反应。

烯烃与卤化氢的反应机理包括两个步骤：第一步生成碳正离子()中间体；第二步碳正离子与卤离子结合生成卤代烷。

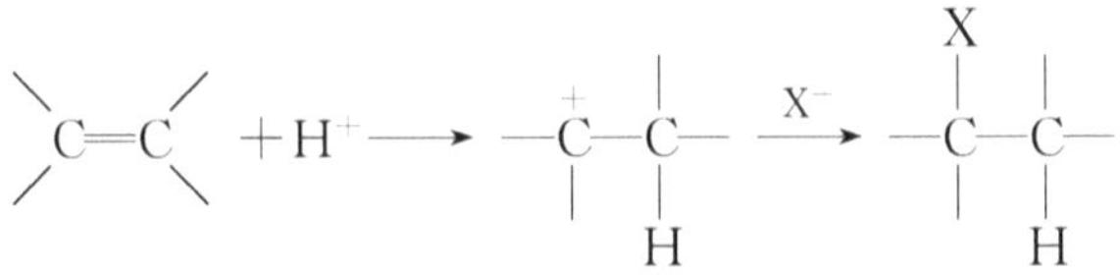

第一步涉及共价键断裂，比第二步离子间反应活化能高，所以是决定反应速率的步骤。

当一个不对称烯烃(如丙烯)与卤化氢(不对称试剂)反应时，可能形成两种不同产物。例如

$$CH_3CH{=}CH_2 + HBr \longrightarrow CH_3CHBrCH_3 + CH_3CH_2CH_2Br$$

实验证明主要产物是异丙基溴。

1887 年，俄国化学家马尔科夫尼科夫(Markovnikov)根据一些不对称烯烃与 HX 加成所得主要产物总结出一条经验规则：HX 中的氢总是加到含氢较多的双键碳上，而试剂其余部分加到双键的另一个碳上。这一规则简称马氏规则。

在解释马氏规则前，先讨论一下诱导效应。

分子中成键原子电负性不同，导致分子中电子云密度分布发生改变，并通过静电诱导沿分子链传递，这种通过静电诱导传递的电性效应称为诱导效应(inductive effect，I 效应)。诱导效应是分子中原子间相互影响的一种电子效应。

$$CH_3\overset{\delta\delta\delta^+}{CH_2}\rightarrow\overset{\delta\delta^+}{CH_2}\rightarrow\overset{\delta^+}{CH_2}\rightarrow\overset{\delta^-}{Cl}$$

I 效应的大小及方向一般以 C—H 键作为比较标准。若电负性 X>H>Y，则 X 为吸电子基团，用−I 表示；Y 为斥电子基团，用+I 表示。

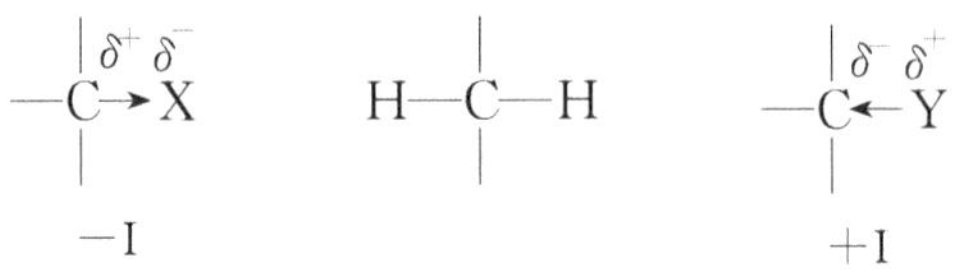

"→"表示电子偏转方向。常见基团的电负性大小顺序如下：

$$—F > —Cl > —Br > —OCH_3 > —NHCOCH_3 > —C_6H_5 > —CH{=}CH_2 >$$
$$—H > —CH_3 > —C_2H_5 > —CH(CH_3)_2 > —C(CH_3)_3$$

H 前面的为吸电子基团，具有吸电子的诱导效应，用－I 表示，电负性越大，－I 效应越强；H 后面的为斥电子基团，具有给电子的诱导效应，用＋I 表示，电负性越小，＋I 效应越强。随着距离增长，I 效应迅速减弱，一般传递三个 σ 键其影响可忽略不计。

利用诱导效应可解释反应中间体碳正离子稳定性差异。根据物理学原理，一个体系的电荷越分散，这个体系就越稳定。比较以下伯、仲、叔碳正离子和甲基碳正离子的构造可以看出，甲基是斥电子基团，中心碳原子上连接的甲基越多，中心碳原子的正电荷就越低，即正电荷的分散程度越高，它们的稳定性如下：

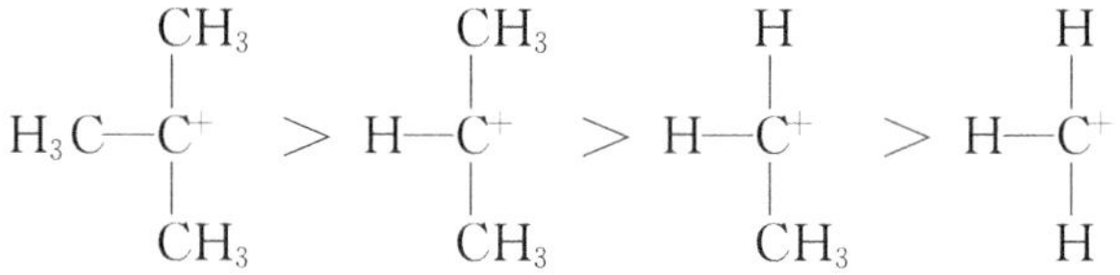

显然，中心碳原子上连接的烷基越多，正电荷越分散，因而越稳定。

当 HX 与烯烃加成时，决定速率的一步是形成碳正离子的一步，而越稳定的产物越易生成，所以氢离子总是加在具有更少烷基取代的双键碳原子上，而 X^- 总是加在具有更多烷基取代的双键碳原子上，这是生成更稳定的活性中间体碳正离子的需要。前面提到的丙烯与 HBr 的加成之所以主产物是异丙基溴，是由于异丙基碳正离子比正丙基碳正离子稳定。所以马氏规则的真正内涵是："当不对称试剂与双键发生亲电加成反应时，试剂中正电性部分主要加到能形成较稳定碳正离子的那个碳原子上。"

在日光或过氧化物 R—O—O—R（最常用的是 Ph—C(=O)—O—O—C(=O)—Ph 过氧化苯甲酰）作用下，烯烃与 HBr 的加成的取向正好与马氏规则相反。例如

$$CH_3CH{=}CH_2 + HBr \xrightarrow{R—O—O—R} CH_3CH_2CH_2Br$$

反马规则的加成又称为烯烃与 HBr 加成的过氧化物效应（烯烃与 HCl、HI 加成无过氧化物效应）。它不是离子型的亲电加成，而是自由基型的加成反应。其反应机理如下：

链引发：$R—O—O—R \longrightarrow 2RO\cdot$

$RO\cdot + HBr \longrightarrow Br\cdot + ROH$

链增长：$Br\cdot + CH_3CH{=}CH_2 \longrightarrow CH_3\dot{C}HCH_2Br$

$CH_3\dot{C}HCH_2Br + HBr \longrightarrow CH_3CH_2CH_2Br + Br\cdot$

链终止：（略）

4. 加硫酸

烯烃与浓硫酸反应，生成烷基硫酸氢酯，反应遵循马氏规则。烷基硫酸氢酯可水解

转变成醇，这是工业上制备醇的方法之一。

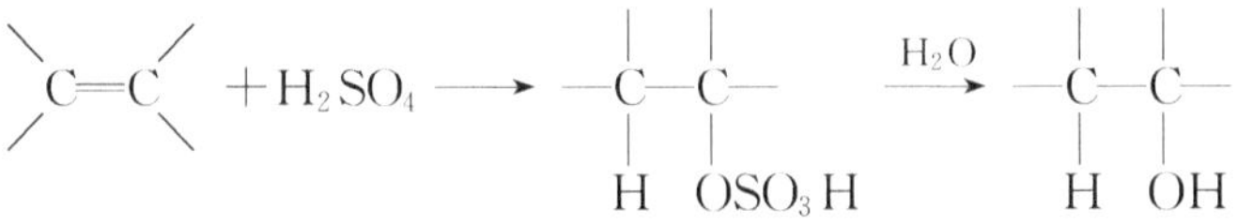

烯烃与浓硫酸的加成也常用于烯烃和烷烃分离，因为烷基硫酸氢酯溶于硫酸中处于下层，不发生反应的烷烃处于上层。

（二）氧化反应

烯烃易被氧化，主要在双键位置上发生反应，氧化产物的结构取决于试剂和反应条件。

1. 高锰酸钾氧化

稀的高锰酸钾溶液在中性或碱性条件且低温时可把烯烃氧化为连二醇，在双键位置上引入顺式的两个羟基，这个反应称为烯烃的羟基化反应。作为实验室制备二元醇的一个方法，可用四氧化锇（OsO_4）代替高锰酸钾，得到更高产率的连二醇。

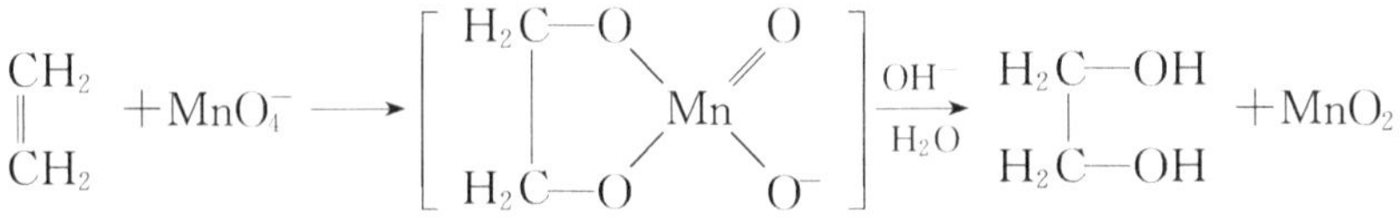

如果用浓的、热的或酸性高锰酸钾氧化，则使生成的二醇继续氧化，在原来双键位置上发生断裂，得到的产物将是酮、酸或酮和酸的混合物。

$$RCH=CH_2 \xrightarrow{KMnO_4} RCOOH + CO_2$$

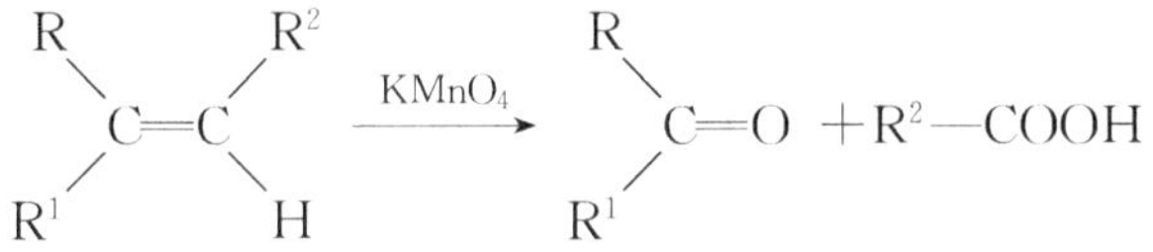

紫红色的高锰酸钾在反应中迅速脱色，因此该反应可作为烯烃的鉴别反应。

2. 臭氧化反应

将含有6%～8%臭氧的空气通入烯烃或烯烃溶液中，臭氧迅速和烯烃作用，生成臭氧化物。

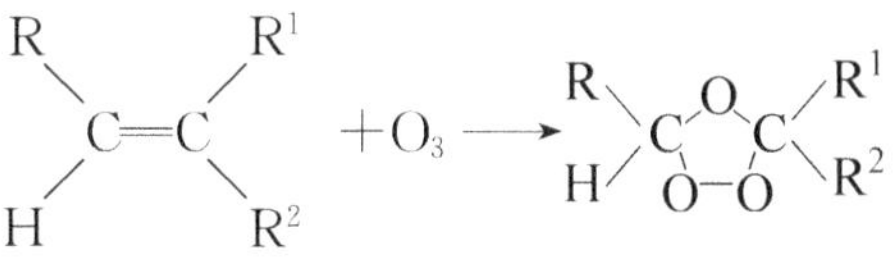

臭氧化物易爆炸，可不经分离而进行下一步水解反应生成羰基化合物。

第四章　炔烃和二烯烃

炔烃(alkyne)是含有碳-碳叁键的不饱和烃，二烯烃则是含有两个碳-碳双键的不饱和烃。链状单炔烃和链状二烯烃的通式都是 C_nH_{2n-2}。碳原子数相同的炔烃和二烯烃互为官能团异构体。

第一节　炔　　烃

一、炔烃的结构和命名

（一）炔烃的结构

碳-碳叁键是炔烃共同的特征结构，是炔烃的官能团。

最简单的炔烃是乙炔，其结构是 H—C≡C—H 。在乙炔分子中，碳原子外层的四个价电子以一个 s 轨道和一个 p 轨道杂化，组成两个等同的 sp 杂化轨道，两个 sp 杂化轨道的轴在一条直线上。两个 sp 杂化的碳原子各以一个 sp 杂化轨道结合形成碳-碳 σ 键，另一个 sp 杂化轨道各与氢原子的 s 轨道结合，形成碳-氢 σ 键(图 4－1)，所以乙炔分子中的碳和氢四个原子均在一条直线上，键角为 180°。

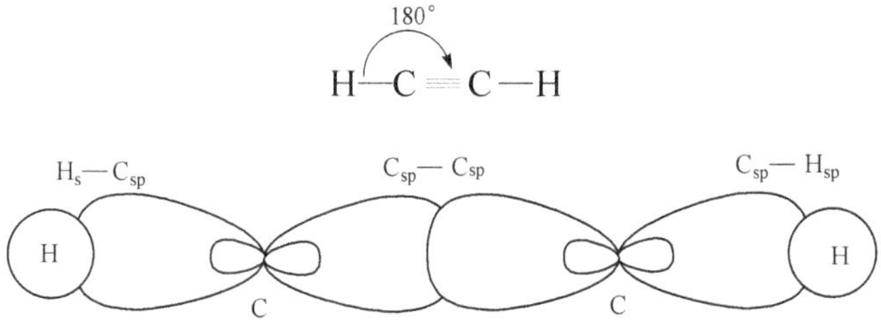

图 4－1　乙炔分子中的三个 σ 键

每个碳原子所余下的两个互相垂直的 p 轨道分别平行重叠，形成两个互相垂直的 π 键，且这两个 π 键的键轴与 sp 杂化轨道的轴两两垂直，如图 4－2(a)所示。这样形成的两个 π 键的电子云并不是四个分开的球形，而是围绕 C_{sp}—C_{sp} σ 键形成一个圆筒，如图 4－2(b)所示。所以碳-碳叁键是由一个 σ 键和两个 π 键组成的。

实验同样证明乙炔为线形分子。碳-碳叁键的键长为 0.120 nm，比碳-碳双键及碳-碳单键都要短；键能为 836.8 kJ/mol，比碳-碳双键及碳-碳单键的键能都要大。这是由于碳-碳键有两个 π 键，原子核间距离更近，因此叁键的键长相应缩短(图 4－3)，键能相应增大。

(a) 乙炔分子中的π键　　(b) 乙炔分子中两个π键电子云

图 4-2　乙炔分子形成示意图

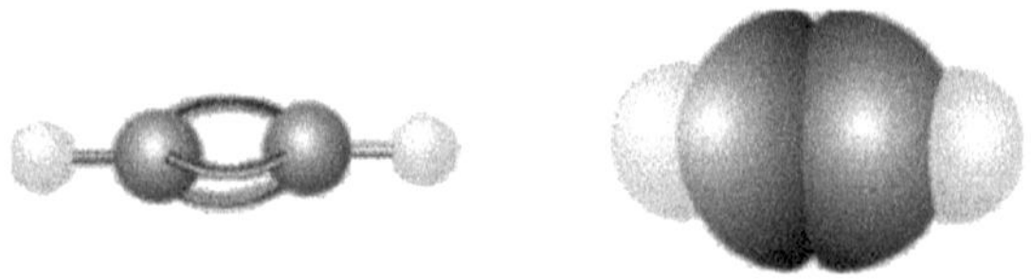

(a) 球棍模型图　　(b) 比例模型图

图 4-3　乙炔分子的立体模型

（二）炔烃的同分异构现象和命名

乙炔和丙炔没有异构体。从丁炔开始有构造异构现象。炔烃的构造异构现象也是由碳链不同和叁键的位置不同所引起的，但炔烃的构造异构体数目比相同碳原子数目的烯烃少。由于叁键上只能连一个取代基，因此炔烃不存在顺反异构现象。

炔烃的系统命名法与烯烃相似，即选择包含叁键的最长碳链为主链，按主链碳原子数命名为某炔，主链碳原子的编号从靠近叁键的一端开始，侧链为取代基。例如

$CH_3C\equiv CH$　丙炔

$CH_3C\equiv CCH_3$　2-丁炔

$HC\equiv C-CH(CH_3)-CH_3$　3-甲基-1-丁炔

对于分子中同时含有双键和叁键的化合物，命名时选择包含双键和叁键均在内的最长碳链为主链，编号时应遵循“最低系列原则”，命名时“炔”放在后面。例如

$H_3C-C\equiv C-CH(CH_3)-CH=CH_2$　3-甲基-1-己烯-4-炔

$H_3C-CH=CH-CH(CH_3)-C\equiv CH$　3-甲基-4-己烯-1-炔

当双键、叁键处在相同位次时，则给双键以最低编号。例如

$HC\equiv C-CH_2-CH=CH_2$

1-戊烯-4-炔

二、炔烃的物理性质

炔烃的物理性质与烷烃、烯烃基本相似，四个碳以下的炔烃在常温、常压下为气体，

相对密度小于1,但沸点和相对密度等均比相应的烯烃略高。炔烃不溶于水,易溶于四氯化碳、石油醚、苯、丙酮等有机溶剂中。一些炔烃的沸点和熔点见表4-1。

表4-1　一些炔烃的沸点和熔点

化合物	英文名称	熔点/℃	沸点(0.1 MPa)/℃
乙炔	ethyne(acetylene)	−80.8	−84
丙炔	propyne	−101.5	−23.2
1-丁炔	1-butyne	−125.9	8.1
2-丁炔	2-butyne	−32.3	27.0
1-戊炔	1-pentyne	−90	40.2
2-戊炔	2-pentyne	−101	56.1
3-甲基-1-丁炔	3-methyl-1-butyne	−89.7	29.0
1-己炔	1-hexyne	−132.4	71.4
2-己炔	2-hexyne	−89.6	84.5
3-己炔	3-hexyne	−103.2	81.4
1-辛炔	1-octyne	−79.6	126.2
1-壬炔	1-nonyne	−36.0	160.6
1-癸炔	1-decyne	−40.0	182.2

由于不同杂化状态碳原子的电负性大小次序为 $sp > sp^2 > sp^3$,在叁键碳原子和烷基碳原子单键之间的电子云偏向叁键碳原子一边,因此不对称的炔烃具有偶极矩,而且比相应的烯烃大,对称的炔烃偶极矩为零。例如

$$\underset{\mu=0.80\ \mathrm{D}}{CH_3CH_2C\equiv CH} \qquad \underset{\mu=0.30\ \mathrm{D}}{CH_3CH_2CH=CH_2} \qquad \underset{\mu=0}{CH_3C\equiv CCH_3}$$

三、炔烃的化学性质

炔烃含有碳-碳不饱和键,可以进行与烯烃相似的加成反应,碳-碳叁键被氧化断裂,生成羧酸。另外,炔烃分子中的叁键碳原子为sp杂化,电负性较强,因而表现为叁键碳上氢原子有一定的活泼性。

(一) 加成反应

1. 催化加氢反应

炔烃在催化剂催化作用下加氢,首先生成烯烃,如进一步加氢则生成烷烃。

$$R-C\equiv CH \xrightarrow[\text{催化剂}]{H_2} R-CH=CH_2 \xrightarrow[\text{催化剂}]{H_2} R-CH_2-CH_3$$

在加氢的反应中,炔烃比烯烃具有更大的反应活性,更容易进行加氢。主要是由于炔烃在催化剂表面吸附作用较强,它的吸附阻止了烯烃在催化剂表面的吸附,而催化加氢主要靠催化剂表面的吸附作用,因此炔烃更容易进行催化加氢。例如,在同一分子中同时含有叁键和双键,催化加氢时首先是叁键发生加氢反应。

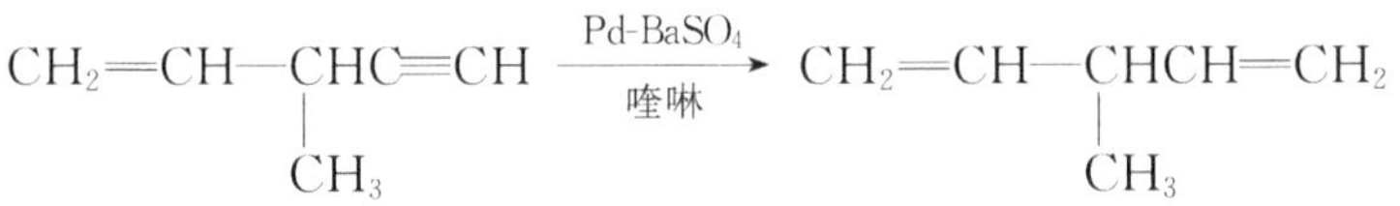

利用叁键和双键在加氢反应活性上的差异，选择用喹啉部分毒化的 Pd-$BaSO_4$[沉淀在 $BaSO_4$ 上的金属钯，加喹啉是为了降低其活性，一般称为林德拉(Lindlar)催化剂]，可使反应停留在烯烃阶段。例如

$$\underset{\text{2-戊炔}}{CH_3C{\equiv}CCH_2CH_3} \xrightarrow[\text{喹啉}]{Pd\text{-}BaSO_4} \underset{\text{2-戊烯}}{CH_3CH{=}CHCH_2CH_3}$$

工业上常采用选择性加氢反应，使石油裂解得到的乙烯中所含的微量乙炔转化为乙烯，以提高乙烯的纯度。

2. 亲电加成反应

炔烃的主要反应也是 π 键打开的亲电加成反应。但碳-碳叁键包含两个 π 键，不仅能与一个试剂分子加成，而且可以打开第二个 π 键与另一个试剂分子加成，生成饱和化合物。

1) 与卤素加成

炔烃可以与卤素加成。炔烃与氯、溴加成，先生成一分子加成产物，但一般还可以再继续加成，得到两分子加成产物——四卤代烷烃。

$$RC{\equiv}CR \xrightarrow{X_2} RXC{=}CXR \xrightarrow{X_2} RCX_2{-}CX_2R$$

$$HC{\equiv}CH \xrightarrow[FeCl_3]{Cl_2} ClCH{=}CHCl \xrightarrow{Cl_2} HCCl_2{-}CHCl_2$$

炔烃的亲电加成反应比烯烃的亲电加成困难。当分子中兼有双键时，首先在双键上发生卤素的加成。例如，在低温、缓慢地加入溴的条件下叁键可以不参与反应。这种加成也称选择性加成。

$$H_2C{=}CH{-}CH_2{-}C{\equiv}CH \xrightarrow{Br_2} CH_2Br{-}CHBr{-}CH_2C{\equiv}CH$$

2) 与氢卤酸加成

炔烃可以与氢卤酸 HX(X＝Cl、Br、I)加成，反应时同样不如烯烃那样容易进行。不对称炔烃的加成反应也遵循马氏规则。

$$RC{\equiv}CH \xrightarrow{HX} RCX{=}CH_2 \xrightarrow{HX} RCX_2{-}CH_3$$

3) 与水加成

在稀硫酸存在下，特别是有强酸和二价汞存在下，炔烃可以与水发生加成反应。首先是碳-碳叁键与一分子水加成，生成双键碳上连有羟基的烯醇$\left(\begin{array}{c} {-}\underset{|}{C}{=}\underset{|}{C}{-}OH \end{array}\right)$，或

二、二烯烃的系统命名

二烯烃的命名原则与单烯烃相似。命名时选择含两个双键的最长碳链为主链，根据主链碳原子的数目称为某二烯；从靠近双键的一端开始对主链碳原子编号，按照“较优先基团后列出”的原则，将取代基的位次、数目、名称，以及两个双键的位次写在母体名称的前面。例如

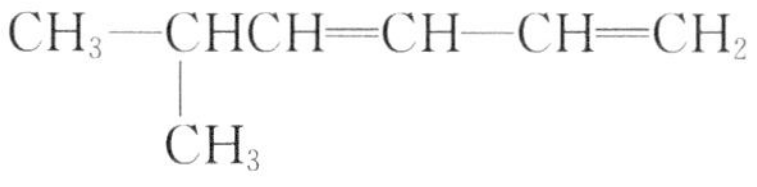

5-甲基-1,3-己二烯

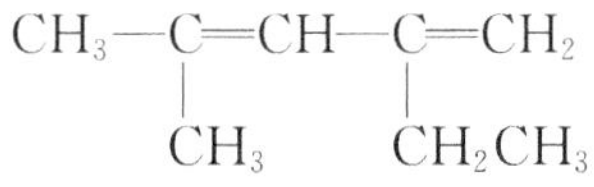

4-甲基-2-乙基-1,3-戊二烯

若有顺反异构，还需标明其构型。例如

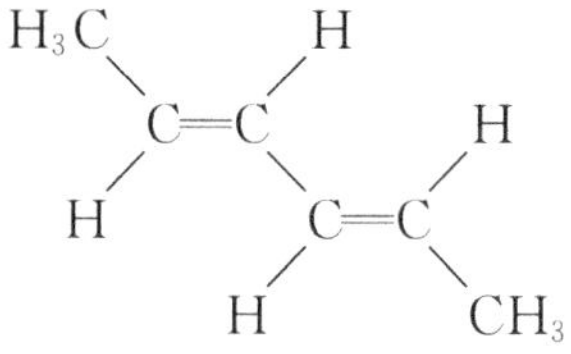

(2*E*,4*E*)-2,4-己二烯

(或反,反-2,4-己二烯)

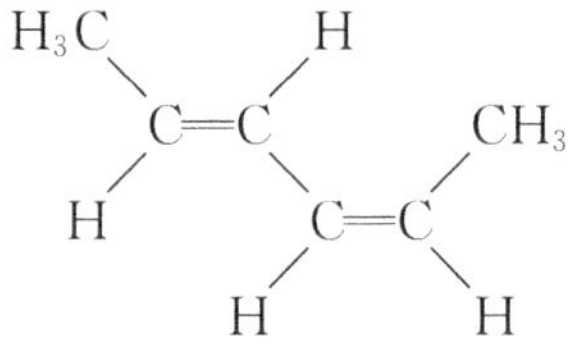

(2*Z*,4*E*)-2,4-己二烯

(或顺,反-2,4-己二烯)

三、1,3-丁二烯的结构和共轭效应

(一) 1,3-丁二烯的结构

由物理方法测定结果得知，1,3-丁二烯分子中的 C═C 键长(0.135 nm)比单烯烃中的 C═C 键长(0.134 nm)略长，而 C—C 键长(0.146 nm)比烷烃中的 C—C 键长(0.154 nm)明显缩短。此外，还有一些物理及化学性质也不同于单烯烃或隔离二烯烃，这是由 1,3-丁二烯分子的特殊结构决定的。

1,3-丁二烯分子中，每个碳原子都是 sp^2 杂化状态，它们彼此各以一个 sp^2 杂化轨道互相重叠，形成 C—C σ 键，其余的 sp^2 杂化轨道与氢原子的 1s 轨道重叠形成 C—H σ 键。由于 sp^2 杂化轨道是平面分布的，因此分子中所有的原子有可能都处在同一平面内，这样每个碳原子剩下的一个 p 轨道保持互相平行，如图 4－4 所示。结果，不仅 C1 与 C2 之间及 C3 与 C4 之间的 p 轨道可以相互平行重叠形成 π 键，而且 C2 和 C3 的 p 轨道由于相邻且互相平行，彼此之间也得以部分重叠，从而可以认为 C2—C3 也有部分双键的性质。C2 与 C3 p 轨道重叠的结果使得 1,3-丁二烯分子中四个 p 电子的运动范围不再两两局限于 C1—C2 或 C3—C4 之间，而是运动于四个原子核的外围(电子发生离域运动)，形成一个离域的大 π 键，称为共轭 π 键。

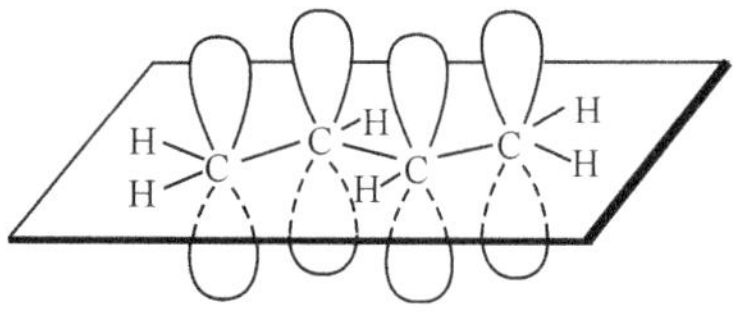

图 4－4　1,3-丁二烯分子中的大 π 键

在 1,3-丁二烯分子中,由于 π 电子的离域,不但碳-碳双键上有 π 电子云,而且 π 电子云还流动到碳-碳单键上,使双键的电子云密度相对降低,键长增大;而单键的电子云密度相对增加,键长缩短。

在不饱和化合物中,如果与碳-碳双键相邻的原子上有 p 轨道,则此 p 轨道可与碳-碳双键形成一个包括三个或三个以上原子的大 π 键(共轭 π 键)。含有共轭 π 键的体系称为共轭体系。共轭体系有几种不同的形式,它们在物理及化学性质上有许多特殊的表现:

(1) 键长平均化。例如,1,3-丁二烯分子中的 C1 和 C2、C3 和 C4 间的键长为 0.135 nm,乙烯分子中的 C═C 键长为 0.134 nm;1,3-丁二烯分子中 C2 和 C3 间键长为 0.146 nm,而乙烷分子的 C—C 键长为 0.154 nm,说明 1,3-丁二烯分子中不存在典型的单键和双键,特别是 C2 和 C3 间的键具有部分双键的性质。

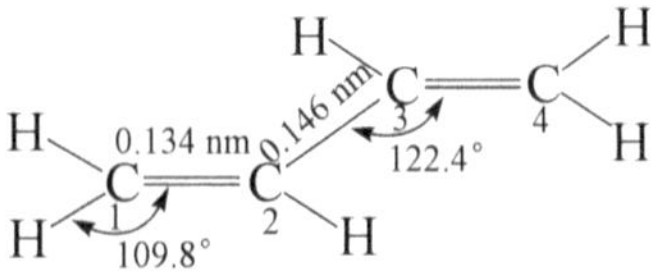

(2) 分子的稳定性提高。烯烃氢化时,断开一个 π 键,形成两个 σ 键所放出的能量称为烯烃的氢化热。氢化热越大,表明分子热力学能越大,分子稳定性越小;反之亦然。因此可以利用烯烃的氢化热比较同分异构体的稳定性。实验测出一些烯烃的氢化热如下:

烯烃	$H_2C{=}CHCH_2CH{=}CH_2$	$CH_3CH{=}CHCH{=}CH_2$
氢化热	254.4 kJ/mol	226.0 kJ/mol
烯烃	$CH_3CH_2CH{=}CH_2$	$CH_2{=}CH{-}CH{=}CH_2$
氢化热	126.9 kJ/mol	238.9 kJ/mol

上述数据表明,共轭二烯烃比相应隔离二烯烃的氢化热小,也比相应单烯烃的两倍还小,说明共轭二烯烃的热力学能低,分子比较稳定。

(二) 共轭效应

共轭体系是指含有共轭 π 键的体系,可以是分子的一部分,也可以是整个分子。

共轭体系中存在特殊的电子效应,即不论一个共轭体系有多长,共轭体系的一端受到的影响能通过共轭链强度不变地传递到共轭体系的另一端,这种电子效应称为共轭效应。

根据形成共轭 π 键的轨道类型不同,共轭效应有以下几种类型:

(1) π-π 共轭。单键两侧为两个 π 键,是 π 电子云和 π 电子云参与的共轭,称为 π-π 共轭,如 1,3-丁二烯 $H_2C{=}CH{-}CH{=}CH_2$。

(2) p-π 共轭。单键一侧为 π 键,另一侧为 p 轨道,且该 p 轨道和 π 键的 p 轨道相互平行,形成离域 π 键。这类共轭称为 p-π 共轭。p 轨道可以有两个未共用电子或一个游离的单电子,也可以是一个空轨道(图 4-5)。

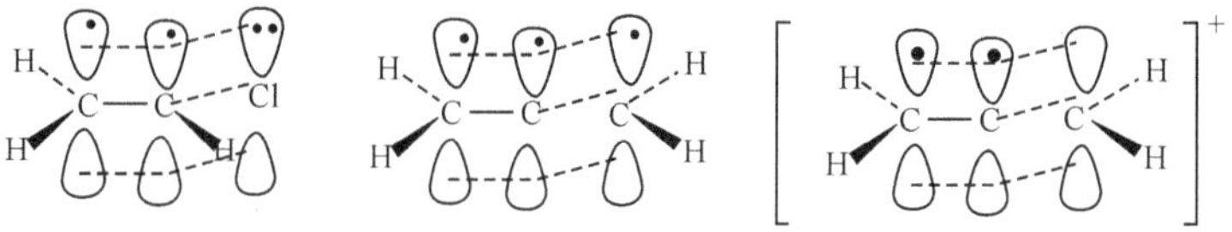

图 4-5　p-π 共轭的三种类型

(3) σ-π 超共轭。由双键的 π 电子云与相邻的碳-氢(C—H)σ 键电子云相互重叠而引起的离域称为 σ-π 超共轭效应。

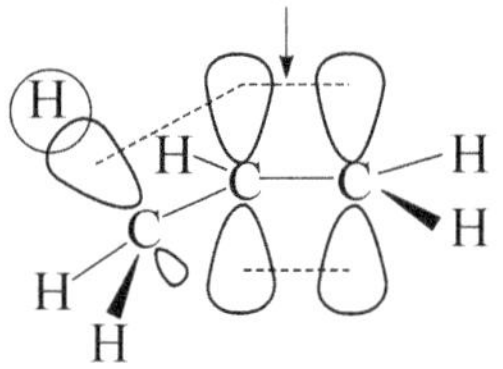

σ-π超共轭

在烯烃中,甲基烷基等的斥电子作用实际上主要是 σ-π 超共轭效应的体现。

(4) σ-p 超共轭效应。由 p 轨道与相邻的碳-氢(C—H)σ 键电子云相互重叠而引起的离域称为 σ-p 超共轭效应。

在讨论活泼反应中间体(碳正离子或碳自由基)的稳定性时,常需要考虑σ-p超共轭效应。例如

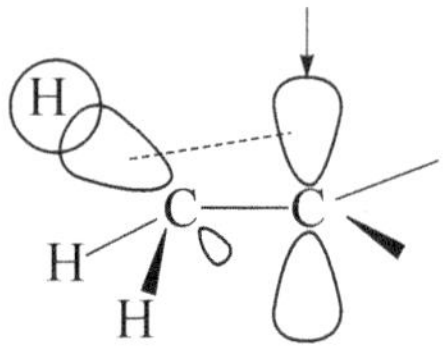

σ-p超共轭

超共轭效应的大小与 π 轨道或 p 轨道相邻碳上的 C—H σ 键多少有关,C—H σ 键越多,超共轭效应越大。因此 π 轨道或 p 轨道相邻基团超共轭效应的大小次序为

$$CH_3—>RCH_2—>R_2CH—>R_3C—$$

超共轭效应越强,碳正离子、碳负离子或碳自由基稳定性越强。因此伯、仲、叔这三种碳正离子或三种自由基中,叔碳正离子最稳定以及叔碳自由基稳定性最大。

四、共轭二烯烃的化学反应

共轭二烯烃具有双键的一些化学性质,但由于是共轭体系,因而又显示了一定的特殊性质。

（一）1,2-加成和 1,4-加成

与烯烃相似，共轭二烯烃与卤素、卤化氢也能发生亲电加成反应。但由于其结构特殊，加成产物通常有两种。例如

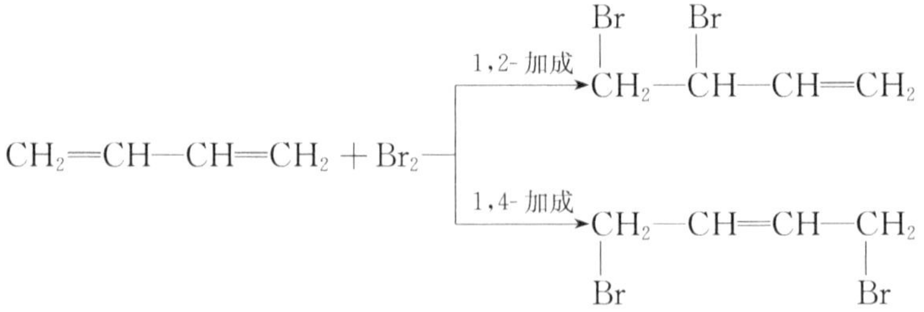

在上面的反应中，两个溴原子分别加到 C1 和 C2 上的加成方式称为 1,2-加成，而分别加到 C1 和 C4 上的加成方式称为 1,4-加成。为什么 1,3-丁二烯与溴加成时，既可按 1,2-加成，又可按 1,4-加成呢？这是因为共轭二烯烃与溴的加成反应和单烯相似，也是分步进行的。第一步是溴正离子先加上去，生成碳正离子Ⅰ和Ⅱ。

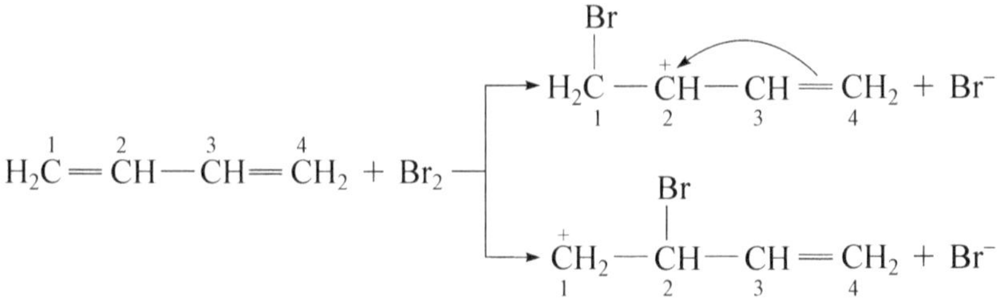

在碳正离子Ⅰ中，带正电荷的碳原子与双键碳原子相连，由于碳正离子的空 p 轨道与双键的 π 轨道相互重叠，形成 p-π 共轭体系，碳-碳双键中的 π 电子可以按箭头所指的方向转移，其结果是 C2 上的正电荷分散在 C2、C3 和 C4 三个碳原子上，使整个体系的能量降低。而在碳正离子Ⅱ中，C1 上的 p 轨道不能与相隔的 π 轨道重叠，π 键的两个电子定域在 C3 与 C4 的 π 轨道中，所以正电荷只能局限在 C1 上。因此，碳正离子Ⅰ比碳正离子Ⅱ稳定。加成反应第一步主要是通过形成碳正离子Ⅰ进行的。

由于共轭体系内极性交替的存在，碳正离子Ⅰ中的正电荷不是平均分布在 C2、C3 和 C4 这三个碳原子上，而是 C2 和 C4 带有部分正电荷，所以反应的第二步，Br^- 既可以与 C2 结合，也可与 C4 结合，形成 1,2-加成产物和 1,4-加成产物。1,2-加成产物和 1,4-加成产物的相对数量与共轭二烯烃的结构、反应温度和试剂等因素有关。

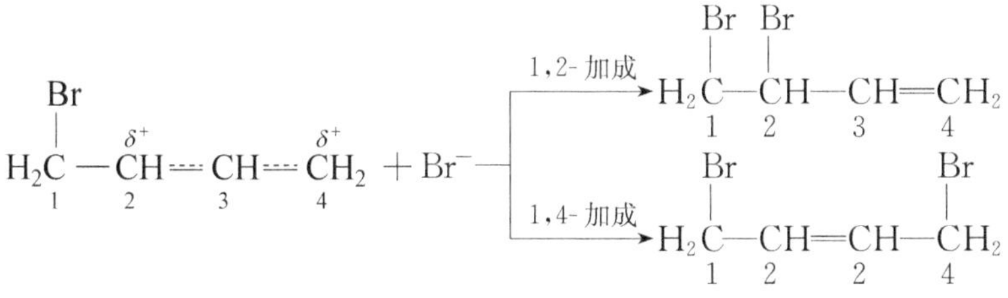

（二）双烯合成——第尔斯-阿尔德反应

共轭二烯烃可以与某些具有碳-碳双键的不饱和化合物进行 1,4-加成反应，反应是共轭二烯烃（如 1,3-丁二烯）及乙烯或乙烯的衍生物各用两个 π 电子，重新组合形成两个新的 σ 键而成环，生成环状化合物，所以这类反应称为环化反应。这个反应又称双烯合成、第尔斯-阿尔德反应。例如

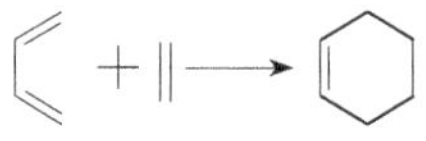

环己烯

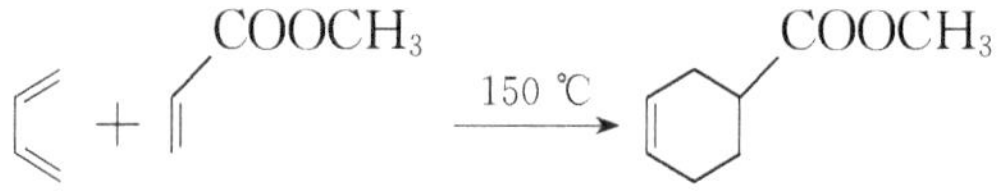

丙烯酸甲酯　　4-环己烯甲酸甲酯

双烯合成中，就反应物的结构而言，最简单的是 1,3-丁二烯与乙烯的反应，但这个反应需要的条件较苛刻，一般需要高温高压，产率也比较低。

在反应中，含有共轭碳-碳双键的化合物称为双烯体。能与共轭二烯烃反应的重键化合物常称为亲双烯体，如前两例反应中的乙烯和丙烯酸甲酯。实践证明，当亲双烯体的双键碳原子上连有吸电子基团（如—CHO、—COR、—CN、$—NO_2$ 等）时，反应比较容易进行；当共轭二烯烃中连有给电子基团时，反应比较容易进行。这是合成含六元环化合物的重要方法。

五、重要化合物

（一）乙炔

乙炔最早用作照明，燃烧时产生白光。乙炔和氧气燃烧时的氧炔焰温度可高达 2700 ℃，因此目前乙炔的主要用途之一是用氧炔焰焊接和切割铁和钢。它的另一主要用途是广泛用作各种重要有机化合物的原料。

乙炔是十分活泼的物质，这与它的高热力学能有关。因此，当在加压液化时（b. p. −84 ℃），如遇热或撞击很容易引起激烈的爆炸，造成运输不便。但由于乙炔很容易溶解在丙酮溶液中（1 体积丙酮可以溶解 25 体积乙炔），因此在运输中，一般在 1～1.2 MPa下将乙炔压入盛有丙酮饱和的多孔性物质（硅藻土、石棉、木屑）的钢瓶中，便可安全储存和运输。

（二）常见的共轭二烯烃

1,3-丁二烯和异戊二烯是合成橡胶的工业上最重要的两种原料。1,3-丁二烯主要由石油裂解而得到的 C_4 馏分（丁烯、丁烷等）进一步脱氢而得。

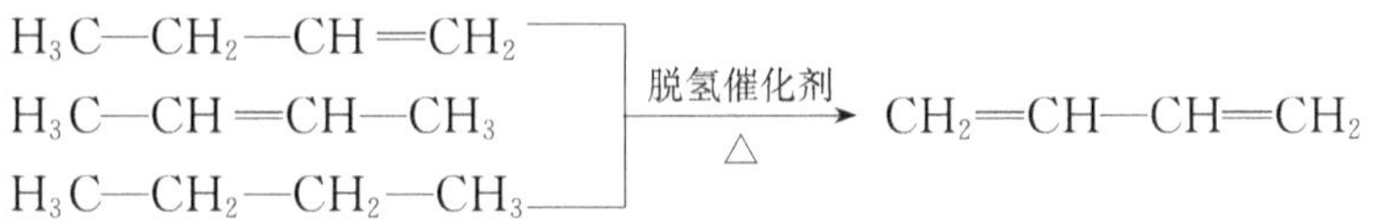

石油化工的发展保证了1,3-丁二烯大量而廉价的供应,因此1,3-丁二烯是工业上比较理想的合成橡胶原料。以1,3-丁二烯为单体聚合或共聚得到的合成材料,除丁钠橡胶之外,还有丁腈橡胶、ABS树脂(ABS是单体丙烯腈、丁二烯和苯乙烯的英文缩写)等。

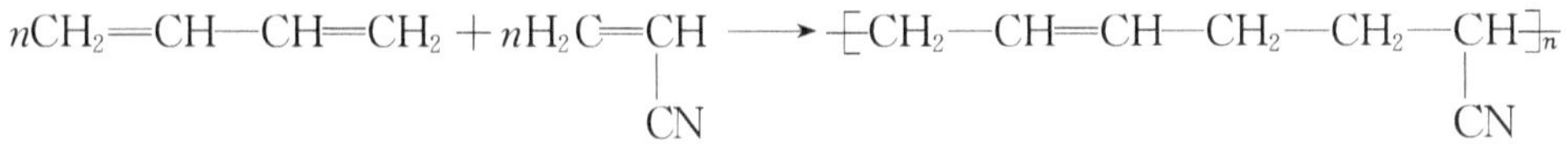

丁腈橡胶

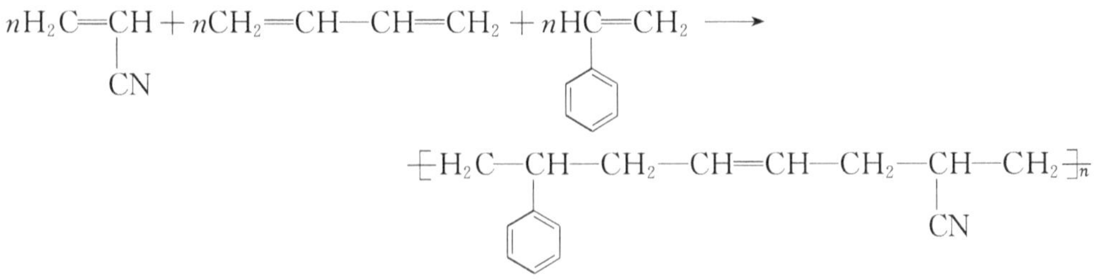

ABS树脂

合成橡胶的另一种重要原料异戊二烯,也可以以石油裂解产物中的低级烃(丙烯)为原料,然后通过一系列的反应得到。

习　　题

1. 用系统命名法命名下列化合物或写出化合物的结构式。

(1) $(CH_3)_2CHC{\equiv}CCH(CH_3)_2$

(2) 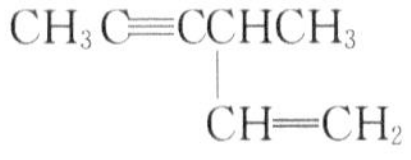

(3) 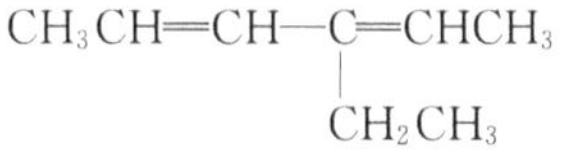

(4) 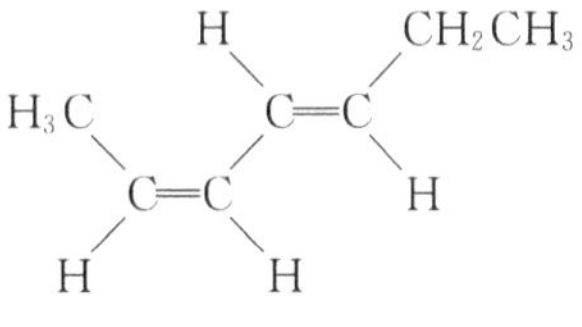

(5) 2,2,5-三甲基-3-己炔

(6) 3-甲基-3-戊烯-1-炔

(7) 2-甲基-1,3,5-己三烯

(8) (2*E*,4*E*)-2-氯-2,4-庚二烯

2. 指出下列结构式中每个碳原子的杂化形式。

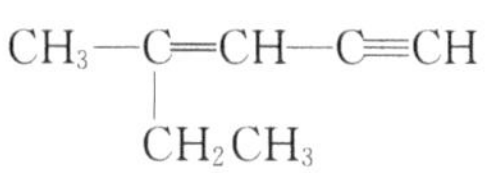

3. 用简单并有明显现象的化学方法鉴别下列各组化合物。

(1) 正己烷、1,4-己二烯、1-己炔

(2) 1-己炔、2-己炔、正己烷

4. 分别写出 $CH_2=CH-CH=CH_2$、$CH_3CH_2CH_2C\equiv CH$ 与下列试剂反应的产物。

(1) 1 mol Br_2　(2) 2 mol Br_2　(3) 1 mol HBr　(4) 酸性 $KMnO_4$ 溶液

5. 完成下列反应。

(1) $CH_3CH_2C\equiv CH + HCl(过量) \longrightarrow$

(2) $CH_3CH_2C\equiv CCH_3 + H_2O \xrightarrow{HgSO_4/H_2SO_4}$

(3) $CH_2=CHCH=CH_2 + CH_2=CHCHO \longrightarrow$

(4) $CH_2=CH-C\equiv CH + HCl(1\ mol) \longrightarrow$

(5) $CH_3CH_2C\equiv CH + H_2 \xrightarrow[喹啉]{Pd\text{-}BaSO_4}$

(6) $CH_3-\underset{CH_3}{\underset{|}{C}}=CH-CH_2-C\equiv CH \xrightarrow{KMnO_4/H^+}$

6. 下列化合物可通过第尔斯-阿尔德反应合成，试指出它们的双烯体和亲双烯体。

(1) 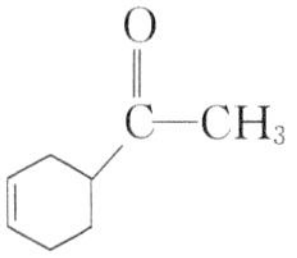　　(2) 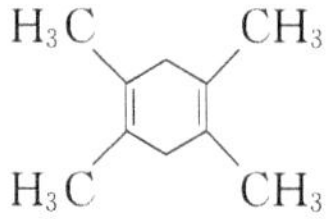　　(3) 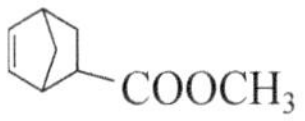

7. 用适当的化学方法除去下列混合物中的少量杂质。

(1) 粗乙烷中的少量乙炔

(2) 粗乙烯中的少量乙炔

8. 分子式为 C_5H_{10} 的化合物 A，与氢作用得到分子式为 C_5H_{12} 的化合物。A 在酸性高锰酸钾中反应得到一个含有四个碳原子的羧酸，A 经过臭氧氧化并还原水解，得到两种不同的醛。试推测 A 可能的结构式，用反应式加简要说明表示推断过程。

9. 分子式为 C_6H_{10} 的化合物 A，催化加氢生成 2-甲基戊烷，A 与氯化亚铜的氨溶液作用产生红色沉淀。试推测 A 的结构式，写出有关反应式，并写出 A 在汞盐催化下与水作用的产物。

10. 某烃 A 的相对分子质量为 80，催化加氢时，10 g 样品可吸收 750 mg 氢气，A 经臭氧氧化并还原水解，只得到甲醛、乙二醛两种产物。试推测 A 的结构式。

第五章　旋 光 异 构

有机化合物的同分异构现象非常普遍，通常可将同分异构分为两大类：

(1) 结构异构。有机化合物的分子中原子间相互连接的次序不同所产生的异构称为结构异构。结构异构又可分为碳链异构、位置异构、官能团异构和互变异构。

(2) 立体异构。有机化合物的分子中原子或基团相互连接的次序相同，但在空间排列的方式不同，所产生的异构称为立体异构。分子中原子或基团在空间排列的方式称为构型。因此立体异构就是结构式相同而构型不同的异构现象。立体异构又可分为几何异构、旋光异构和构象异构。本章讨论旋光异构。

第一节　物质的旋光性

物质的旋光性又称光学活性，是指旋光性的物质能使平面偏振光发生旋转的性质。同理，能使偏振光发生旋转的物质称为旋光性物质，也称为光学活性物质。

光是一种电磁波，它的振动方向与传播方向互相垂直。假如一束普通光从纸的背后，垂直地通过纸面，则其光波的振动方向可用图 5-1(a)中双箭头的方向表示。普通光是与光前进方向相垂直的平面内产生多向振动的光。

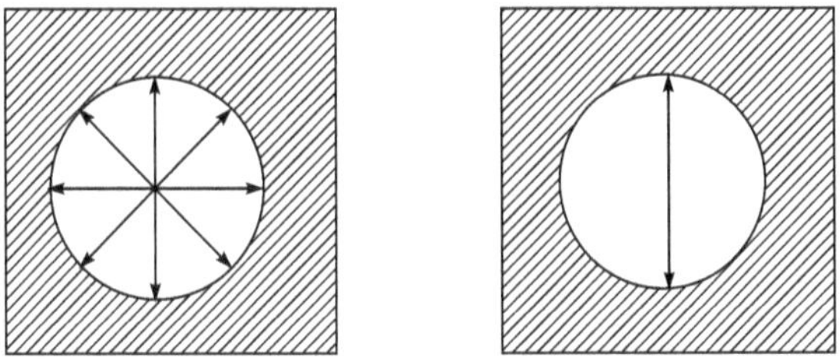

(a) 普通光　　(b) 偏振光

图 5-1　普通光和偏振光光波振动方向示意图

如果将普通光通过一块尼科尔(Nicol)棱镜，由于这种棱镜只能让与它镜轴平行振动的光波通过，因此通过棱镜的光就变成了单向振动的光。1808 年马鲁斯(Malus)首先发现了这一现象，把这种单向振动的光称为偏振光，简称偏光[图 5-1(b)]。偏振光振动所在平面称为振动面，与此垂直的面称为偏振面(图 5-2)。

如果在镜轴平行的两个尼科尔棱镜之间放一支玻璃管，在玻璃管中分别放入各种有机物的溶液，然后用一光源向第一个棱镜的方向照射，并在第二个棱镜后面观察，可以发现，当玻璃管内放有乙醇、丙酮等物质时，光的亮度没有改变；而当玻璃管中放有乳酸、丙氨酸、酒石酸等溶液时，第二个棱镜后面见到的光的亮度减弱，但如将第二个棱镜

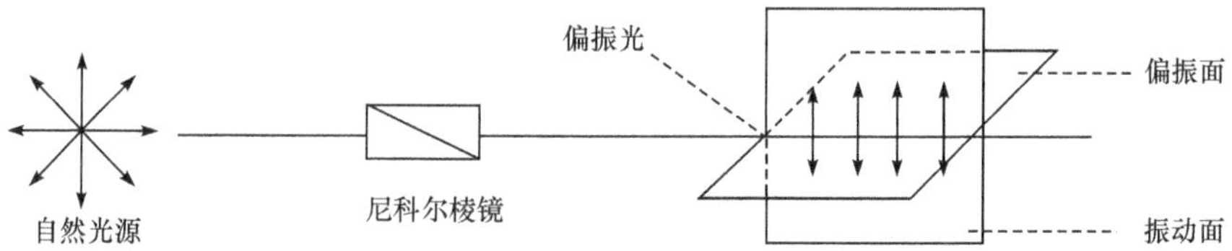

图 5-2　偏振光的形成及振动方向示意图

向左或向右转动一定角度以后，又能见到最大亮度的光。这种现象必然是这些有机物将偏振光的振动平面旋转了一定的角度所致，具有这种性质的物质就称为“旋光性物质”（或光学活性物质）。使偏振光振动平面向右旋转（顺时针方向）的称为右旋，向左旋转（反时针方向）的称为左旋。

测定物质旋光度的仪器是旋光仪（图5-3）。在旋光仪中，起偏镜是一个固定不动的尼科尔棱镜，其作用是使由光源“射来的光”变成偏振光。检偏镜是能转动的尼科尔棱镜，用来测定物质使偏振光振动面旋转的角度和方向，其数值可由相连的刻度盘读出。

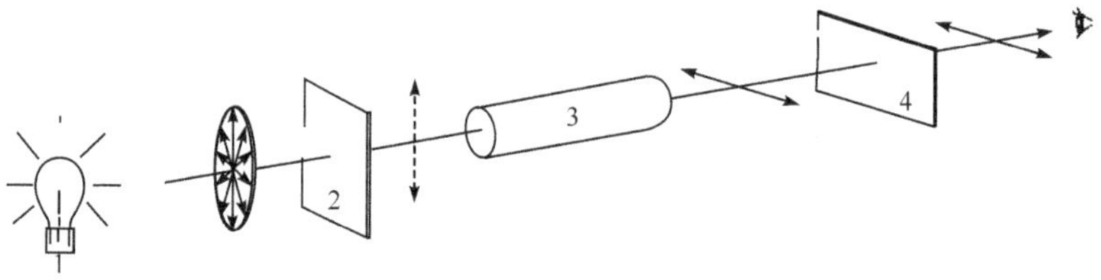

图 5-3　旋光仪构造示意图

1. 光源；2. 起偏镜；3. 盛液管；4. 检偏镜

当检偏镜和起偏镜平行，并且盛液管是空着或放有无旋光活性物质的溶液时，用光源照射，则由旋光仪的目镜可以见到最大强度的光，这时刻度盘指在 0°。当盛液管中放入含旋光活性物质的溶液时，由起偏镜射来的光的振动平面被它向左或向右旋转了一定角度，因此到达目镜的光的强度就被减弱。转动检偏镜至光的亮度最强时为止，刻度盘上就可读出左旋或右旋的度数。

旋光性物质能使偏振光振动平面旋转的角度称为旋光度，一般用“α”表示。向右旋（顺时针）用“+”或“d”表示；向左旋（反时针）用“－”或“l”表示。一般测旋光度时多用钠光光源（波长 589 nm），用 λ 表示。物质的旋光能力常用比旋光度表示。比旋光度是用 1 mL 中含有 1 g 溶质的溶液，放入 1 dm 长的盛液管中测出的旋光度，用[α]表示。它与溶液的浓度、盛液管长度、温度、光的波长以及溶液的性质有关。[α]按下列公式计算：

$$[\alpha]_\lambda^t = \frac{\alpha}{cl}$$

式中：[α]为比旋光度；t 为测定温度（一般为 20 ℃）；λ 为钠光波长（nm）；α 为旋光度；c 为溶液浓度（g/mL）；l 为盛液管长度（dm）。

若被测物质为纯液体，则按下式计算：

$$[\alpha]_{\lambda}^{t}=\frac{\alpha}{\rho l}$$

式中：ρ 为液体的密度(g/cm^3)；其他符号同上式。

第二节 分子的手性和不对称性

人的两只手看起来似乎没有区别，但把左右手的手套调换一下戴就觉得不合适，左右手实质是实物和镜像的关系(图 5-4)。左右手无论如何调换也不能完全重叠(图 5-5)。但球与其镜像可以完全重叠。

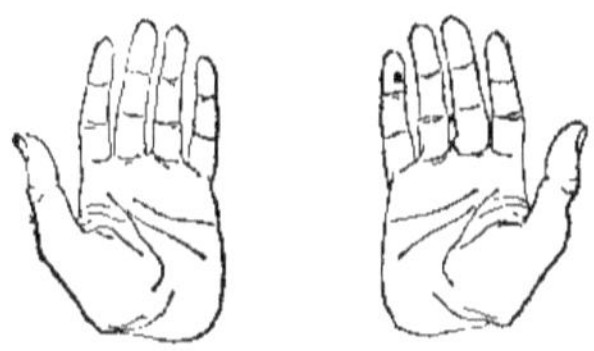

图 5-4 左右手互为镜像

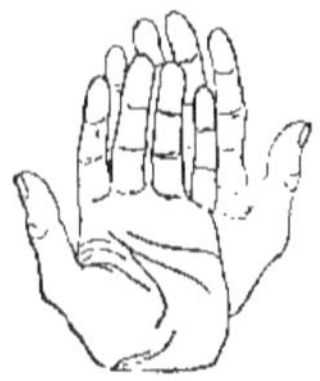

图 5-5 左手和右手不能重叠

左右手的这种关系也存在于化学的微观世界中。某些化合物也存在手性，这样的分子称为手性分子(实物和镜像不能完全重叠的分子)，如乳酸、蔗糖等。具有手性分子的物质一般都含有手性碳原子。手性碳原子是指在分子结构中与四个不同的原子或基团相连的碳原子，一般用“ * ”表示。例如

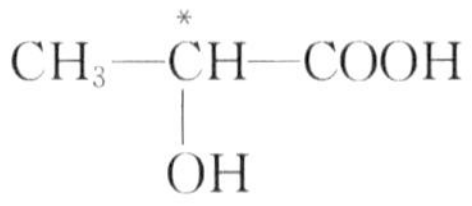

乳酸

不能与镜像叠合是手性分子的特征。但是要判断一个化合物是否具有手性，并非一定要考察它与镜像能否叠合。因为一个分子是否能与其镜像叠合和分子的对称性有关，所以考察分子的对称性就能判断它是否具有手性。研究分子的对称性，需要考虑的对称因素主要有下列四种：

(1) 对称轴(旋转轴)。设想分子中有一条直线，当分子以此直线为轴旋转 $360°/n$ 后(n 为正整数)，得到的分子与原来的相同。这条直线就是 n 重对称轴。例如，图 5-6 是有 2 重对称轴的分子。

(2) 对称面(镜面)。设想分子中有一平面，它可以把分子分成互为镜像的两半。这个平面就是对称面。例如，图 5-7 是有对称面的分子。

(3) 对称中心。设想分子中有一个点，从分子中任何一个原子出发，向这个点作一直线。再从这个点将直线延长出去，则在与该点前一线段等距离处，可以遇到一个同样的原子，这个点就是对称中心。例如，图 5-8 是有对称中心的分子。

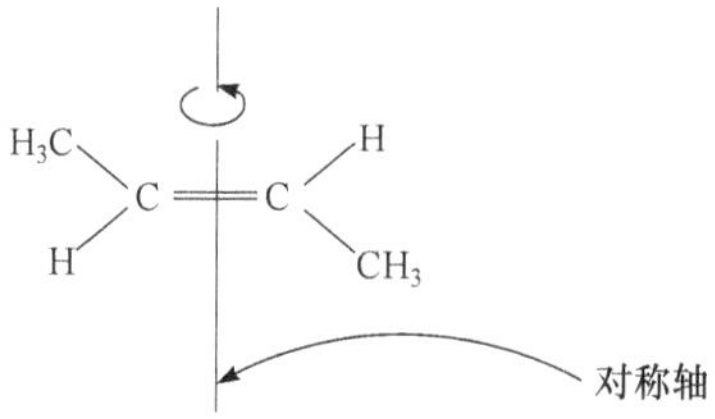

图 5-6　有 2 重对称轴的分子

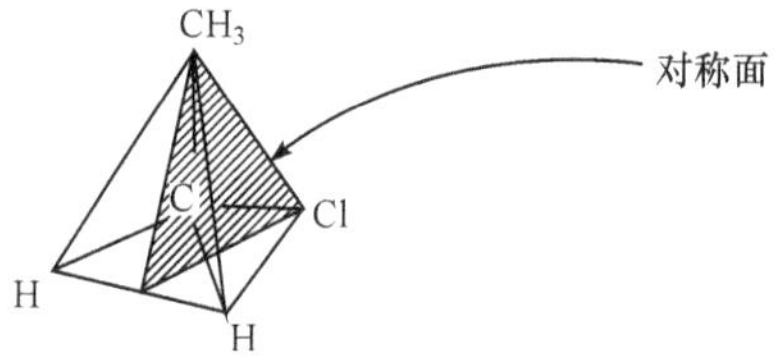

图 5-7　有对称面的分子

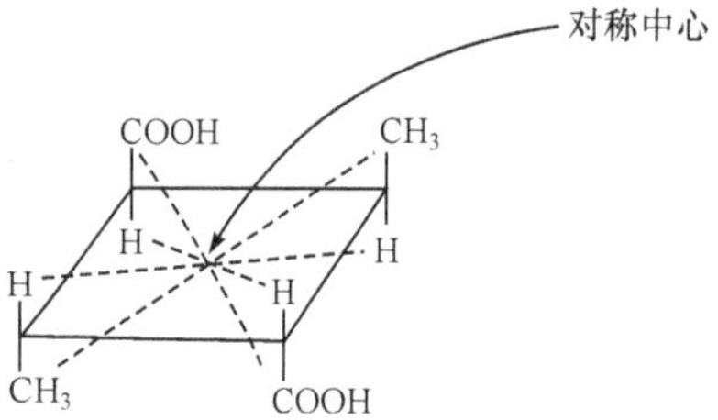

图 5-8　有对称中心的分子

(4) 交替对称轴(旋转反映轴)。设想分子中有一条直线,当分子以此直线为轴旋转 360°/n 后,再用一个与此直线垂直的平面进行反映(以此平面为镜面,作出镜像),如果得到的镜像与原来的分子完全相同,这条直线就是交替对称轴。例如,图 5-9 是有 4 重交替对称轴的分子。

凡具有对称面、对称中心或交替对称轴的分子都能与其镜像叠合,它们都是非手性分子。而

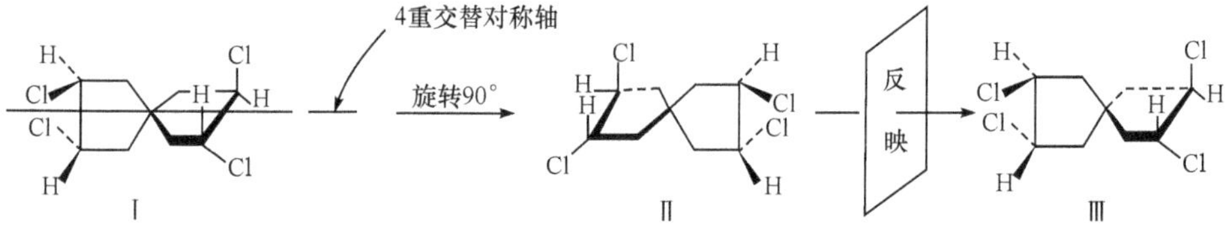

图 5-9　有 4 重交替对称轴的分子

Ⅰ旋转 90°后得到Ⅱ,Ⅱ以垂直于旋转轴的平面反映后得到Ⅲ,Ⅲ=Ⅰ

既没有对称面,又没有对称中心,也没有 4 重交替对称轴的分子都不能与其镜像叠合,它们都是手性分子。至于对称轴,它的有无对分子是否具有手性没有决定作用。

在有机化合物中,绝大多数非手性分子都具有对称面或者对称中心。只有 4 重交替对称轴而没有对称面或对称中心的分子是个别的。因此,只要一个分子既没有对称面,又没有对称中心,一般就可以初步断定它是手性分子。

具有一定构造的分子,其原子在空间的排列方式可能不止一种,即可能有不止一种构型。凡是手性分子,必有互为镜像的构型。互为镜像的两种构型称为对映体。分子的手性是存在对映体的充分和必要条件。

第三节　费歇尔投影式

表示分子构型的方法通常有透视式(或称楔形式)和费歇尔(Fischer)投影式,现在广泛使用的是费歇尔投影式。

书写化合物的费歇尔投影式,其方法如下:

(1) 将主链放在竖直的方向上，把命名时编号最小的碳原子放在上端。

(2) 用“＋”代表手性碳原子。

(3) 与手性碳原子相连的横线表示伸向纸面前方的化学键。

(4) 与手性碳原子相连的竖线表示伸向纸的背面的化学键。

按照透视式书写方法，可将(±)-乳酸先写成方体透视式，然后简化成费歇尔投影式。例如

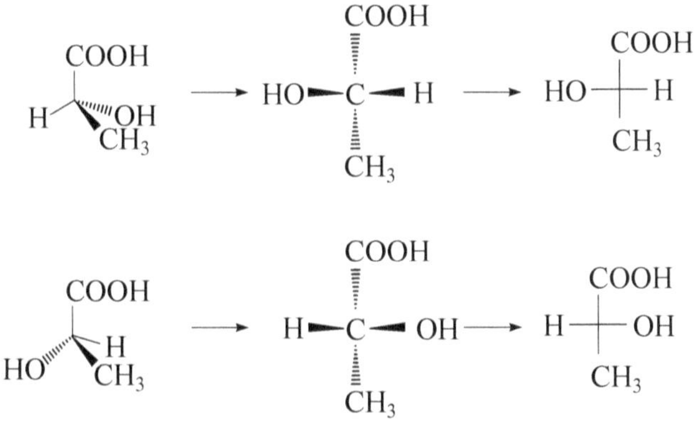

透视式　　　　方体透视式　　　　费歇尔投影式

使用费歇尔投影式时必须注意：投影式中基团的前后关系要经常与立体结构相联系。投影式不能离开纸面翻转过来，因为这会改变手性碳原子周围各原子或原子团的前后关系。

例如，将投影式Ⅳ在纸面上旋转 90°，得到它的对映体Ⅴ。旋转 180°，构型保持不变，即投影式Ⅵ与Ⅳ相同。

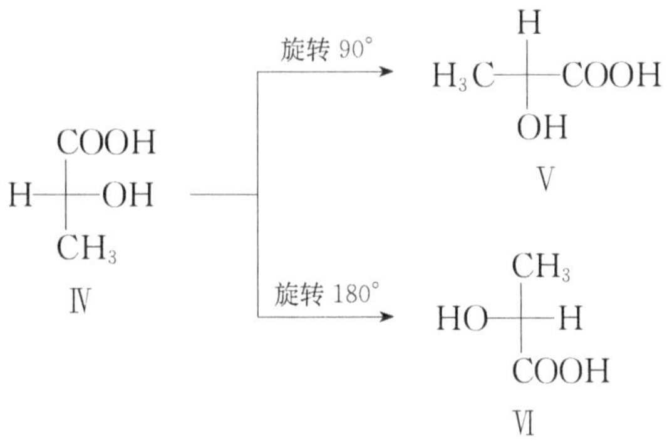

若将一个投影式中与手性碳原子相连的任意两个原子或基团进行互换，互换奇数次转变为它的对映体；互换偶数次则仍是原化合物。

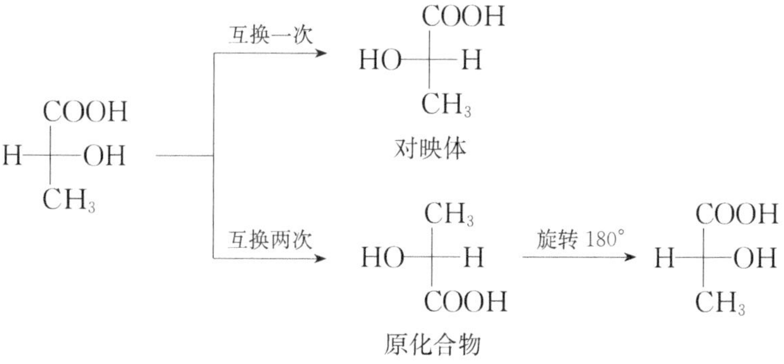

若投影式中一个基团位置保持固定不变，而另外三个基团顺时针或逆时针轮换位置，则仍为原化合物。

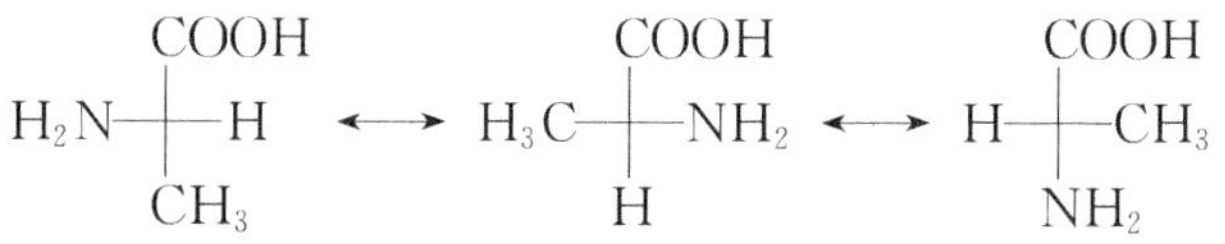

费歇尔投影式的缺点是：两个以上的手性碳原子的分子中仅表示重叠式构象，因此不代表分子的真实构象。

第四节　含有一个手性碳原子的化合物的旋光异构

有机化合物分子是否具有手性取决于其化学结构。在有机化合物中，手性分子大都含有与四个互不相同的基团相连的碳原子。这种碳原子没有任何对称因素，故称为不对称碳原子，或手性碳原子。乳酸 $CH_3CHOHCOOH$ 的第二个碳原子就是这样的一个碳原子。

含有一个手性碳原子的化合物一定是手性分子。手性碳原子可以有两种构型，所以含有一个手性碳的化合物有两种。例如，含有一个手性碳原子的乳酸就有两种。如前所述，它们都有旋光性（一个右旋，一个左旋），并且是互为对映体的立体异构体。

右旋乳酸$[\alpha]_D^{15}=+2.6°$，熔点 53 ℃；左旋乳酸$[\alpha]_D^{15}=-2.6°$，熔点 53 ℃。它们可以分别由葡萄糖在不同的菌种作用下经发酵制得。用化学合成的方法也能制得乳酸，但合成得到的乳酸和利用发酵法得到的在性质上有差异，它没有旋光性，且熔点只有 18 ℃。这是因为合成得到的乳酸不是单纯的化合物，而是等量的右旋乳酸和左旋乳酸的混合物。右旋乳酸和左旋乳酸旋光方向相反，但旋光能力相等，所以等量混合时旋光性消失。这种由等量的对映体混合形成的混合物称为外消旋体。外消旋体不仅没有旋光性，并且其他物理性质也与单纯的旋光体不同。例如，外消旋乳酸的熔点（18 ℃）比右旋或左旋乳酸的熔点（53 ℃）低。

第五节　构型的标记法

一、D/L 构型命名法

D/L 构型命名法又称相对构型的表示法。1951 年以前，人们还没有实验方法可测定分子中基团在空间的排列状况。为了避免混淆，就以简单的旋光性化合物甘油醛为标准确定对映体的构型。规定右旋甘油醛的构型以式Ⅶ表示，左旋甘油醛的构型为式Ⅷ。将式Ⅶ即手性碳原子上的羟基在碳链右侧的称为 D 型，相反将式Ⅷ称为 L 型。甘油醛的一对对映体的全名分别为 D-(+)-甘油醛和 L-(−)-甘油醛。D 和 L 表示构型，而(+)和(−)表示旋光方向。

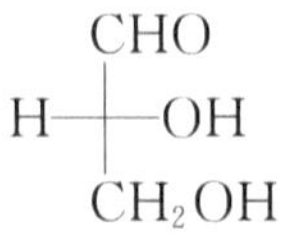

D-(+)-甘油醛

Ⅶ

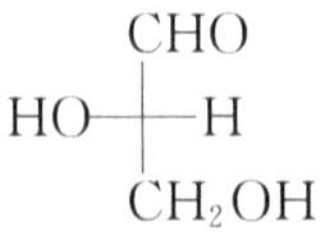

L-(−)-甘油醛

Ⅷ

标准物质的构型确定后，其他旋光异构体的构型可通过化学转变方法与标准物质联系起来加以确定。例如，将右旋甘油醛的醛基氧化可得到左旋甘油酸，再将左旋甘油酸的伯醇基还原生成左旋乳酸。在进行这些反应时，手性碳原子上的键都没有发生断裂。由此可知，左旋乳酸、左旋甘油酸和右旋甘油醛的构型相同，都为 D 型。

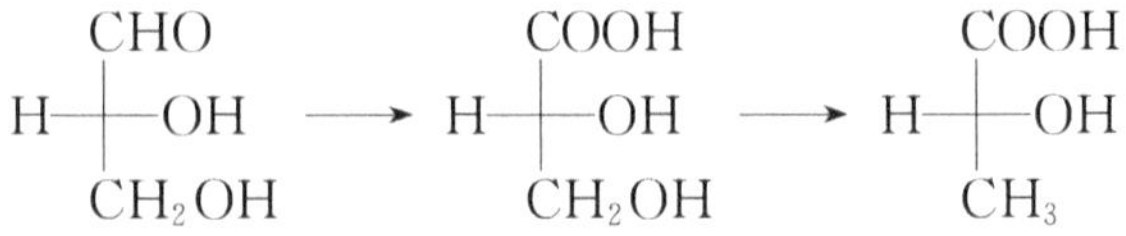

D-(+)-甘油醛　　D-(−)-甘油酸　　D-(−)-乳酸

由于用这种方法确定的构型是相对于标准物质而言的，因此称为相对构型。从以上例子可以知道，旋光性物质的旋光方向与构型之间没有固定的联系。一个 D 型化合物可以是左旋的，也可以是右旋的。

用 D/L 法命名构型在使用上有一定的局限性。随着科学技术的发展，近代用 X 射线衍射法已经能直接测定对映异构体的真实构型。同时发现许多手性分子与甘油醛毫无联系，也不相似，无法用 D/L 法表示它们的构型。自 1970 年以来，国际上根据 IUPAC 的建议，逐渐采用了另一种确定构型的方法，即 *R*/*S* 命名法。

二、*R*/*S* 命名法

R/*S* 命名法又称绝对构型命名法，*R*/*S* 法不用人为规定的标准物，由它所确定的构型为绝对构型。*R* 和 *S* 分别来自拉丁文“Rectus”和“Sinister”，意思即“右”和“左”。*R*/*S* 命名法的规则如下：

(1) 首先按照次序规则，将手性碳原子相连的四个基团确定先后顺序。对于乳酸而言，四个基团的顺序为—OH>—COOH>—CH_3>—H。

(2) 把次序最后的基团指向离开观察者的方向，然后观察其余基团的排列，按照从最优先的基团到第二优先再到第三优先的次序，如果为顺时针方向，则这个构型就为 *R* 型，反之为 *S* 型。

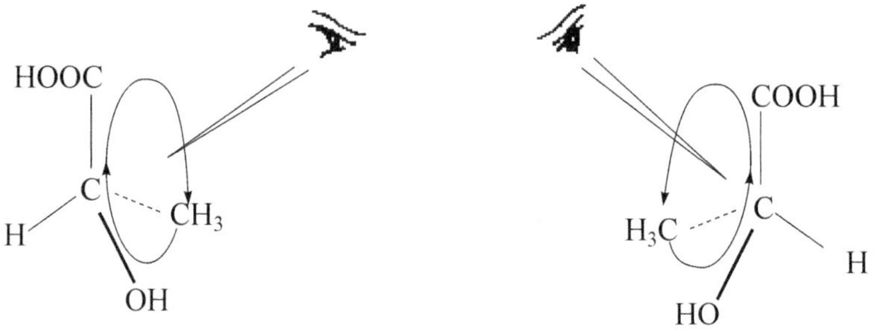

顺时针方向　(*R*)-乳酸　　　　反时针方向　(*S*)-乳酸

下面介绍将费歇尔投影式与 *R*/*S* 构型联系起来的简便方法。假设费歇尔投影式中某手性中心上的四个不同基团的优先次序为 a>b>c>d。

(1) 若 d 位于费歇尔投影式的横向，则当 a→b→c 为顺时针方向时，此手性中心的构型为 *S*，反时针方向为 *R*。

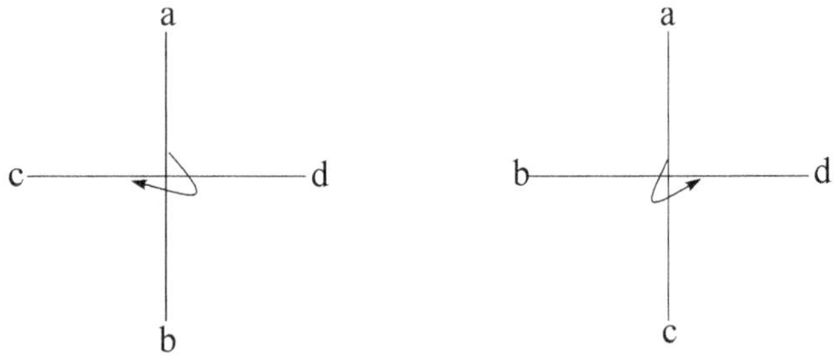

(*S*)　　　　(*R*)

(2) 若 d 位于费歇尔投影式的竖向，则当 a→b→c 为顺时针方向时，此手性中心的构型为 *R*，反时针方向为 *S*。

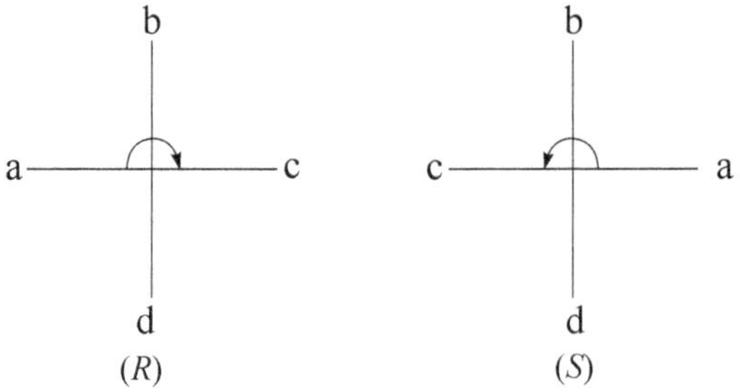

(*R*)　　　　(*S*)

R/S 命名法应用广泛，当分子中含有多个手性碳原子时，它能标记出每一个手性碳原子的构型。与 D/L 构型命名法相比，R/S 命名法能更完整、更准确地描述一个分子的空间构型。但目前 D/L 构型命名法仍在使用，特别是糖类及氨基酸化合物。

第六节　含两个不相同手性碳原子化合物的旋光异构

含两个不相同手性碳原子化合物有典型意义的是丁醛糖的旋光异构。丁醛糖的分子中有两个不相同的手性碳原子，结构式如下：

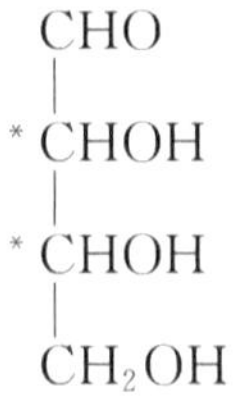

含有两个不相同手性碳原子的化合物分子中有四种不同的构型，即有四个旋光异构体，结构式如下：

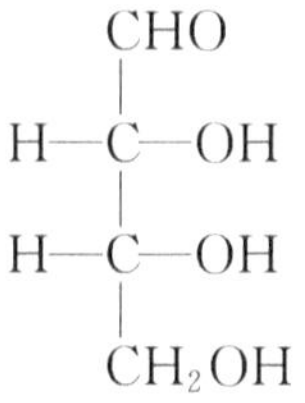

(−)-赤藓糖

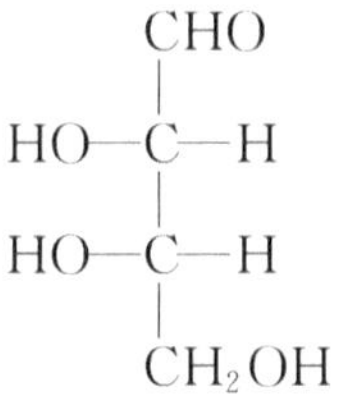

(+)-赤藓糖

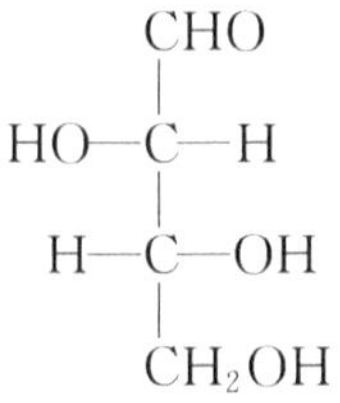

(−)-苏阿糖

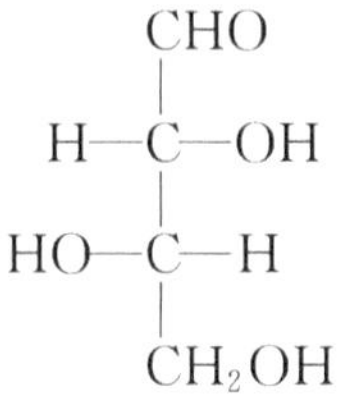

(+)-苏阿糖

(±)-赤藓糖　　(±)-苏阿糖

Ⅸ　Ⅹ　Ⅺ　Ⅻ

上述四个旋光异构体中，Ⅸ和Ⅹ、Ⅺ和Ⅻ为对映体，而Ⅸ和Ⅺ、Ⅹ和Ⅻ、Ⅸ和Ⅻ、Ⅹ和Ⅺ都是非对映体。非对映体的物理性质都不相同，在化学性质上，它们虽能发生类似的反应，但反应速率各不相同，在生理活性上也有所差异。

含有多个不相同手性碳原子的化合物，它们的旋光异构体的数目也随之增多。含不相同的手性碳原子的化合物，其旋光异构体的数目最多可有 2^n 个，其外消旋体的数目为旋光异构体数目的一半，即 $2^n/2=2^{n-1}$，n 为手性碳原子的数目。

第七节　含两个相同手性碳原子化合物的旋光异构

酒石酸为含有两个相同的手性碳原子的化合物，因为每个手性碳原子上连接的四个基团彼此相同，它们都是 H、OH、COOH 及 $\underset{\substack{|\\ \text{OH}}}{\text{CHCOOH}}$，按照每一手性碳原子有两

种构型,则可以组成以下四个分子:

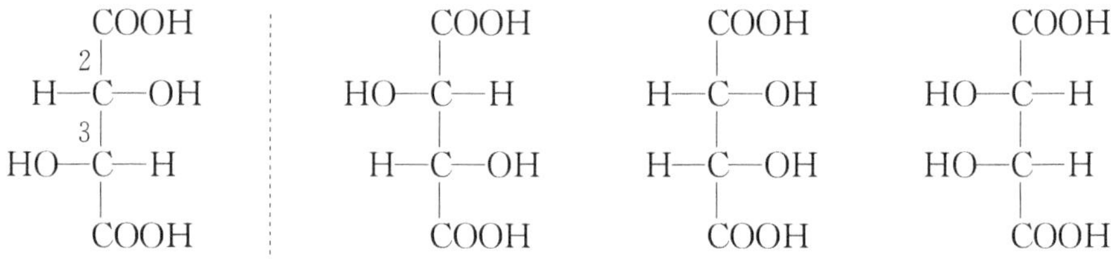

(2*R*,3*R*)　　(2*S*,3*S*)　　(2*R*,3*S*)　　(2*S*,3*R*)

XIII　　XIV　　XV　　XVI

XIII和XIV为旋光异构体,XV和XVI看来似乎也是旋光异构体,但如果将XVI在纸面上转180°,即与XV重叠。另外,对于酒石酸来说,XV中存在对称面,所以整个分子无旋光性。可见,当分子中含有相同手性碳原子时,则旋光异构体的数目少于 2^n 个。这种虽然有手性碳原子,但是没有手性,没有旋光活性的异构体称为内消旋体(mesomer)。与外消旋体不同,内消旋体之所以不具有旋光活性,是由于分子中两个相同的手性碳原子的构型相反,一个为 *R*,一个为 *S*,由它们引起的旋光性在同一个分子内相互抵消。内消旋体是一个分子,不像外消旋体那样可以被分离成有旋光活性的两种异构体。内消旋体是化合物,常用 *m* 表示,不是混合物。它与外消旋体有本质的不同,不能用任何物理和化学方法进行分离 。内消旋体和外消旋体在物理性质和生理活性方面也不相同(表 5－1)。

表 5－1　酒石酸的物理性质

化合物	熔点/℃	$[\alpha]_D^{25}$(水)/(°)	溶解度/(g/100g 水)	pK_a
(＋)-酒石酸	170	＋12	139	2.93
(－)-酒石酸	170	－12	139	2.93
(±)-酒石酸	206	0	20.6	2.96
m-酒石酸	140	0	125	3.11

含两个相同手性碳原子的化合物只有三个旋光异构体,其中一个没有旋光活性。

第八节　不含手性碳原子的化合物的旋光异构

分子内部的不对称性是引起旋光性的根本原因,某些化合物的分子中虽然没有手性碳原子,但分子具有手性,因此也有旋光性和旋光异构现象。例如,在联苯分子中,若在苯环的邻位,即 2,2′,6,6′-位上引入体积较大的取代基,从而阻碍苯环的自由转动,使两个苯环不能处在同一平面上,则分子就具有手性,有旋光异构现象。

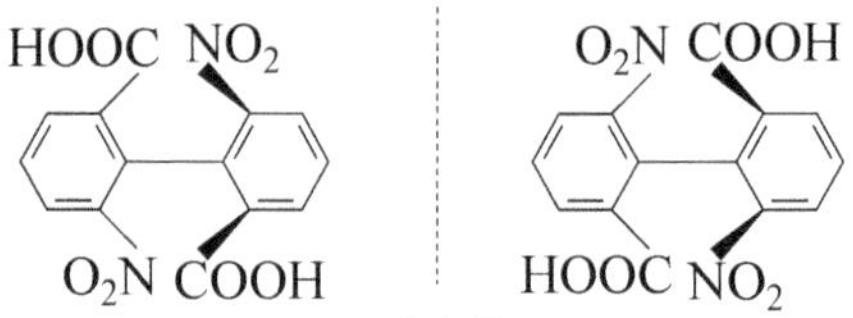

对映体

又如，丙二烯的衍生物，当 C1 及 C3 各连有不同基团时，也有旋光异构体。

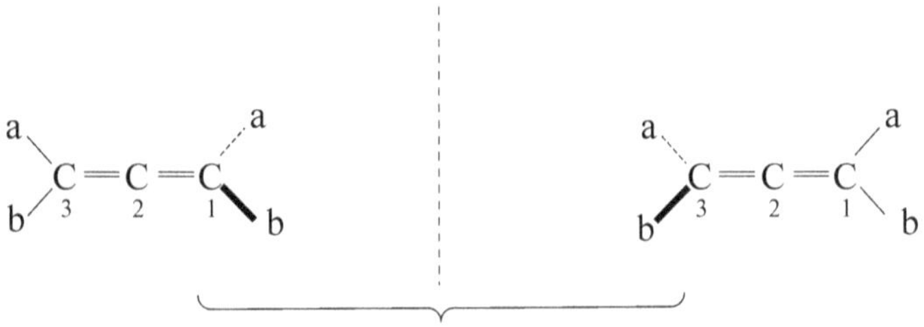

对映体

这是由于丙二烯分子中，C1 及 C3 为 sp^2 杂化，而 C2 为 sp 杂化，它以两个相互垂直的 p 轨道分别与 C1 及 C3 的 p 轨道形成两个相互垂直的 π 键，从而a—C3—b 所处的平面必然与 a—C1—b 所处的平面相互垂直，因此分子具有手性。

如果 C1 或 C3 上连有相同的原子或基团，则分子没有手性，也不会有旋光异构现象。例如，下列化合物就没有旋光性：

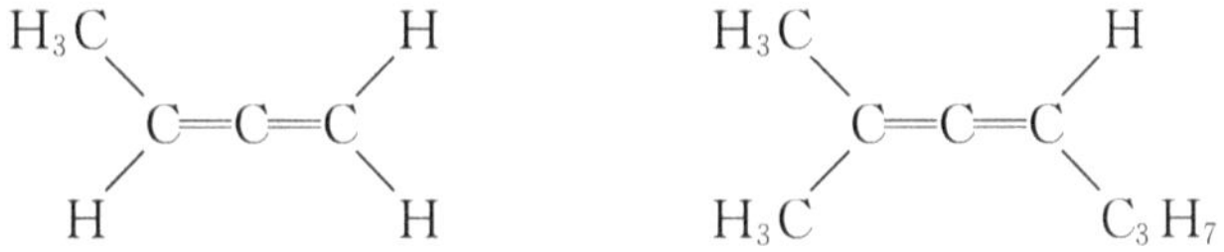

第九节　环状化合物的立体异构

环状化合物的立体化学与其相应的开链化合物类似。环烷烃只要在环上有两个碳原子各有一个取代基，就有顺反异构现象。若环上有手性碳原子，则还有对映异构现象。例如，2-羟甲基-环丙烷-1-羧酸有下列四种立体异构体：

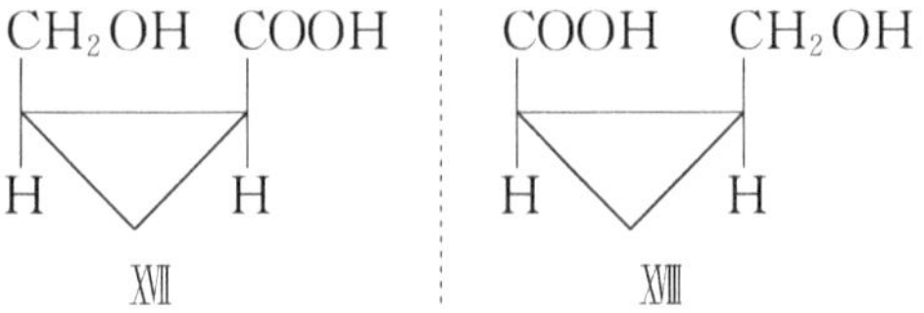

XVII　　XVIII

顺式

对映体

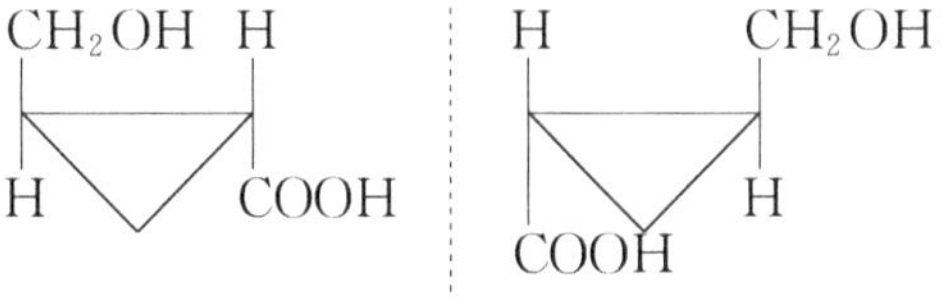

XIX　　XX

反式

对映体

XVII和XVIII是顺式异构体，它们是一对对映体。XIX和XX是反式异构体，它们是一对对映体。顺式和反式是非对映体。

将2-羟甲基-环丙烷-1-羧酸氧化成环丙烷二羧酸，则分子中的两个手性碳原子所连基团都是相同的。立体异构体中有一个内消旋体，则立体异构体的总数为三个。

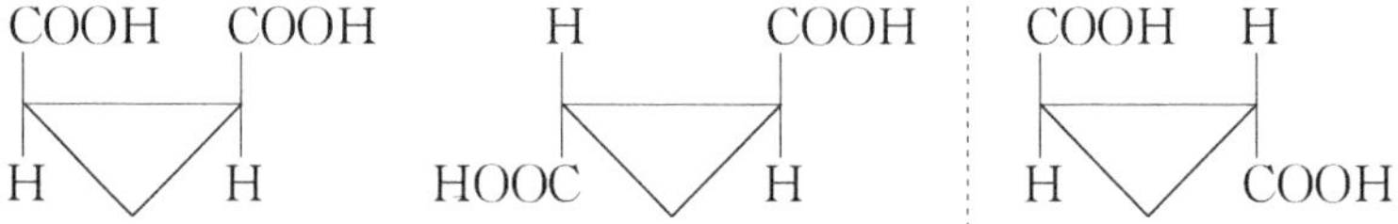

XXI　XXII　XXIII

顺式　反式

对映体

XXI是顺式，XXII和XXIII是反式。XXI虽有两个手性碳原子，但分子中有一个对称面，故为非手性分子。它是一个内消旋体。XXII和XXIII是一对对映体，XXI和XXII、XXIII之间是非对映体关系。

二元取代环丁烷的立体异构体的数目与取代基的位置有关。例如，环丁烷-1,2-二羧酸与环丙烷二羧酸一样，有一个顺式的内消旋体和一对反式的对映体。但是环丁烷-1,3-二羧酸只有顺式和反式两种异构体。它们是非对映体，并且分子中都有对称面，都是内消旋体。

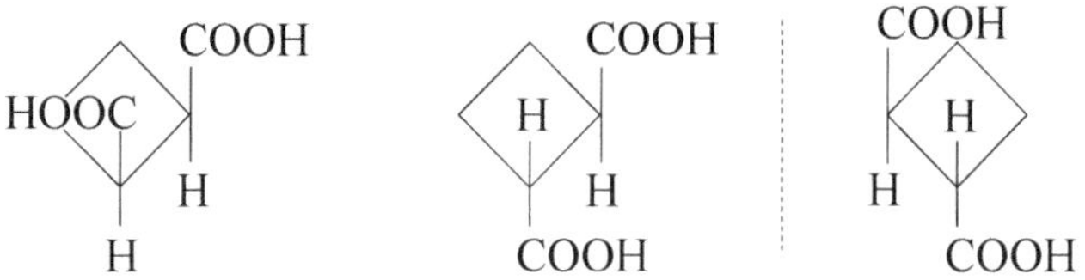

顺式　反式

内消旋体　对映体

顺式
内消旋体　　反式
内消旋体

第十节　旋光异构体的性质

一对对映体除旋光方向相反外，其他物理性质(如熔点、沸点、相对密度、比旋光度以及在非手性溶剂中的溶解度等)都完全相同。在化学性质方面，对映异构体与非手性试剂的作用是完全相同的，但在与手性试剂作用时，或在手性溶剂或手性催化剂的作用下，二者的反应速率有所不同，在某些特殊情况下，其中的一个根本不发生反应。由于构成生物体的有机物大都是有旋光活性的，因此对映体之间极为重要的区别是，它们对生物体的作用不同。例如，许多微生物在生长过程中只能利用某一构型的氨基酸作为它们的食物；氯霉素有四个旋光异构体，而有抗菌作用的只是其中的一个，即 D-(－)-苏型(threo)氯霉素。

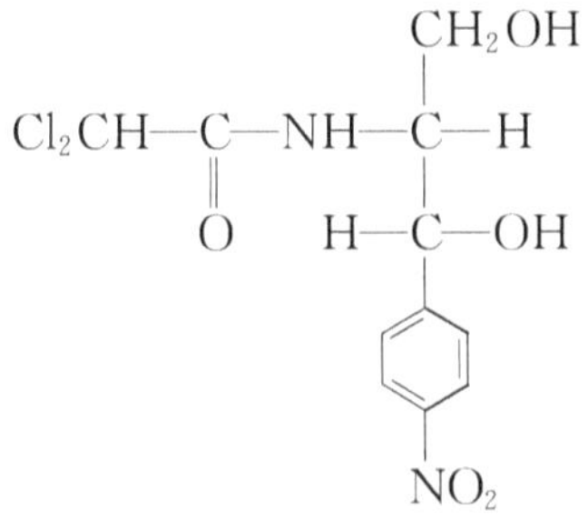

D-(－)-苏型氯霉素

绝大多数氨基酸和糖类化合物都是有旋光性的，但人体所需要的只是对映异构体中的某一种，另一种对人体没有营养价值，而自然界存在的氨基酸和糖类也正好都是人体需要的这种构型。如果自然界的糖和氨基酸都是人体所不需要的那种构型，人类将无法生存。

非对映异构体的物理性质不同，化学性质基本相同，但在同一反应中，反应速率不同。

外消旋体不同于任意两种物质的混合物，它常具有固定的熔点，而且熔点范围很窄。外消旋体是由一对对映体等量混合而组成的。对映体除旋光方向相反外，其他物理性质都相同，因此虽然外消旋体是两种化合物的混合物，但用一般的物理方法(如蒸馏、重结晶等)不能把一对对映体分离开来。必须用特殊的方法才能把它们分离。将外消旋体分离成旋光体的过程通常称为“拆分”。

拆分的方法很多，一般有以下几种：

(1) 选择吸附拆分法。用某种旋光性物质作为吸附剂，使之选择性地吸附外消旋体中的一种异构体，这样就可以达到拆分的目的。

(2) 诱导结晶拆分法。在外消旋体的过饱和溶液中，加入一定量的一种旋光体的纯晶体作为晶种。于是溶液中该种旋光体含量较多，且在晶种的诱导下优先结晶析出。将这种结晶滤出后，则另一种旋光体在滤液中相对较多。再加入外消旋体制成过饱和溶液，于是另一种旋光体优先结晶析出。如此反复进行结晶，就可以把一对对映体完全分开。

(3) 机械拆分法。利用外消旋体中对映体的结晶形态上的差异，借肉眼直接辨认或通过放大镜进行辨认，而把两种结晶体挑拣分开。此法要求结晶形态有明显的不对称性，且结晶大小适中。此法比较原始，目前极少应用，只在实验室中少量制备时偶然采用。

(4) 微生物拆分法。某些微生物或它们所产生的酶对于对映体中的一种异构体有选择性的分解作用。利用微生物或酶的这种性质，可以从外消旋体中把一种旋光体拆分出来。此法缺点是在分离过程中，外消旋体至少有一半被消耗掉了。

(5) 化学拆分法。这种方法应用最广。其原理是将对映体转变成非对映体，然后分离。外消旋体与无旋光性的物质作用并结合后，仍是外消旋体。但是若使外消旋体与旋光性物质作用并结合，则原来的一对对映体变成两种互不对映的衍生物。于是外消旋体变成非对映体的混合物。非对映体具有不同的物理性质，可以用一般的分离方法把它们分开，最后把分离所得的两种衍生物分别变回原来的旋光化合物，即达到拆分的目的。这种拆分法最适用于酸或碱的外消旋体的拆分。例如，对于酸，拆分的步骤可用通式表示如下：

$$\underbrace{\begin{array}{l}(+)\text{-RCOOH}\\(-)\text{-RCOOH}\end{array}}_{\text{外消旋体}} + 2(-)\text{-R}'\text{NH}_2 \longrightarrow \underbrace{\begin{array}{l}(+)\text{-RCOOH}\cdot(-)\text{-R}'\text{NH}_2\\(-)\text{-RCOOH}\cdot(-)\text{-R}'\text{NH}_2\end{array}}_{\text{非对映体混合物}}$$

重结晶：

$$\longrightarrow (+)\text{-RCOOH}\cdot(-)\text{-R}'\text{NH}_2 \xrightarrow{\text{HCl}} (+)\text{-RCOOH} + (-)\text{-R}'\text{NH}_2\cdot\text{HCl}$$

$$\longrightarrow (-)\text{-RCOOH}\cdot(-)\text{-R}'\text{NH}_2 \xrightarrow{\text{HCl}} (-)\text{-RCOOH} + (-)\text{-R}'\text{NH}_2\cdot\text{HCl}$$

拆分酸时，常用的旋光性碱主要是生物碱，如(－)-奎宁、(－)-马钱子碱、(－)-番木鳖碱等。拆分碱时，常用的旋光性酸是酒石酸、樟脑-β-磺酸等。

习　题

1. 解释下列名词。

(1) 旋光性　(2) 比旋光度　(3) 手性　(4) 手性碳原子　(5) 外消旋体　(6) 对映体

2. 判断下列说法是否正确(正确的用"√"表示，不正确的用"×"表示)。

(1) 顺式异构体都是 Z 型的，反式异构体都是 E 型的。(　　)

(2) 分子无对称面就必然有手性。(　　)

(3) 有旋光性物质的分子中必有手性碳原子存在。(　　)

(4) 具有手性的分子一定有旋光性。(　　)

(5) 有对称中心的分子必无手性。(　　)

(6) 对映异构体具有完全相同的化学性质。(　　)

3. 命名下列化合物(标明构型)。

(1) 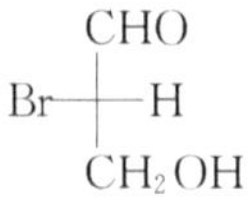 (2) 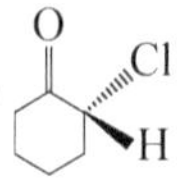 (3) 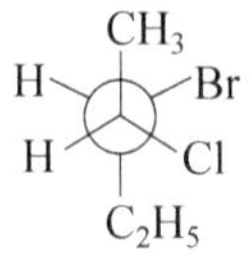 (4) 

4. 写出下列化合物的结构式。

(1) (2*R*,3*R*)-2-苯基-3-氯丁烷　　(2) (2*R*,4*S*)-2,4-二溴戊烷

(3) (2*R*,3*S*,4*R*)-2-氯-3,4-二溴己烷

5. 判断下列化合物有无旋光性,并说明原因。

(1) 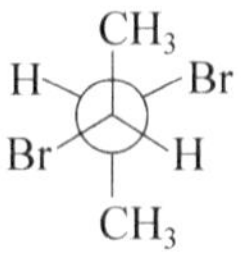 (2) 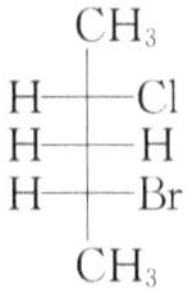 (3) 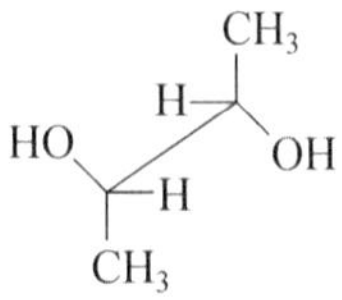 (4) 

6. 写出下列化合物各种可能的立体异构体,并将各异构体命名(标明构型)。

(1) 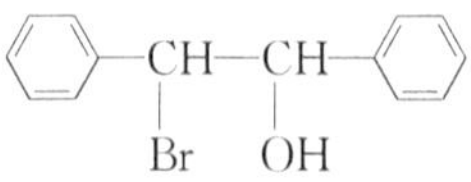　　(2) 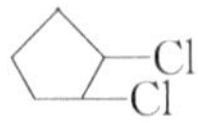

(3) 　　(4) 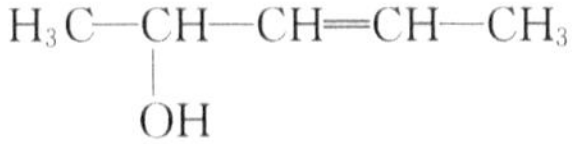

7. 将 5.678 g 蔗糖配成 20 mL 水溶液,20 ℃时,在 1 dm 样品管中用钠黄光测得旋光度为+18.80°,计算蔗糖的比旋光度。

8. 某化合物 A 的分子式为 C_6H_{10},加氢后可生成甲基环戊烷。A 经臭氧氧化还原水解后仅生成一种产物 B,B 有旋光性。试推导 A 和 B 的结构式。

9. 分子式是 $C_5H_{10}O_2$ 的酸,有旋光性。写出它的一对对映体的投影式,并用 *R*/*S* 命名法命名。

10. 下列化合物中,哪个有旋光异构?标出手性碳,写出可能有的旋光异构体的投影式,用 *R*/*S* 命名法命名,并注明内消旋体或外消旋体。

(1) 2-溴代-1-丁醇　　(2) α,β-二溴代丁二酸

(3) α,β-二溴代丁酸　　(4) 2-甲基-2-丁烯酸

11. 分子式为 C_6H_{12} 的开链烃 A,有旋光性。经催化氢化生成无旋光性的 B,分子式为 C_6H_{14}。写出 A 和 B 的结构式。

第六章　芳　香　烃

在有机化学发展初期，曾经把一些从植物胶汁中得到的有芳香气味的化合物统称为芳香化合物。这类化合物从其碳氢结合比来看，具有高度不饱和性。然而，与不饱和的烯、炔相比，这类化合物不易进行加成和氧化反应，却比较容易进行取代反应，即具有特殊的稳定性（芳香性）。这类化合物通常含有苯环结构，因此，一般把苯及其衍生物总称为芳香族化合物。随着有机化学的进一步发展，发现一些不具有苯环结构的不饱和环烃也有芳香性，这类化合物称为非苯芳烃。从结构的特点来看，芳香族化合物是一类符合休克尔规则的碳环化合物及其衍生物。

第一节　苯及其同系物

一、苯的结构

19 世纪初期发现了苯（benzene），其分子式为 C_6H_6，与乙炔相似，其碳氢比也是 1 ∶ 1，是一种不饱和程度很高的化合物。但苯与乙炔不同，其不饱和性并不显著。在一般条件下，苯不使溴水和高锰酸钾溶液褪色，即不易进行加成和氧化反应。相反，苯却较易进行取代反应。苯的一取代物只有一种，即苯分子中的六个氢是等同的，无论哪个氢被取代，都得到同样的化合物。据此，1865 年凯库勒提出苯为单、双键间隔的六元环，每个碳原子上连有一个氢原子，如图 6－1 所示。

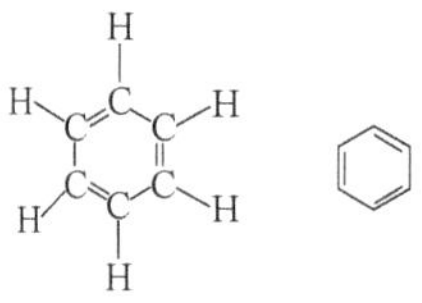

图 6－1　苯的凯库勒结构式

但按照凯库勒式的这种结构，苯的邻位二元取代产物应该有以下两个异构体：

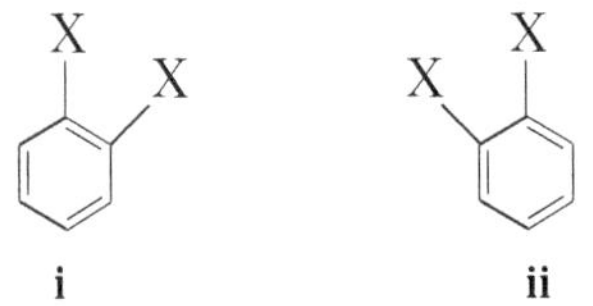

i　　**ii**

即两个卤原子所连的两个碳在 **i** 中是以双键相连的，而在 **ii** 中则以单键相连。但实际上，苯的邻位二元取代产物只有一种。另外，凯库勒式不能解释为什么苯分子中六个碳的键长完全相等，并无单、双键之分，也无法解释苯的芳香性。但凯库勒关于苯的六元环状结构的提出确实是一个非常重要的假设，至今仍然使用凯库勒的结构式来表示苯，但必须了解苯分子中并不存在单、双键间隔的体系。

近代物理方法证明，苯分子中的六个碳原子和六个氢原子都在同一平面内，六个碳原子组成一个正六边形，碳-碳键长（0.140 nm）完全相等，所有键角都是 120°。

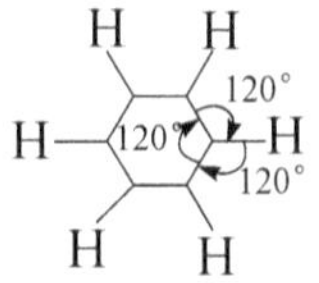

根据杂化理论，苯分子中的碳原子都是 sp^2 杂化的，每个碳原子都以三个 sp^2 杂化轨道分别与碳和氢形成三个 σ 键。由于三个杂化轨道都处在同一平面内，苯环上所有原子都在一个平面内，并且键角为 120°。每个碳上余下的未参加杂化的 p 轨道都垂直于苯分子形成的平面而相互平行，因此所有 p 轨道之间都可以相互重叠；同时，分子中的碳架是闭合的，这就形成了一个“闭环的共轭体系”，这个体系的特点是 p 轨道的重叠程度完全相等，形成一个环状离域的 π 电子云，像两个轮胎一样分布在分子平面的上下两侧，如图 6－2 所示。

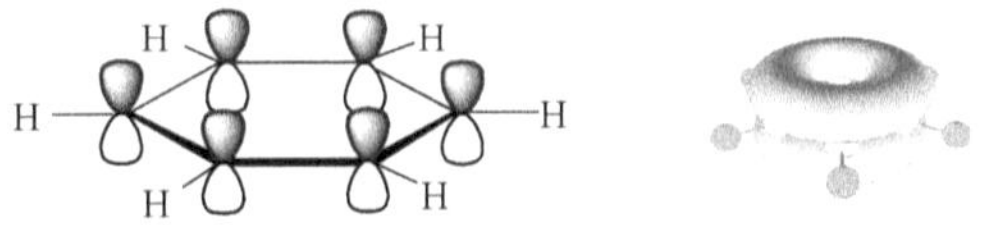

图 6－2　苯分子的电子云分布

由于所有碳原子上的 p 轨道重叠程度完全相等，因此碳-碳键长完全相等，它比烷烃中的碳-碳单键短，而比孤立的碳-碳双键长。实际上苯环不是结构式表示的单、双键间隔的体系，而是形成了一个电子密度完全平均化的没有单、双键之分的大 π 键。因此苯的结构式也常用图 6－3 表示。

图 6－3　苯的结构式

二、苯的同系物及其命名

苯的一元衍生物只有一种。简单的以苯为母体，称为某某苯；支链复杂或含有官能团的将苯作为取代基（称为苯基，是苯分子减去一个氢原子后剩下的基团，可简写成 Ph—）。例如

苯为母体：

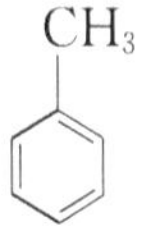

甲苯

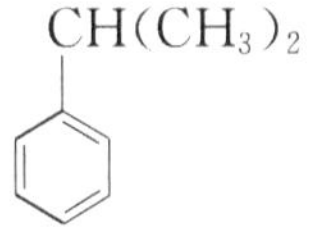

异丙苯

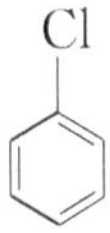

氯苯

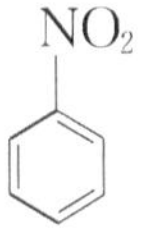

硝基苯

苯为取代基：

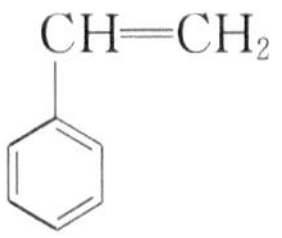

苯乙烯

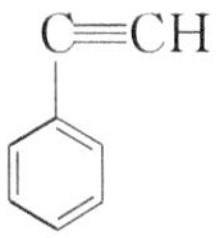

苯乙炔

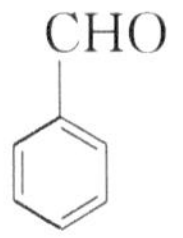

苯甲醛

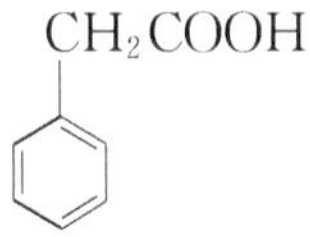

苯乙酸

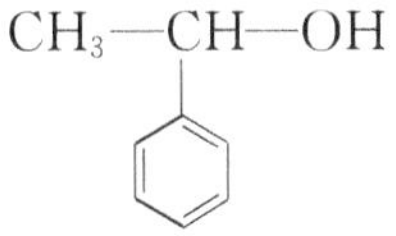

1-苯乙醇

苯的二元取代物有三种异构体，它们是由取代基团在苯环上相对位置的不同而引起的，命名时用邻或 *o*(ortho)表示两个取代基团处于邻位，用间或 *m*(meta)表示两个取代基团处于中间相隔一个碳原子的两个碳上，用对或 *p*(para)表示两个取代基团处于对角位置，邻、间、对也可分别用 1,2-、1,3-、1,4-表示。例如

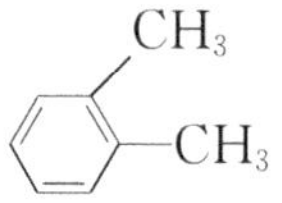

邻二甲苯(*o*-二甲苯)
1,2-二甲苯

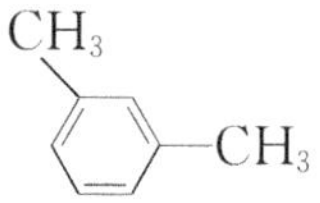

间二甲苯(*m*-二甲苯)
1,3-二甲苯

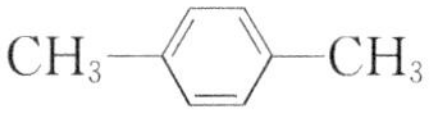

对二甲苯(*p*-二甲苯)
1,4-二甲苯

若苯环上的三个取代基相同，常用“连”为词头，表示三个基团处在 1,2,3-位；用“偏”为词头，表示三个基团处在 1,2,4-位；用“均”为词头，表示三个基团处在 1,3,5-位。例如

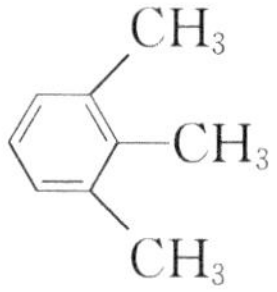

连三甲苯
1,2,3-三甲苯

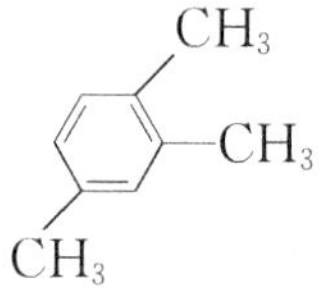

偏三甲苯
1,2,4-三甲苯

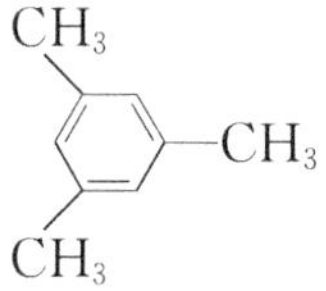

均三甲苯
1,3,5-三甲苯

三、单环芳烃的物理性质

苯及其同系物一般为无色液体，相对密度小于 1，但比相对分子质量相近的烷烃和烯烃的相对密度大。与其他烷烃相似，它们不溶于水，可溶于有机溶剂。单环芳烃具有特殊气味，有毒。

在二取代苯的三种异构体中，由于对位异构体的对称性最大，能更好地填入晶格之中，需要克服结晶中的分子之间的作用力也越大，因此熔点比其他两个异构体高(表 6－1)。熔点高的异构体容易结晶，利用这一性质，通过重结晶，可从邻位和间位异构体中分离出对位异构体。常见单环芳烃的物理常数列于表6－1。

表 6－1　常见单环芳烃的物理常数

名　称	熔点/℃	沸点/℃	相对密度
苯	5.5	80.1	0.879
甲苯	－95	110.6	0.867
邻二甲苯	－25.2	144.4	0.880
间二甲苯	－47.9	139.1	0.864
对二甲苯	13.2	138.4	0.861
乙苯	－95	136.1	0.867
正丙苯	－99.6	159.3	0.862

续表

名　称	熔点/℃	沸点/℃	相对密度
异丙苯	−96	152.4	0.862
连三甲苯	−25.5	176.1	0.894
偏三甲苯	−43.9	169.2	0.876
均三甲苯	−44.7	164.6	0.865

四、单环芳烃的化学性质

苯的结构已说明在苯环中不存在典型的碳-碳双键，所以它不具备烯烃的典型性质。苯环不易被氧化，不易进行加成，而容易发生取代反应。

（一）取代反应

苯环中离域的 π 电子云分布在分子平面的上下两侧，受原子核的约束比 σ 电子小，这就与烯烃中的 π 电子一样，它们对亲电试剂都能起提供电子的作用。所不同的是，烯烃容易进行亲电加成，而芳香烃则由于其结构特点，即具有保持稳定的共轭体系的倾向，容易进行亲电取代反应，而不易进行加成反应。

1. 卤代

苯与氯、溴在铁或相应铁盐等的催化下加热，苯环上的氢可被氯或溴原子取代，生成相应的卤代苯，并放出卤化氢。例如

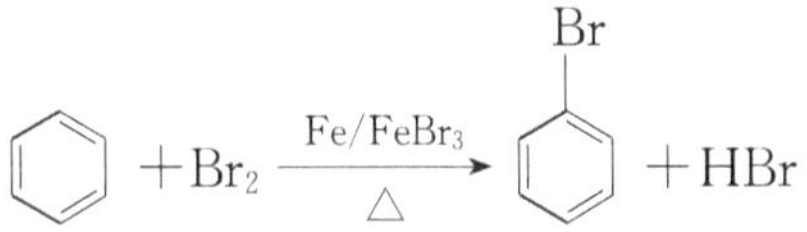

溴苯

产物中除一溴代产物外，还有少量二溴代产物：邻二溴苯和对二溴苯。

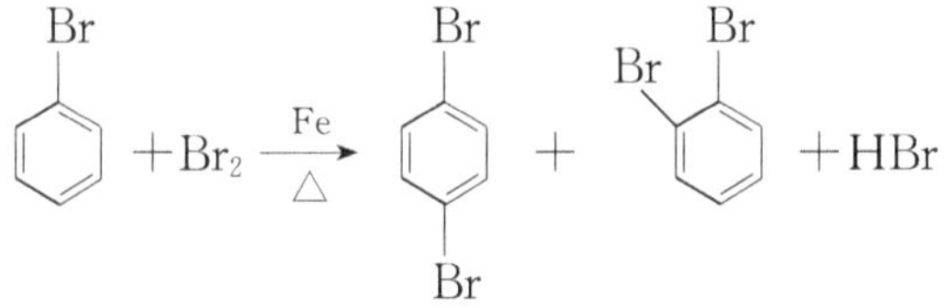

对二溴苯　　邻二溴苯

对于不同的卤素，与苯环发生取代反应的活性次序为氟＞氯＞溴＞碘。其中氟化反应很猛烈，不易控制；而碘活性较低，不易发生反应。卤代反应一般指的是氯代和溴代反应。

2. 硝化

以浓硝酸和浓硫酸(混酸)与苯共热,苯环上的氢原子能被硝基($—NO_2$)取代,生成硝基苯。

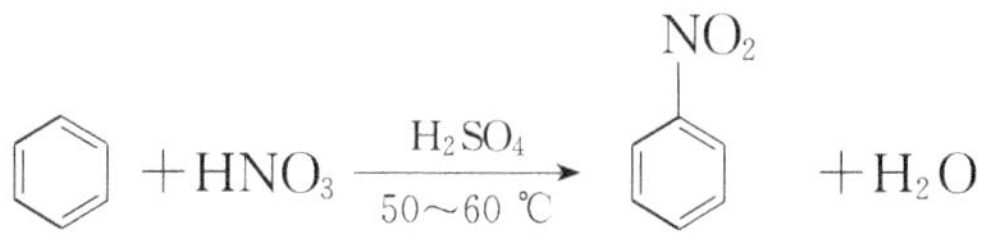

硝基苯

在较高温度下,硝基苯可继续与混酸作用,主要生成间二硝基苯。

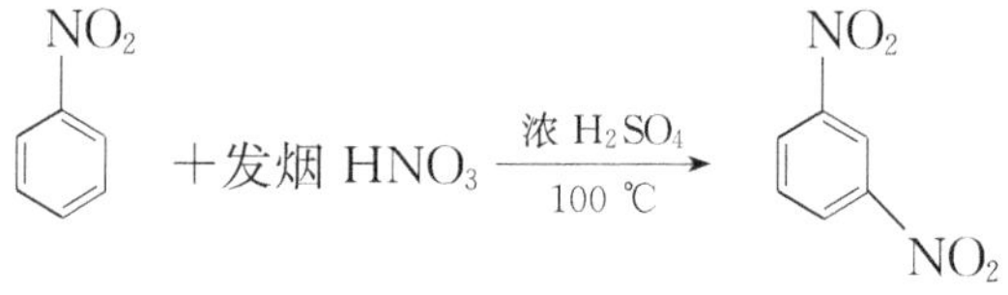

间二硝基苯

烷基苯在混酸的作用下发生硝化,反应比苯容易,主要生成邻位和对位取代物。例如

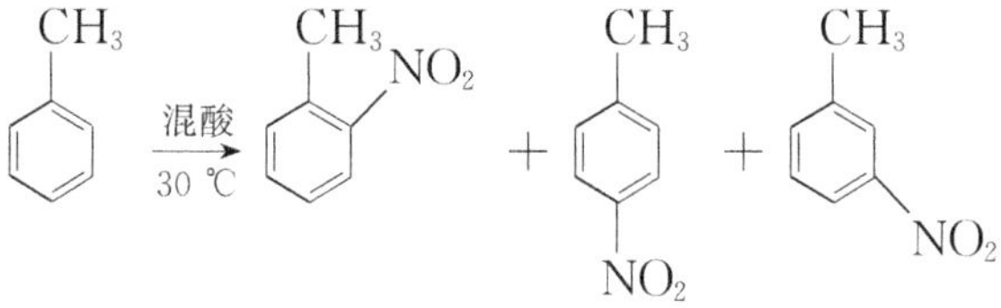

59%　　37%　　4%

3. 磺化

苯与浓硫酸或发烟硫酸作用,环上的一个氢原子被磺酸基($—SO_3H$)取代,生成苯磺酸。若在较高温度下继续反应,则主要生成间苯二磺酸。这类反应称为磺化反应。

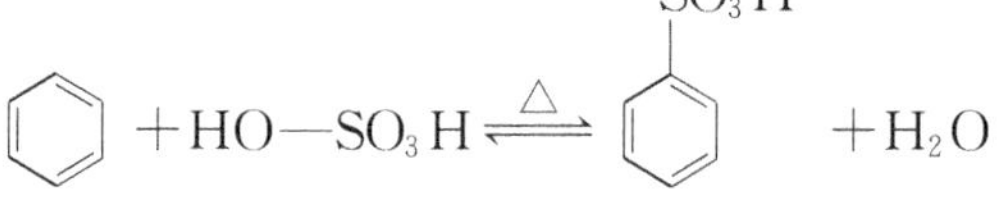

苯磺酸

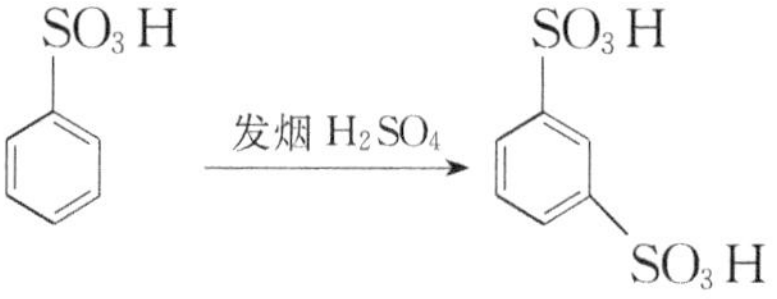

磺化反应是可逆的,苯磺酸与水共热可脱去磺酸基,这一性质常用于在苯环的某些

特定位置引入某些基团。

4. 傅-克反应

傅瑞德尔(Friedel)-克拉夫茨(Crafts)反应(简称傅-克反应)分为两类:一类是傅-克烷基化反应,即在无水氯化铝等催化剂的作用下,在苯环上引入烷基;另一类是傅-克酰基化反应,即在无水氯化铝等催化剂的作用下,在苯环上引入酰基。例如

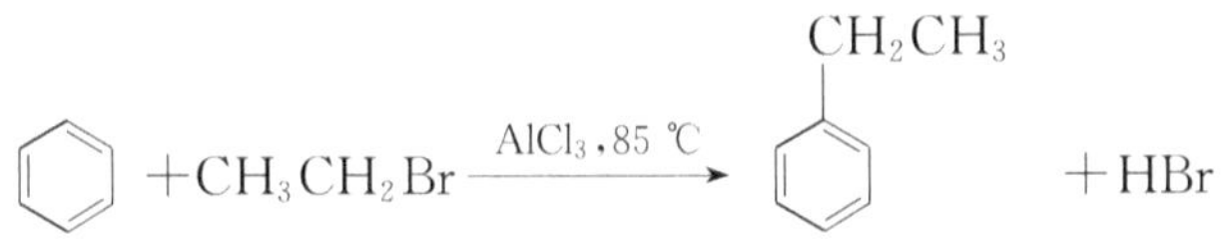

乙苯

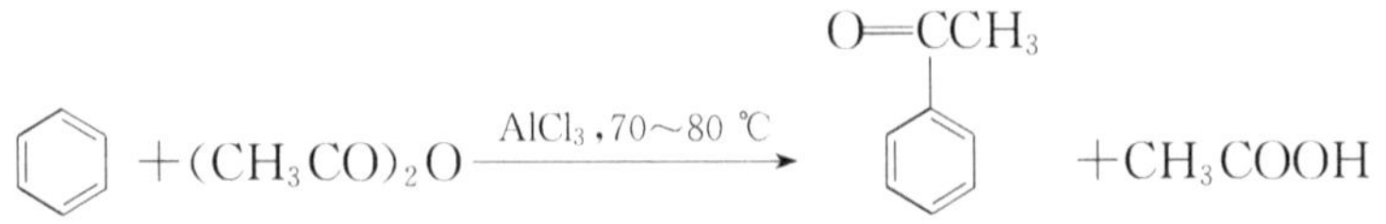

苯乙酮

常用的催化剂有无水氯化铝、氯化铁、氯化锌、氟化硼和硫酸等,其中以无水氯化铝的活性最高。常用的烷基化试剂有卤代烷、烯烃和醇。烷基化反应是在芳环上引入烷基的重要方法。常用的酰基化试剂有酰卤、酸酐和酸。

烷基化和酰基化反应有很多相似之处:催化剂相同,反应机理相似;环上连有强吸电子基(如硝基、磺基、酰基和氰基等),一般不发生傅-克反应。两者的不同之处在于:对于烷基化反应,当所用烷基化试剂含有三个或三个以上碳原子时,烷基可能发生重排,反应可逆,而酰基化反应没有上述特点。例如

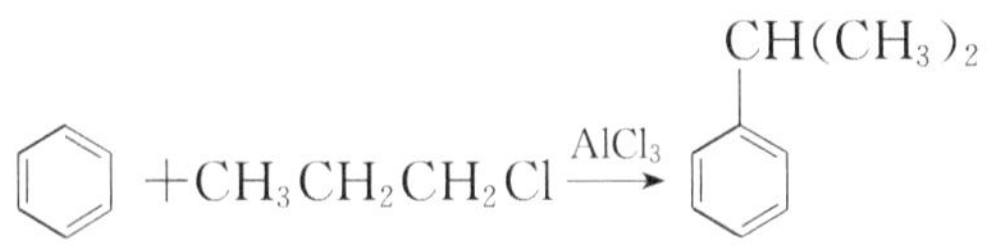

5. 苯环上亲电取代反应机理

从苯的结构可知,苯环碳原子所在平面上下集中着负电荷,对碳原子有屏蔽作用,不利于亲核试剂进攻,相反,却有利于亲电试剂的进攻。实验也证明,上述四种芳环上的取代反应都属于亲电取代。

实验结果表明,当苯与亲电试剂作用时,后者首先与离域的 π 电子相互作用,生成 π 络合物,此时并没有生成新的键。然后亲电试剂从苯环的 π 体系中获得两个电子,与苯环的一个碳原子形成 σ 络合物。在 σ 络合物中,与亲电试剂相连的碳原子由原来的 sp^2 杂化变成 sp^3 杂化,它不再有 p 轨道,因此苯环内六个碳原子形成的闭合共轭体系被破坏,环上剩下的四个 π 电子只离域在环上五个碳原子上。因此 σ 络合物的能量比苯高,不稳定,存在时间很短。它很容易从 sp^3 杂化碳原子上失去一个质子,使该碳原

子恢复成 sp^2 杂化，结果又形成六个 π 电子离域的闭合共轭体系——苯环，从而降低了体系的能量，产物比较稳定，最后生成取代苯。

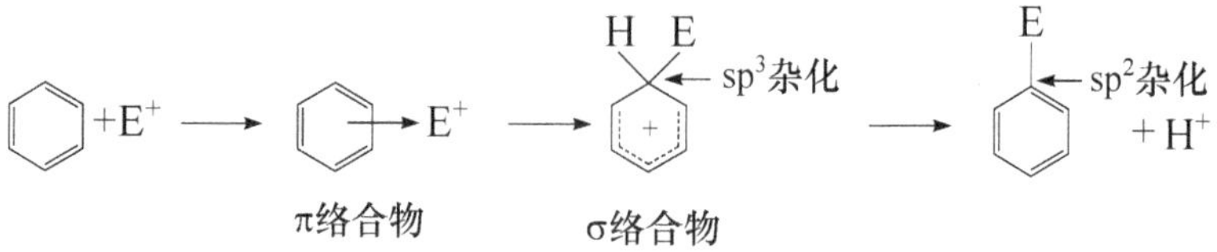

1）卤代

卤代反应的催化剂是铁盐或铝盐，如 FeX_3、AlX_3 等。实际以铁粉作催化剂时，铁先与卤素形成 FeX_3。

$$3X_2 + 2Fe \rightleftharpoons 2FeX_3$$

铁盐或铝盐的作用是作为路易斯酸与卤素络合而使卤素分子极化。例如

$$Br_2 + FeBr_3 \rightleftharpoons Br—Br : FeBr_3$$

然后此络合物作为亲电子试剂，将 Br^+ 转移给苯环，形成碳正离子和 $FeBr_4^-$。

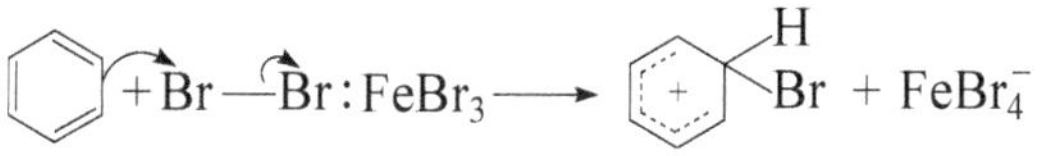

最后由苯环脱去质子而得溴苯，并产生溴化氢及三溴化铁。

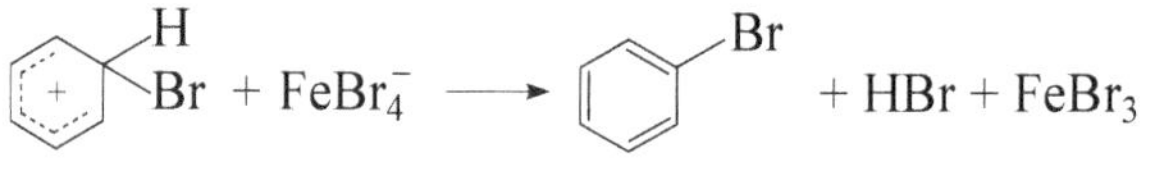

2）硝化

当用混酸硝化苯时，混酸中的硝酸作为碱，从酸性更强的硫酸中接受一个质子，形成质子化的硝酸，后者分离成硝酰正离子。

$$HNO_3 + 2H_2SO_4 \rightleftharpoons NO_2^+ + H_3O^+ + 2HSO_4^-$$

实验已证实，在混酸中存在上述平衡。同时实验也证明，苯的硝化反应是由硝酰正离子的进攻引起的。苯的硝化按以下机理进行：

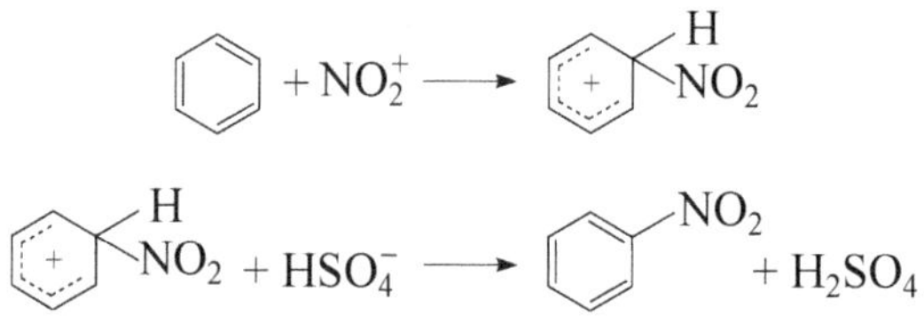

3）磺化

现在认为一般的磺化反应中的亲电试剂是 SO_3，在浓硫酸中有以下平衡：

$$2H_2SO_4 \rightleftharpoons SO_3 + H_3O^+ + HSO_4^-$$

虽然 SO_3 不是正离子，但它是一个缺电子试剂，与苯环经以下步骤生成苯磺酸：

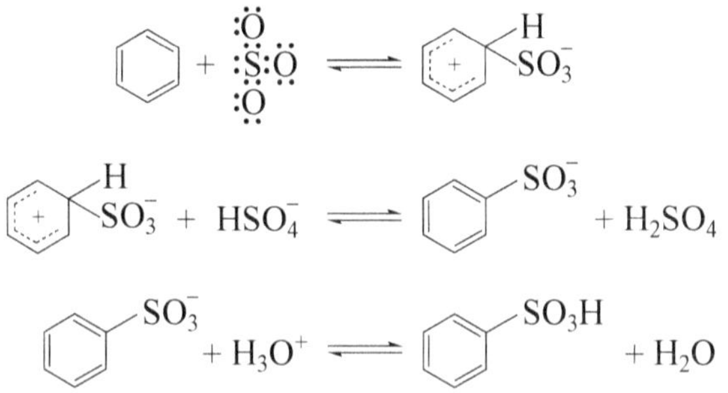

在某些情况下，磺化反应是由 SO_3H^+ 进攻苯环开始的。

4）傅-克反应

反应中的亲电试剂烷基正离子或酰基正离子是在路易斯酸 $AlCl_3$ 作用下产生的。

$$RCl + AlCl_3 \rightleftharpoons R^+ + AlCl_4^-$$

$$R-\overset{\overset{\displaystyle O}{\|}}{C}-Cl + AlCl_3 \rightleftharpoons R-\overset{\overset{\displaystyle O}{\|}}{C}{}^+ + AlCl_4^-$$

（二）加成反应

苯及其同系物在通常条件下不易进行加成反应，但在特殊条件下，仍可与氢、氯等发生加成反应。

1. 加氢

在镍的催化、高温高压下，苯加氢生成环己烷。

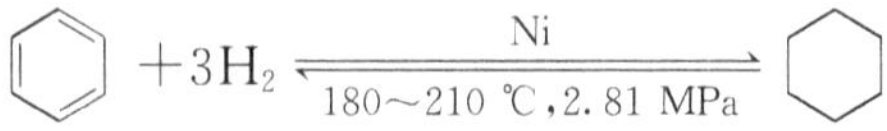

这是工业上生产环己烷的方法，所得产物纯度较高。

2. 加氯

在紫外线的照射下，苯与氯加成生成六氯化苯。

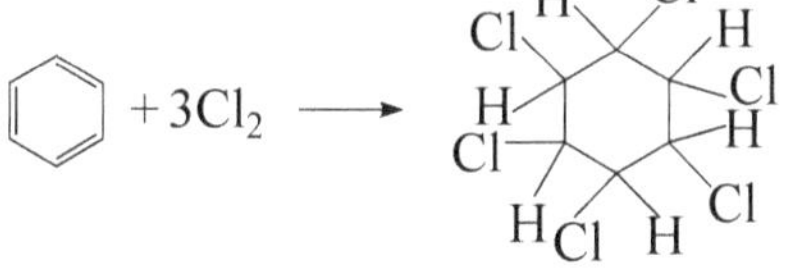

六氯化苯也称 1,2,3,4,5,6-六氯环己烷，分子式为 $C_6H_6Cl_6$，俗称“六六六”，曾作为农药使用，但残毒严重，目前已被高效的有机磷农药代替。

（三）氧化反应

苯不易被高锰酸钾、重铬酸钾等强氧化剂氧化，但烷基苯容易被氧化。通常是烷基被氧化，苯环则比较稳定。在强氧化剂（如高锰酸钾、重铬酸钾、硝酸）的氧化下，或在催化剂作用下用空气或氧气氧化，烷基被氧化为羧基，而且不论链的长短，最终都氧化为苯甲酸。例如

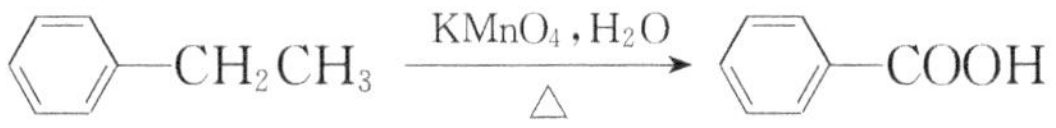

这是因为 α-氢原子受苯环影响比较活泼。如果没有 α-氢原子（如叔丁基苯），强烈氧化时，侧链不被氧化，苯环被氧化为羧基。

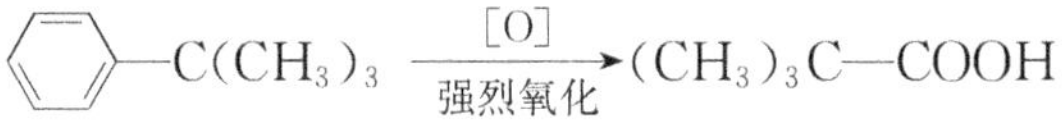

当苯环上有两个或多个烷基时，只要有 α-H，均可被氧化为羧基。

（四）芳烃侧链的卤代

烷基苯与氯在高温下或经紫外光照射，则卤代反应发生在烷基侧链上，而不是苯环上。

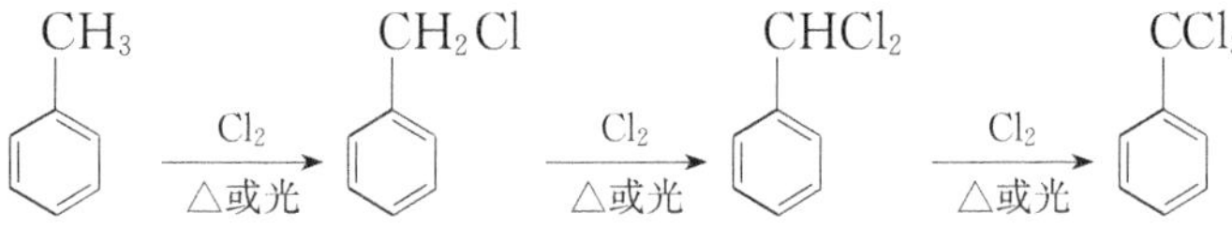

这与烷烃的卤代一样，是按自由基机理进行的反应。甲苯以外的其他烷基苯，在同样条件下，主要是与苯环相连的碳原子上的氢被卤素取代。

（五）苯环上亲电取代的定位规则

一元取代苯进行反应引入其他的基团时，苯环上已有的基团可决定新引入基团的位置。将苯环上原有的取代基称为定位基。定位基的这种影响作用称为定位效应。

根据实验结果，可以把一些常见的基团按照它们的定位效应分为两类。

1. 邻、对位定位基（第一类定位基）

$$—O^-，—NHR，—NH_2，—OH，—NH\overset{\displaystyle O}{\overset{\|}{C}}R，—OR，—O\overset{\displaystyle O}{\overset{\|}{C}}R，—R，—X$$

这些取代基的特点是，与苯环直接相连的原子上只有单键，多数是具有未共用电子对的原子或基团。若苯环上已有上述基团之一，则再进行取代反应时，产物主要是邻位和对位两种二元取代产物。

2. 间位定位基(第二类定位基)

$$—\overset{+}{N}R_3,\quad —NO_2,\quad —CN,\quad —SO_3H,\quad —CHO,\quad —COOH$$

这些取代基的结构特点是,与苯环相连的原子上一般有重键或正电荷。若苯环上连有上述基团之一,则再进行取代反应时,第二个基团主要进入它的间位。

邻、对位定位基绝大部分能使苯环变得更容易进行亲电取代反应,即对苯环有致活作用,如甲苯比苯更容易被硝化;间位定位基则对苯环的亲电取代有致钝作用,当这些基团连在苯环上时,则使苯环较难进行亲电取代反应,如硝基苯继续进行硝化反应比苯要求更高的反应条件。卤素虽然属于邻、对位定位基,但它们对苯环是致钝的。

3. 二元取代苯的定位规则

当苯环上有两个定位基时,第三个取代基进入苯环的位置由原有两个取代基决定,一般有以下几种情况:

(1) 苯环上原有的两个取代基的定位作用一致时,第三个取代基进入原有两个取代基所指定的位置。例如,下列化合物引入第三个取代基时,取代基主要进入箭头所示位置:

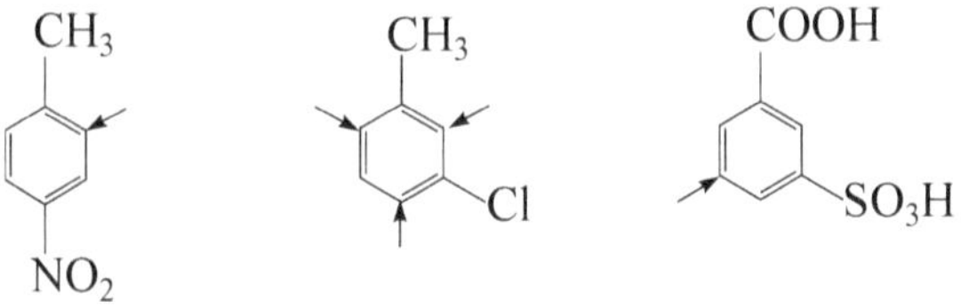

(2) 苯环上原有的两个取代基的定位作用不一致时,有两种情况:

(i) 两个取代基属于同一类时,第三个取代基进入苯环的位置主要由较强的定位基决定。例如

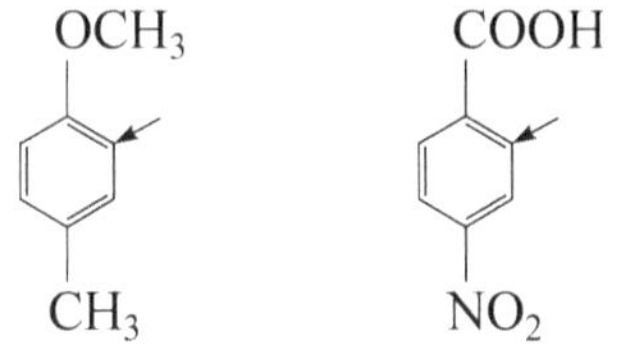

(ii) 两个取代基属于不同类时,第三个取代基进入苯环的位置一般由第一类定位基决定。因为反应是亲电取代,第一类定位基使苯环电子云密度增大,而且生成的 σ 络合物也比较稳定。例如

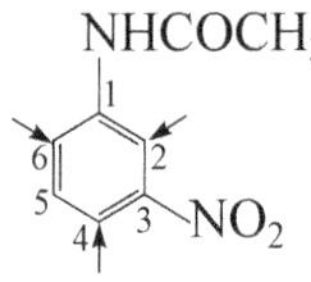

2-位由于空间阻碍作用较大，产率一般很低。

4. 定位规则与电子效应

苯环上连有不同的定位基时，取代基主要通过诱导效应和共轭效应影响苯环上的电子云密度分布。

当苯环上连有邻、对位定位基时，除个别基团外，都对苯环起给电子作用，使苯环上的电子云密度增高，有利于亲电取代反应的进行，所以对于亲电取代反应来说，邻、对位定位基有使苯环活化的作用。例如，苯环与氨基（$—NH_2$）相连时，氨基中氮原子的电负性比碳强，所以有吸电子诱导效应，但氮上的未共用电子对可与苯环形成 p-π 共轭体系，又表现出给电子的共轭效应，而后者的作用大于前者，所以总的来说，氨基对苯环表现出给电子效应，使苯环上的电子云密度比没有取代基的苯要高，因此苯胺比苯更有利于进行亲电取代反应。

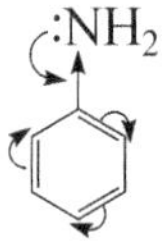

间位定位基对苯环则起吸电子作用，使苯环上的电子云密度降低，因而对亲电取代反应有致钝作用。例如，硝基取代苯环上的氢原子后，硝基与苯环是共平面的，氮原子及两个氧原子上的 p 轨道与苯环上的 p 轨道形成 π-π 共轭体系，而氧的电负性又较强，所以硝基对于苯环来说，是吸引电子的基团，使苯环上电子密度降低，从而不利于亲电取代反应的进行。

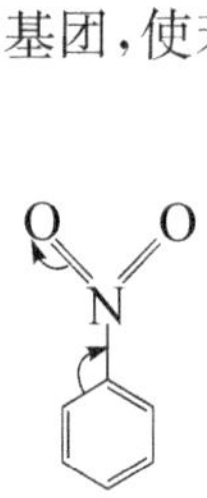

一般来说，苯环上的取代基中，与苯环直接相连的原子，如带有未共用电子对，并能与苯环形成 p-π 共轭体系（如$—NH_2$、—OH 等），则对苯环有给电子效应（卤素除外）；如通过不饱和键与另一个电负性较强的原子相连，且取代基与苯环之间能形成 π-π 共轭体系（如$—NO_2$、—CHO），则对苯环有吸电子效应。

对于卤素来说，虽然 p-π 共轭效应使苯环上的电子云密度增高，但由于卤素的电负性较强，总的效应是使苯环上电子云密度降低，因此卤素对苯环的亲电取代反应有致钝作用。

用量子力学近似计算出取代苯中环上不同位置的有效电荷分布。若以无取代的苯环上各位置的有效电荷为零，则苯胺、硝基苯及氯苯分子中，在取代基的邻、间及对位的有效电荷分布如下：

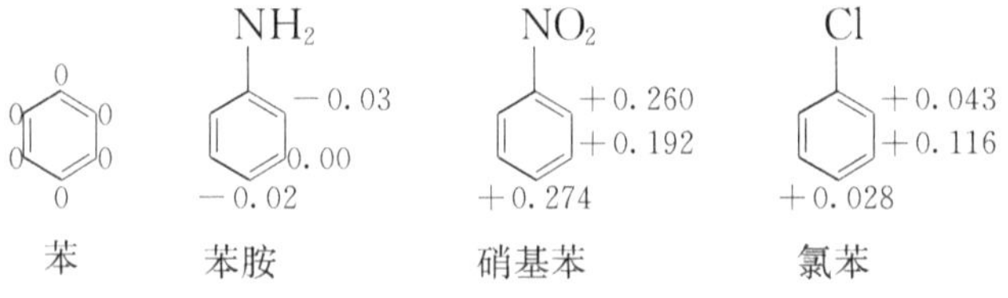

从以上有效电荷分布的数据可以看出，氨基使苯环上电子云密度增高，而硝基和氯原子则使苯环上的电子密度降低，但对不同位置的影响不是完全相同的，即电子密度是交替分布的，其影响总是对取代基的邻位和对位比较大。例如，在苯胺中，氨基的邻位及对位电子密度升高比间位大，所以亲电取代反应发生在氨基的邻位及对位。在硝基苯中，硝基的邻位及对位电子密度降低比间位大，所以亲电取代反应发生在间位。至于氯苯，吸电子诱导效应使苯环上总的电子密度降低，而给电子共轭效应又使氯的邻、对位电子密度增高比间位多，所以卤素属于邻、对位定位基，但是致钝的基团。

第二节 稠 环 芳 烃

一、萘

（一）萘的结构

萘(naphthalene)的分子式为 $C_{10}H_8$。化学方法已经证明，萘是由两个苯环共用两个碳原子并联而成的。物理方法也证明，萘与苯相似，也具有平面结构，即两个苯环在同一平面上。碳-碳键键长既不等于碳-碳单键，也不等于碳-碳双键的键长。但又与苯不同，碳-碳键键长并不完全相等，电子云分布不均匀，所以其芳香性没有苯的芳香性强。

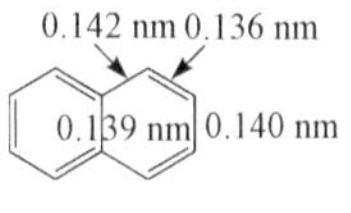

萘具有芳香性。萘的离域能约为 254.98 kJ/mol，因此比较稳定。萘的构造式可表示为

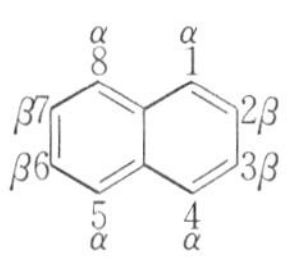

在萘分子中，萘的编号是固定的，碳原子的位置不是等同的，1-、4-、5-、8-四个位置的碳原子都与共用碳原子直接相连，其位置相同，称为 α-位。其中任何一个碳原子上的

氢原子被取代，都得到相同的一元取代物，称为 α-取代物。2-、3-、6-、7-四个位置也是等同的，但与 α-位不同，称为 β-位。β-位上的氢原子被取代，则得到 β-取代物。因此萘的一元取代物有两种：α-取代物(1-取代物)和 β-取代物(2-取代物)。

（二）萘的性质

萘是光亮的片状结晶，熔点 80.2 ℃，沸点 218 ℃，有特殊气味，易升华，不溶于水，易溶于有机溶剂。萘的化学性质与苯相似。

1. 取代反应

在萘环上，p 电子的离域并不像苯环那样平均化，而是在 α-碳原子上的电子云密度较高，β-碳原子上次之，中间共用的两个碳原子上更小，因此亲电取代反应一般发生在 α-位。例如

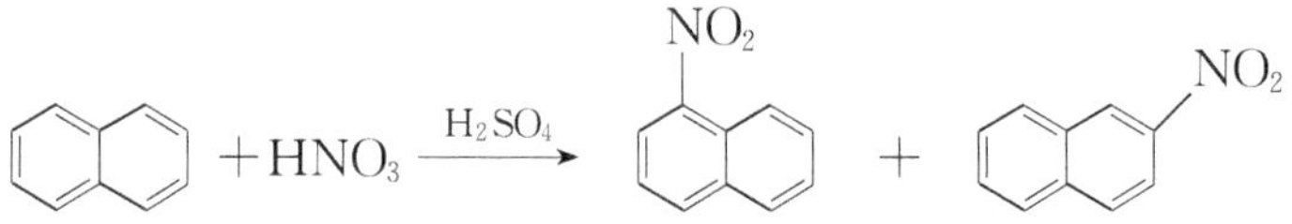

α-硝基苯(95%)　　β-硝基苯(5%)

萘的一元取代产物异构体的比例常随具体反应或反应条件的不同而有较大的差异。例如，萘的磺化：

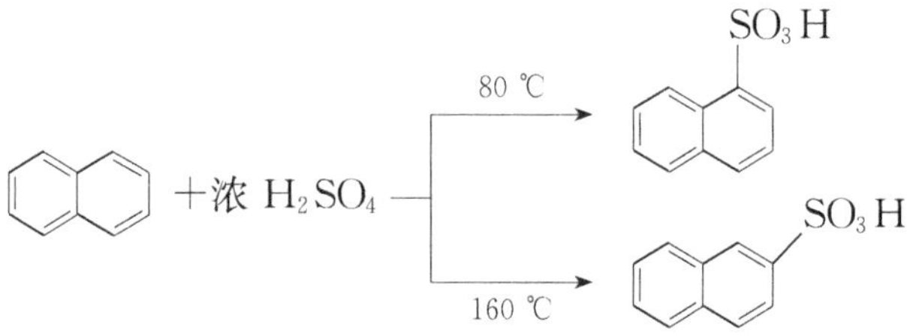

（主要产物）

（主要产物）

一元取代萘在进行亲电取代反应时，第二个基团进入哪个环及哪个位置也同样取决于原有基团的性质。例如，在环上有一邻位定位基时，由于邻、对位定位基的致活作用，因此取代发生在同环。如果这个基团在 1-位，则第二基团优先进入 4-位；如果这个基团在 2-位，则第二基团优先进入 1-位。例如，甲基萘的磺化和硝化反应。

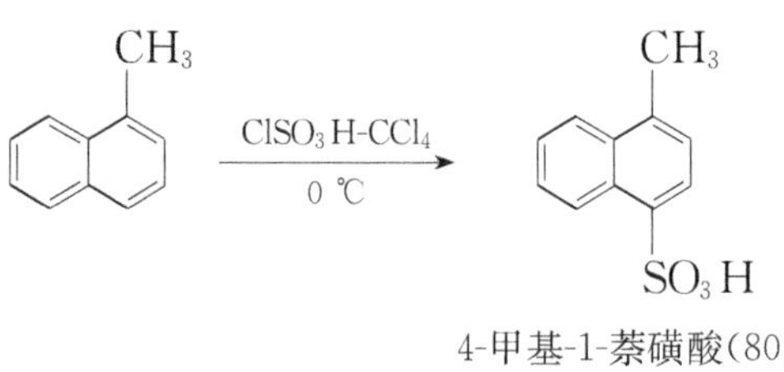

4-甲基-1-萘磺酸(80%)

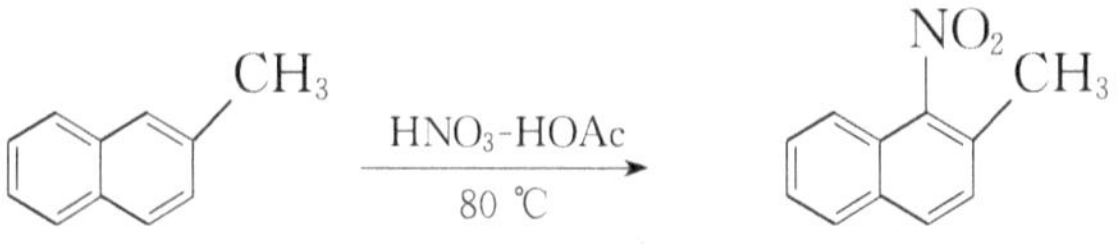

2-甲基-1-硝基萘(70%～80%)

当一个环有一个间位定位基，无论原有取代基是在 α-位还是 β-位，由于间位定位基的致钝作用，亲电取代反应主要发生在异环的 α-位。例如

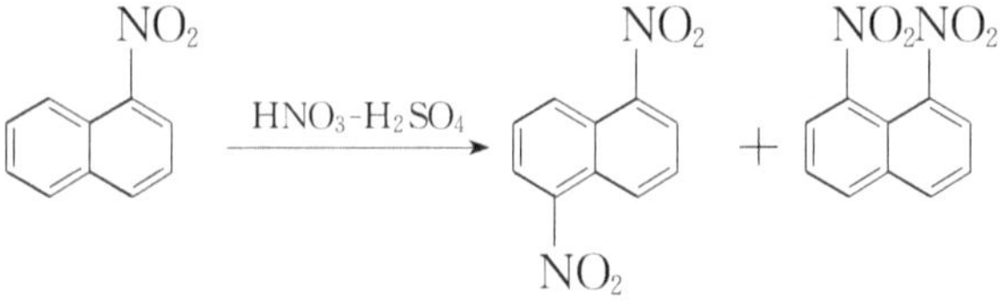

1,5-二硝基萘　1,8-二硝基萘

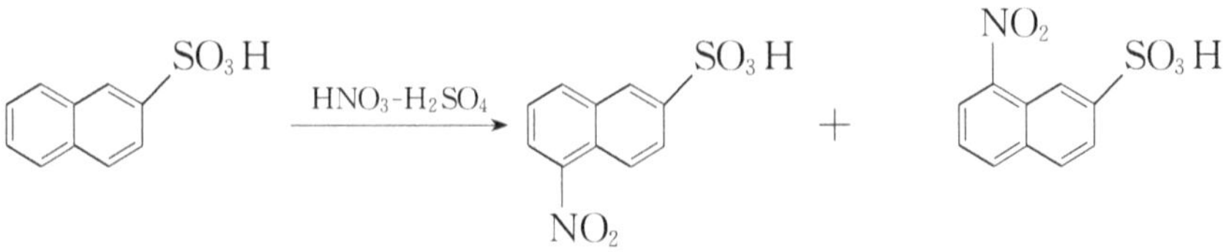

5-硝基-2-萘磺酸　　8-硝基-2-萘磺酸

萘的取代反应是极为复杂的，前面只是简单的讨论，实际上萘或其一元取代衍生物在不同反应或不同条件下，得到的产物往往是不同的，不可一概而论。

2. 加氢

萘比苯容易发生加成反应，用金属钠和醇作用可使萘部分还原为四氢化萘，同样条件下苯不被还原。四氢化萘分子中有一个完整的苯环，如需进一步加氢，则必须用催化加氢。

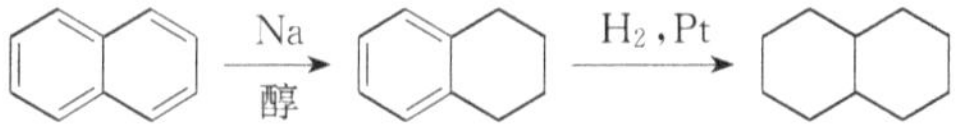

四氢化萘　　十氢化萘

3. 氧化

在五氧化二钒的催化下，萘可被空气中的氧气氧化为邻苯二甲酸酐(简称苯酐)。苯酐是重要的化工原料。

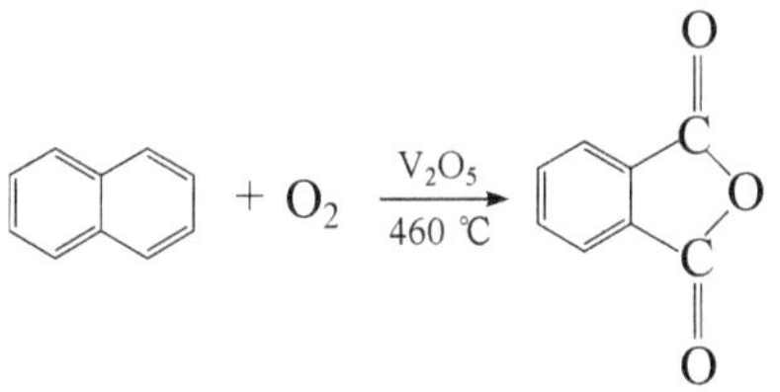

邻苯二甲酸酐

二、蒽和菲

蒽(anthracene)和菲(phenanthrene)的分子式都是 $C_{14}H_{10}$，它们互为异构体。它们都由三个苯环组成，且都在同一平面上，其中蒽的三个苯环稠合成一条直线，而菲则以角式稠合。与萘相似，蒽和菲均是闭合共轭体系，碳-碳的键长也不完全相等，环上电子云密度的分布也不完全平均化。它们都具有芳香性，但比萘还差。其中蒽的离域能为 349 kJ/mol，菲的离域能为 381.63 kJ/mol，故菲的芳香性比蒽强。由离域能可知，苯、萘、菲、蒽的芳香性依次减弱。

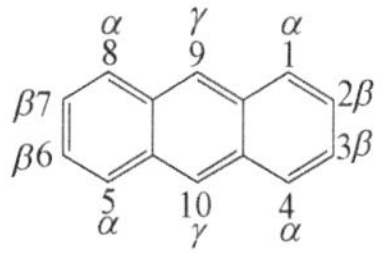

蒽

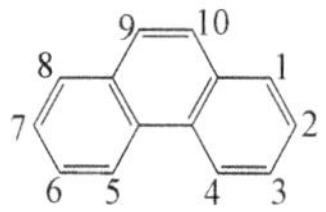

或

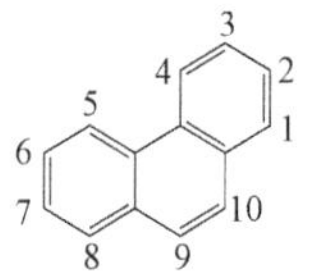

菲

在蒽分子中，1-、4-、5-、8-四个位置相等，称为 α-位；2-、3-、6-、7-四个位置相等，称为 β-位；9-，10-两个位置相等，称为 γ-位。因此蒽的一元取代物有三种。在三个位置中，γ-位比 α-位和 β-位都活泼，所以反应通常发生在 γ-位。在菲分子中有五对相互对应的位置，即 1-与 8-、2-与 7-、3-与 6-、4-与 5-、9-与 10-，因此菲的一元取代物有五种异构体。其中，9-、10-位比较活泼。例如，蒽和菲都易被氧化成醌。

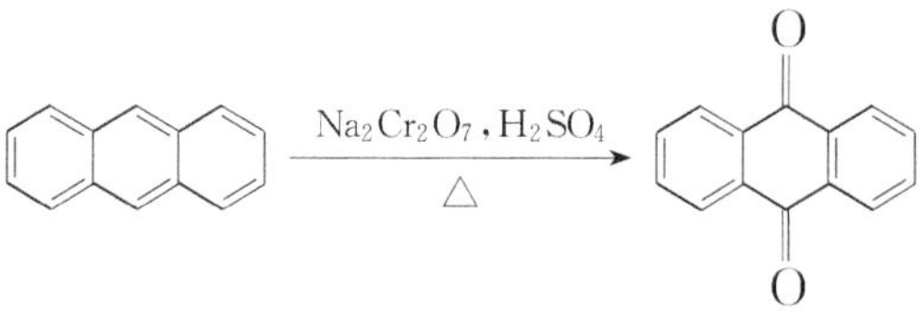

蒽醌

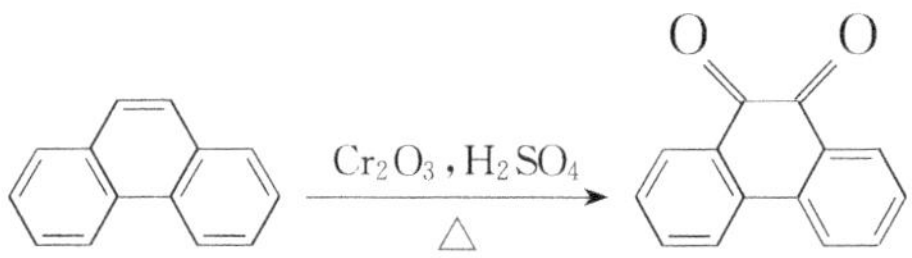

菲醌

三、致癌稠环芳烃

在稠环芳烃中，有的具有致癌性，称为致癌烃。例如

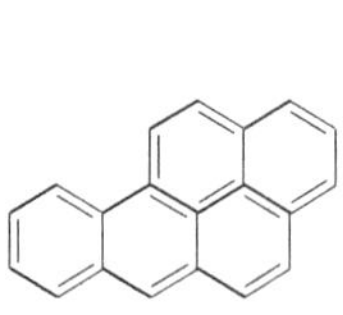

1,2-苯并芘

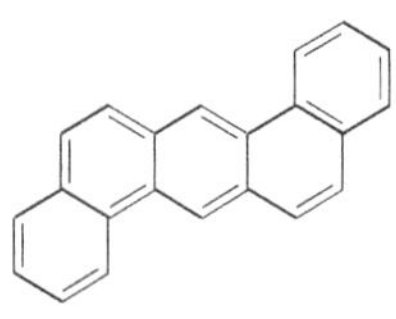

1,2,5,6-二苯并蒽

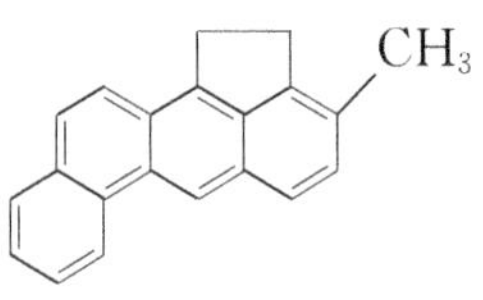

3-甲基胆蒽

有些致癌烃在煤、石油、木材和烟草等燃烧不完全时产生。煤焦油中也有某些致癌

烃。若皮肤接触致癌烃的蒸气，经过一定时间后患皮肤病的概率较高。研究化学致癌者认为，这些烃本身不引起癌变，但是进入人体后，经过某些生物过程转化为较活泼的环氧化物，它们能与细胞中的 DNA(脱氧核糖核酸)结合导致细胞繁殖的失控，引起细胞的变异。因此，为了保证人类健康，必须防止稠环芳烃对环境的污染。

第三节　休克尔规则

已知苯是由六个 sp^2 杂化碳原子构成的环状体系，每个碳原子的 p 轨道在侧面相互交盖形成闭合共轭体系，具有芳香性。它可看成是一个环状共轭多烯。其他环状共轭多烯，如环丁二烯和环辛四烯等，组成环的每个原子也是 sp^2 杂化碳原子，每个碳原子也有一个 p 轨道，是否也具有芳香性呢？事实证明，环丁二烯很不稳定，不易合成，即使在很低温度下合成出来，温度略高也会聚合；环辛四烯具有烯烃的典型性质，化学性质很活泼；这两个化合物都不具有芳香性。是否芳香性只局限于苯、萘和蒽及其同系物呢？不是。具有芳香性的化合物通常具有以下特点：①是包括若干数目 π 键的环状体系；②具有平面结构，或至少非常接近于平面；③环上的每一个原子必须是 sp^2 杂化；④环上的 π 电子能够发生离域。

分子具有芳香性的标志是：①这类化合物虽然有不饱和键，但不易进行加成反应，而与苯相似，容易进行亲电取代反应；②通过氢化热或燃烧热对离域能的热化学测量表明，这类具有芳香性的环状分子的氢化热和燃烧热比相应的非环体系低，显示特殊的稳定性。

一、休克尔规则

休克尔于 1931 年通过分子轨道理论计算指出：对于单环共轭多烯分子，当成环原子都处在同一平面，且离域的 π 电子数是 $4n+2$ 时，该化合物具有芳香性。此规则称为休克尔 $(4n+2)\pi$ 电子规则，简称休克尔规则或 $4n+2$ 规则。式中 n 为 0，1，2，3，…整数。

二、非苯芳烃

（一）轮烯

单环共轭多烯称为轮烯，如[4]轮烯、[8]轮烯、[10]轮烯、[18]轮烯。

[4]轮烯

[8]轮烯

[10]轮烯

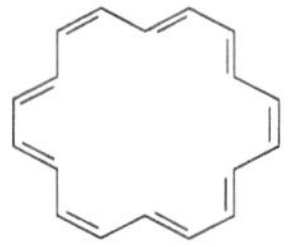

[18]轮烯

[4]轮烯的 4 个碳原子虽然在同一平面上，但 π 电子数不符合 $4n+2$ 规则，因此没有芳香性。

[8]轮烯组成环的 8 个碳原子不在同一平面上，而是盆形结构，π 电子数是 8，也不符合 $4n+2$ 规则，因此没有芳香性。

[10]轮烯有 10 个 π 电子，符合 $4n+2$ 规则，但其碳骨架类似于萘，两个反式双键碳上的氢原子处于环内，它们相互排斥的结果使得环不在同一平面上，因此也没有芳香性。

[18]轮烯中构成环的 18 个碳原子接近同一平面，且有 18 个 π 电子，符合 $4n+2$ 规则（$n=4$），因此具有芳香性。

（二）芳香离子

某些烃虽没有芳香性，但转变成离子（正或负离子）则有可能显示芳香性。例如，环戊二烯无芳香性，但形成负离子后，不仅组成环的五个碳原子在同一平面上，且有 6 个 π 电子（$n=1$），因此具有芳香性。与此相似，环辛四烯的 2 价负离子也具有芳香性。因为形成负离子后，原来的碳环由盆形转变成平面八边形，且有 10 个 π 电子（$n=2$），故具有芳香性。

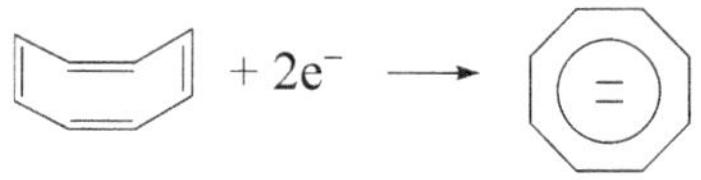

其他某些离子也具有芳香性，如环丙三烯正离子（**iii**）、环丁二烯 2 价正离子（**iv**）和 2 价负离子（**v**）、环庚三烯正离子（**vi**）。

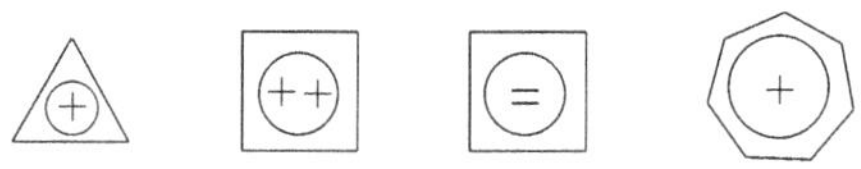

iii　　**iv**　　**v**　　**vi**

（三）并联环系

与苯相似，萘、蒽、菲等稠环芳烃，由于它们的成环碳原子都在同一平面上，且 π 电子数分别为 10 和 14，符合休克尔规则，故具有芳香性。虽然萘、蒽、菲是稠环芳烃，但构成环的碳原子都处在最外层的环上，可看成是单环共轭，故可用休克尔规则来判断其芳香性。

与萘、蒽等稠环芳烃相似，对于非苯系的稠环化合物，如果考虑其成环原子的外围 π 电子，也可用休克尔规则来判断其芳香性。例如，薁是由一个五元环和一个七元环稠和而成的，其成环原子的外围 π 电子有 10 个，相当于[10]轮烯，符合休克尔规则（$n=2$），也具有芳香性，是典型的非苯芳烃。

薁

习　题

1. 写出分子式为 C_9H_{12} 的单环芳烃的所有同分异构体并命名。
2. 命名下列化合物。

(1) 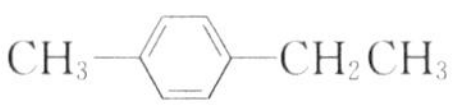　(2) 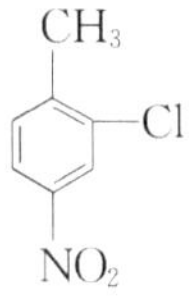　(3) 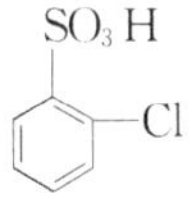

(4) 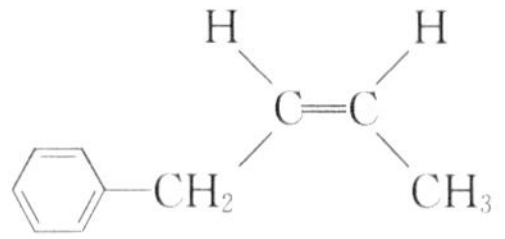　(5) 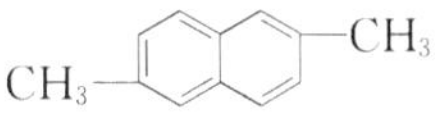　(6) 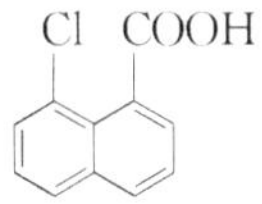

3. 完成下列反应。

(1) 

(2) 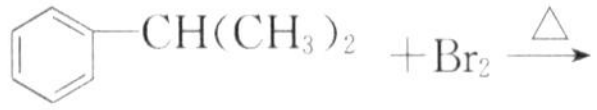

(3) 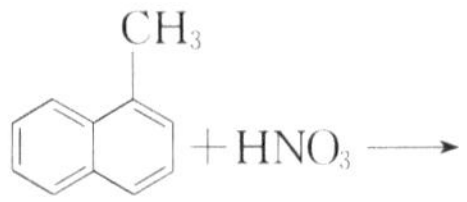

(4) 

(5) 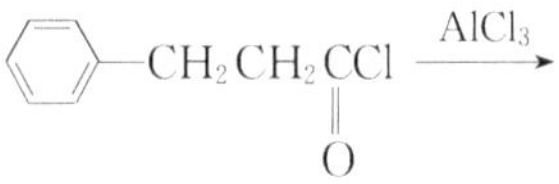

(6) 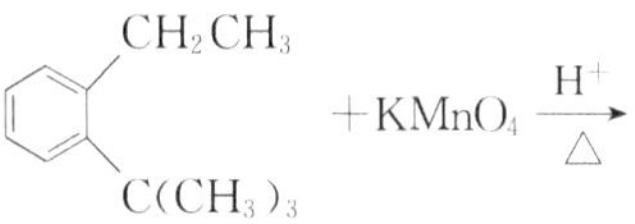

4. 用化学方法区分下列化合物。

(1) 环己烷、环己烯和苯　　(2) 苯和 1,3,5-己三烯

5. 写出下列化合物第一次硝化的产物。

(1) 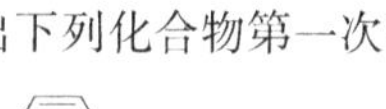　(2) 　(3)

(4) 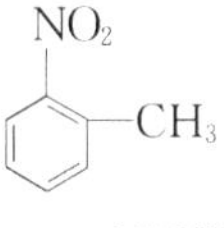　(5) 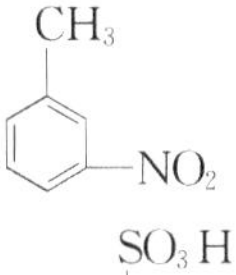　(6) 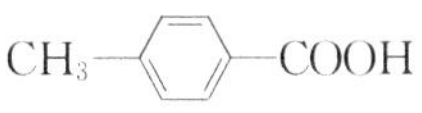

(7) 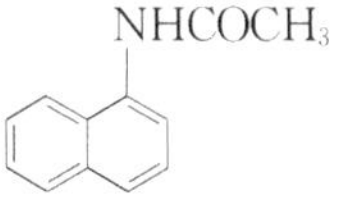　(8) 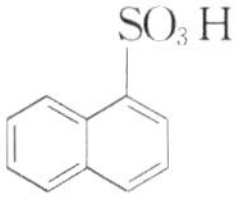

6. 推断题。

(1) 某芳烃的分子式为 C_9H_{12}，用高锰酸钾氧化后，可得一种二元酸。将原来的芳烃进行硝化，所得一元硝基化合物有两种。写出该芳烃的构造式和各步反应式。

（二）命名

1. 普通命名法

简单的卤代烃可以把烷基看作母体，称为“卤某烃”；也可以看作烃基的卤代物。例如

异溴丙烷或异丙基溴

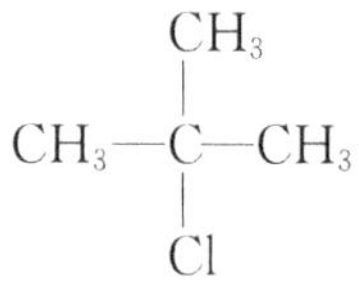
三级氯丁烷或叔丁基氯

$CH_3CH_2CH_2I$
正碘丙烷或正丙基碘

C_6H_5Cl
氯苯

2. 系统命名法

卤代脂肪烃的系统命名原则是选择连有卤原子的最长碳链作为母体（不饱和卤代烃还应包含不饱和键）；将卤原子及其他支链作取代基；卤代烷主链碳的编号由距离取代基最近的一端开始，命名时将取代基按次序规则排列，较优基团后列出。卤代不饱和烃的编号则从距离不饱和键最近的一端开始。例如

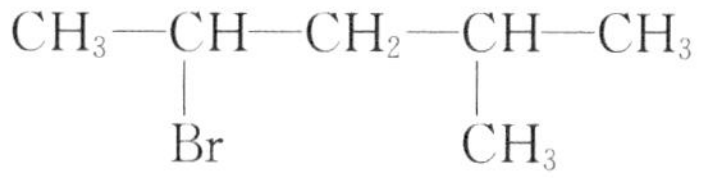
2-甲基-4-溴戊烷

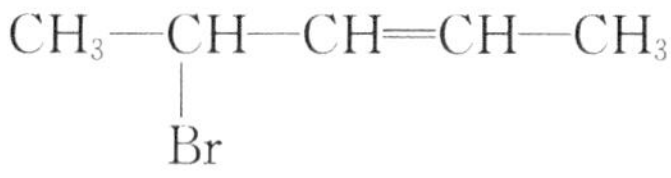
4-溴-2-戊烯

$CH_3—CH_2—CH_2—CH_2—Cl$
1-氯丁烷(**i**)
（伯卤代烃）

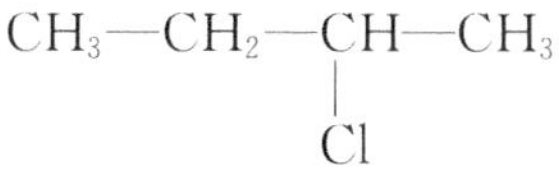
2-氯丁烷(**ii**)
（仲卤代烃）

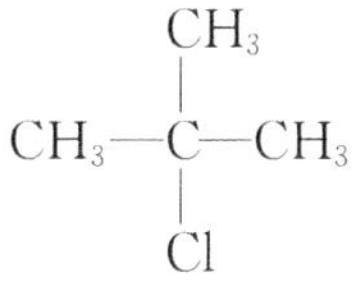
2-甲基-2-氯丙烷(**iii**)
（叔卤代烃）

i、**ii** 和 **iii** 互为同分异构体，其区别在于卤原子的位置不同或碳链不同。根据与卤原子相连的碳原子类型的不同，卤代烃 **i**、**ii** 和 **iii** 分别属于伯、仲和叔卤代烃。

某些卤代烃常有惯用的名称。例如

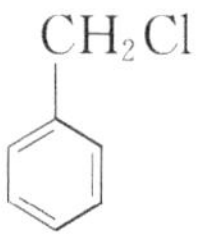
氯化苄

$CHCl_3$
氯仿

CHI_3
碘仿

二、物理性质

卤代烃的沸点一般随相对分子质量的增大而升高，在异构体中，支链越多，沸点越低。除氯甲烷、溴甲烷、氯乙烷、氯乙烯等个别卤代烃在室温为气体外，一般卤代烃大多

为液体。

虽然 C—X 键有极性，但它们不溶于水，而能以任意比例与烃类混溶，并能溶解其他许多弱极性或非极性有机物，因此二氯甲烷、氯仿、四氯化碳等是常用的溶剂。例如，用它们提取动植物组织中的脂肪类物质等。由于溴代烃、碘代烃的价格较高，故一般多用氯代烃。分子中卤原子数目增多，则可燃性降低。例如，CCl_4 即为常用的灭火剂。

碘代烃、溴代烃以及多卤代烃的相对密度都大于 1，而一氟代烃及一氯代烃的相对密度小于 1。当卤素原子的种类、数目不变时，卤代烷的相对密度随碳原子数的增加而降低。烃基相同时，卤代烃的沸点和相对密度依氯代烃、溴代烷、碘代烃的次序递增（表7-1）。

表 7-1　某些卤代烃的物理常数

结构式	名　称	熔点/℃	沸点/℃	相对密度(20 ℃)
CH_3Cl	氯甲烷	−97.1	−24.2	0.9159
CH_3Br	溴甲烷	93.6	3.6	1.6755
CH_3I	碘甲烷	−66.4	42.4	2.279
CH_2Cl_2	二氯甲烷	−95.1	40	1.3266
$CHCl_3$	三氯甲烷	−63.5	61.7	1.4832
CCl_4	四氯化碳	−23	76.5	1.5940
CH_3CH_2Cl	氯乙烷	−136.4	12.3	0.8987
CH_3CH_2Br	溴乙烷	−118.6	38.4	1.4604
CH_3CH_2I	碘乙烷	−108	72.3	1.9358
$CH_3CH_2CH_2Cl$	1-氯丙烷	−122.8	46.6	0.8909
$CH_3\underset{\underset{Cl}{\vert}}{C}HCH_3$	2-氯丙烷	−117.2	35.7	0.8617
$CH_2{=}CHCl$	氯乙烯	−153.8	−13.4	0.9106
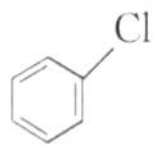	氯苯	−45.6	132	1.1058
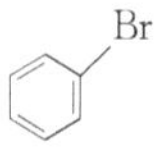	溴苯	−30.8	156	1.4950
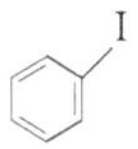	碘苯	−31.3	188.3	1.8308
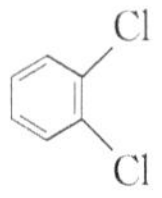	邻二氯苯	−17	180.5	1.3048
	对二氯苯	53.1	174	1.2475

三、化学性质

一般来说，卤代烷(alkyl halide 或 haloalkane)中的卤原子是比较活泼的，很容易被其他的原子或基团取代，或通过其他反应转化成多类有机物或有机金属化合物，所以卤代烃是有机合成中极为有用的一类化合物。

(一) 亲核取代反应

卤代烷中卤素的电负性大于碳，碳-卤键之间的共用电子对偏向卤原子，使得碳原子带有部分正电荷，卤原子带有部分负电荷($C^{\delta^+}—X^{\delta^-}$)，因此，与卤素相连的碳原子容易受富电子试剂——亲核试剂(nucleophile，以 Nu 表示)的进攻，卤素带走碳-卤键的一对电子，以负离子的形式离开，而碳与亲核试剂上的一对电子形成一个新的共价键。

$$\underset{\text{亲核试剂}}{Nu^-} + R—\overset{|}{\underset{|}{C}}{}^{\delta+}\rightarrow X^{\delta^-} \longrightarrow R—\overset{|}{\underset{|}{C}}:Nu + X^-$$

亲核试剂可以是带有负电荷的离子，如 OH^-、RO^-、CN^-、$RCOO^-$、$R≡C^-$ 等，也可以是带有未共用电子对的中性分子，如 H_2O、NH_3、ROH 等。由于反应是起始于亲核试剂的进攻而发生的取代，因此这种反应称为亲核取代(nucleophilic substitution)反应。

反应中受亲核试剂进攻的卤代烷 RX 称为底物(substrate)，Nu^- 为亲核试剂，卤素被 Nu 取代，以负离子的形式离去，称为离去基团(leaving group)。

1. 水解反应

卤代烷与强碱(如氢氧化钠或氢氧化钾)水溶液共热，则卤原子被羟基(—OH)取代，产物是醇。这个反应也称卤代烃的水解。

$$R—X + OH^- \xrightarrow{\triangle} R—OH + X^-$$

2. 与醇钠反应

卤代烷与醇钠作用，卤原子被烷氧基(RO—)取代而生成醚，这是制备混合醚(两个烃基不同的醚)的方法，称为威廉逊合成法(Williamson synthesis)。

$$R—X + R'O—Na \longrightarrow \underset{\text{醚}}{R—O—R'} + NaX$$

3. 与氨反应

卤代烷与氨作用，卤原子可被氨基(—NH_2)取代生成胺。

$$R—X + NH_3 \longrightarrow \underset{\text{胺}}{R—NH_2} + HX$$

胺是有机碱,它与反应中产生的氢卤酸成盐,所以产物为胺的盐,即 $RNH_3^+X^-$,或写为 $RNH_2 \cdot HX$。

4. 与氰化钠反应

卤代烷与氰化钠(或氰化钾)的醇溶液共热,卤原子被氰基(—CN)取代而得腈。

$$R—X + NaCN \xrightarrow[\triangle]{\text{乙醇}} \underset{\text{腈}}{R—CN} + NaX$$

卤代烃转变为腈后,分子中碳原子比原来的卤代烃增加一个,而且氰基可转变为羧基(—COOH)、酰胺基(—CONH₂)等官能团。这是有机合成中增长碳链的重要方法之一。

$$R—CN \xrightarrow[H_2O]{H^+} \underset{\text{羧酸}}{R—\overset{\overset{O}{\|}}{C}—OH} \quad \text{腈水解得羧酸}$$

5. 与硝酸银反应

卤代烷与硝酸银的乙醇溶液反应生成硝酸酯和卤化银沉淀。例如

$$RX + AgNO_3 \xrightarrow{\text{醇}} RONO_2 + AgX\downarrow$$

卤素不同的卤代烷发生亲核取代反应的活性顺序为 RI>RBr>RCl。当卤原子相同、烃基结构不同时,其活性顺序为 3°>2°>1°。

反应过程中生成卤化银沉淀,有明显的现象,此反应可用于区别卤代烃和其他类型有机化合物。不同烃基结构的卤代烷与 $AgNO_3/C_2H_5OH$ 作用时,叔卤代烷反应最快,最先生成沉淀,其次是仲卤代烷,反应最慢的是伯卤代烷。此法也可用于鉴别伯、仲、叔卤代烷。

(二) 消除反应

在卤代烃分子中,由于卤素的吸电子作用可以通过碳链传递,因此,不仅 α-碳上具有部分正电荷,β-碳上也会带有少量正电荷,从而使 β-碳上的氢具有一定的酸性。因此,卤代烃在强碱的作用下会失去一分子卤化氢,生成烯烃,这就是卤代烃的消除(elimination)反应。

$$R—\underset{\underset{H}{|}}{\overset{\beta}{C}H}—\underset{\underset{X}{|}}{\overset{\alpha}{C}H_2} \xrightarrow[C_2H_5OH]{NaOH} R—CH{=}CH_2 + HX$$

消除反应是指从有机分子中消去简单小分子(如 H_2O、HX、NH_3 等)形成不饱和键的反应。由于这类反应是消除 β-碳上质子的反应,因此 β-碳上必须有氢原子才有可

能进行消除反应。由于氢原子是由 β-碳原子上脱去的，因此这种反应又称为β-消除反应。

如果分子内含有几种 β-氢，实验证明，主要消除含氢较少的碳上的氢，生成双键碳上连有较多取代基的烯烃，这一经验规则称为札依采夫(Saytzeff)规则。例如

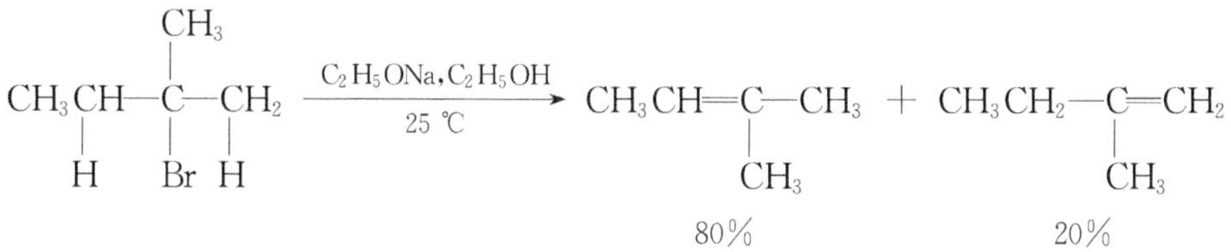

卤代烷脱卤化氢是制备烯烃的一种方法。

烃基结构不同的卤代烷进行消除时，其活性顺序为 3°>2°>1°。

（三）与金属镁的反应

卤代烃能与多种金属(如 Mg、Li、Al 等)反应生成有机金属化合物(含有金属-碳键的化合物)。例如，卤代烷与镁在无水乙醚中作用，生成烷基卤代镁(RMgX)，简称格氏试剂(Grignard reagent)。

$$RX + Mg \xrightarrow{\text{无水乙醚}} \underset{\text{格氏试剂}}{RMgX}$$

格氏试剂中 C—Mg 键的极性极强，所以非常活泼，能被许多含活泼氢的物质(如水、醇、酸、氨甚至炔氢等)分解为烃，并能与二氧化碳作用生成羧酸。

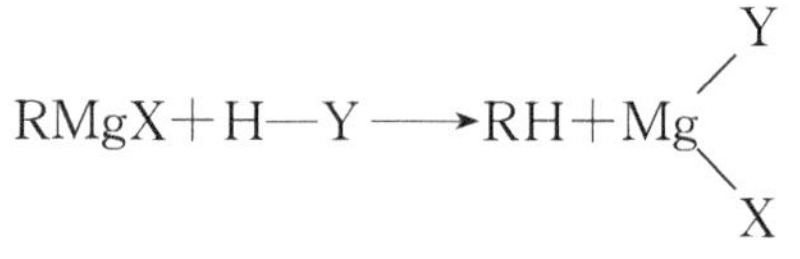

$(Y = OH, OR, X, NH_2, C \equiv CR)$

$$RMgX \xrightarrow{CO_2} RCOOMgX \xrightarrow[H_2O]{H^+} RCOOH$$

因此在制备格氏试剂时必须防止水汽、酸、醇、氨、二氧化碳等物质。格氏试剂与二氧化碳的反应用于制备比卤代烃中的烃基多一个碳原子的羧酸。

格氏试剂可以与许多物质反应，生成其他有机化合物或有机金属化合物，是有机合成中非常有用的试剂。格利雅由于发现了格氏试剂而获得 1912 年诺贝尔化学奖。

第二节 饱和碳原子上的亲核取代反应机理

亲核取代反应是卤代烷的典型的反应，卤素被其他亲核试剂取代后，可生成很多类型的化合物。因此，卤代烷在有机合成中占有重要地位。对其反应机理研究也较多，其中卤代烷水解反应研究比较充分。

大量研究表明，有些卤代烷的水解速率仅与底物的浓度有关，而有些卤代烷的水解速率不仅与底物的浓度有关，而且还与碱的浓度有关。例如，溴甲烷在碱性溶液中水解，反应速率既与溴甲烷的浓度成正比，又与碱的浓度成正比，称为双分子亲核取代反应（简写为 S_N2）。

$$CH_3Br + OH^- \longrightarrow CH_3OH + Br^-$$
$$v = k[CH_3Br][OH^-]$$

在反应动力学研究中，反应速率方程中所有浓度项指数相加即为该反应的级数，因此溴甲烷的水解为二级反应。

叔丁基溴在上述实验条件下水解，其反应速率仅与底物浓度成正比，而与碱的浓度无关，动力学上属于一级反应，称为单分子亲核取代反应（简写为 S_N1）。

$$(CH_3)_3CBr + OH^- \longrightarrow (CH_3)_3COH + Br^-$$
$$v = k[(CH_3)_3CBr]$$

为了解释上述反应事实，英戈尔德(Ingold)等提出了亲核取代反应机理。

一、单分子机理

实验证明，叔卤代烷的水解是按单分子机理进行的，反应机理可分步表示如下：

$$R_3C—X \xrightarrow{慢} R_3C^+ + X^-$$
$$R_3C^+ + OH^- \xrightarrow{快} R_3COH$$

第一步是卤代烷中 C—X 键异裂为 R_3C^+（碳正离子）及 X^-（卤负离子），但不同于无机物在水中的解离，卤代烷必须在溶剂的作用下，也就是在外电场的影响下，分子进一步极化，才有可能异裂为正负离子，所以这一步是比较慢的。R_3C^+ 很不稳定，一旦产生便立即与溶液中的 OH^- 结合为醇。或者反应体系中的 H_2O 也可作为亲核试剂与碳正离子结合，然后消除 H^+ 而得醇。

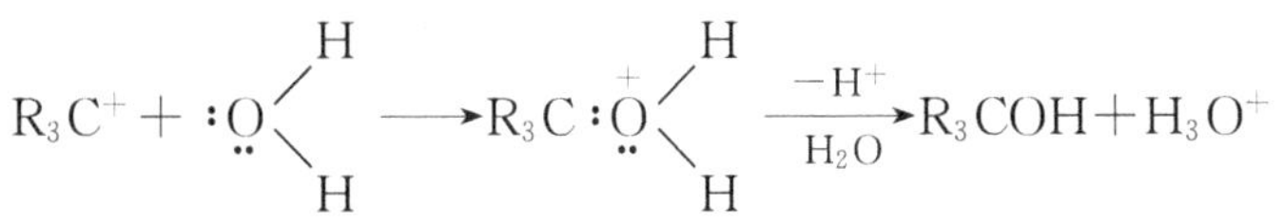

在化学动力学中，反应速率取决于反应中最慢的一步，反应分子数则由决定反应速

率的一步来衡量。上述机理中第一步是决定反应速率的一步，这一步只取决于 C—X 键的断裂，与亲核试剂浓度无关，所以称为单分子机理。

二、双分子机理

双分子机理的特点是 C—X 键的断裂与 C—O 键的形成是同时进行的。

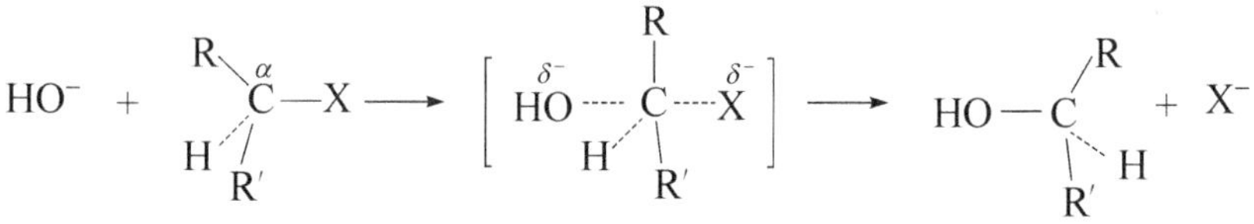

过渡态

α-碳原子由于电子云密度较低，成为负离子进攻的中心，当 OH^- 与 α-碳原子接近至一定程度时，α-碳原子与 OH^- 中氧上的一对电子逐渐形成一个微弱的键，以虚线表示，与此同时，C—X 键被削弱，但还未断裂，负电荷分散于亲核试剂和离去基团上，这时体系能量最高，达到过渡态。当 OH^- 与中心碳原子进一步接近，最终形成一个稳定的 C—O 共价键时，C—X 键彻底断裂，卤素带着一对共用电子离开分子。由于反应过渡态的形成需要卤代烷和进攻试剂两种反应物，而且反应速率又取决于过渡态的形成，因此这一机理称为双分子机理。伯卤代烷的水解主要按双分子机理进行。

在卤代烷分子中，反应中心是 α-碳原子，而 α-碳原子上电子云密度的高低对反应机理是有影响的。如果 α-碳原子上电子云密度低，则有利于 OH^- 的进攻，也就是有利于反应按双分子机理进行；反之，如果 α-碳原子上电子云密度高，则有利于卤素夺取电子而以 X^- 的形式解离，从而有利于按单分子机理进行。凡是能降低 α-碳原子上电子云密度的因素便有利于促进反应按双分子机理进行。由于烷基的给电子性，在伯、仲、叔三类卤代烷中，随着 α-碳原子上烷基数目的增加，α-碳原子上电子云密度逐渐增高，叔卤代烷的卤素比伯卤代烷的卤素更容易以负离子形式解离；并且叔卤代烷异裂产生的是三级碳正离子，稳定性最高，越稳定的碳正离子越容易形成，所以叔卤代烷的水解主要按单分子机理进行。

RCH_2—X	R_2CH—X	R_3C—X
伯卤代烷	仲卤代烷	叔卤代烷

应该指出的是，亲核取代反应的两种机理在反应中是同时存在、相互竞争的，只存在某一特定条件下哪个占优势的问题。影响反应机理的因素是很多的。上面讲的 α-碳原子上烷基数目的影响只是考虑电子效应，除此以外，烷基的大小、卤原子的性质、进攻试剂的亲核能力以及溶剂的极性等对反应机理都有影响。

三、亲核取代反应的立体化学

按双分子机理进行反应时，OH^- 由离去基团 X^- 的后面进攻 α-碳原子，只有这样 OH^- 与 X^- 才能相距最远，从而互斥力最小。当 OH^- 与 α-碳原子逐渐接近，α-碳原子上的三个基团便被向后排斥，在过渡态时，OH^-与X^-及α-碳原子在一条直线上，而α-碳原子上其他三个基团在垂直于纸面的同一平面内，随着OH^-与α-碳原子由前面结合，X^-由后面离去，α-碳原子又恢复四面体形，但其上三个基团则向后翻转，OH^-在原来X^-对面的位置上，所以生成的醇与原来卤代烷相比构型发生了变化。在取代反应中，这种构型的转化称为瓦尔登反转(Walden inversion)。通常习惯把这种构型的转化比作一把伞被大风吹得翻了上去。瓦尔登反转主要发生在手性碳原子的S_N2取代反应中。

按单分子机理，反应是通过碳正离子中间体进行的，碳正离子为平面形，当碳正离子形成以后，反应体系中的OH^-可以由该平面的两侧与之成键，由两侧成键的机会是均等的，所以当该碳原子为手性碳原子，而且反应物卤代烃为旋光异构体时，产物为外消旋混合物，也就是有50%的产物发生了构型的转化，这称为外消旋化(racemization)。

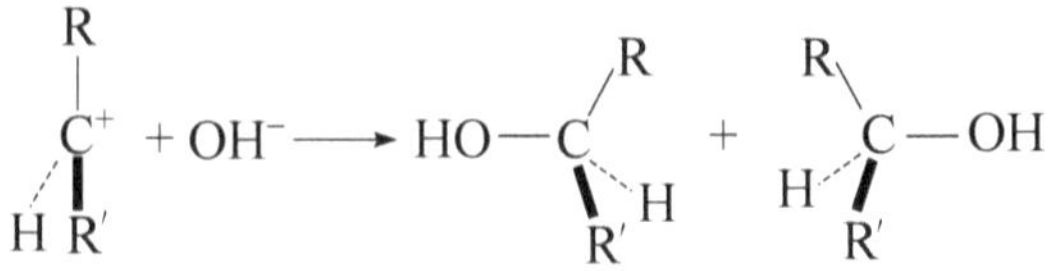

四、亲核取代与消除反应的关系

卤代烃的水解与脱卤化氢都是在碱性溶液中进行的，因此当卤代烃水解时，不可避免地会有脱卤化氢的副反应发生。同样，脱卤化氢时，也会有卤代烃的亲核取代物生成。这可以由反应机理来说明。消除反应的机理与亲核取代很相似，也有单分子机理和双分子机理，分别以E1和E2表示。

按单分子机理进行的消除反应，第一步仍是卤代烃解离为碳正离子。

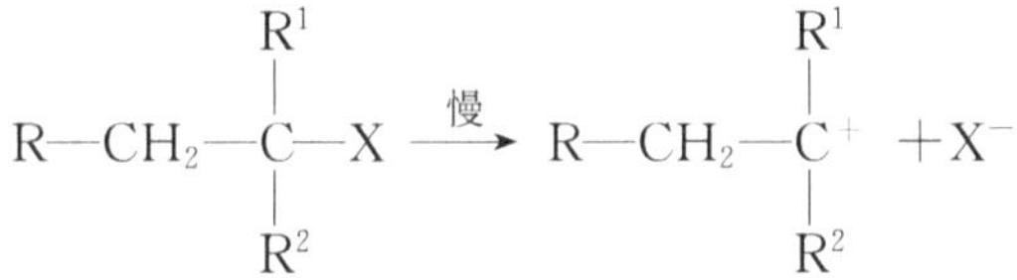

然后进行消除还是取代，则取决于第二步。如果反应体系中的OH^-或$C_2H_5O^-$作为碱由β-碳原子上夺取一个氢，则产物为烯。

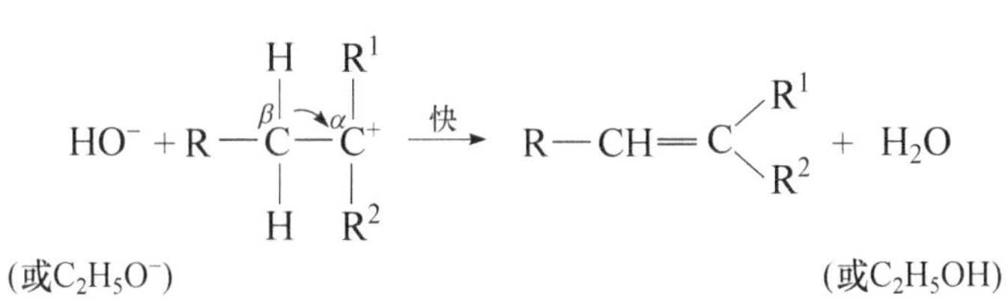

如果OH^-或$C_2H_5O^-$作为亲核试剂与碳正离子结合，则产物为醇或醚。

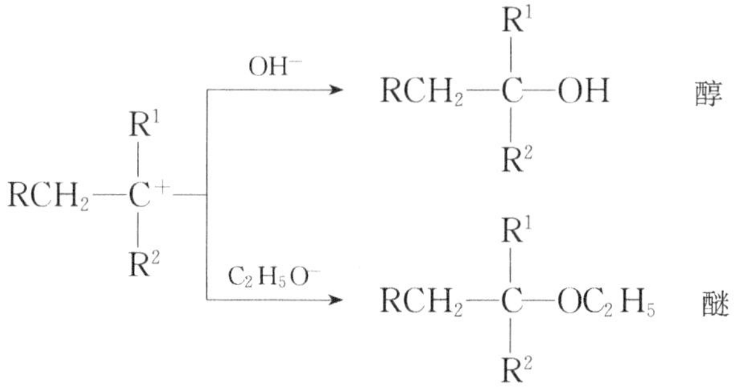

按双分子机理进行的消除反应与双分子取代相似，也是经过一个过渡态，即 OH^- 或 $C_2H_5O^-$ 与 β-氢原子逐渐靠近，β-氢原子与碳原子间的一对电子逐渐转向 α-、β-碳原子间，卤素与 α-碳原子的键逐渐减弱，最终卤素带走 C—X 间的一对电子，以负离子形式离去，产物为烯烃。

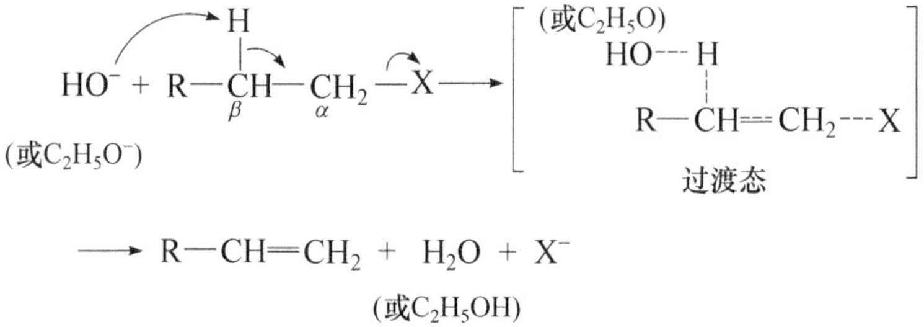

如果 OH^- 或 $C_2H_5O^-$ 进攻的是 α-碳原子，则发生的将是双分子亲核取代反应，产物为醇或醚。

总的来说，亲核取代与消除反应是可以同时发生的，而且两种机理(单分子机理或双分子机理)又是相互竞争的。根据多方面实验得出的结论是：强碱、高温、弱极性溶剂有利于消除反应。所以卤代烃的水解在水溶液中进行，而脱卤化氢则应在醇溶液中更为有利。

第三节　卤代烯烃和卤代芳烃

对于卤素相同而烃基不同的卤代烃，可根据它们对亲核取代反应的活性分为以下三类：

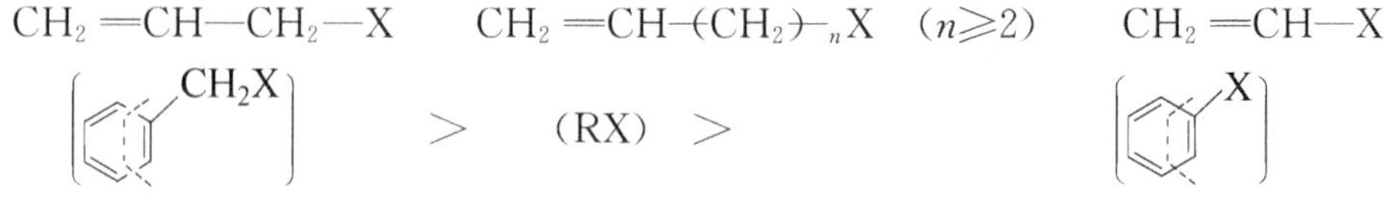

Ⅰ　　Ⅱ　　Ⅲ

Ⅰ类称为烯丙型卤代烃(allylic halide)，也就是与卤素相连的碳原子和 C═C 相连，或者说卤素和 C═C 之间隔开一个饱和碳原子；Ⅲ类称为乙烯型卤代烃(vinylic halide)，卤素与 C═C 直接相连；Ⅱ类则包括卤代烷及卤素与 C═C 间隔开一个以上饱和碳原子的化合物。三种类型中卤原子对亲核取代反应的活性为Ⅰ＞Ⅱ＞Ⅲ。例如，前两类化合物与碱液加热就可被水解，而氯苯则需高温、高压并有催化剂作用下才能水解。反应的活性差异是由分子中的电子效应决定的。例如，氯乙烯（或氯苯）为乙烯型卤代烃，这类卤代烃中的卤原子由于 p-π 共轭的影响，C—X 键间的电子云密度比卤代烷中的有所增加，也就是卤素结合得比卤代烷中牢固，所以卤原子的活性比卤代烷中的卤原子差。对于烯丙型卤代烃，则要从取代反应中形成的中间体——烯丙型碳正离子（$CH_2═CH—\overset{+}{C}H_2$）的稳定性来考虑。碳正离子上的空 p 轨道与 C═C 上的 p 轨道共轭使其上的正电荷得以分散。

因此，烯丙型碳正离子比较稳定。换句话说，就是与卤素相连的 sp^3 杂化碳原子与 C═C相连，有利于生成烯丙型碳正离子。Ⅰ类卤代烃之所以比Ⅱ类卤代烃容易进行亲核取代反应，其主要原因之一就是它容易解离为比较稳定的烯丙型碳正离子。

上面讲的是烃基不同时对同一卤原子活性的影响。如果烃基相同而卤原子不同，则其活性顺序为碘代烃＞溴代烃＞氯代烃。这是由于在卤素中碘的原子半径较大，碳-碘键间电子云重叠程度差，而且碘对外层电子的控制不如氯强，碳-碘键可极化性大，因此在外电场作用下（极性介质中），碳-碘键较易断裂。

氯乙烯的 C—Cl 键长（0.172 nm）比氯乙烷的 C—Cl 键长（0.178 nm）短。因此，乙烯型卤代烃的 C—X 键较难断裂，发生亲核取代反应、消除反应以及其他类型的反应都比卤代烷困难。

习　题

1. 命名下列化合物或写出结构式。

(1) 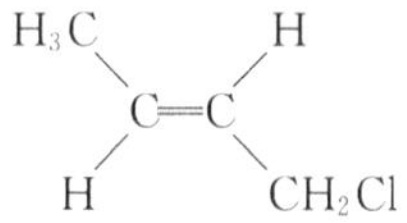

(2) 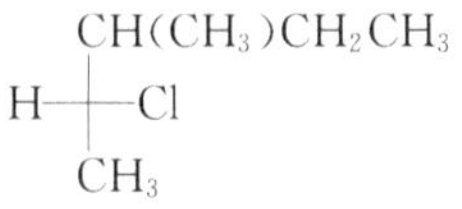

(3) 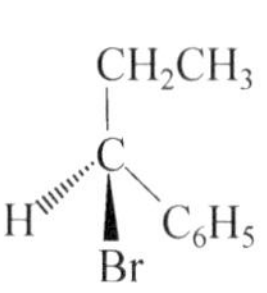

(4) 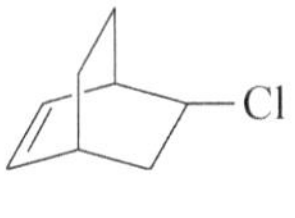

(5) 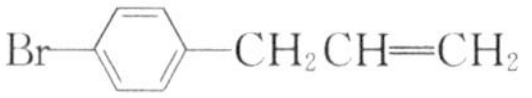

(6) 3-氯乙苯

(7) 2,2-二甲基-1-碘丙烷

(8) (*R*)-2-溴丁烷

(9) 新戊基溴

(10) (*Z*)-1-溴-3-苯基-2-丁烯

2. 写出 $C_5H_{15}Br$ 的所有同分异构体，并用系统命名法命名。

3. 写出 1-溴丁烷与下列试剂反应的主要产物。

(1) NaOH（水溶液）

(2) NaCN

(3) KOH(醇溶液)　　(4) C_2H_5ONa/C_2H_5OH

(5) $AgNO_3$/醇　　(6) Mg(无水乙醚)

(7) NH_3　　(8)  $+AlCl_3 \longrightarrow$

4. 完成下列反应。

(1)  $+Cl_2 \longrightarrow \xrightarrow{KOH/醇} \xrightarrow{CH_2=CHCHO}$

(2) 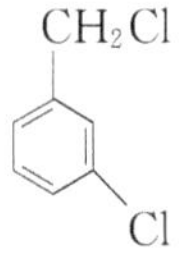 $\xrightarrow[\triangle]{NaOH/H_2O}$

(3) $CH_3CH_2CH_2Br \xrightarrow{Mg} \xrightarrow{C_2H_5OH}$

(4) $C_6H_5CH_2Cl \xrightarrow{Mg} \xrightarrow{CO_2} \xrightarrow[H_2O]{H^+}$

(5) 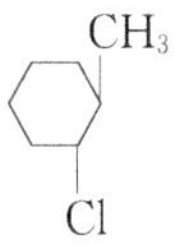 $+H_2O \xrightarrow[S_N1]{OH^-}$

(6) 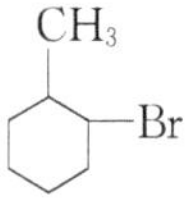 $\xrightarrow[\triangle]{KOH/醇}$

(7) $CH_2=CHCH_2Br+NaOC_2H_5 \longrightarrow$

(8) $CH_2=CHCH_2Cl \xrightarrow{?} CH_2=CHCH_2CN$

5. 试用简便的化学方法区别下列化合物。

$CH_3CH=CH-Cl$　　$CH_2=CHCH_2Cl$　　$CH_2=CHCH_2CH_2Cl$　　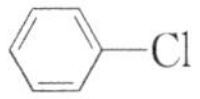

6. 将下列各组化合物按指定项目排列顺序。

(1) 与 $AgNO_3/C_2H_5OH$ 的反应活性

a. 1-溴丁烷　　b. 2-溴丁烷　　c. 2-甲基-2-溴丙烷

(2) 在 KOH/醇溶液中，消除反应活性

a. $CH_3CH_2-C(CH_3)_2-Cl$　　b. $CH_3CH_2-CH(CH_3)-Cl$　　c. $CH_3CH_2CH_2CH_2-Cl$

(3) 与 NaCN 反应活性

a. $CH_3CH_2CH_2Cl$　　b. $CH_3CH_2CH_2Br$　　c. $CH_3CH_2CH_2I$

(4) S_N2 反应活性

a. 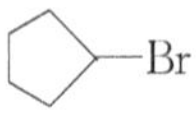　　b. $CH_3CH_2CH_2-Br$　　c. 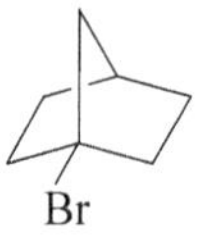

7. 用2-甲基-1-溴丙烷及无机试剂制备下列化合物。

(1) 异丁烯　　(2) 2-甲基-2-溴丙烷

(3) 2-甲基-2-丙醇　　　　(4) 2-甲基-1,2-二溴丙烷

8. A 的分子式为 C_3H_7Br，与 KOH/醇溶液共热得到 B(C_3H_6)，B 与 HBr 作用得到 A 的异构体 C。试推测 A 和 C 的结构式，并写出有关反应式。

9. 化合物 A 有旋光性，能与 Br_2/CCl_4 反应，生成三溴化合物 B，B 也具有旋光性；A 在热碱的醇溶液中生成化合物 C，C 可使溴水褪色，但无旋光性；C 与丙烯醛（$CH_2=CH—CHO$）反应生成

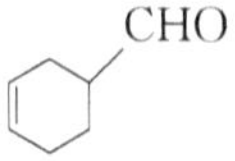

。试推测 A～C 的结构式。

第八章　醇、酚、醚

醇、酚、醚都属于烃的含氧衍生物，它们可以看作水分子（H—OH）中的氢原子被烃基取代的衍生物。水分子中的一个氢原子被脂肪烃基取代的化合物是醇（R—OH），被芳香烃基取代的化合物是酚（Ar—OH），两个氢原子都被烃基取代的化合物是醚（R—O—R′）。

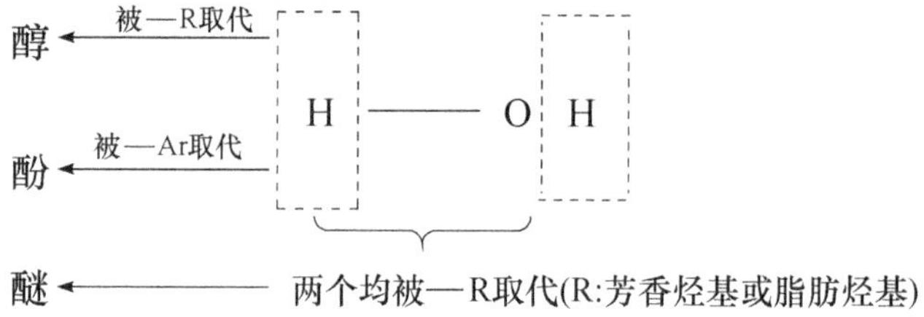

第一节　醇

一、醇的结构

醇（alcohol）中的—OH 称为羟基（hydroxyl group），是醇的官能团。甲醇是最简单的醇。

测定甲醇的结构发现 C—O—H 的键角为 108.9°，表明醇分子中的氧原子和水分子中的氧原子一样，均为 sp^3 杂化，其中两个 sp^3 杂化轨道分别与氢原子的 s 轨道和碳原子的 sp^3 杂化轨道相互结合成 σ 键。氧原子另外两对未共用电子对分别占据其他两个 sp^3 杂化轨道。甲醇分子中的有关键长、键角以及甲醇分子的球棍模型如图 8－1 所示。

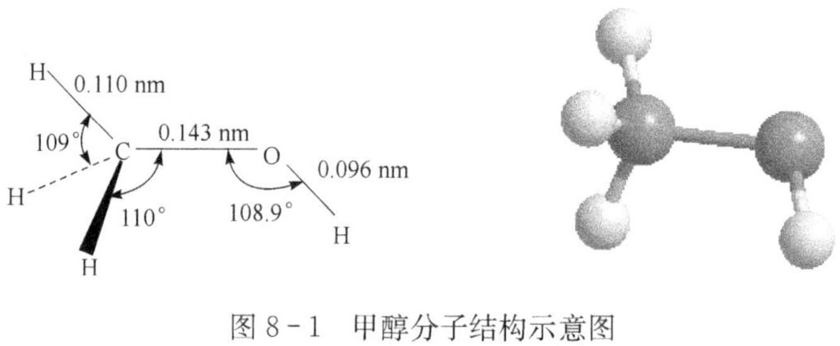

图 8－1　甲醇分子结构示意图

由于氧的电负性比碳、氢都大，因此氧原子上电子云密度较高，与其相连的碳原子和氢原子上的电子云密度较低，分子呈现较强的极性，使得 α-位和 β-位上的氢有一定的活性。这些特点决定了醇的物理性质和化学性质。

二、醇的分类和命名

（一）醇的分类

根据醇羟基所连接的碳原子的类型不同，醇可分为伯醇（1°醇）、仲醇（2°醇）和叔醇（3°醇）。

RCH_2OH　　伯醇（1°醇）

R_2CHOH　　仲醇（2°醇）

R_3COH　　叔醇（3°醇）

按羟基所连接的烃基不同，醇可分为饱和醇、不饱和醇、脂肪醇、脂环醇和芳香醇。

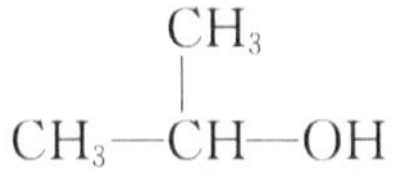
饱和醇 } 脂肪醇

$CH_2{=}CH{-}CH_2OH$　　不饱和醇 } 脂肪醇

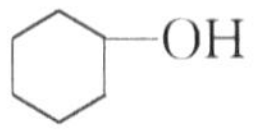
脂环醇

$Ar{-}CH_2{-}OH$　　芳香醇

注意芳香醇和酚的区别，芳香醇中的羟基是连接在侧链上，而酚中的羟基是直接连在芳香环上。

按分子中所含羟基的数目，醇可分为一元醇、二元醇和多元醇（含两个以上羟基的醇）。

一元醇：$CH_3CH_2CH_2OH$

多元醇：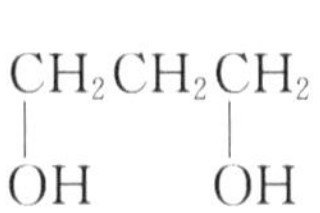　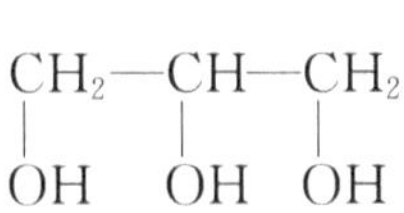　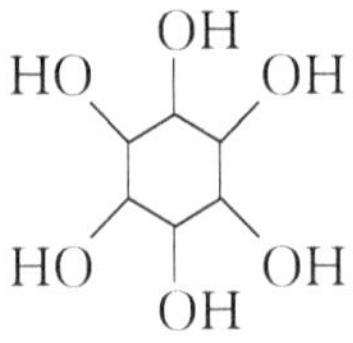

本章主要要讨论饱和一元醇，其通式为 $C_nH_{2n+1}OH$，多元醇的性质与一元醇类似。

（二）醇的命名

1. 习惯命名法

习惯命名法适用于结构简单的一元醇，命名时，在烃基名称后面加一个“醇”字，“基”字可省略。例如

$CH_3CH_2CH_2OH$　　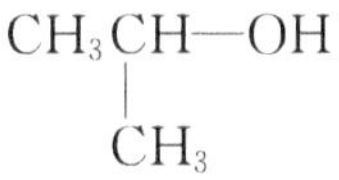

正丙醇　　异丙醇

i　　**ii**

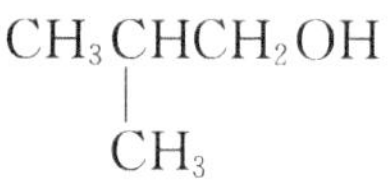
异丁醇
iii

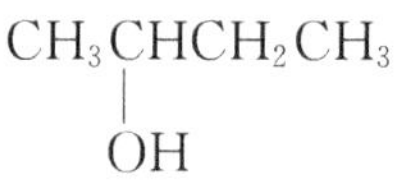
仲丁醇
iv

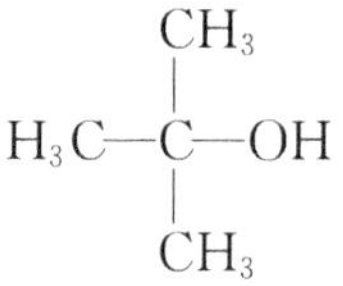
叔丁醇
v

含三个或三个以上碳的醇可以有碳链异构和官能团位置异构，如上面 **i** 和 **ii** 为官能团位置异构，**iii**、**iv**、**v** 为碳链异构。

2. *系统命名法*

结构复杂的醇采用系统命名法，命名原则如下：

（1）选主链。选择含有羟基（—OH）的最长的碳链作为主链，其他位次比羟基低的基团作为取代基，根据主链碳原子数称为“某醇”。

（2）编号。从靠近羟基的一端开始编号。

（3）取代基表达。在母体前，依次冠以取代基的位次（用阿拉伯数字标明）、数目（用中文数字表达）及名称。

（4）羟基的位次、数目必须在醇名称前写出。

例如

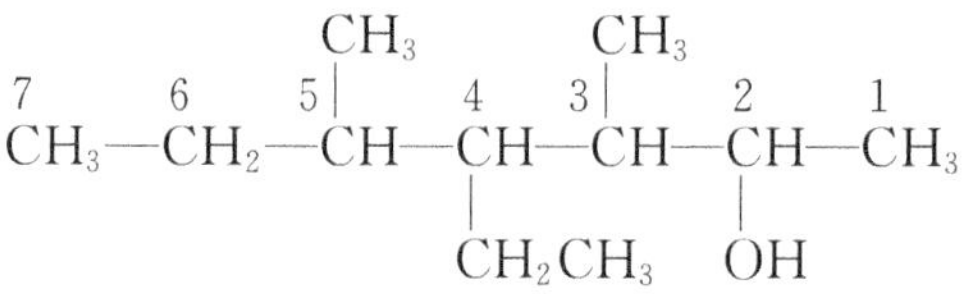
3,5-二甲基-4-乙基-2-庚醇

4-甲基-1-戊醇

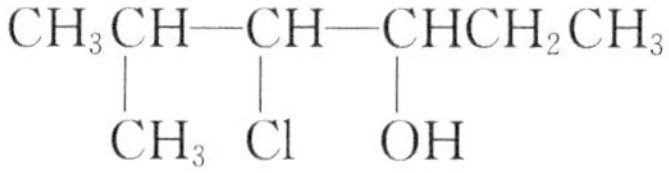
5-甲基-4-氯-3-己醇

又如，不饱和醇的系统命名应选择同时含有羟基和重键（双键、叁键）碳原子在内的碳链作为主链，编号时，尽可能使羟基的位次最小。例如

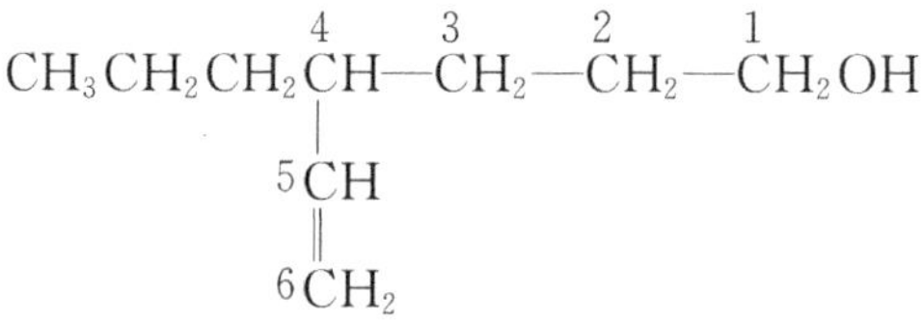
4-正丙基-5-己烯-1-醇

$$CH_3CH{=}CHCH_2OH$$
2-丁烯-1-醇

三、醇的物理性质

12 个碳以下的饱和一元醇都是无色液体，高级醇是蜡状固体，低级醇具有刺鼻

臭味。

醇的一个特点是它的沸点比相对分子质量相近的烷烃或卤代烃高得多。醇分子中氧电负性比较大，分子具有极性，但仅仅是偶极-偶极间的作用力还不能解释这一点，因为一氯甲烷的偶极矩和相对分子质量均比甲醇大，但是沸点却低很多。例如

	CH_3OH	CH_3CH_3	CH_3Cl
相对分子质量	32	30	50.5
偶极矩/D	1.94	0	2.04
沸点/℃	65	−88.9	−23.8

这和水的沸点较高是同样的道理，因为醇是极性分子，更主要是因为醇分子极性很大的羟基(—OH)之间可以通过氢键缔合。

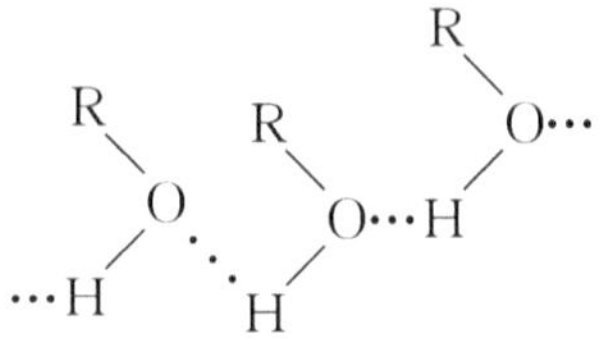

多元醇的沸点大于一元醇，这是因为羟基的数目增多，形成的氢键增多。例如，丙醇和乙二醇的相对分子质量相近，但后者沸点比前者高出约 100 ℃。

醇在水中的溶解度较大也与氢键有关，因为醇的羟基可与水的羟基形成氢键，所以醇与水可以相互缔合而溶解，醇的烃基越大，溶解度越低，三个或三个以下碳的低级醇可以和水以任意比例混溶。从丁醇开始，在水中的溶解度随相对分子质量增大而降低，分子中羟基数与碳原子数的比值增大，则水溶性增大。表 8 - 1 列出某些醇的物理常数。

表 8 - 1　某些醇的物理常数

构造式	名　称	熔点/℃	沸点/℃	相对密度	溶解度/(g/100 g 水)	折射率(n_D^{20})
CH_3OH	甲醇	−97	64.7	0.792	∞	1.3288
CH_3CH_2OH	乙醇	−114	78.3	0.789	∞	1.3611
$CH_3CH_2CH_2OH$	丙醇	−126	97.2	0.804	∞	1.3850
$CH_3\underset{\mid \atop OH}{CH}-CH_3$	异丙醇	−88	82.3	0.786	∞	1.3776
$CH_3CH_2CH_2CH_2OH$	丁醇	−90	117.7	0.810	7.9	1.3993
$CH_3CH(CH_3)CH_2OH$	异丁醇	−108	108.0	0.802	10.0	1.3959
$CH_3CH_2CH(OH)CH_3$	仲丁醇	−114	99.5	0.808	12.5	1.3978
$(CH_3)_3COH$	叔丁醇	25	82.5	0.789	∞	1.3878

续表

构造式	名　称	熔点/℃	沸点/℃	相对密度	溶解度/(g/100 g 水)	折射率(n_D^{20})
$CH_3(CH_2)_3CH_2OH$	正戊醇	−78.5	138.0	0.817	2.4	1.4101
$CH_3(CH_2)_4CH_2OH$	正己醇	−52	156.5	0.819	0.6	1.4162(n_D^{25})
$CH_2=CHCH_2OH$	烯丙醇	−129	97	0.855	∞	1.4135
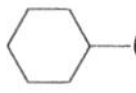—OH	环己醇	24	161.5	0.962	3.6	1.465(n_D^{22})
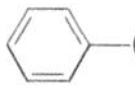—CH_2OH	苯甲醇	−15	205	1.046	4	1.5396
CH_2OHCH_2OH	1,2-乙二醇	−16	197	1.113	∞	1.430(n_D^{25})
$CH_3CHOHCH_2OH$	1,2-丙二醇		187	1.040	∞	1.4293(n_D^{27})
$CH_2OHCH_2CH_2OH$	1,3-丙二醇		215	1.060	∞	
$CH_2OHCHOHCH_2OH$	丙三醇	18	290	1.261	∞	

四、醇的化学性质

醇的化学性质主要由官能团羟基决定。根据醇分子的结构特点，C—O 键和O—H 键都是极性键，易受试剂进攻而发生反应。同时受羟基的影响，α-H 和 β-H 也有一定的活性，故醇一般可以发生以下几种类型的反应：O—H 键断裂、C—O 键断裂和 α-H 键、β-H 键断裂。

（一）醇的酸碱性

醇和水分子中都含有羟基，它们都是极性化合物，水可以解离为 H^+ 和 OH^-，醇也可以解离为 H^+ 和烷氧基负离子(^-OR)，但醇比水难解离。例如

$$HOH + HOH \rightleftharpoons OH^- + H_3O^+ \qquad [H_3O^+][OH^-]=10^{-14}$$

$$CH_3OH + CH_3OH \rightleftharpoons CH_3\overset{+}{O}H_2 + CH_3O^- \qquad [CH_3\overset{+}{O}H_2][CH_3O^-]=10^{-17}$$

把醇看作是比水更弱的酸。醇的弱酸性表现在它与水一样能与活泼金属 K、Na、Mg 等反应生成氢气和醇盐，但醇的反应比水缓和得多。例如，水与钠反应可发生爆炸，乙醇与钠反应则平稳地放出氢气，所以实验室中常用乙醇除去废弃的钠。

$$HOH + Na \longrightarrow \underset{\text{氢氧化钠}}{NaOH} + \frac{1}{2}H_2\uparrow$$

$$ROH + Na \longrightarrow \underset{\text{醇钠}}{RONa} + \frac{1}{2}H_2\uparrow$$

根据酸碱定义，较弱的酸失去氢离子后就成较强的碱，所以醇钠是比氢氧化钠更强

的碱。因此，醇化物遇水则分解成醇和金属氢氧化物。

$$RONa + H_2O \longrightarrow ROH + NaOH$$

与水相似，醇分子中氧上的孤电子对使其具有碱性，能从强酸（如 HCl、H_2SO_4）中接受一个质子生成质子化醇(鉀离子)。

$$H_2O + HCl \rightleftharpoons H_3\overset{+}{O} + Cl^-$$

$$R\ddot{\underset{..}{O}}H + HCl \rightleftharpoons R\overset{+}{O}H_2 + Cl^-$$

因此不溶水的醇可溶于上述强酸中（常用浓 H_2SO_4）。低级醇还可与一些盐形成络合物，如 $CaCl_2 \cdot 4CH_3OH$，$CaCl_2 \cdot 4C_2H_5OH$ 等，与带有结晶水的氯化钙（$CaCl_2 \cdot 4H_2O$）一样。这种络合物中的醇称为结晶醇，因此不能用无水氯化钙除去醇中所含的水分。

（二）醇与氢卤酸的反应

醇与氢卤酸作用，羟基被卤素取代生成卤代烃和水，这是制备卤代烃的重要方法之一。1°醇按 S_N2 机理进行反应，2°醇、3°醇主要按 S_N1 机理进行反应。

$$R—OH + HX \underset{}{\overset{S_N}{\rightleftharpoons}} R—X + H_2O$$

这个反应是可逆的。若使反应物过量或移去生成物，可使平衡右移，提高卤代烃的产率。反应速率取决于醇的性质和醇的结构。

对相同氢卤酸来说，不同结构的醇的反应速率为

烯丙醇、苄醇＞叔醇＞仲醇＞伯醇

不同氢卤酸的反应活性顺序为

HI＞HBr＞HCl（HF 通常不发生反应）

利用不同结构的醇与盐酸反应速率的不同，可鉴别伯、仲、叔醇。将浓盐酸与无水氯化锌配制的溶液[卢卡斯(Lucas)试剂]分别与伯、仲、叔醇在常温下作用，叔醇反应速率最快，仲醇次之，伯醇最慢。

$$(CH_3)_3C—OH + HCl \xrightarrow[20\ ℃,1\ min]{ZnCl_2} (CH_3)_3C—Cl + H_2O$$

$$CH_3CH_2\underset{\displaystyle OH}{\underset{|}{C}}HCH_3 + HCl \xrightarrow[20\ ℃,10\ min]{ZnCl_2} CH_3CH_2\underset{\displaystyle Cl}{\underset{|}{C}}HCH_3 + H_2O$$

$$CH_3CH_2CH_2CH_2OH + HCl \xrightarrow[\substack{20\ ℃,1\ h\ 不起作用\\ 加热才起反应}]{ZnCl_2} CH_3CH_2CH_2CH_2Cl + H_2O$$

由于反应中生成的氯代烷不溶于水，呈现混浊，因此可根据出现混浊时间的快慢区别伯醇、仲醇和叔醇。

氢卤酸与醇的反应也属于亲核取代反应。大多数叔醇和仲醇是按 S_N1 机理进行反应的，大多数伯醇是按 S_N2 机理进行反应的。这是因为叔醇 α-碳上基团位阻较大，阻碍了亲核试剂的进攻而不利于 S_N2 反应，因此按 S_N1 机理进行反应。某些特定结构的醇在按 S_N1 机理进行反应时，反应过程中烷基常发生重排，生成与反应物醇具有不同碳骨架的卤代烃，要想得到不重排的卤代烃，可将醇与 $SOCl_2$ 或 PX_3 反应。例如

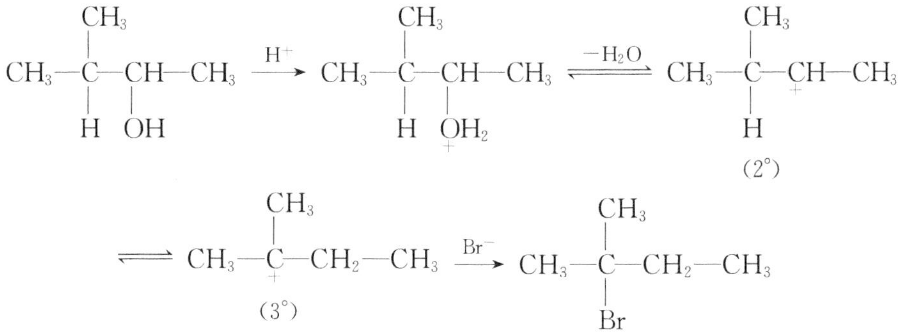

唯一产物

（三）醇的脱水反应

醇分子内脱水生成烯烃，分子间脱水生成醚。

1. 分子内脱水

与卤代烃的消除反应一样，醇分子中羟基和 β-碳原子上的氢原子脱去一分子水变成烯烃。例如，醇与强酸共热。

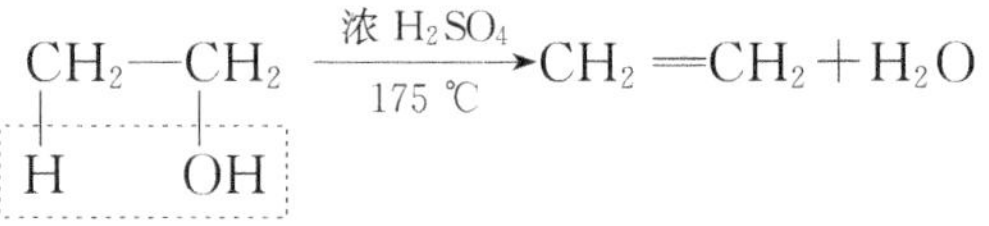

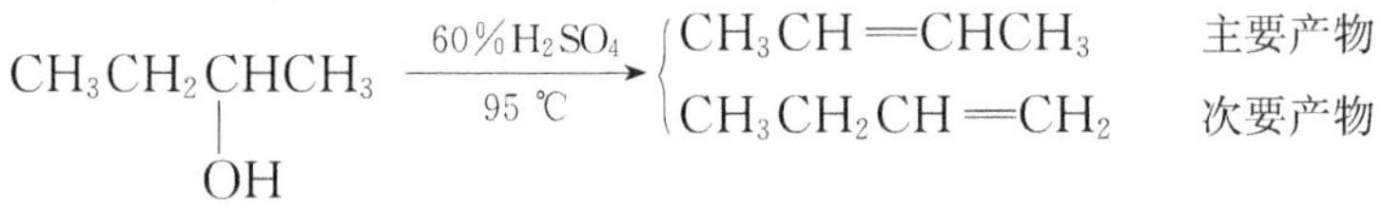

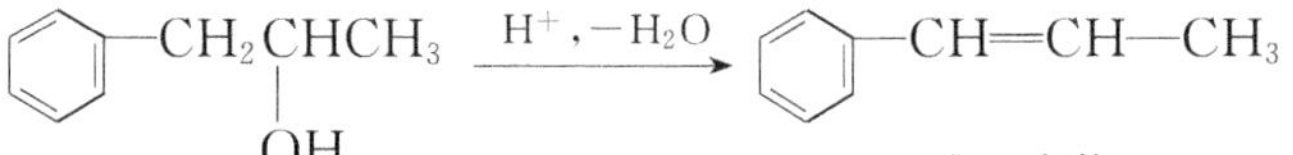

唯一产物

醇在酸催化作用下的脱水反应是按单分子机理进行的，即质子化的醇解离出碳正离子，然后由 β-碳原子上消除 H^+ 而得烯烃。

注意：

(1) 脱水所需温度和酸的浓度与醇的构造有关，醇的反应活性为叔醇＞仲醇＞伯醇。

(2) 反应取向：遵循札依采夫规则，脱去的是羟基和含氢较少的 β-氢原子，反应总

是偏向于形成一个对称分子。

(3) 双键重排：某些醇脱水过程中常发生碳骨架的变化或双键重排。例如

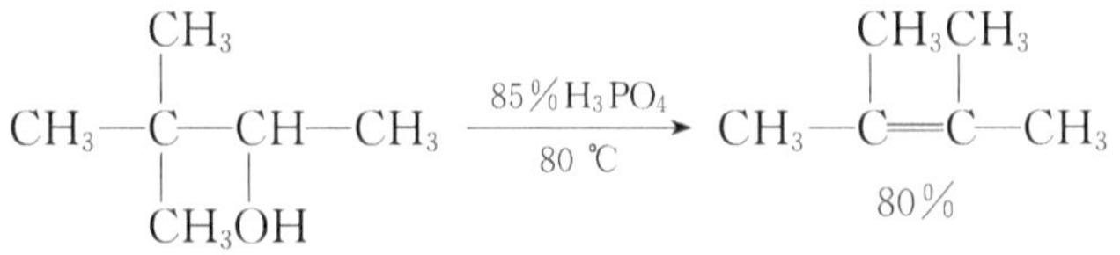

又如，醇蒸气与氧化铝共热。

$$CH_3CH_2CH_2CH_2OH \xrightarrow[350\sim400\ ^\circ C]{Al_2O_3} CH_3CH_2CH{=}CH_2$$

反应过程中很少有重排现象发生。

2. 分子间脱水

醇分子间脱水所得的化合物称为醚。

$$R-OH + HO-R' \xrightarrow[\triangle]{\text{浓 } H_2SO_4} R-O-R' + H_2O$$

必须强调反应时条件的重要性，在较高温度下，增大酸的浓度有利于分子内脱水生成烯烃；用过量的醇在较低温度下，有利于分子间脱水生成醚。例如

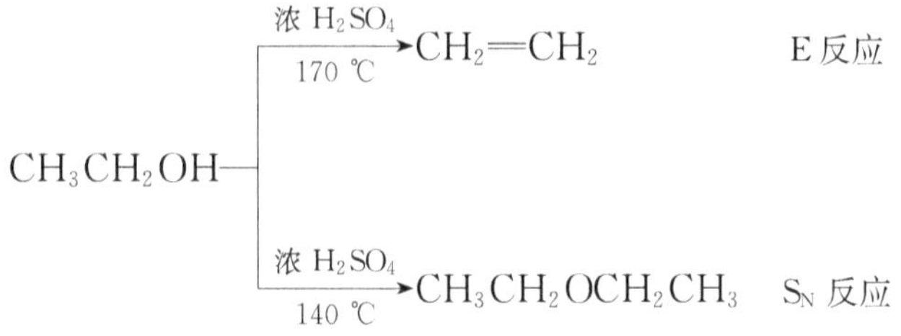

此外，醇的脱水方式还与醇本身的构造有关。在一般条件下，仲醇易发生分子内脱水，烯烃为主要产物；叔醇则只能得到烯烃；伯醇与浓硫酸共热得到醚。例如

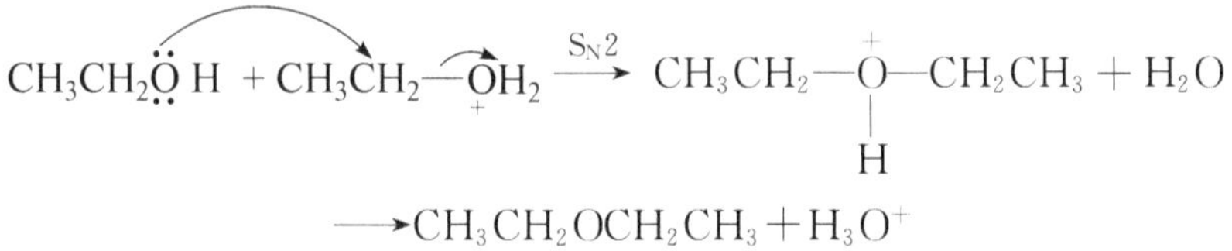

此反应是一个亲核取代反应。一分子乙醇作亲核试剂，另一分子质子化醇作为反应底物，反应按 S_N2 机理进行，生成醚。

(四) 与无机含氧酸的酯化反应

凡是醇和酸(含氧无机酸或有机酸)发生失水作用后所得到的产物都称为酯，此类反应称为酯化反应。

1. 硝酸酯的生成

$$CH_3CH_2OH + H{-}ONO_2 \rightleftharpoons CH_3CH_2ONO_2 + H_2O$$

硝酸乙酯

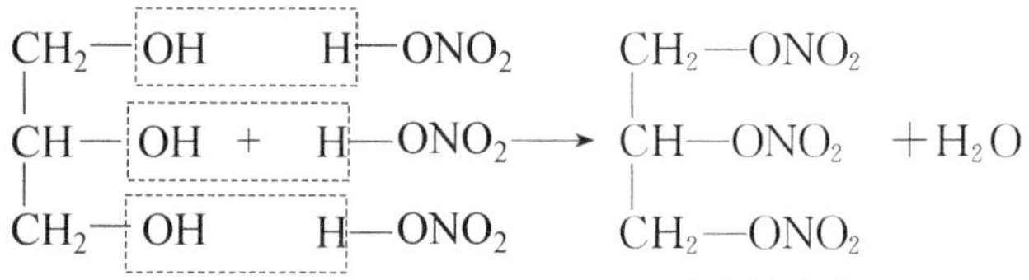

三硝酸甘油酯

三硝酸甘油酯是抗心绞痛的药物，可以即时解除或缓解心绞痛症状。

2. 硫酸酯的生成

硫酸是二元酸，可以与醇生成两种酯：一种是酸性酯，另一种是中性酯。

$$R{-}OH + H{-}OSO_2OH \rightleftharpoons R{-}OSO_2OH + H_2O$$

酸性硫酸酯

酸性硫酸酯经减压蒸馏，可得中性硫酸酯。

$$2ROSO_2OH \xrightarrow{\text{减压蒸馏}} ROSO_2OR + H_2SO_4$$

中性硫酸酯

$CH_3OSO_2OCH_3$（硫酸二甲酯）、$CH_3CH_2OSO_2OCH_2CH_3$（硫酸二乙酯）是重要的甲基化、乙基化试剂。硫酸二甲酯具有较大的毒性，对呼吸器官及皮肤有强烈刺激作用，使用时须小心。

3. 磷酸酯的生成

磷酸是三元酸，有三种类型的磷酸酯。

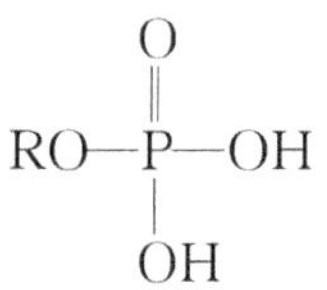

磷酸一酯

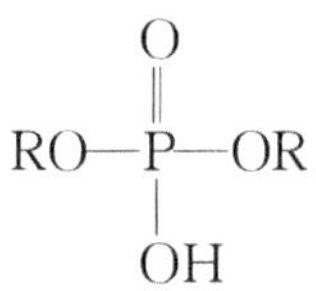

磷酸二酯

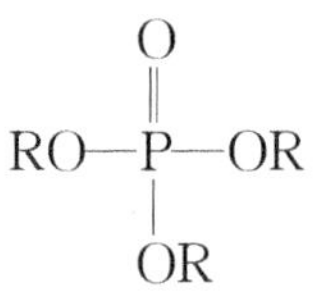

磷酸三酯

磷酰氯和醇反应，可得磷酸酯。

$$3ROH + POCl_3 \longrightarrow (RO)_3PO + 3HCl$$

磷酸酯

磷酸三丁酯用作萃取剂和增塑剂。

（五）氧化和脱氢

醇氧化所得的产物取决于连接—OH 的碳原子上氢的数目，即取决于该醇是伯醇、仲醇还是叔醇。

伯醇氧化生成醛，醛可以继续氧化生成羧酸。

$$R—CH_2—OH \xrightarrow{[O]} R—CHO \xrightarrow{[O]} R—COOH$$

羧酸

所用氧化剂通常是高锰酸钾的酸性溶液或重铬酸钠的酸性溶液。

仲醇氧化生成酮。例如

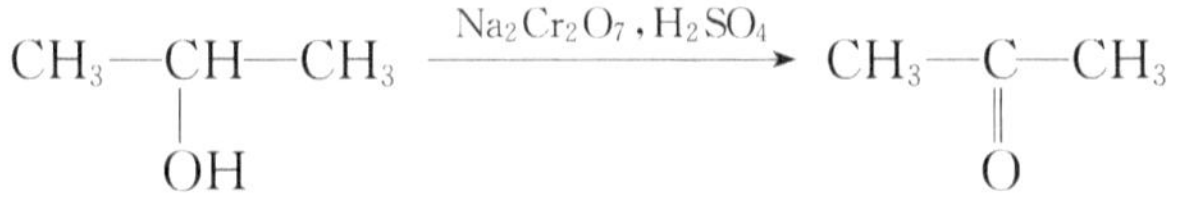

叔醇由于没有 α-氢原子，因此不易被氧化。但在酸性条件下脱水生成烯烃，烯烃再被氧化剂氧化断链，生成小分子化合物。

可利用不同的醇氧化产物和难易程度的不同来区别伯醇、仲醇、叔醇。例如，用化学方法区别正丁醇、仲丁醇和叔丁醇。

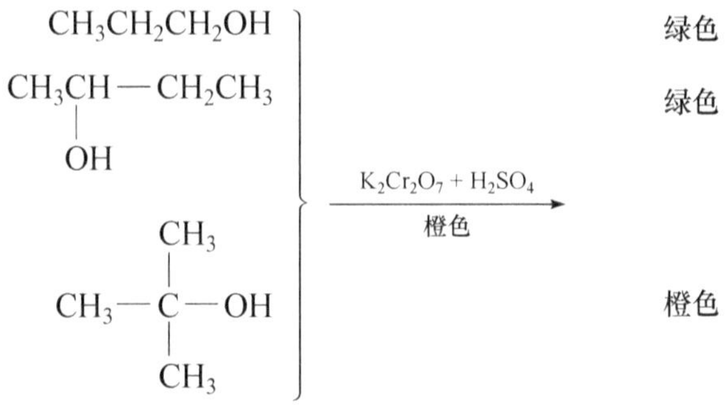

要使醇氧化反应停留在醛阶段，可选用沙瑞特（Sarrett）试剂 PCC（三氧化铬与吡啶的络合物）作氧化剂，而且醇分子中若有双键也不会受影响。

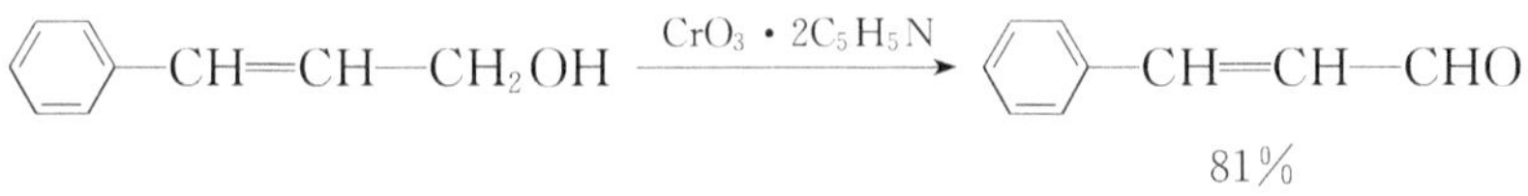

醇在无氧化剂条件下，失去氢原子变成醛或酮，这种反应称为脱氢反应。例如

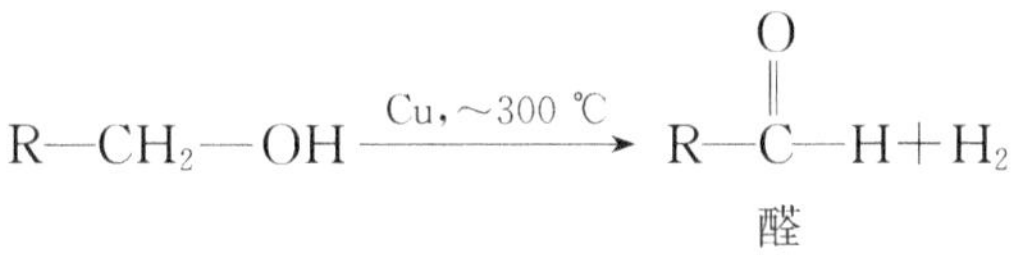

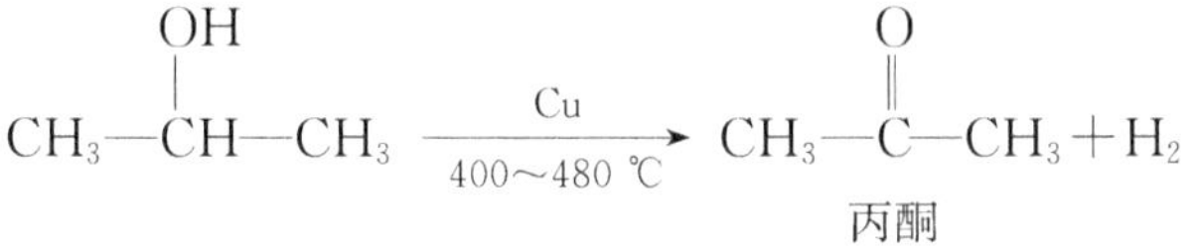

五、重要的醇

（一）甲醇

甲醇是饱和一元醇系列中最简单的一种，最初由木材干馏得到，故称木醇，为无色透明、有特殊气味的挥发性易燃液体，沸点 64.9 ℃，能溶于水。甲醇毒性极强，饮入少量（1～10 mL）即可使眼睛失明，量多可导致死亡。

甲醇的合成如下：

$$CO + 2H_2 \xrightarrow[30\sim32\ MPa,380\sim410\ ℃]{CuO,ZnO\text{-}Cr_2O_3} CH_3OH$$

甲醇用途很广，是优良的有机溶剂，主要用于生产甲醛、羧酸甲酯等。

（二）乙醇

乙醇是酒的主要成分，所以俗名酒精。乙醇是无色透明易燃液体，沸点 78.5 ℃。在有史以前，人类即用发酵的方法制备乙醇。

$$\text{淀粉} \xrightarrow[H_2O]{\text{淀粉酶}} \text{麦芽糖} \xrightarrow[H_2O]{\text{麦芽糖酶}} \text{葡萄糖} \xrightarrow{\text{酒化酶}} C_2H_5OH + CO_2$$

工业上可由石油裂化所得的乙烯经水合制取乙醇。

$$CH_2{=}CH_2 + H_2O \xrightarrow[\sim300\ ℃,\sim7\ MPa]{\text{磷酸-硅藻土}} CH_3CH_2OH$$

目前我国采用新工艺，将 95%乙醇在 60 ℃左右通过磺酸钾型阳离子交换树脂，树脂吸去水分，流出即是无水乙醇。

乙醇是重要的有机溶剂、有机合成的重要原料；医药上不同浓度的酒精有不同的作用，70%的酒精用于消毒、防腐，40%的酒精涂擦皮肤能促进血液循环，95%的酒精用于燃烧、消毒灭菌；大量的乙醇用来制造各种酒类。

（三）乙二醇

乙二醇俗名甘醇，是具有甜味的黏稠液体，沸点 198 ℃，相对密度 1.109，能与水、低级醇、甘油、丙醇等混溶。

乙二醇是多元醇中最简单、工业上最重要的二元醇。工业上目前采用环氧乙烷水合的方法制备乙二醇。

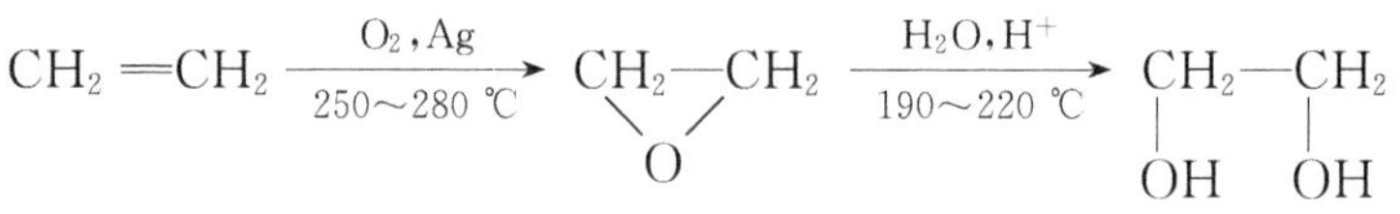

环氧乙烷　　乙二醇

乙二醇是重要的有机化工原料，是合成聚酯纤维涤纶、乙二醇二硝酸酯炸药的原料，60％的乙二醇水溶液的凝固点为－40 ℃，是很好的抗冻剂。

（四）丙三醇

丙三醇俗名甘油，是无色无臭有甜味的黏稠液体，因分子中含有三个羟基都可以形成氢键，故沸点(290 ℃)比乙二醇更高，可与水混溶，也能溶于乙醇，但不溶于乙醚、氯仿等溶剂。甘油吸湿性强，能吸收空气中的水分。近代工业以丙烯为原料合成丙三醇。

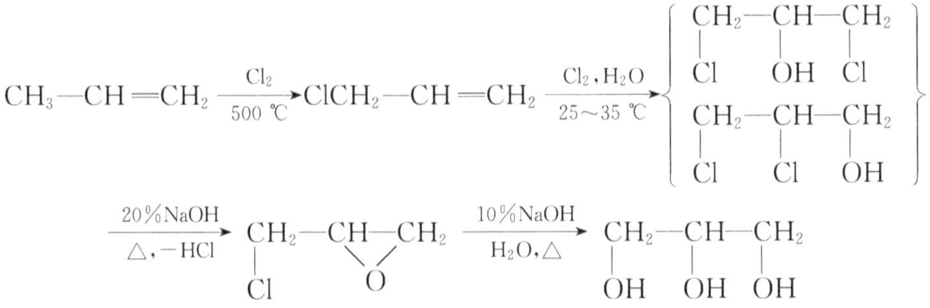

甘油

甘油在工业上用途极广，可用于制造三硝酸甘油酯，也可用于合成树脂。用新制的氢氧化铜试剂鉴定甘油，可出现蓝色溶液现象。

（五）苯甲醇

苯甲醇又称苄醇，是最简单的芳香醇。苯甲醇为无色液体，具有芳香味，微溶于水，溶于乙醇，沸点 205.4 ℃。

工业上用苯氯甲烷在碳酸钠或碳酸钾存在下水解制得苯甲醇。

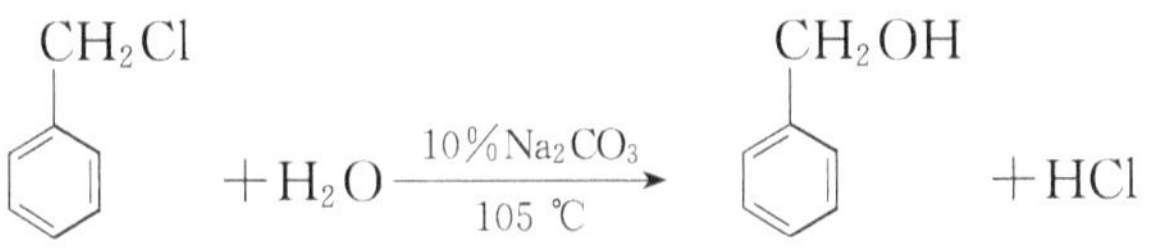

苯甲醇

苯甲醇是有机合成原料，也用作溶剂、定香剂等。在医药上，用作青霉素稀释液可减轻注射时疼痛，还用于药剂防腐。

第二节　酚

一、酚的构造、分类和命名

（一）酚的构造

羟基直接连在芳香环上的化合物称为酚。例如

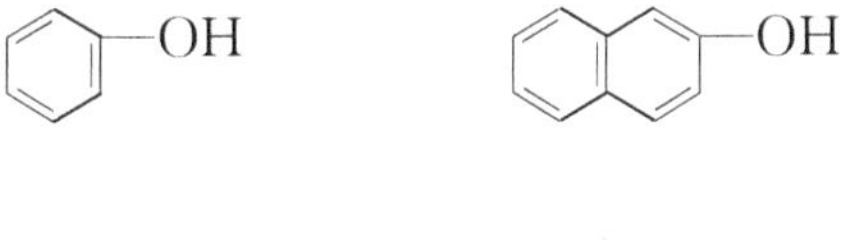

酚的通式为 Ar—OH，酚的构造与芳香醇不同。

羟基连在碳-碳双键上的化合物称为烯醇。烯醇一般不稳定，容易异构化为羰基化合物。例如

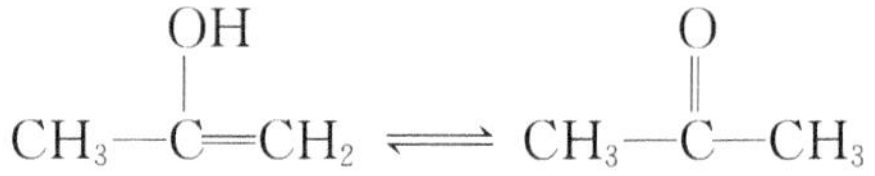

在酚中虽然羟基所连的碳也是 sp^2 杂化，但芳香环形成了一个闭环的十分稳定的共轭体系，这种形式的“烯醇”是稳定的。酚羟基中的氧原子是 sp^2 杂化，氧原子的两对未共用电子分别占据一个 sp^2 杂化轨道和一个未参与杂化的 p 轨道，其中 p 轨道和苯环的 π 轨道在侧面重叠，形成 p-π 共轭体系，如图 8-2 所示。氧原子上的 p 电子向苯环转移，导致苯酚的偶极矩方向与醇相反，同时增强了羟基上氢原子的解离能力(图 8-3)。因此酚羟基和醇羟基在性质上有所不同。

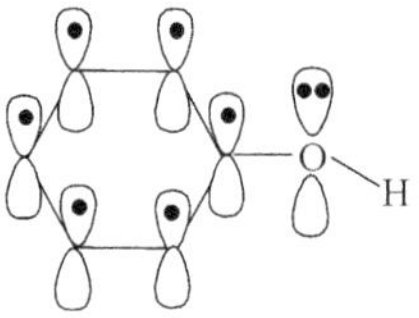

图 8-2　苯酚 p-π 共轭示意图

图 8-3　醇和酚的偶极矩比较

(二) 酚的分类和命名

按分子中所含羟基的数目，酚可分为一元酚和多元酚。例如

一元酚：

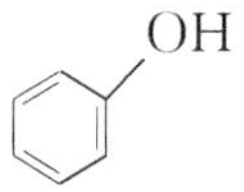

苯酚

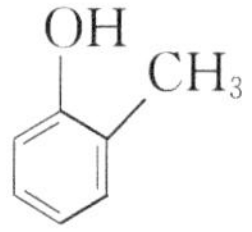

2-甲酚
(邻甲酚)

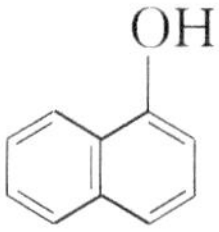

1-萘酚
(α-萘酚)

多元酚：

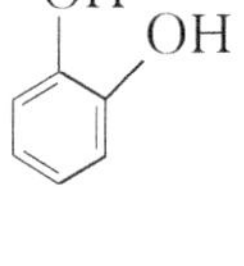

1,2-苯二酚

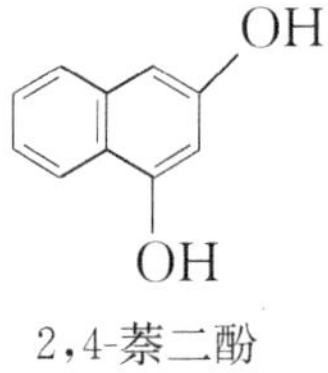

2,4-萘二酚

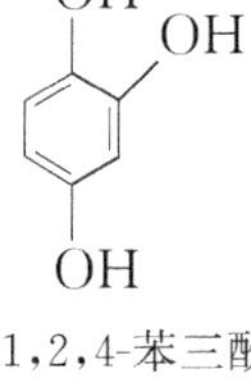

1,2,4-苯三酚

酚类命名时，通常以酚作为母体，芳香环上其他基团作取代基，按最低系列原则再冠以其他取代基的位次、数目和名称。多元酚需标出羟基的位置和数目。例如

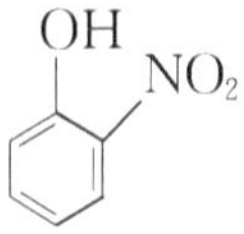

邻硝基苯酚

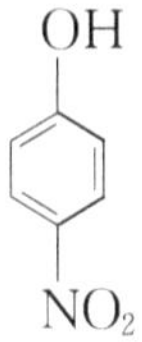

对硝基苯酚

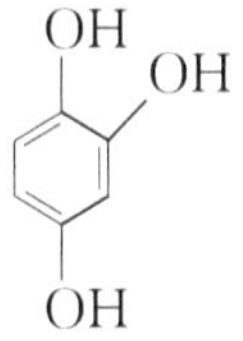

1,2,4-苯三酚
（偏苯三酚）

二、酚的物理性质

多数酚都是固体，只有少数烷基酚是液体（间甲酚）。酚羟基和醇羟基一样，可以形成分子间氢键，所以酚的沸点较高。酚具有特殊的气味，纯净的酚为无色，由于酚易被空气中的氧气氧化产生有色杂质，因此常带有不同程度的黄色或红色。

酚能溶于乙醇、乙醚、苯等有机溶剂。酚与水也能形成氢键，因此在水中也有一定的溶解度（表 8－2）。

表 8－2　酚的物理常数

名　称	构造式	熔点/℃	沸点/℃	溶解度 /（g/100g 水）	pK_a
苯酚	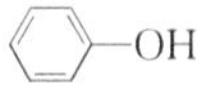	43	181	9.3	9.98
邻甲苯酚	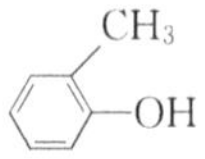	30	191	2.5	10.28
间甲苯酚	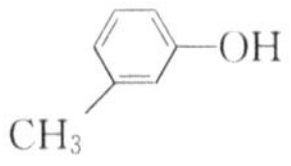	11	201	2.6	10.08
对甲苯酚		35.5	202	2.3	10.14
邻氯苯酚	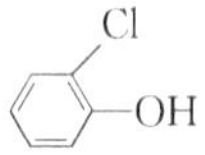	8	176	2.8	8.48
间氯苯酚	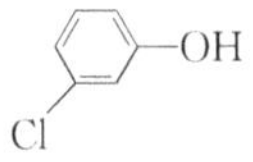	33	214	2.6	9.02
对氯苯酚		43	220	2.7	9.38
邻硝基苯酚	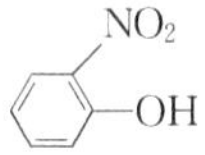	45	217	0.2	7.23

续表

名称	构造式	熔点/℃	沸点/℃	溶解度/(g/100g 水)	pK_a
间硝基苯酚	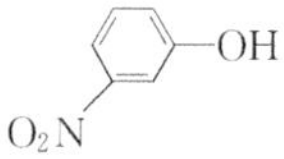	96	分解	1.4	8.40
对硝基苯酚	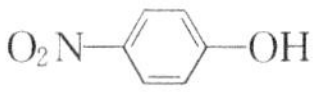	114	分解	1.7	7.15
2,4-二硝基苯酚	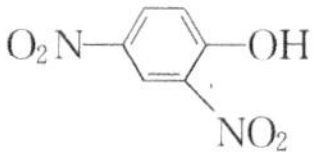	113	分解	0.6	4.00
2,4,6-三硝基苯酚	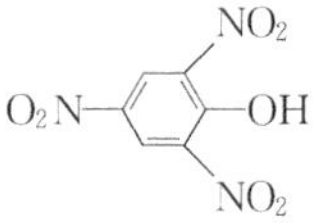	122	分解(300 ℃爆炸)	1.4	0.71
邻苯二酚	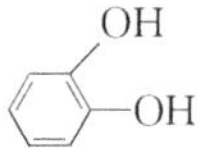	105	245	45.1	9.48
间苯二酚	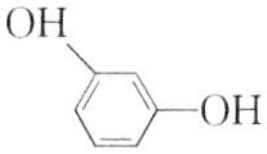	110	281	111	9.44
对苯二酚		170	286	8	9.96

三、酚的化学性质

(一) 酚羟基的反应

1. 酸性

苯酚的 $pK_a=10$,其酸性比醇强(CH_3CH_2OH 的 $pK_a=17$),比碳酸弱(H_2CO_3 的 $pK_a=6.38$)。所以苯酚能溶于氢氧化钠溶液生成苯酚钠,但不能与碳酸氢钠作用生成盐。

将二氧化碳通入苯酚钠水溶液中,苯酚即游离出来。用这个反应可区分、分离酚与非酸性化合物。

酚钠

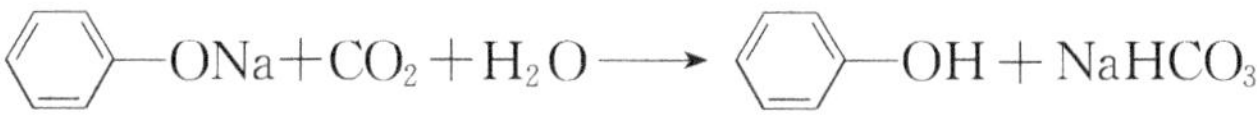

酚钠

苯酚显弱酸性的原因是：

(1) 氧原子的价电子以 sp^2 杂化轨道参与成键，酚羟基氧原子上的一对未共用电子对所在的 p 轨道与苯环发生 p-π 共轭，导致氧原子上的部分电荷离域而分散到共轭体系中，使氧原子电子云密度降低，减弱了 O—H 键，有利于氢原子解离成质子。

(2) 解离后的苯氧负离子氧上的负电荷可以离域分散到整个共轭体系中，使苯氧负离子比烷氧基负子离子稳定。酚容易解离出质子而呈酸性，所以酚的酸性比醇强。

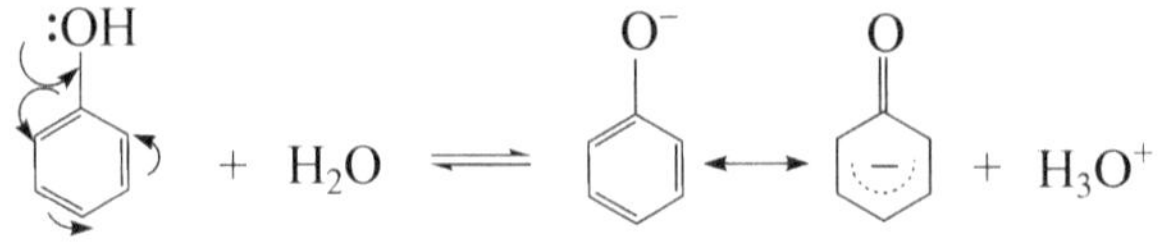

电子离域
(小的共轭稳定作用)

电荷离域
(大的共轭稳定作用)

影响酚酸性强弱的因素包括：

(1) 当苯环上连有斥电子基时，因不利于负电荷分散，取代苯氧负离子的稳定性降低，酸性减弱。例如，邻甲基苯酚的 $pK_a=10.28$。

(2) 当苯环上连有吸电子基时，因有利于负电荷离域，取代苯氧负离子的稳定性提高，因而酸性增强。例如，邻硝基苯酚的 $pK_a=7.22$；2，4，6-三硝基苯酚的 $pK_a=0.25$，酸性很强，俗称苦味酸。

2. 酚醚的生成

因为酚羟基的碳-氧键比较牢固，所以酚醚不能由酚羟基间直接失水制备，通常由酚钠与烷基化试剂（卤代烃或硫酸二烷基酯）反应而得。实际上就是酚负离子作为亲核试剂与卤代烃反应。例如

或 $(CH_3)_2SO_4$　　　苯甲醚　　　或 CH_3OSO_2ONa

酚醚的化学性质比较稳定。

3. 与三氯化铁的显色反应

大多数酚能与三氯化铁溶液发生显色反应。

$$6ArOH+FeCl_3 \longrightarrow [Fe(OAr)_6]^{3-}+6H^{+}+3Cl^{-}$$

有色络离子

不同的酚显示不同的颜色，常见的颜色有红、绿、蓝、紫等。实际上并不仅限于酚能与 $FeCl_3$ 发生显色反应，具有烯醇式结构（$\overset{|}{-C}=\overset{|}{C}-OH$）的化合物，即羟基与 sp^2 杂化碳原子相连的化合物大多能与 $FeCl_3$ 的水溶液发生反应。酚属于此类物质，下面用

虚线括出的部分即为烯醇式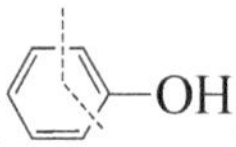。因此，这个反应可用来鉴定酚或具有烯醇式结构的化合物。

（二）芳环上的反应

酚分子中的羟基氧与苯环形成 p-π 共轭后，酚羟基的邻、对位电子云密度增大，因此，酚芳环上发生亲电取代反应的活性比苯强。酚易在邻、对位发生卤代、硝化、磺化、烷基化等亲电取代反应。

1. 卤代反应

苯酚比苯更容易发生卤代反应，苯酚的水溶液与溴水作用，立即生成 2，4，6-三溴苯酚的白色沉淀。

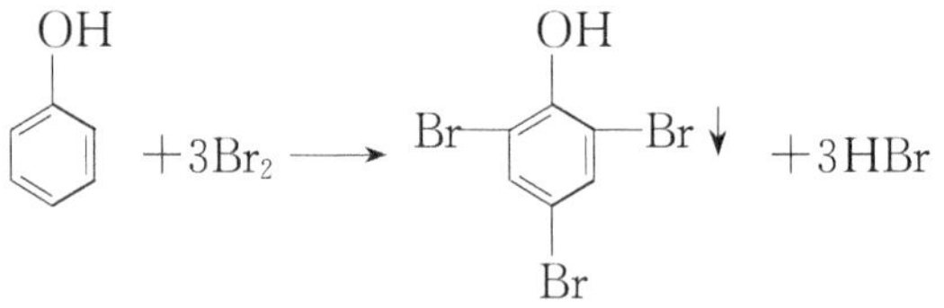

100%

此反应灵敏、迅速、简便，通常用于苯酚的定性鉴别和定量分析(可检测 10 μg/g 酚含量)。

2. 硝化反应

苯酚在室温下就可被稀硝酸硝化，生成邻硝基苯酚和对硝基苯酚的混合物。因为苯酚易被氧化，所以产率较低。

邻硝基苯酚和对硝基苯酚可用水蒸气蒸馏分离，因为邻硝基苯酚可以通过六元环形成分子内氢键，这样羟基就失去分子间缔合以及与水分子缔合的可能，沸点(214 ℃)相对较低，挥发度高，水溶性差，可以随水蒸气挥发。对硝基苯酚中羟基和硝基相距较远，不能形成分子内氢键，但可形成分子间氢键，也可与水缔合，沸点(279 ℃)高，不易挥发，而被留下。

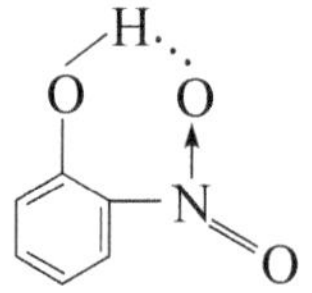

邻硝基苯酚分子内氢键

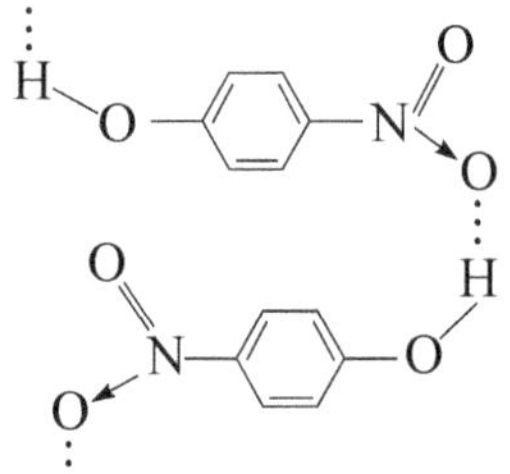

对硝基苯酚分子间氢键

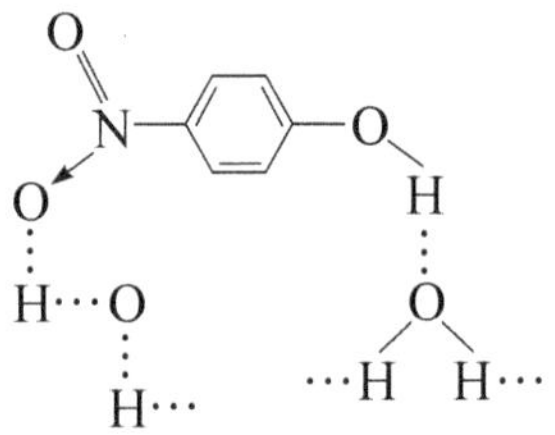

对硝基苯酚与水分子形成氢键

（三）氧化

酚比醇易被氧化，空气中的氧就能使酚氧化为醌，苯酚或对苯二酚氧化均生成对苯醌。

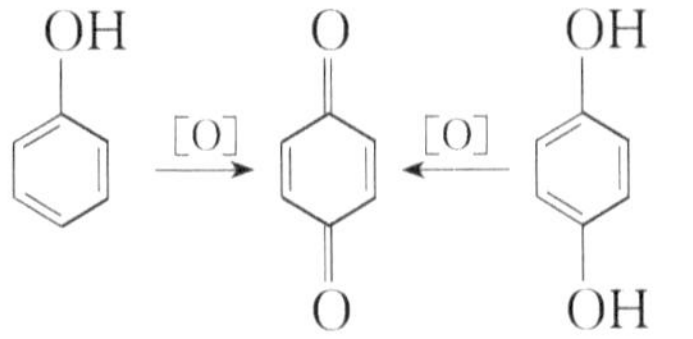

对苯醌

邻苯二酚氧化生成邻苯醌。

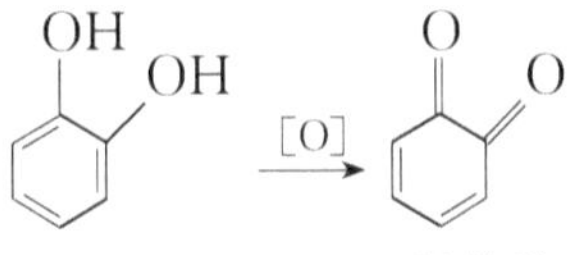

邻苯醌

四、重要的酚

（一）苯酚

苯酚简称酚，俗名石炭酸，为具有特殊气味的无色结晶，暴露在光和空气中易被氧化变成粉红色。苯酚微溶于水，熔点 43 ℃。

苯酚除来源于煤焦油外，还可由氯苯水解或异丙苯氧化等方法制备。

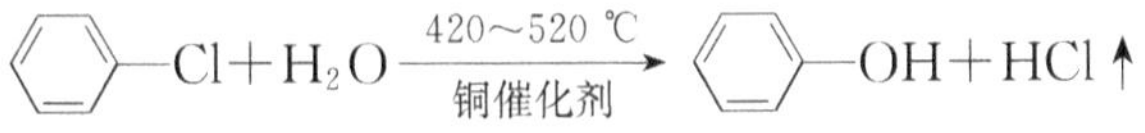

苯酚的用途很广，是重要的有机化工原料，大量用于制造酚醛树脂、环氧树脂。

苯酚能凝固蛋白质，因此对皮肤有腐蚀作用，并有杀菌效力。在医药上，3%～5%苯酚溶液用于外科器械、房屋的消毒，5%酚甘油用作治疗中耳炎药物。

（二）甲苯酚

甲苯酚简称甲酚。它有邻、对、间三种异构体，都存在于煤焦油中。三种异构体的沸点相近，故通常是三种异构体的混合物。

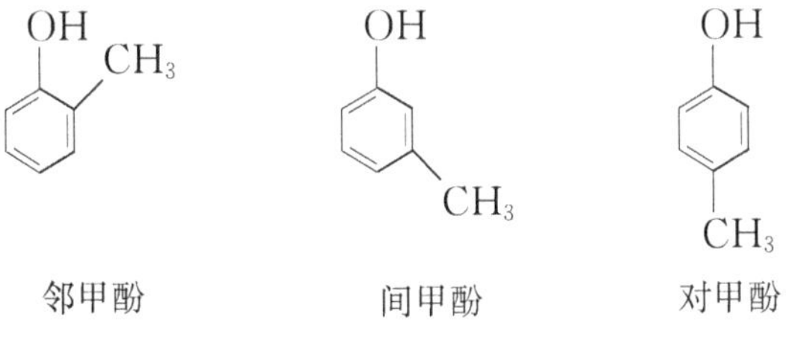

邻甲酚 间甲酚 对甲酚

工业上应用的通常是三种异构体的混合物。邻、对甲苯酚均为无色晶体，间甲苯酚为无色或淡黄色液体。甲苯酚是染料业、医药业中常用的原料。粗甲酚的肥皂溶液，商品名"来苏尔"(Lysol)，是医院常用的术前消毒剂。

（三）萘酚

萘酚有 α-萘酚和 β-萘酚两种异构体，二者都是能升华的结晶。

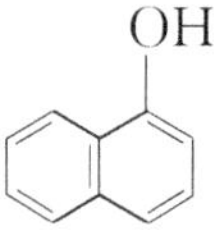

α-萘酚

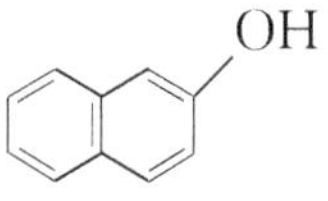

β-萘酚

α-萘酚为针状结晶，β-萘酚为片状结晶，两者均能溶于醇、醚等有机溶剂。α-萘酚与 $FeCl_3$ 发生反应显紫色，β-萘酚与 $FeCl_3$ 发生反应则显绿色。萘酚的羟基比苯酚的羟基活泼，易生成醚和酯。

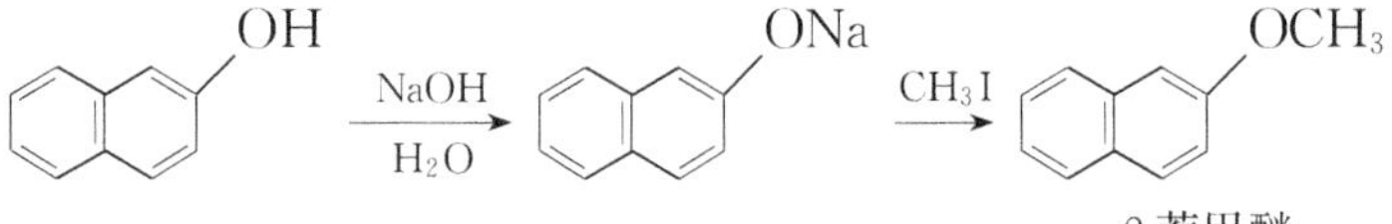

β-萘甲醚

萘酚广泛用于制备偶氮染料，是合成染料的重要原料。

第三节　醚

醚可以看作醇或酚羟基中的氢被烃基取代的产物，或看作水分子中的两个氢原子均被烃基取代所得的化合物。醚分子中的 C—O—C 键称为醚键。

一、醚的分类和命名

（一）醚的分类

两个烃基相同的醚称为简单醚；两个烃基不相同的醚称为混合醚。醚还可以根据两个烃基的类别进行区分，两个烃基都是脂肪烃基的醚称为脂肪醚；两个烃基中至少有一个是芳香烃基的醚称为芳香醚。烃基与氧连接成环的称为环醚。

（二）醚的命名

1. 习惯命名法

结构比较简单的醚多用习惯命名法，其规则是按它的烃基命名。例如

$CH_3—O—CH_3$
(二)甲醚
简单醚

$CH_3—O—C_2H_5$
甲乙醚
混合醚

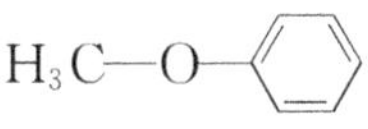

苯甲醚
芳香醚

环氧乙烷
环醚

分子较小的简单脂肪醚中的“二”字常可省略。两个烃基不同时将较小的烃基名放在前面;如果有一个烃基是芳香基时,芳香基放在前面。

2. 系统命名法

结构较复杂的醚可用系统命名法。其规则是:将含碳原子数较少的烃基与氧连在一起(烃氧基 RO—)当取代基来命名,烃基中有一个是芳香环的则以芳香烃作母体。例如

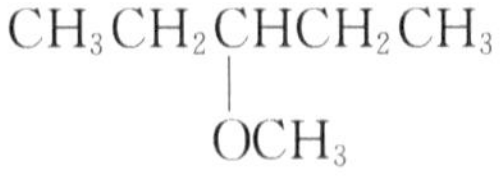

3-甲氧基戊烷

$CH_3O—CH_2CH_2—OCH_3$

1,2-二甲氧基乙烷

对甲氧基丙烯基苯

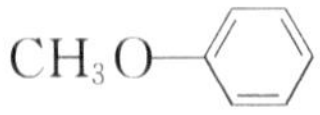

甲氧基苯

对于环醚,系统命名法是以相应的烷前加上环氧所连的碳原子的编号命名。例如

1,4-环氧丁烷

二、醚的物理性质

除甲醚和甲乙醚为气体外,其余的醚为无色、有特殊气味的液体。由于醚分子中没有羟基,分子间不能形成氢键,因而无缔合现象,所以醚的沸点比相对分子质量相近的醇低得多。例如,乙醚 $C_2H_5OC_2H_5$(相对分子质量为 74)的沸点为 34.6 ℃,而正丁醇 $CH_3CH_2CH_2CH_2OH$(相对分子质量为 74)的沸点为 117.7 ℃。表 8－3 列出常见醚的物理常数。

表 8－3　常见醚的物理常数

化合物	习惯命名法	系统命名法	熔点/℃	沸点/℃	相对密度
$CH_3—O—CH_3$	(二)甲醚	甲氧基烷	－140	－24.9	0.661
$CH_3—O—C_2H_5$	甲乙醚	甲氧基乙烷	－116	7.9	0.691
$C_2H_5—O—C_2H_5$	(二)乙醚	乙氧基乙烷	－122	34.6	0.741
$(CH_3CH_2CH_2)_2O$	(二)丙醚	丙氧基丙烷	－111.3	90.5	0.736
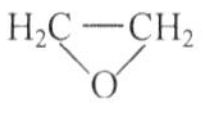	氧化乙烯、氧丙烷、噁烷	环氧乙烷		10.7	1.036
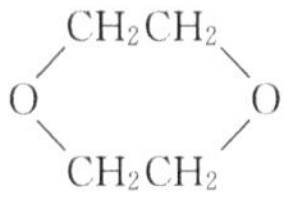	1,4-二氧六环、二噁烷	1,4-二氧杂环己烷	11	101	1.036
	茴香醚、苯甲醚	甲氧基苯	－37	154	0.994

醚分子具有极性，且分子中含有电负性较强的氧，可以与水分子中的氢形成氢键，所以醚在水中的溶解度比烷烃大，并能溶于很多极性溶剂和非极性溶剂中。

环醚的水溶性既能溶解离子化合物，又能溶解非离子化合物，是常用的优良溶剂。

三、醚的化学性质

醚的氧原子与两个烃基相连，分子的极性很小，是一类较稳定的化合物(环氧乙烷除外)，一般情况下，对氧化剂、还原剂、碱均很稳定。但在一定条件下，醚也可发生一些特有的反应。

(一) 鎓盐的形成

醚的氧原子上有孤电子对，能与强酸(如 H_2SO_4 或 HX)的质子结合，以配键形式生成鎓盐。

$$R-\underset{\cdot\cdot}{\ddot{O}}-R+HCl \longrightarrow \left[\ R-\underset{\cdot\cdot}{\overset{H}{\overset{|}{O}}}-R\ \right]^+ Cl^-$$

鎓盐

$$R-\underset{\cdot\cdot}{\ddot{O}}-R+H_2SO_4 \longrightarrow \left[R-\underset{\underset{H}{|}}{\ddot{O}}-R\right]^+ HSO_4^-$$

生成的鎓盐是弱碱强酸盐，不稳定，遇水很快分解为原来的醚。利用这种性质，可将醚从烷烃或卤代烃混合物中分离出来。

(二) 醚键的断裂

在加热的情况下，浓酸(如 HI、HBr 等)能使醚键断裂，这是因为强酸与醚中氧原子形成鎓盐而使碳-氧键变弱。氢碘酸的作用比氢溴酸强，醚与氢碘酸作用生成碘代烷和醇。

$$R-O-R'+HI \xrightarrow{\triangle} RI+R'OH$$

生成的醇可进一步与过量氢碘酸作用生成碘代烷。

$$R'OH+HI \xrightarrow{\triangle} R'I+H_2O$$

如果醚中一个烃基是芳香基(如苯甲醚)，则反应生成碘甲烷和苯酚，苯酚不再与氢碘酸作用。

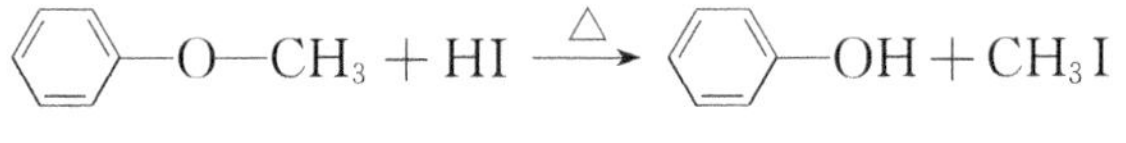

反应是定量完成的，通过一定的方法测定碘甲烷的量，可推算分子中甲氧基的含量。

（三）过氧化物的生成

醚对氧化剂一般较稳定，但长期置于空气中，可被空气氧化生成过氧化物。通常认为，氧化发生在 α-碳-氢键上，先生成氢过氧化物，再转变为结构复杂的过氧化物。例如

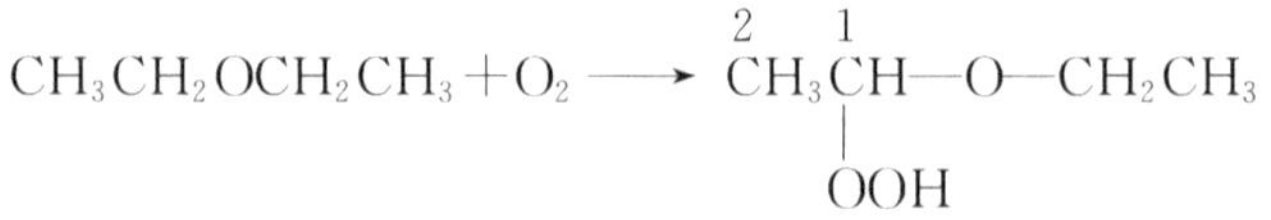

1-乙氧基乙基氢过氧化物

过氧化物不稳定，受热时易发生爆炸。蒸馏醚之前，必须检验有无过氧化物存在，以防爆炸事故发生。检验方法常用以下两种：①加入 $FeSO_4$ 和 KCNS 溶液，如有红色络离子$[Fe(CNS)_6]^{3-}$生成，说明有过氧化物存在；②用碘化钾-淀粉试纸检验，如试纸变蓝色，表明有过氧化物存在。

向醚中加入还原剂（如 Na_2SO_3 或 $FeSO_4$）进行处理可除去过氧化物。

储存醚时，应将其放在棕色瓶中，并在醚中加入少量金属钠，避免过氧化物生成。

四、重要的醚

（一）乙醚

乙醚为无色液体，沸点 34.5 ℃，在常温下很易挥发，易燃。所以应远离明火，操作时注意安全，实验时反应中逸出的乙醚应引入下水道，排出户外。

乙醚的极性小，性质稳定，能溶解许多有机物质，是一种良好的有机溶剂和萃取剂，在医药上可作麻醉剂。

有机合成中所需的无水乙醚可由普通乙醚用氯化钙处理后，再用金属钠丝处理，以除去所含微量的水和醇。

（二）环氧乙烷

碳链两端或碳链中间两个碳原子与氧原子形成环状结构的醚称为环醚。

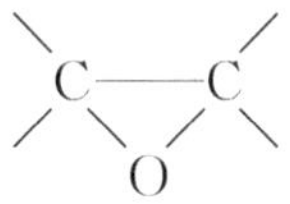

最简单、最重要的环醚是环氧乙烷（氧化乙烯）。环氧乙烷可通过乙烯空气催化氧化制得。

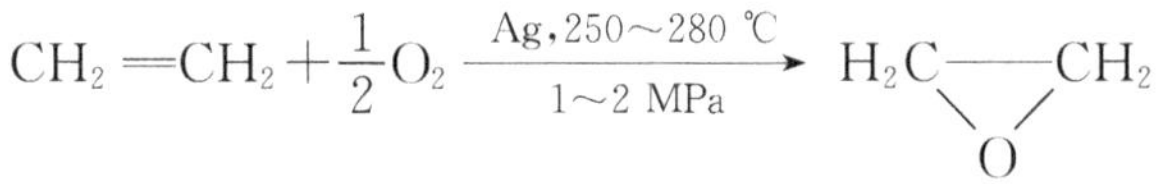

环氧乙烷

环氧乙烷为无色、有毒气体，易燃，沸点 10.73 ℃，易液化，能与水混溶，也可溶于乙

醇、乙醚等机溶剂。

由于三元环存在张力，环氧乙烷的化学性质很活泼，在酸或碱的催化下，易与亲核试剂反应，氧环破裂，生成相应的产物。

在酸的催化下，环氧乙烷与水作用，开环生成乙二醇。

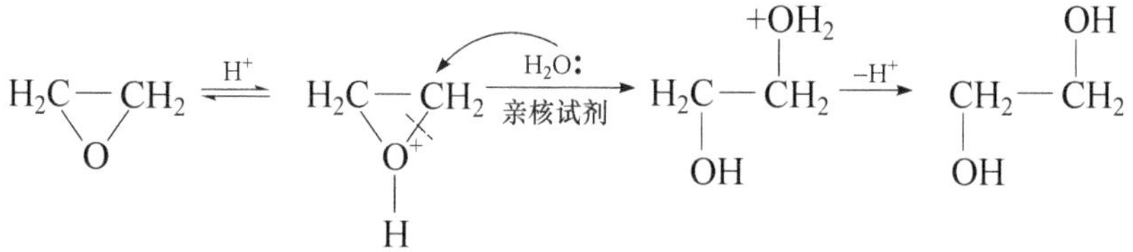

先生成质子化的环氧乙烷　　氧环破裂，开环加氢　　乙二醇

这个方法是工业上制备乙二醇的方法。事实上，环氧乙烷还很容易与其他含有活泼氢的化合物(如 HOC_2H_5、HX 等)及格氏试剂发生反应。环氧乙烷与格氏试剂反应，经水解，可制得比格氏试剂烃基多两个碳原子的伯醇。例如

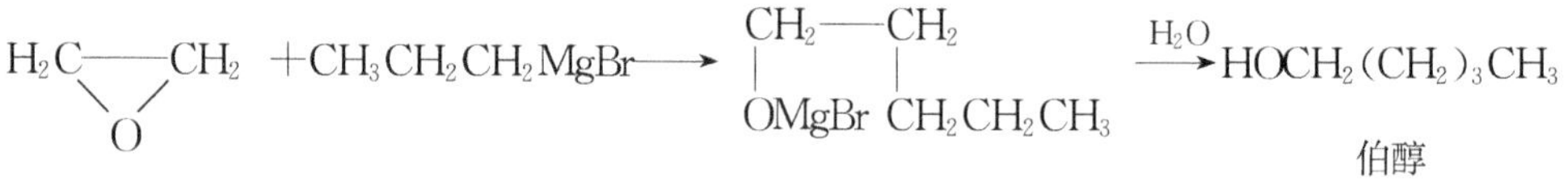

伯醇

（三）冠醚

冠醚是多分子乙二醇缩聚成的大环化合物。由于它们的结构像王冠，故称为冠醚。20 世纪 60 年代末，冠醚作为新型化合物问世，因其合成方法简单、性能特异，故引起人们的广泛注意。例如，18-冠-6 的制法如下：

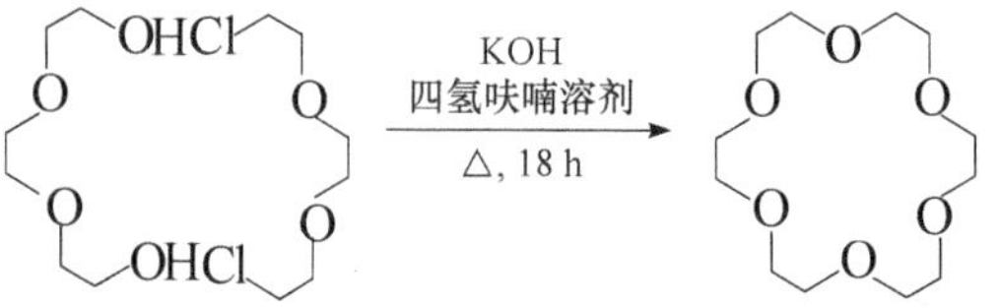

18-冠-6

冠醚的命名：词头-“冠”-词尾。

词头：烃基的名称或环原子总数，如“18-冠-6”中原子总数为氧原子数 6 加碳原子数 12。

词尾：氧原子数，如“18-冠-6”中氧原子数为 6。

冠醚的一个重要特点是大环结构中有大小不同的空穴，可与不同金属离子形成络合离子。利用这一性质可分离金属离子，也可用来提高反应速率。例如，环己烯用高锰酸钾氧化，由于高锰酸钾不溶于环己烯，反应难以进行，但加入 18-冠-6 后，反应即迅速进行。

第四节 硫醇和硫醚

一、硫醇

醇分子中的氧原子被硫原子取代所得的化合物称为硫醇(R—SH)。硫醇的官能团为—SH,称为巯基。

(一) 硫醇的命名

硫酸的命名与醇相似,把“醇”字改为“硫醇”即可。例如

CH_3SH	CH_3CH_2SH	$HSCH_2CH_2SH$	$CH_2=CHCH_2SH$
甲硫醇	乙硫醇	乙二硫醇	烯丙硫醇

(二) 硫醇的性质

1. 弱酸性

硫醇的酸性比醇强,能与 NaOH 作用生成盐。

$$R—SH + NaOH \longrightarrow \underset{\text{硫醇钠}}{RS^- Na^+} + H_2O$$

硫醇钠比醇钠稳定,工业上利用此反应,将混有硫醇杂质的化合物用稀 NaOH 溶液洗涤,可除去硫醇。硫醇可与重金属盐(如汞、铅、锑、铜、银盐)结合,生成不溶于水的重金属硫醇盐。例如

$$2C_2H_5SH + HgO \longrightarrow \underset{\text{乙硫醇汞(白色)}}{(C_2H_5S)_2Hg\downarrow} + H_2O$$

医药上利用此性质,将硫醇作为重金属中毒的解毒剂。例如,二巯基丙醇(BLC)可与体内的重金属离子络合,生成无毒的稳定络合物,通过尿液排出体外。

2. 氧化反应

硫醇极易被氧化,在空气等弱氧化剂作用下,被氧化成二硫化物。

$$RSH + I_2 \longrightarrow RSSR + 2HI$$

二、硫醚

硫醚可视为醚分子中氧原子被硫原子取代的产物。硫醚的官能团为—S—,其通式为 R—S—R′。

(一) 硫醚的命名

硫醚的命名与醚相似,只需在“醚”字前加“硫”字即可。例如

$CH_3—CH_2—S—CH_2—CH_3$　　$CH_3—S—C_2H_5$　　

(二)乙硫醚　　甲乙硫醚　　苯甲硫醚

(二) 硫醚的性质

硫醚为无色、有臭味、不溶于水的液体，沸点比醚高。

硫醚被氧化成亚砜或砜。

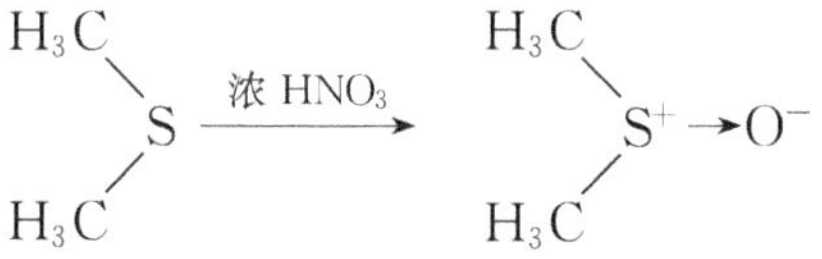

二甲亚砜

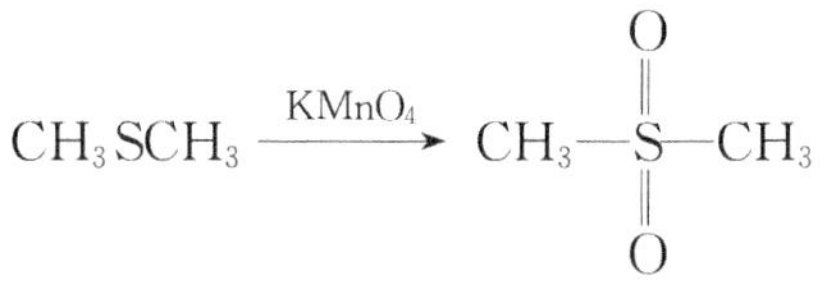

二甲砜

二甲亚砜(DMSO)具有镇痛消炎作用，并具有强的透皮能力，能促使药物有效经过皮肤进入组织。

习　题

1. 命名下列化合物。

(1) 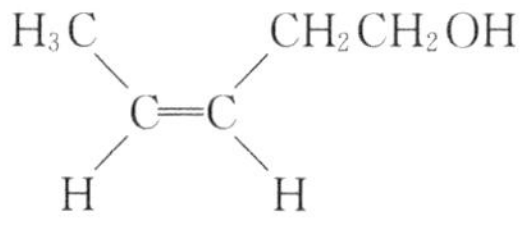　(2) 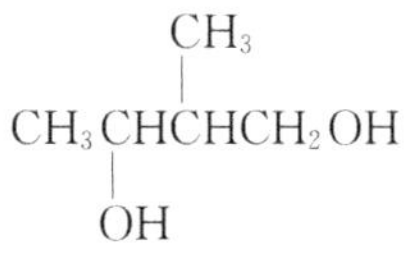　(3) 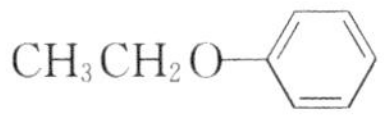

(4) 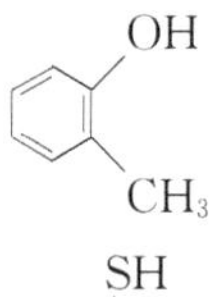　(5) 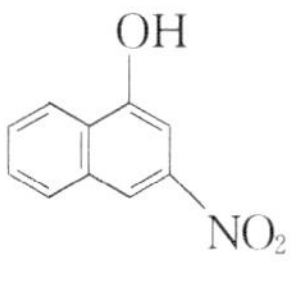　(6) 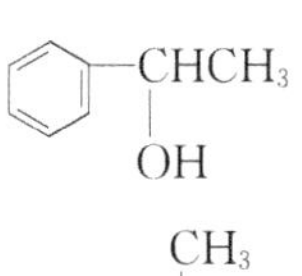

(7) 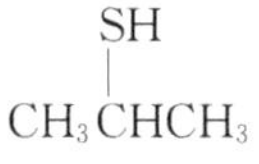　(8) 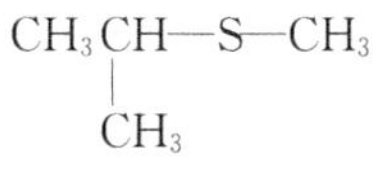　(9) 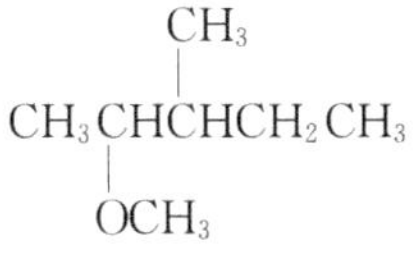

2. 写出戊醇 $C_5H_{12}O$ 的八个异构体的结构式，并用系统命名法命名，指出其中的伯、仲、叔醇，哪几个有对映体？
3. 比较下列化合物的沸点大小。

(1) CH_3Cl 和 CH_3CH_2OH

(2) $CH_2OH—CH_2OH$ 和 $CH_3CH_2CH_2OH$

(3) $CH_3CH_2CH_2CH_2OH$ 和 $CH_3CH_2OCH_2CH_3$

(4) $CH_3CH_2CH_2OH$ 和 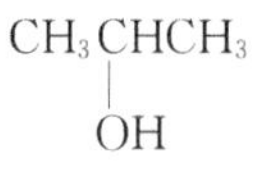

4. 用简便且现象明显的化学方法鉴别下列各组化合物。

(1) 对甲基苯甲醇和邻甲基苯酚

(2) 乙醚、正丁醇和 1-氯丙烷

(3) CH_3CH_2Cl、CH_3CH_2OH 和 $CH\equiv CCH_2OH$

5. 比较下列化合物的酸性大小。

(1) a. 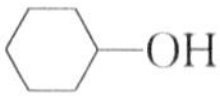　b. 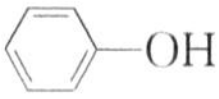　c. H_2O　d. H_2CO_3

(2) a. 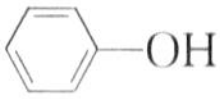　b. 　c. 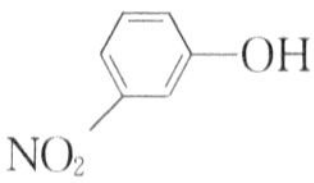　d. 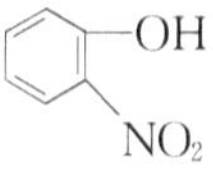

6. 完成下列转化。

(1) $CH_3CH_2CH_2OH \longrightarrow CH_3C\equiv CH$

(2) $CH_3CH_2CH_2OH \longrightarrow CH_3CH_2CH_2OCH(CH_3)_2$

(3) $CH_3CH_2CH_2CH_2OH \longrightarrow CH_3CH_2\overset{O}{\overset{\|}{C}}CH_3$

(4) $CH_3CH_2CH=CH_2 \longrightarrow CH_3CH_2CH_2CH_2OH$

(5) $ClCH_2CH_2CH_2CH_2OH \longrightarrow$ 

7. 完成下列反应。

(1) $(CH_3)_2CHCH_2OH + HBr \longrightarrow$

(2) $(CH_3)_2CHBr + NaOC_2H_5 \longrightarrow$

(3) 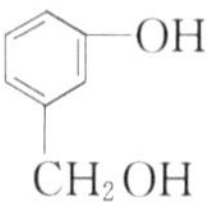 $\xrightarrow{HBr}\xrightarrow{NaOH}$

(4) 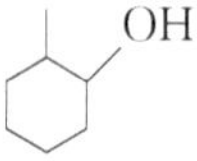 $\xrightarrow[\triangle(\text{分子内脱水})]{\text{浓 }H_2SO_4}\xrightarrow{HBr}\xrightarrow[\triangle]{H_2O/NaOH}$

(5) $CH_3CH_2\underset{OH}{\underset{|}{C}H}CH_3 \xrightarrow[OH^-]{KMnO_4}$

(6) 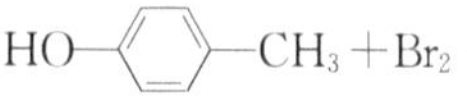 $+ Br_2 \longrightarrow$

(7) $H_2SO_4 + CH_3OH(\text{过量}) \xrightarrow{\triangle}$

(8) $CH_3CH_2SH \xrightarrow{[O]}$

8. 化合物 A 的分子式为 $C_6H_{14}O$，能与金属钠反应放出氢气，A 氧化后生成酮 B；A 在酸性条件下受热得到分子式为 C_6H_{12} 的 C 和 D，C 经臭氧化再还原水解可得两种醛，而 D 经同样的反应只到一种醛。试写出 A～D 的构造式。

9. A、B 两种化合物的分子式均为 C_7H_8O，均不溶于水，A 溶于 NaOH 水溶液，但不溶于 $NaHCO_3$ 水溶液，A 与溴水反应迅速变成分子式为 $C_7H_5OBr_3$ 的 C；B 不溶于 NaOH 水溶液，但溶于浓 H_2SO_4。试写出 A～C 的结构式。

第九章　醛、酮、醌

碳原子以双键和氧原子相连的官能团称为羰基(carbonyl group) 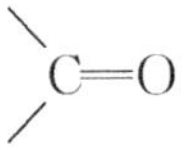 。醛(aldehyde)和酮(ketone)分子中都含有羰基，统称为羰基化合物(carbonyl compound)。

羰基碳与氢原子和烃基相连(其中至少一个是氢原子)的化合物称为醛，通式为RCHO，—CHO称为醛基，是醛的官能团。例如

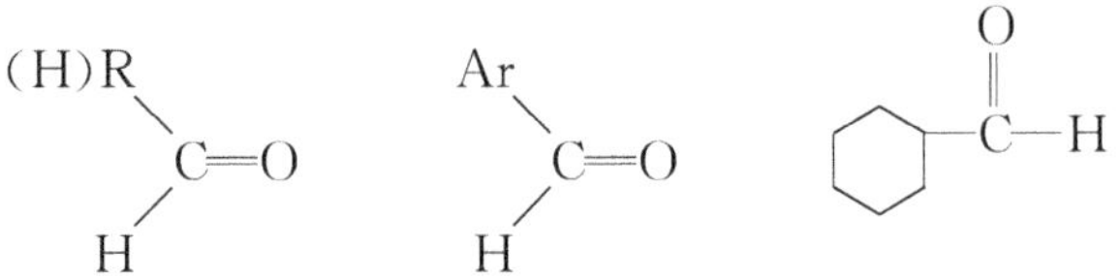

羰基至少和一个氢原子相连

羰基与两个烃基相连的化合物称为酮，通式为RCOR′，酮中的羰基称为酮基，是酮的官能团。例如

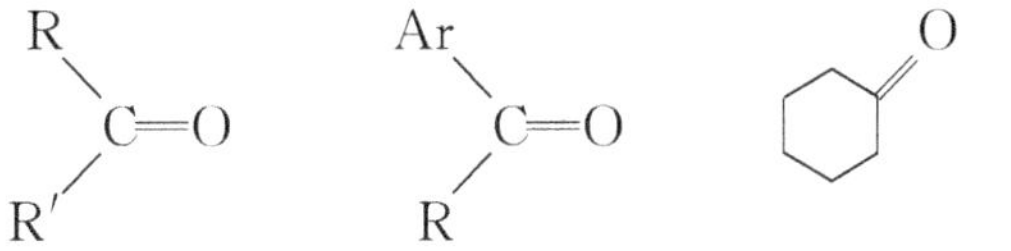

同碳数的醛和酮互为异构体，饱和一元醛、酮的通式为 $C_nH_{2n}O$。

醌(quinone)是一类特殊的酮，是具有共轭体系的环己二烯二酮类化合物。例如

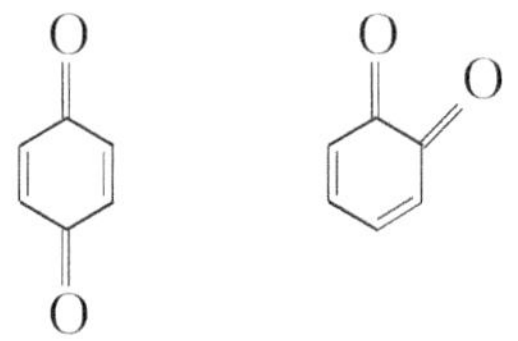

羰基化合物在有机合成中是极为重要的一类化合物，同时也是动植物代谢过程中的重要中间体。

第一节　醛、酮的结构、分类和命名

一、醛、酮的结构

醛、酮的官能团是羰基。羰基的碳-氧双键与碳-碳双键相似，也是由一个 σ 键和一

个 π 键组成的。羰基($\rangle$C=O)碳原子为 sp^2 杂化，三个 sp^2 杂化轨道在同一平面上，未杂化的 2p 轨道垂直于三个 sp^2 杂化轨道所在的平面，四个原子轨道中各分布一个电子。羰基碳原子用三个 sp^2 杂化轨道形成三个 σ 键，其中一个 sp^2 杂化轨道与氧原子的 p 轨道重叠形成 σ 键，碳原子未杂化 p 轨道与氧的另一个 p 轨道侧面重叠形成 π 键。

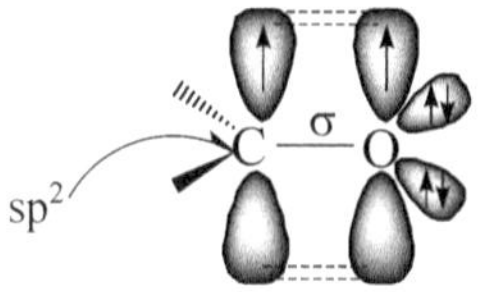

键角接近120°

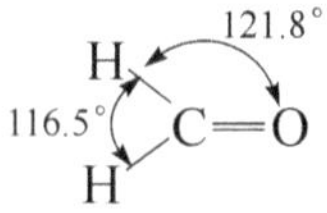

近平面三角形结构

由于碳-氧双键中氧原子的电负性比碳原子大，因此 π 电子云的分布偏向氧原子，即羰基是一个极性基团。醛和酮具有较高的偶极矩(2.3～2.8 D)，氧原子上带部分负电荷，碳原子上带部分正电荷。

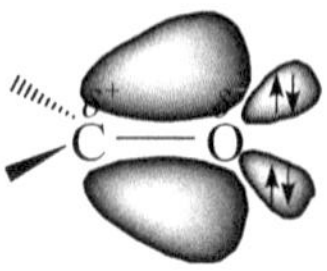

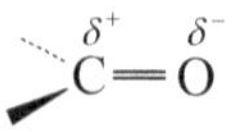

二、醛、酮的分类

根据分子中与羰基连接的烃基类别不同，醛、酮可以分为脂肪(环)醛、酮和芳香醛、酮。例如

$CH_3CH_2CH_2CHO$

脂肪醛

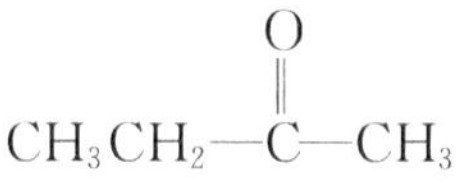

脂肪酮

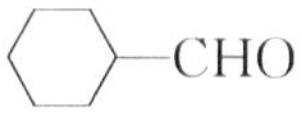

脂环醛

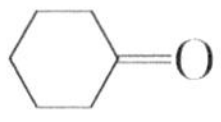

脂环酮

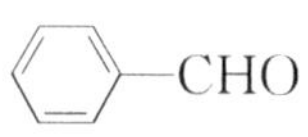

芳香醛

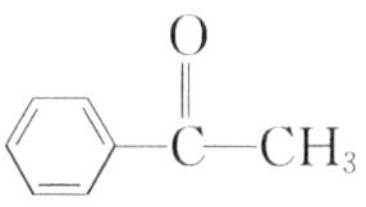

芳香酮

根据分子中与羰基连接的烃基是否饱和，醛、酮也可分为饱和醛、酮和不饱和醛、酮。例如

$CH_3CH{=}CHCHO$

不饱和醛

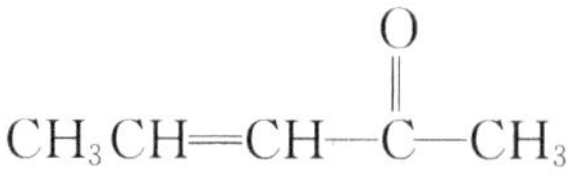

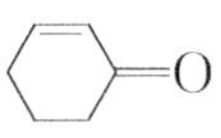

不饱和酮

根据分子中所含羰基数目不同，醛、酮还可以分为一元醛、酮和多元醛、酮。例如

$$\begin{array}{l} CH_2CHO \\ | \\ CH_2CHO \end{array} \qquad CH_3-\overset{\overset{O}{\|}}{C}-CH_2-\overset{\overset{O}{\|}}{C}-CH_3$$

二元醛　　二元酮

另外，酮根据分子中与羰基所连的两个烃基是否相同，又有单酮和混酮之分。例如

$$CH_3-\overset{\overset{O}{\|}}{C}-CH_3 \qquad CH_3CH_2-\overset{\overset{O}{\|}}{C}-CH_3$$

单酮　　混酮

三、醛、酮的命名

（一）普通命名法

简单的醛、酮可以用普通命名法命名。

简单脂肪醛的命名与伯醇相似，即按分子内碳原子数称某醛。例如

$$CH_3CHO \qquad CH_3CH(CH_3)CHO$$

乙醛　　异丁醛

简单芳香醛则当作甲醛的衍生物来命名。例如

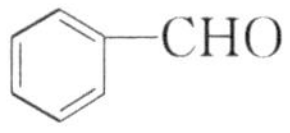

苯甲醛

有些醛常用俗名。例如

$HCHO$

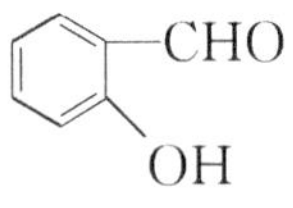

$$H_3C-(CH_2)_{10}-\overset{\overset{O}{\|}}{C}H$$

甲醛（蚁醛）　邻羟基苯甲醛（水杨醛）　正十二醛（月桂醛）

简单酮的普通命名与醚的命名原则相似，即按与羰基所连的两个烃基的名称命名，称为某基某基酮；两个烃基不同时，按次序规则，较优基团在后；两个烃基相同时，称为二某基甲酮，但“二”字不可省略，这一点与简单脂肪醚不同；如果有一个是芳基，则芳基放在脂肪基名称之前。例如

$$CH_3-\overset{\overset{O}{\|}}{C}-CH_2CH_3$$

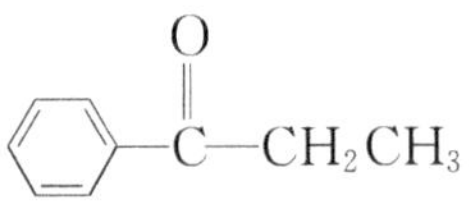

甲基乙基酮（甲乙酮）　苯基乙基酮

（二）系统命名法

结构复杂的醛、酮采用系统命名法。

脂肪族醛、酮选择含有羰基的最长碳链为主链，支链视为取代基，根据主链碳原子数称为“某醛”或“某酮”；从靠近羰基的一端开始编号。醛是从醛基碳原子开始编号，酮羰基（除丙酮、丁酮外）要标明羰基碳的位置。除用阿拉伯数字外，编号还可用希腊字母表示，靠近羰基的碳原子为 α-碳。例如

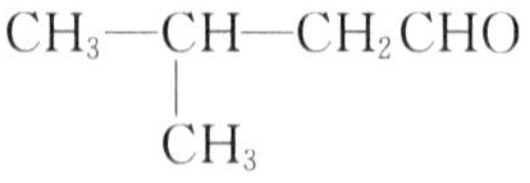

3-甲基丁醛

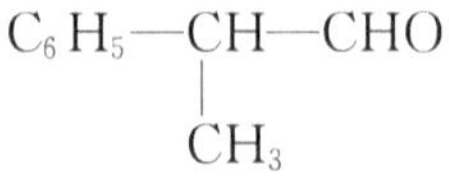

2-苯基丙醛

3,7-二甲基-6-辛烯醛

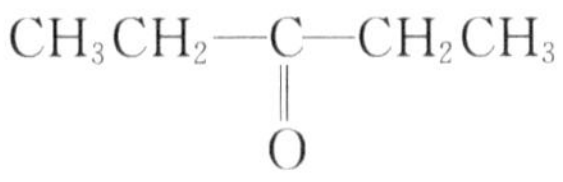

3-戊酮

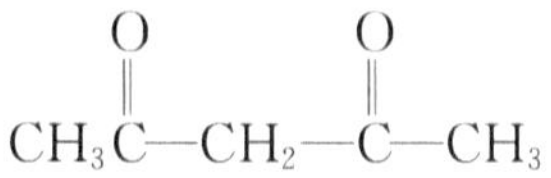

2,4-戊二酮

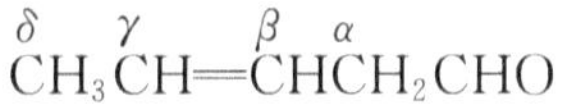

β-戊烯醛

脂环酮的羰基在环内时，称为环某酮，羰基在环外，则将环作为取代基。例如

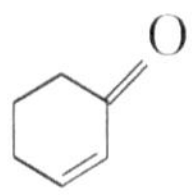

2-环己烯酮

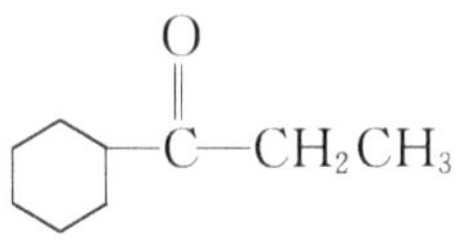

1-环己基-1-丙酮

芳香族醛、酮以脂肪族醛、酮为母体，芳基视为取代基来命名。例如

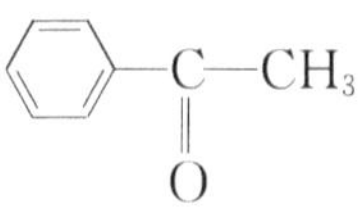

1-苯基-1-乙酮（苯乙酮）

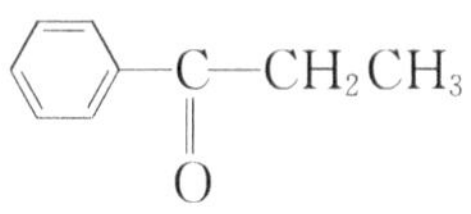

1-苯基-1-丙酮

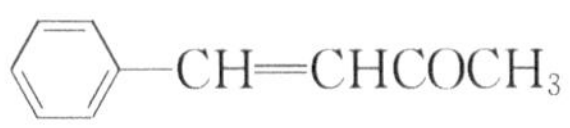

4-苯基-3-丁烯-2-酮

第二节　醛、酮的性质

一、醛、酮的物理性质

在室温下，除甲醛是气体外，12 个碳原子以下的脂肪族醛、酮都是液体，高级脂肪族醛、酮和芳香酮多是固体。低级酮具有令人愉快的气味，中级酮也有香味。低级醛常带有刺激性臭味，中级醛则有花果香，所以 $C_8 \sim C_{13}$ 的醛常用于化妆品和食品工业。例如

$CH_3(CH_2)_7CHO$
壬醛(玫瑰油)

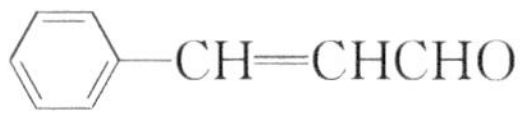

肉桂醛

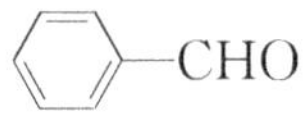

苯甲醛(苦杏仁油)

由于羰基具有较强的极性，分子间偶极的静电引力较大，因此醛、酮的沸点比相对分子质量相近的烷烃和醚高。但因为醛、酮分子间不能形成氢键，所以它们的沸点又比相对分子质量相近的醇和羧酸低得多(表 9-1)。

表 9-1 相对分子质量相近的几种有机化合物的沸点比较

结构式	名　称	相对分子质量	沸点/℃
$CH_3CH_2CH_2CH_2CH_3$	戊烷	72	36
$CH_3CH_2OCH_2CH_3$	乙醚	74	35
$CH_3CH_2CH_2CHO$	丁醛	72	76
$CH_3COCH_2CH_3$	丁酮	72	80
$CH_3CH_2CH_2CH_2OH$	正丁醇	74	118
CH_3CH_2COOH	丙酸	74	141

由于醛、酮的羰基氧能与水分子形成氢键，因此低级脂肪族醛、酮可溶于水，如甲醛、乙醛和丙酮都能与水混溶。但是，醛、酮的水溶性随着醛、酮分子中碳原子数增加而降低，六个碳以上的脂肪族醛、酮微溶于水或不溶于水，而易溶于有机溶剂中。芳香族醛、酮微溶或不溶于水。

二、醛、酮的化学性质

醛、酮分子中的极性羰基是它们的共同官能团，亲核试剂的攻击会导致碳-氧双键中 π 键异裂，因此，醛、酮能够发生一系列亲核加成反应。

另外，受羰基的影响，与羰基直接相连的 α-碳原子上的氢原子(α-H)比较活泼，能发生一系列反应。

亲核加成反应和 α-H 的反应是醛、酮的两类主要化学性质。

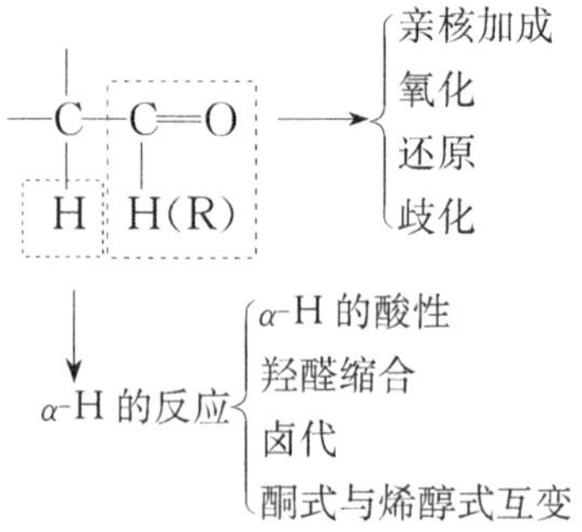

当然，由于醛、酮在结构上存在差别，醛的羰基至少连接一个 H，而酮的羰基上连接的是两个非 H 的烃基，因此醛、酮的化学性质也有明显差异。一般而言，醛比酮具有

更高的反应活性，某些醛能发生的反应，酮则较难发生甚至不能发生。

（一）亲核加成反应

烯烃 C═C 键中 π 键断裂而发生的加成一般由亲电试剂进攻而发生，属于亲电加成反应；醛、酮分子中的羰基（C═O）是极性不饱和键，氧元素的电负性比碳元素大，C═O键间的 σ 电子云和 π 电子云向氧原子偏移，使得氧原子上带部分负电荷，碳原子上带部分正电荷，即 $>\overset{\delta^+}{C}=\overset{\delta^-}{O}$。因为形成的氧负离子比较稳定，比带正电荷的碳原子稳定得多，所以加成反应中心是羰基中带正电荷的碳，即羰基易接受亲核试剂的进攻而发生亲核加成反应。

醛、酮的亲核加成反应可用通式表示如下：

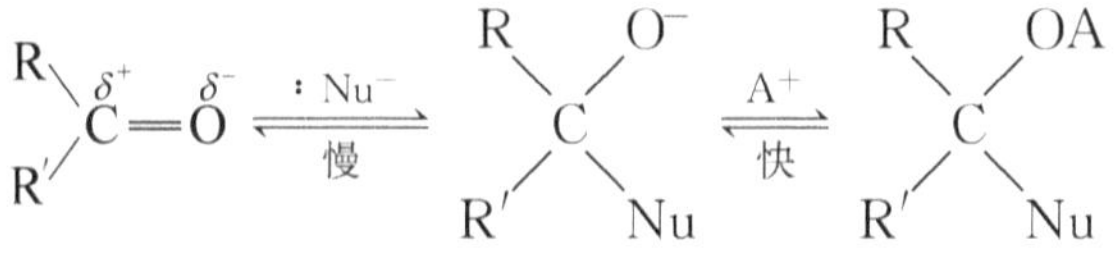

氧负离子中间体

亲核加成反应分两步进行，均为可逆反应。反应的第一步是决速步。反应的中间体是由平面三角形的羰基结构转变成的四面体的氧负离子。羰基化合物 R 和 R′结构越大，形成中间体的空间位阻越大，反应速率越慢。

亲核加成反应的难易主要取决于：①亲核试剂亲核性的强弱；②醛、酮羰基活性的大小。羰基碳原子上带正电越强，空间位阻越小，其反应活性越强；反之则越弱。

常见醛、酮进行亲核加成的相对活性为醛＞脂肪族甲基酮＞低级环酮＞芳香酮。例如

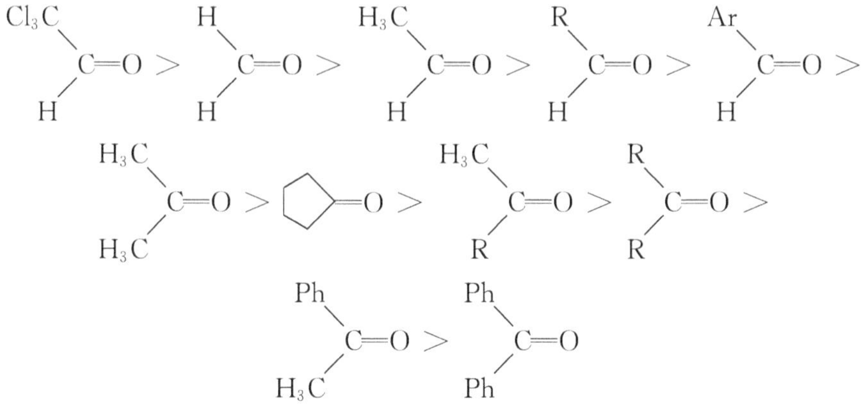

羰基亲核加成反应的产物，如果稳定，可以直接分离出来；如果不太稳定，常进一步发生消除反应。

1. 与氢氰酸的加成反应

醛和部分活性较大的酮可以与氢氰酸发生亲核加成反应，生成 α-羟基腈（也称 α-氰醇）。

α-羟基腈 (α-氰醇)

氢氰酸是弱酸，不易解离出 CN^-。实验表明，加入少量 NaOH 溶液能加速以上加成反应的进行；加入 HCl 溶液则抑制此类反应的进行。这一实验事实证明了亲核加成反应机理的正确性。碱的存在增加了 CN^- 的浓度，所以氢氰酸与羰基加成时，首先向羰基进攻的应该是 CN^-。

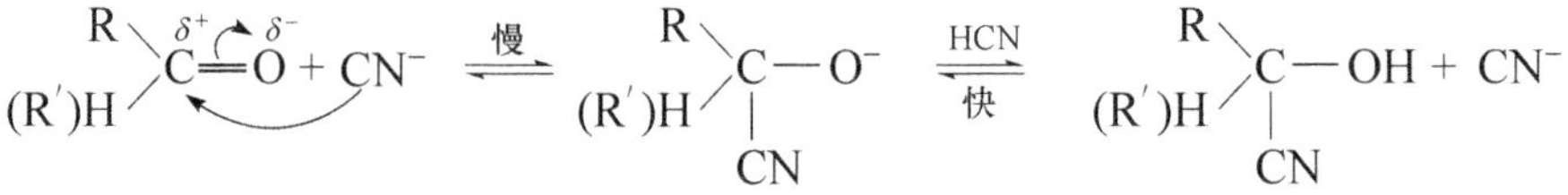

此反应明显受与羰基相连的取代基空间位阻和电子效应的影响，醛都可以发生加成反应，而酮只有加成活性较大的脂肪族甲基酮和八个碳以下的低级环酮才能发生反应，芳香酮 ArCOR 和 ArCOAr 均难反应。

该反应在有机合成上是增长碳链的一个方法。α-羟基腈是很有用的中间体，可转变为多种化合物。例如

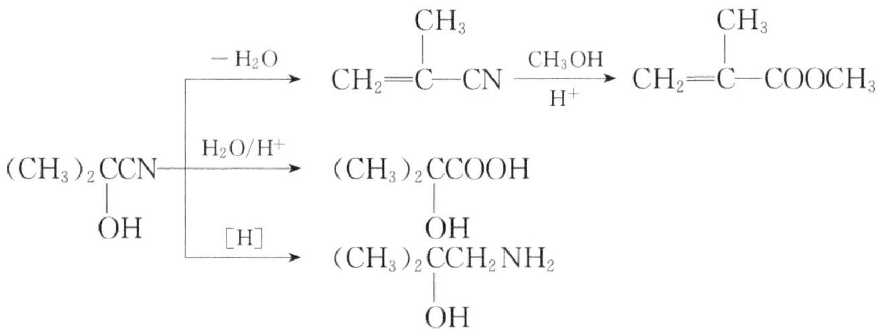

由于 HCN 是一种易挥发的剧毒液体，因此醛、酮与 HCN 加成时往往不直接使用氢氰酸，而是先将醛或酮与 KCN（NaCN）的水溶液混合，然后缓慢滴加 H_2SO_4 制备 α-羟基腈。

2. 与亚硫酸氢钠的加成反应

醛、脂肪族甲基酮和八个碳以下的低级环酮能与过量的饱和亚硫酸氢钠溶液发生加成，最后生成 α-羟基磺酸钠。

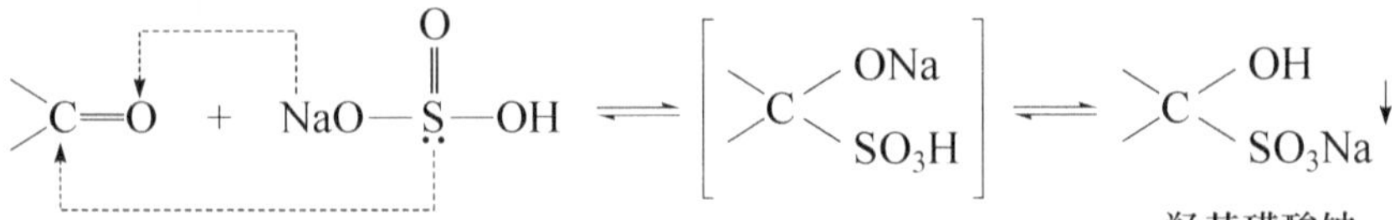

α-羟基磺酸钠

产物α-羟基磺酸钠为白色结晶，不溶于乙醚，易溶于水，难溶于饱和的亚硫酸氢钠溶液，所以很容易分离；该反应为可逆反应，实验表明，产物与稀酸或稀碱共热，加成产物又转变为原来的醛、酮。故此反应可用于鉴别和提纯醛、酮。

另外，醛、酮的亚硫酸氢钠加成产物与 NaCN 作用，可以制备α-羟基腈，是避免使用挥发性的剧毒物 HCN 而合成较高产率α-羟基腈和α-羟基酸的好途径。例如

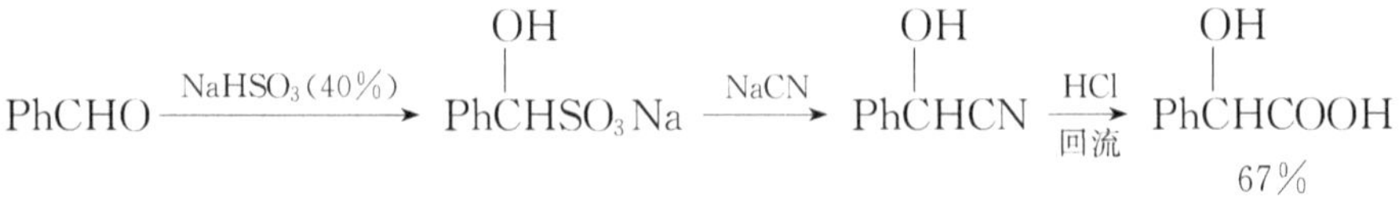

3. 与水或醇的加成反应

水和醇都是含氧的弱亲核试剂，两者与醛、酮的加成均为可逆反应。

偕二醇

半缩醛

醛、酮与水或醇加成形成水合物偕二醇(geminal diol)或半缩醛(hemiacetal)，水合物一般是不稳定的，很容易发生逆反应而生成原料醛、酮。例如，丙酮的水合物只有 0.1%。

只有个别的醛(如甲醛)在水溶液中形成的水合物达 99%以上。另外，当羰基与强吸电子基团连接时，羰基碳的正电性增大，可以生成稳定的水合物，其中一些有重要用途。例如，三氯乙醛的水合物称为水合氯醛(chloral hydrate)，非常稳定，曾用作镇静催眠药。水合茚三酮(ninhydrin)是重要的氨基酸和蛋白质的显色剂。

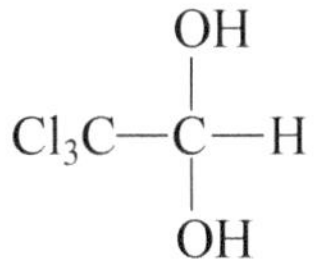

水合氯醛

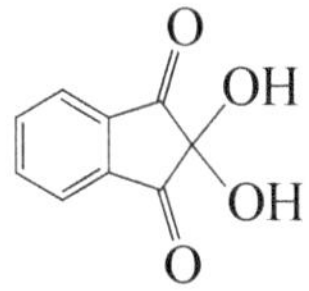

水合茚三酮

醛在酸性催化剂（如干燥氯化氢、对甲苯磺酸）存在下，先与一分子醇发生亲核加成，生成半缩醛。半缩醛不稳定，继续与一分子醇反应生成缩醛（acetal）。酮也可与醇作用生成半缩酮和缩酮。

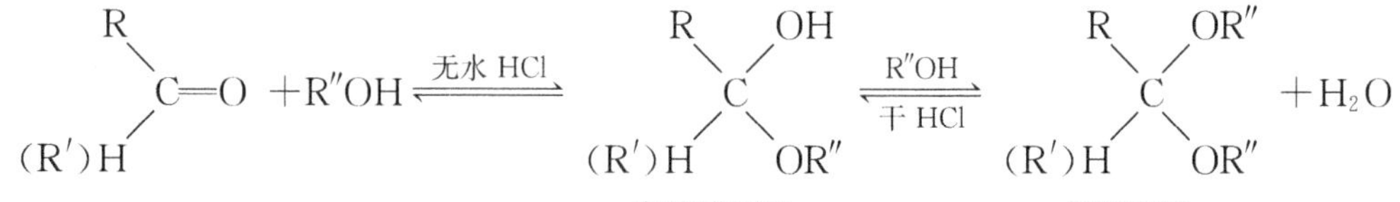

半缩醛（酮）　　缩醛（酮）

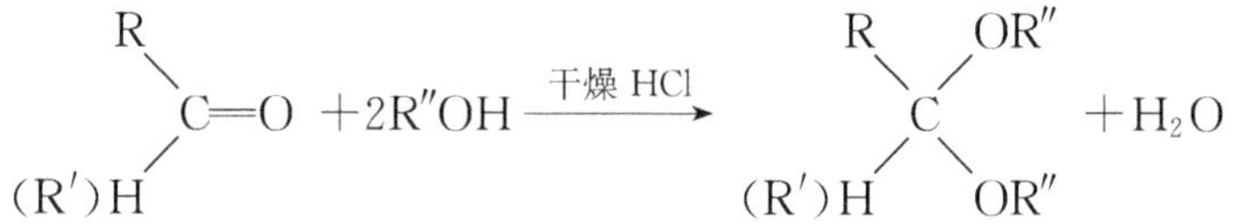

半缩醛（酮）一般不稳定，但五、六元环状半缩醛在自然界中可以稳定存在。例如

环状半缩醛（稳定）
在糖类化合物中多见

缩醛（酮）稳定，并且有醚的结构，它易在稀酸下分解，重新转变为原来的醛（酮）和醇。

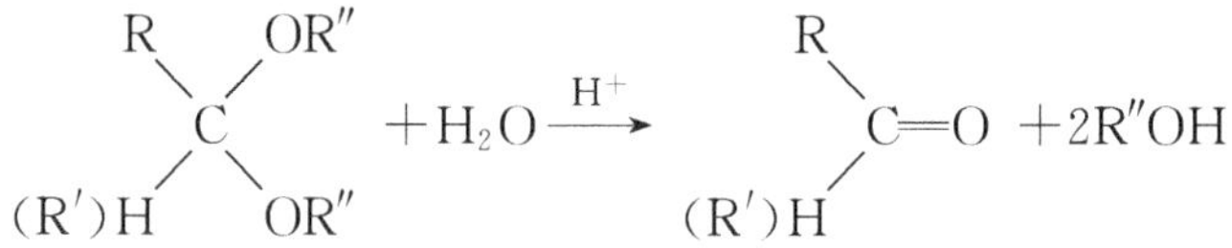

虽然缩醛（酮）遇稀酸可以恢复原来的醛（酮）结构，但是，缩醛（酮）具有对碱和氧化物稳定的性质，所以缩醛（酮）的形成在有机合成中很重要，常用来保护羰基。

另外，醛较易形成缩醛，酮在一般条件下形成缩酮较困难，如与 1，2-二醇或 1，3-二醇反应则易生成环状缩酮。

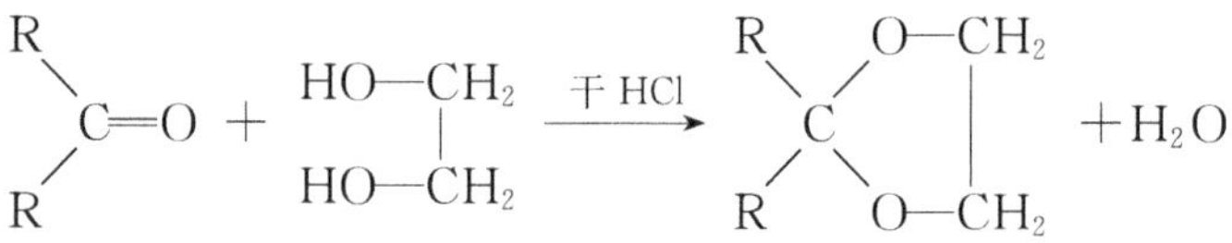

4. 与氨及其衍生物的加成反应

常见的氨的衍生物有

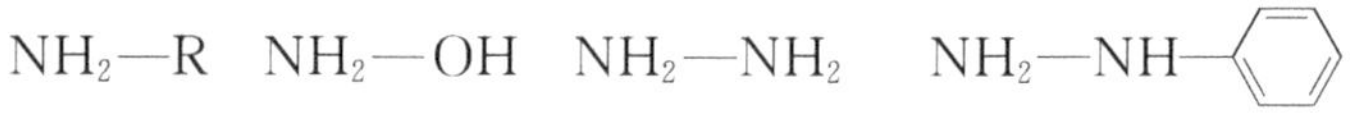

伯胺　　羟胺　　肼　　苯肼

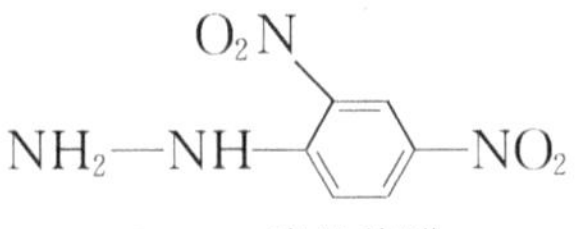

2,4-二硝基苯肼

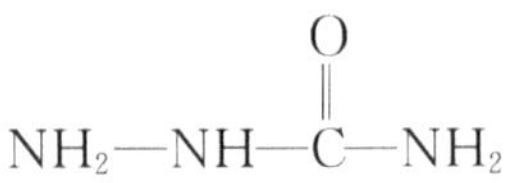

氨基脲

氨及其衍生物分子中的氮原子上都有一对孤电子对，都可以作为亲核试剂。醛、酮能与氨及其衍生物（可用通式 $H_2N—G$ 表示）先发生加成反应，但加成产物不稳定，立即发生分子内脱水，缩合成含碳-氮双键的化合物，反应通式及具体产物如下：

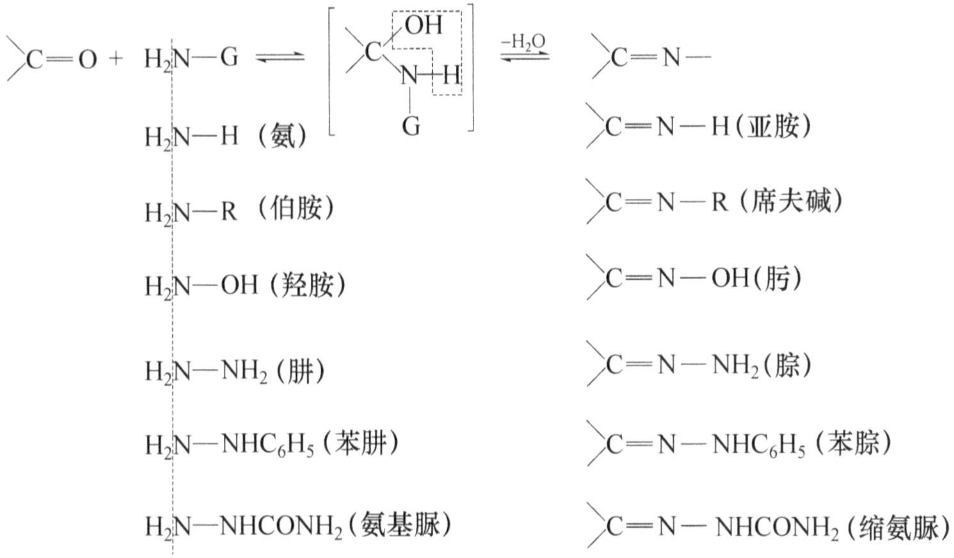

醛、酮与氨的衍生物的加成产物大多数是晶体且具有一定的熔点，常见的衍生物加成-缩合反应产物的熔点可以在相关手册上查到。例如，乙醛肟的熔点为 47 ℃，环己酮肟的熔点为 90 ℃。特别是 2,4-二硝基苯肼几乎能与所有的醛、酮迅速反应，生成橙黄色或橙红色的结晶，因此，常用 2,4-二硝基苯肼鉴别醛、酮。

另外，由于该反应产物在稀酸溶液中可水解得到原来的醛、酮，因此可利用此性质分离、纯化醛、酮。

5. 与格氏试剂的加成反应

格氏试剂 RMgX 中有一个高度极化的共价键，其烃基部分具有很强的亲核性，可与醛、酮发生亲核加成反应。醛、酮与格氏试剂加成，加成产物不必分离，直接水解可制得相应的醇。此法是制备醇的重要方法之一，可以用来合成结构复杂的醇和环状醇。

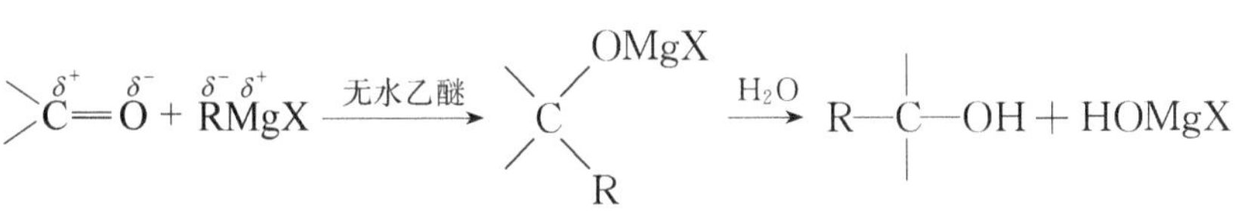

格氏试剂与甲醛作用生成伯醇，生成的醇比用作原料的格氏试剂多一个碳原子；与

其他醛作用生成仲醇；与酮作用生成叔醇。此类反应是不可逆的，是增长碳链的反应。例如

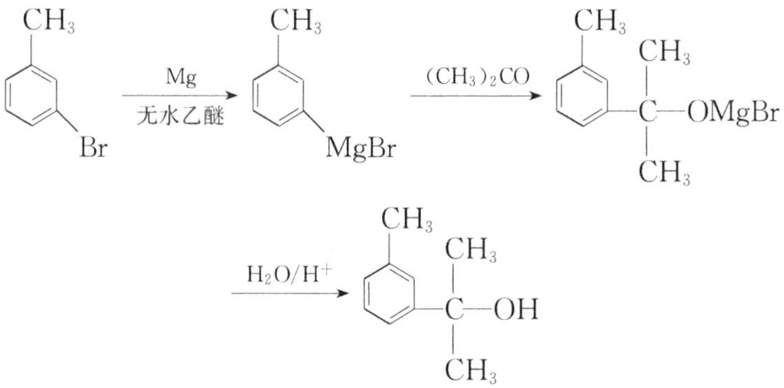

（二）α-H 的反应

醛、酮 α-碳上的氢受羰基的影响变得比较活泼。这是由于羰基的吸电子性使 α-碳上的 C—H 键极性增强，同时，α-碳上的 C—H 键的 σ 电子与羰基的 π 电子形成 σ-π 超共轭效应。因为氧原子的电负性较大，电子云进一步向氧原子偏移，加大了 α-碳上的氢原子解离成质子的倾向，使 α-H 具有一定的酸性。

乙醛的三个 α-H 具有很大的活性，容易成为质子而离去。

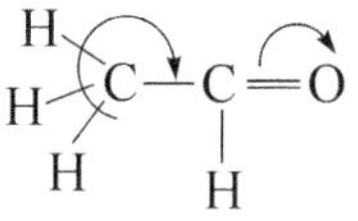

带有 α-H 的醛、酮因为 α-H 比较活泼而容易发生一系列反应，主要有以下几种。

1. 羟醛缩合反应

在稀碱（10％NaOH）溶液中，两分子含 α-H 的醛相互作用，一分子醛因失去 α-H 而生成的碳负离子加到另一分子醛的羰基碳原子上，氢原子则加到氧原子上，生成 β-羟基醛。因为反应产物既有羟基又有醛基，故称为羟醛缩合（或醇醛缩合）反应。例如

β-羟基丁醛

β-羟基醛分子中的 α-H 同时被羰基和 β-碳上的—OH 活化，只需稍微加热或在酸的作用下即发生分子内脱水，生成 α,β-不饱和醛。

$$2CH_3CHO \xrightleftharpoons{稀\ OH^-} CH_3—\underset{}{\overset{OH}{\overset{|}{C}H}}—CH_2CHO \xrightleftharpoons{\triangle,\ -H_2O} CH_3CH=CHCHO$$

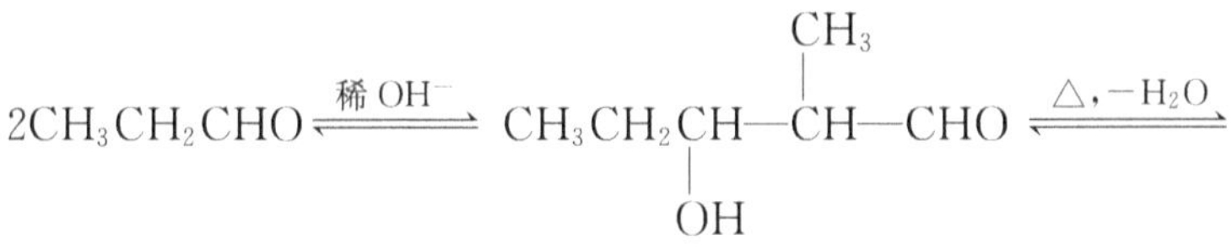

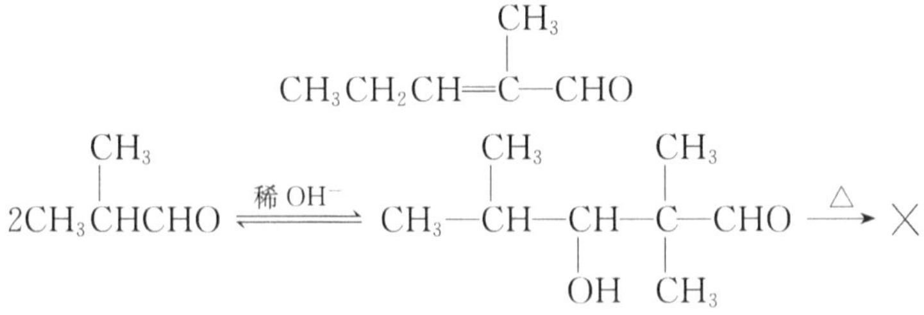

羟醛缩合反应机理可以描述如下：

首先，碱夺取 α-H 形成碳负离子。

形成的碳负离子作为亲核试剂，进攻另一分子醛的羰基，形成烷氧基负离子。

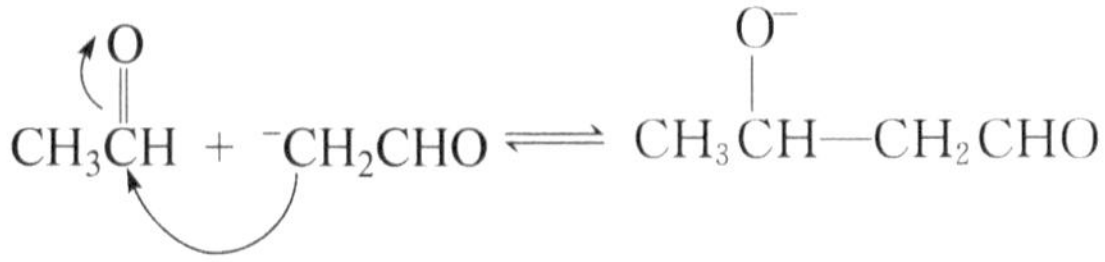

烷氧基负离子从水中夺取 H^+，得到 β-羟基醛及 OH^-。

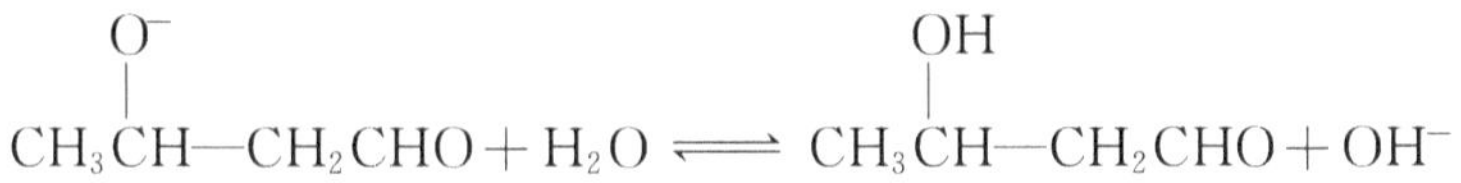

对于碳原子数少于七的醛，一般首先得到 β-羟基醛，在加热情况下才脱水生成 α,β-不饱和醛。随着醛的相对分子质量的加大，β-羟基醛的生成速率越来越慢，需要提高温度或碱的浓度，这样就使庚醛以上的醛在碱性溶液中缩合只能得到 α,β-不饱和醛。

若两种不同的含有 α-H 的醛之间进行羟醛缩合反应，可生成四种不同的缩合产物，由于分离困难，故实用意义不大。但若选用一个含 α-H 的醛（提供烯醇负离子）和一个不含有 α-H 的醛（提供羰基），进行交叉羟醛缩合反应（crossed aldol condensation），产物较单一，产率也较高，具有合成价值。例如

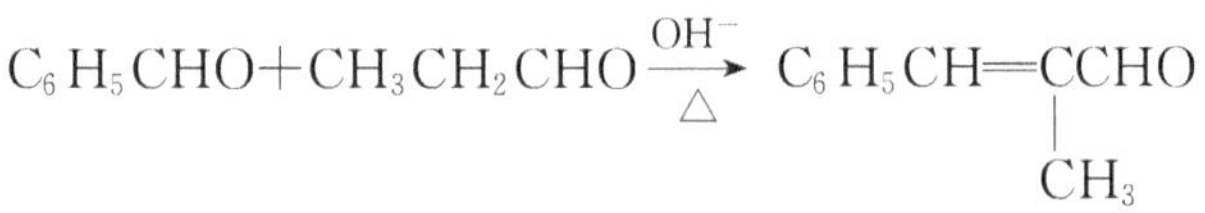

68%

含有 α-H 的酮虽然也能发生与醛类似的缩合反应，但是酮分子中羰基碳原子的正

电性不如醛中的强，所以酮在同样条件下较难进行缩合反应。但含 α-H 的酮可以与不含 α-H 的醛发生交叉缩合反应。例如

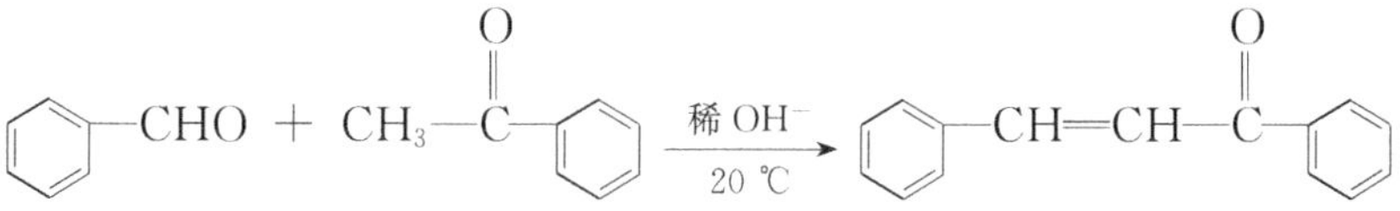

85%

利用羟醛缩合反应把两个羰基化合物连接起来，可以增长碳链，产生支链，生成活泼的双官能团化合物，由此可以制备多种化合物。生物体中也有类似于羟醛缩合的反应。

2. α-H 的卤代反应和卤仿反应

醛、酮的 α-H 易被卤素取代生成 α-卤代醛、酮，特别是在碱溶液中，反应能很顺利地进行。例如

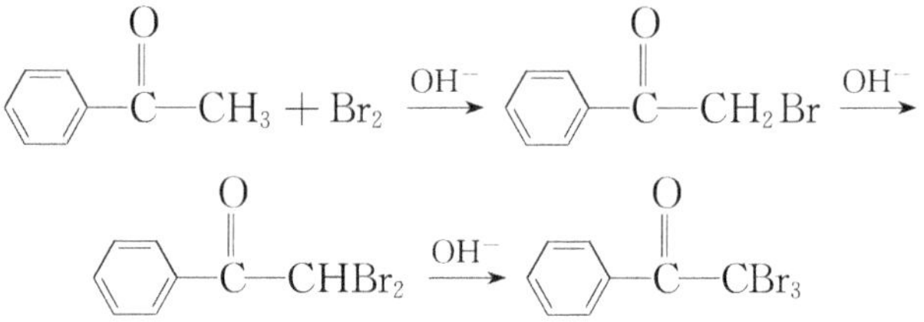

这个反应的特点是，卤代反应很难控制在一卤代产物，一般得到多卤代物。三卤甲基羰基化合物在碱作用下水解生成三卤甲烷（卤仿）和羧酸盐，称为卤仿反应(haloform reaction)。

$$\text{(H)R}-\overset{\overset{\displaystyle O}{\|}}{C}-CH_3+NaOH+X_2 \longrightarrow \text{(H)R}-\overset{\overset{\displaystyle O}{\|}}{C}-CX_3 \xrightarrow{OH^-} \underset{\text{卤仿}}{CHX_3}+RCOONa$$

（NaOX）

若 X_2 用 I_2 则得到不溶于水、具有特殊气味的、易于析出的黄色固体 CHI_3（碘仿），称为碘仿反应。碘仿反应常用来鉴定含有三个 α-H 的醛、甲基酮[$CH_3\overset{\overset{O}{\|}}{C}-H(R)$]以及具有 $CH_3\overset{\overset{OH}{|}}{C}-H(R)$ 结构的醇，这类醇能被 NaOX 氧化成乙醛或甲基酮。

甲基酮的卤仿反应是制备少一个碳原子羧酸的途径。例如

$$(CH_3)_3C\overset{\overset{\displaystyle O}{\|}}{C}CH_3 \xrightarrow[2.\ H_3O^+]{1.\ NaOCl} (CH_3)_3C\overset{\overset{\displaystyle O}{\|}}{C}OH+CHCl_3$$

（三）氧化反应

醛、酮在氧化反应中有较大的差别，醛比酮容易被氧化，常见的弱的氧化剂即可将醛氧化为羧酸。而酮不易被氧化，甚至在冷的 $KMnO_4$ 中性溶液中也不被氧化。常见的弱氧化剂有以下几种：

(1) 土伦(Tollens)试剂：$AgNO_3$ 的氨水溶液。

(2) 费林(Fehling)试剂：由两部分组成，A 为 $CuSO_4$ 溶液，B 为酒石酸钾钠的氢氧化钠溶液。使用时，将 A 和 B 等体积混合。

(3) 本尼迪克特(Benedict)试剂：$CuSO_4$ 溶液、柠檬酸钠和无水碳酸钠的混合液。

以上弱氧化剂起氧化作用的分别是 Ag^+ 和 Cu^{2+}。

土伦试剂与醛反应时，醛被氧化成羧酸盐，银离子被还原成银，附着在洁净的试管壁上形成光亮的银镜，称为“银镜反应”。

$$RCHO + Ag(NH_3)_2OH \xrightarrow{\triangle} RCOO^-NH_4^+ + Ag\downarrow + NH_3\uparrow + H_2O$$

费林试剂和本尼迪克特试剂氧化醛的反应可以表示如下：

$$\underset{\text{络离子}}{RCHO + Cu^{2+}} + OH^- \xrightarrow{\triangle} RCOO^- + \underset{\text{砖红色}}{Cu_2O\downarrow} + H_2O$$

因为有砖红色的 Cu_2O 沉淀生成，所以俗称“铜镜反应”。

以上三者都是弱氧化剂，只氧化醛，不能氧化酮，反应中有明显的颜色变化或有沉淀生成，故可用来区别醛和酮。另外，费林试剂和本尼迪克特试剂还不能氧化苯甲醛等芳香醛，故可用于脂肪醛和芳香醛的鉴别。

另外，以上三者不氧化 C═C 和 C≡C，可用于氧化不饱和醛制备不饱和酸。例如

$$\underset{\text{巴豆醛}}{CH_3CH{=}CHCHO} \xrightarrow[\text{或费林试剂}]{\text{土伦试剂}} CH_3CH{=}CHCOOH$$

酮在通常条件下难被氧化。如果使用强氧化剂(如重铬酸钾和浓硫酸)氧化酮，则发生碳链的断裂而生成复杂的氧化产物。只有个别实例，如环己酮氧化成己二酸等具有合成意义。实际上实验室常用高锰酸钾直接氧化环己醇制得己二酸，工业生产中常采用以下反应制备己二酸：

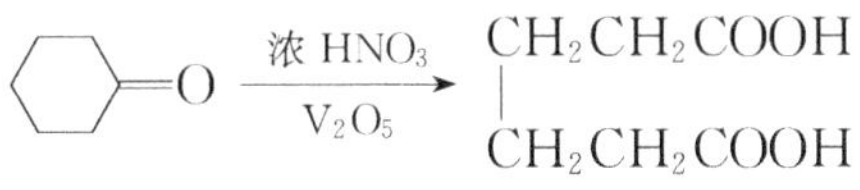

（四）还原反应

醛、酮都可被还原，在不同的条件下使用不同的试剂可以得到两类不同的还原产物。

$$>C=O \longrightarrow >CH-OH \quad 醇$$

$$>C=O \longrightarrow >CH_2 \quad 亚甲基$$

1. 催化加氢

在 Ni、Cu、Pt、Pd 等金属催化剂催化下，醛、酮可被氢气分别还原成伯醇、仲醇，反应产率高，后处理简单，但催化剂较贵，并且分子中 C═C 和 C≡C 也会被还原。例如

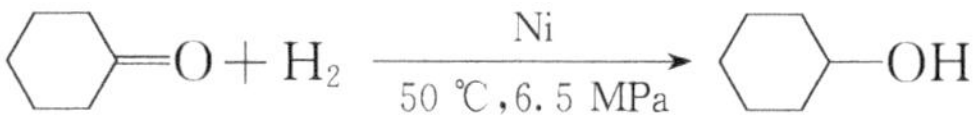

$$CH_3CH=CHCH_2CHO+2H_2 \xrightarrow[250\ ℃，加压]{Ni} CH_3CH_2CH_2CH_2CH_2OH$$

2. 金属氢化物($LiAlH_4$、$NaBH_4$ 等)还原

如果要保留分子中的 C═C 和 C≡C，只还原羰基，应选用金属氢化物为还原剂。$LiAlH_4$、$NaBH_4$ 是实验室常用的金属氢化物还原剂。

金属氢化物以 M^+H^- 表示，与醛、酮反应的通式常表示如下：

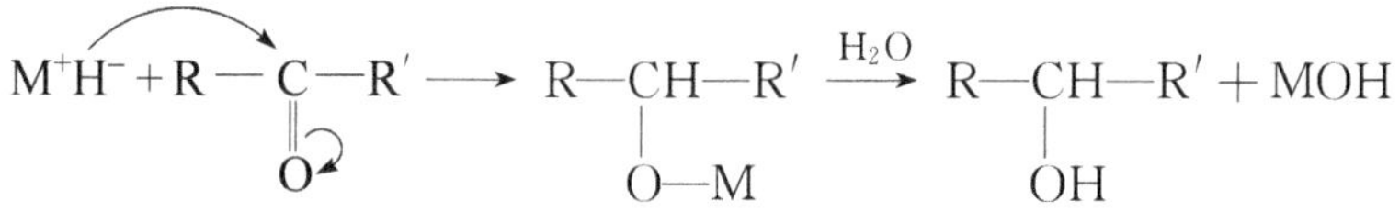

1) $LiAlH_4$ 还原

$$CH_3CH=CHCH_2CHO \xrightarrow[2.\ H_3O^+]{1.\ LiAlH_4，无水乙醚} CH_3CH=CHCH_2CH_2OH$$

$LiAlH_4$ 是强还原剂，不稳定，遇水剧烈反应，遇醇也发生反应，通常只能在无水醚或 THF(四氢呋喃)中使用。除不还原 C═C、C≡C 外，其他不饱和键都可被其还原。

2) $NaBH_4$ 还原

$NaBH_4$ 的还原能力不如 $LiAlH_4$，但是，它不受水和醇的影响，可在水或醇中使加成和水解这两步反应快速且连续完成。而且 $NaBH_4$ 的选择性更强，只还原醛、酮、酰卤中的羰基，不还原其他基团。

$$RCH=CHCH_2CHO \xrightarrow[H_3O^+]{NaBH_4} RCH=CHCH_2CH_2OH$$

3. 克莱门森还原

芳香族醛、酮在锌汞齐和浓盐酸的作用下，羰基被还原为亚甲基，称为克莱门森(Clemmensen)还原。例如

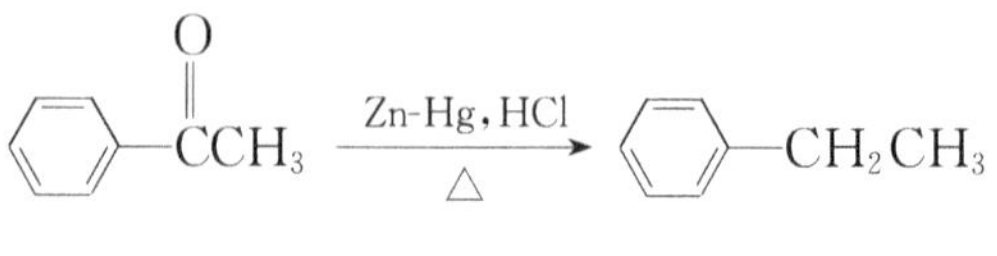

利用克莱门森还原法还原芳香酮是间接在芳环上引入直链烃基的方法。

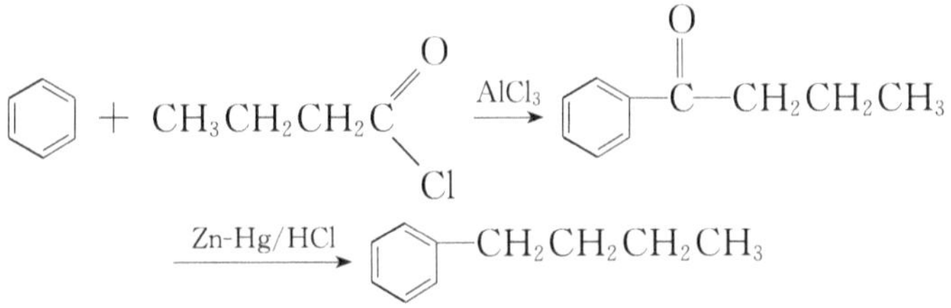

80%

4. 沃尔夫-凯惜纳-黄鸣龙还原法

克莱门森还原法只适用于对酸稳定的化合物。如果要还原对酸敏感而对碱稳定的羰基化合物，可用沃尔夫(Wolff)-凯惜纳(Kishner)-黄鸣龙还原法。

沃尔夫-凯惜纳还原法：

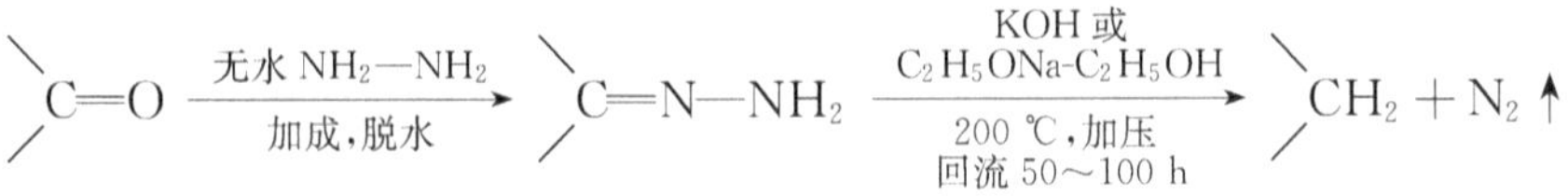

1946 年黄鸣龙对该法进行了改进：将醛或酮与 85%的水合肼在高沸点溶剂—缩二乙二醇[$(HOCH_2CH_2)_2O$]中与 NaOH 一起加热，醛或酮成腙后，先将水和过量的肼蒸出，待温度达到腙的分解温度时再回流 3～4 h，反应即结束。这样，可在常压下进行反应，反应时间大为缩短，可使用廉价的肼溶液，产率一般较高。例如

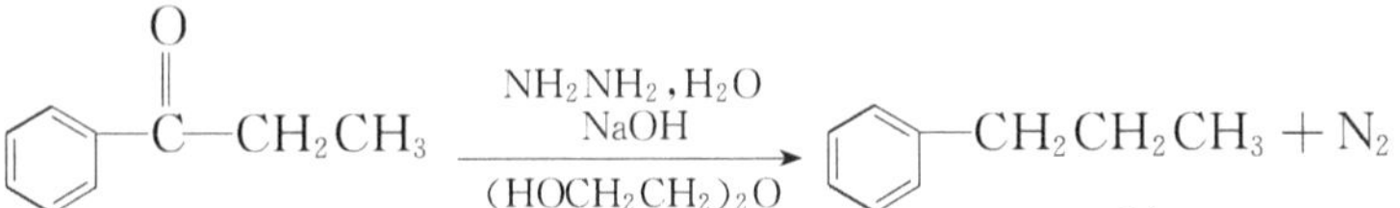

82%

5. 歧化反应——坎尼扎罗反应

不含 α-H 的醛在浓碱(NaOH)作用下发生自身氧化还原(歧化)反应——分子间的氧化还原反应，一分子醛被氧化成羧酸盐，另一分子醛被还原成醇，称为坎尼扎罗(Cannizzaro)反应。例如

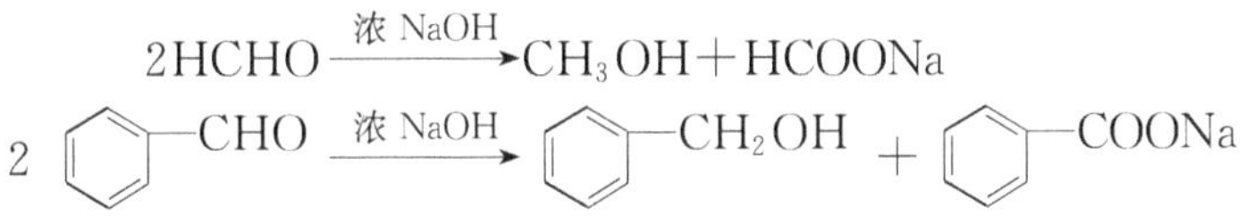

在浓碱溶液作用下，两种无 α-H 的醛发生交叉坎尼扎罗反应，生成四种产物。如果是甲醛与另一种无 α-H 的醛在强的浓碱催化下加热，因为甲醛更易被氧化，所以主要是甲醛被氧化而另一种醛被还原。例如

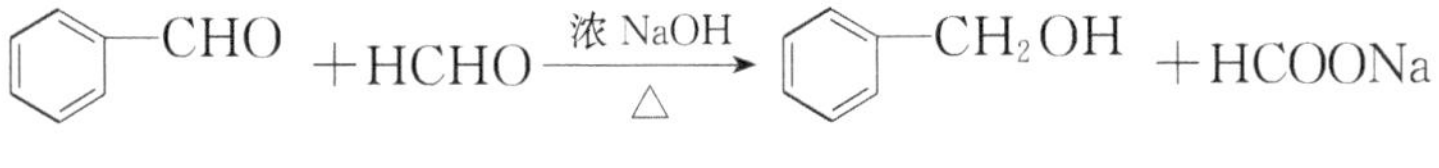

第三节　醌

一、醌的结构和命名

醌是一类特殊的环状共轭的 α,β-不饱和二酮,包括一系列化合物。

1,4-苯醌
（对苯醌）

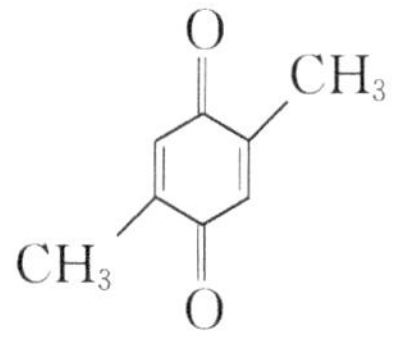

2,5-二甲基-1,4-苯醌

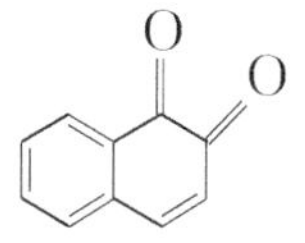

1,2-萘醌
（β-萘醌）

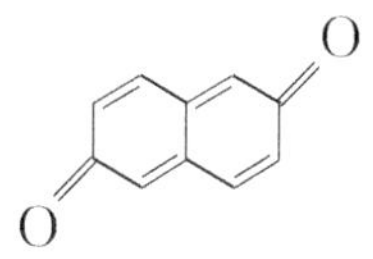

2,6-萘醌
（远萘醌）

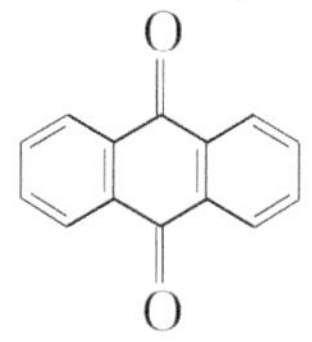

9,10-蒽醌

醌可作为相应芳香烃的衍生物来命名。命名时,在醌字前面加上相应芳香烃的名称,两个羰基的位置可用阿拉伯数字注明,或用对、邻、远及 α、β 等标明;如芳环上有取代基,还要标明其位次、数量和名称。

二、苯醌的化学性质

醌是具有共轭体系的不饱和二酮,没有芳香性,具有烯烃、羰基化合物典型的加成反应,又可以发生共轭体系特有的加成反应。

（一）羰基的加成

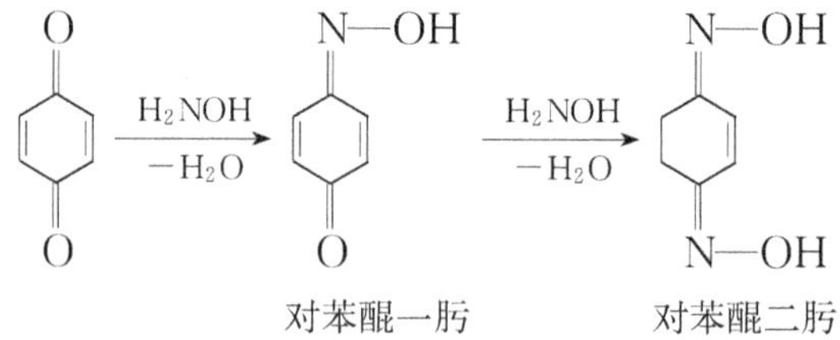

对苯醌一肟　　对苯醌二肟

（二）烯键的加成

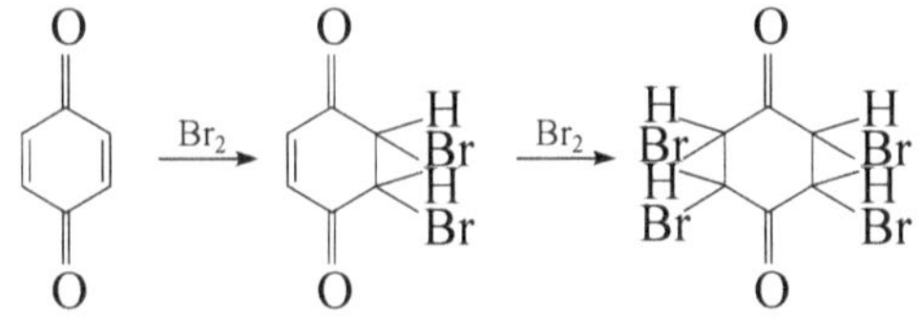

（三）1,4-加成

醌相当于 α,β-不饱和羰基化合物，碳-碳双键和碳-氧双键共轭，可以与氢卤酸、氢氰酸、亚硫酸氢钠等发生 1,4-加成反应。

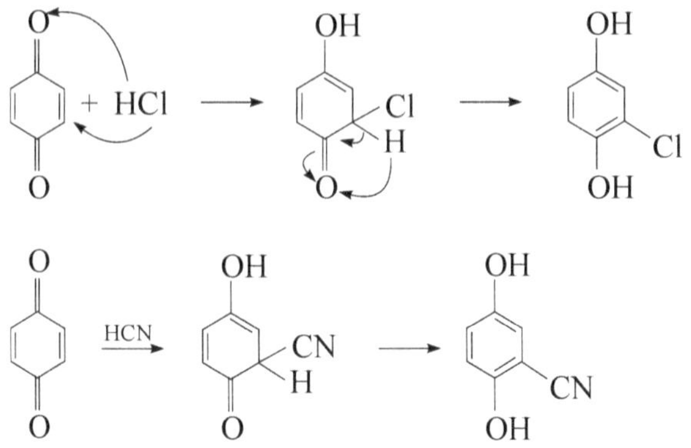

（四）还原

对苯醌在亚硫酸水溶液中被还原为对苯二酚，反应是可逆的。

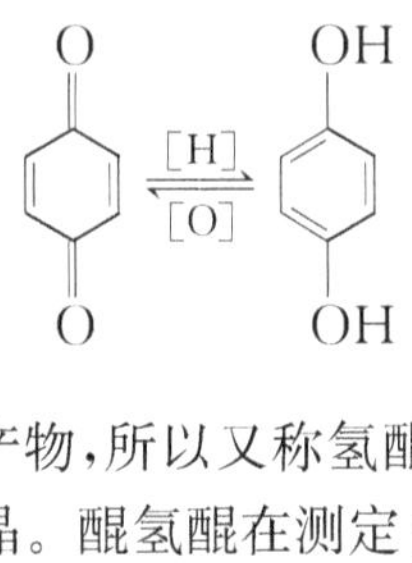

因为对苯二酚是苯醌的还原产物，所以又称氢醌。氢醌和苯醌能生成一种分子配合物，称为醌氢醌，为深绿色的结晶。醌氢醌在测定 pH 和电化学分析中有应用。

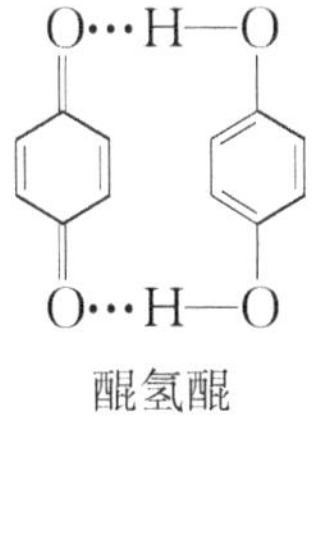

醌氢醌

习　题

1. 命名下列化合物。

(1) $CH_3\overset{\overset{CH_3}{|}}{C}HCHO$　　(2) $CH_3\overset{\overset{CH_3}{|}}{C}H-\overset{\overset{O}{\|}}{C}-CH_3$

(3) $CH_3\overset{\overset{CH_3}{|}}{C}HCH_2CH=CHCHO$　　(4) $CH_3-\overset{\overset{O}{\|}}{C}-CH_2-\overset{\overset{CH_3}{|}}{C}H-CHO$

(5) 　　(6) 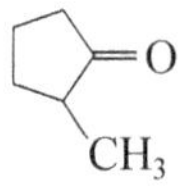

(7) $ClCH_2CH_2CHO$　　(8) $C_6H_5CH=CHCHO$

(9) $H-\underset{CH_2CH_3}{\overset{CH_2CH_2CHO}{+}}-CH_2CHO$　　(10) 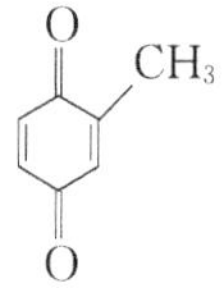

2. 写出下列化合物的结构式。

(1) 邻羟基苯甲醛　　(2) 4-甲基-2-戊酮

(3) 对溴苯乙酮　　(4) 3-苯基丙醛

(5) β-羟基丙醛　　(6) 水合三氯乙醛

(7) 4-甲基环己酮　　(8) (*Z*)-2-丁烯醛

3. 试根据下列环状半缩醛或缩醛的结构，推测其原来的开链羟基醛或羟基酮的结构。

(1) 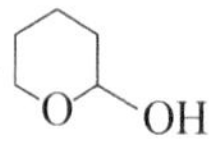　(2) 　(3) 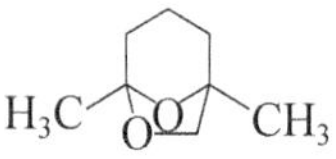

4. 完成下列反应。

(1) 2 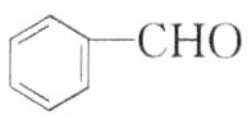 $+CH_3COCH_3 \xrightarrow{OH^-}$

(2) $(CH_3)_3CCHO \xrightarrow{浓\ NaOH}$

(3) $CH_3\overset{\overset{O}{\|}}{C}CH_2CH_2CH_3 + $ 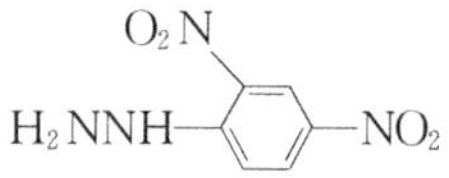 $\xrightarrow[\triangle]{}$

(4) 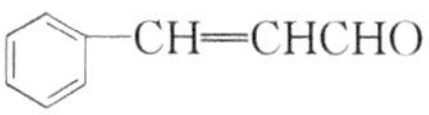 $\xrightarrow{KMnO_4/H^+}$

(5) $CH_3CHO \xrightarrow[?]{?}$ 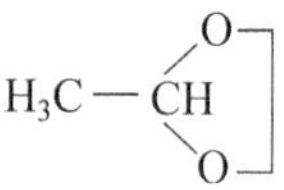

(6) $C_6H_5CH_2-\overset{\overset{O}{\|}}{C}-CH_3 \xrightarrow{NaOH+I_2}$

(7) $C_6H_5CH_2CHO \xrightarrow{土伦试剂}$

(8) $C_6H_5CH=CHCH_2CHO \xrightarrow[2.\ H_3O^+]{1.\ LiAlH_4，无水乙醚}$

(9) $CH_3CHO + 2CH_3CH_2OH \xrightarrow{\text{干 HCl}}$

(10) 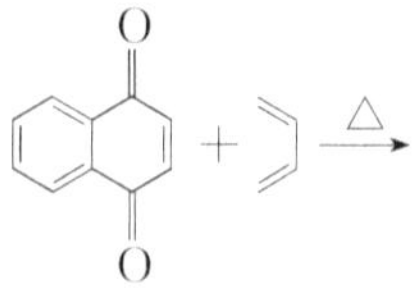

5. 用化学方法鉴别下列物质。

　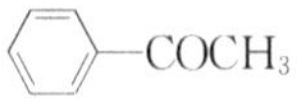　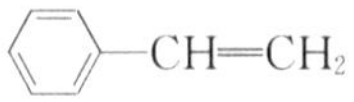　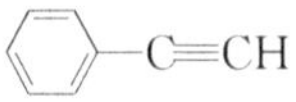

6. 完成下列转化。

(1) 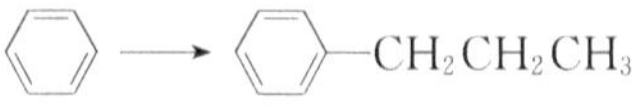

(2) 以甲苯、丙醇为原料合成 $C_6H_5CH{=}C(CH_3)CHO$

(3) 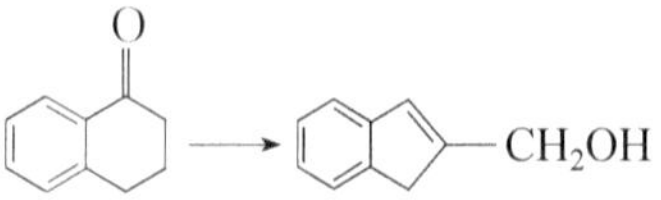

7. 某烃 A 分子式为 C_5H_{10}，它与溴水不发生反应，在紫外光照射作用下只得到一种一元产物 B（C_5H_9Br）。将 B 与 KOH 的醇溶液作用得到 C（C_5H_8），C 经臭氧化并在锌粉存在下水解得到戊二醛。写出 A～C 的构造式。

8. 某化合物 A 的分子式为 $C_6H_{12}O$，A 能与羟胺作用生成肟，但不发生银镜反应，在铂的催化下加氢得到一种醇 B。B 经过脱水、臭氧氧化再还原水解后得到两种产物 C 和 D，C 能发生银镜反应，但不发生碘仿反应，D 能发生碘仿反应，但不能与费林试剂反应。写出 A～D 的结构式和有关化学反应式。

第十章　羧酸和取代羧酸

羧酸(carboxylic acid)是分子中含有羧基(—COOH)的有机化合物。羧酸分子中烃基上氢原子被其他原子或基团取代后生成的化合物称为取代羧酸。羧酸是许多有机物氧化的最后产物,它在自然界中普遍存在(以酯的形式),在工业、农业、医药和日常生活中有着广泛的应用,如食醋中的乙酸、油脂组成中的高级脂肪酸、胆汁中的胆甾酸等。

第一节　羧　　酸

羧酸的官能团是羧基。除甲酸 HCOOH 外,羧酸的通式为(Ar)RCOOH。

一、羧酸的结构、分类和命名

(一) 羧酸的结构

羧酸分子中,羰基碳原子采用 sp^2 杂化,三个 sp^2 杂化轨道分别与 α-碳原子(或氢)、羰基氧原子和羟基氧原子形成三个 σ 键,这三个 σ 键在同一平面上,三个 σ 键间的夹角约为 120°。羰基碳原子未参加杂化的 p 轨道与羰基氧原子的 p 轨道平行重叠形成 π 键,同时又与羟基氧原子上占有一对孤电子对的 p 轨道重叠,形成 p-π 共轭体系。X 射线衍射证明,甲酸分子中 C＝O 双键的键长为 0.123 nm,略长于正常羰基的键长(0.122 nm),C—O 单键的键长(0.131 nm)比醇中 C—O 单键的键长(0.143 nm)略短,这说明羧酸分子中的羰基和羟基之间相互影响,存在 p-π 共轭效应,电子发生离域,键长趋于平均化。

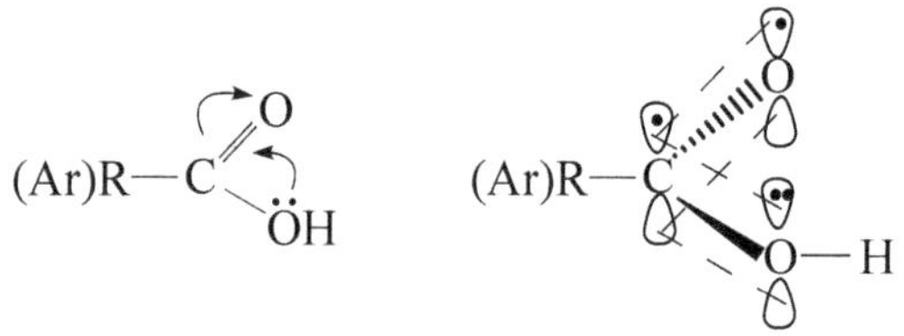

p-π 共轭的结果是羧基碳的正电性降低,使羧基中的羰基不易发生亲核加成反应;同时羧基中羟基氧上的 p 电子云向羰基转移,增强了 O—H 键的极性而使分子具有酸性。

(二) 羧酸的分类和命名

羧酸根据分子中所含羧基的数目,可分为一元羧酸、二元羧酸和多元羧酸;根据羧基所连烃基的不同,又可分为脂肪酸、脂环酸和芳香酸;根据羧基所连烃基是否饱和,还可分为饱和羧酸和不饱和羧酸。

许多羧酸存在于天然产物中，故常根据其来源而有俗名。例如，甲酸最初是由蚂蚁蒸馏得到的，称为蚁酸；乙酸是从食醋中得到的，称为醋酸。常见羧酸的俗名如下：

HCO_2H	CH_3CO_2H	$CH_3(CH_2)_{16}CO_2H$	$CH_3(CH_2)_{14}CO_2H$
蚁酸	醋酸	硬脂酸	棕榈酸

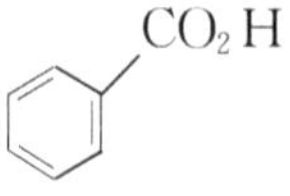

安息香酸

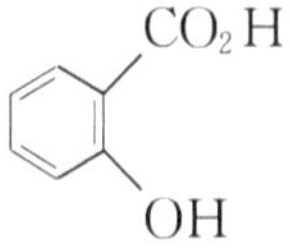

水杨酸

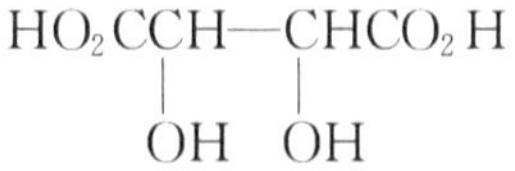

酒石酸

羧酸的系统命名是以含羧基在内的最长碳链为主链，根据主链碳原子数称为“某酸”。编号从羧基碳原子开始，用阿拉伯数字标明。由于羧基始终在链端，官能团位置编号可不必注明。简单的羧酸习惯上也常用希腊字母标位，即以与羧基直接相连的碳原子位置为 α，依次为 β、γ、δ 等，最末端碳原子可用 ω 表示。例如

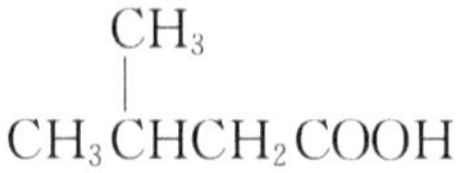

3-甲基丁酸（β-甲基丁酸）

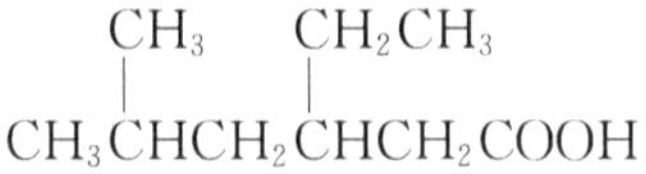

5-甲基-3-乙基己酸

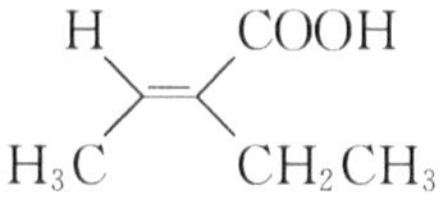

(*E*)-2-乙基-2-丁烯酸

3-苯丙烯酸（肉桂酸）

环直接与羧基相连的脂环酸称为环烷酸，编号从羧基所连接的碳原子开始。例如

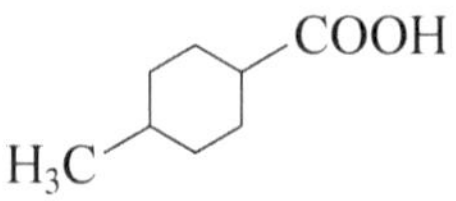

4-甲基环己烷甲酸

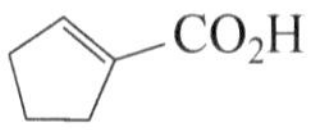

1-环戊烯甲酸

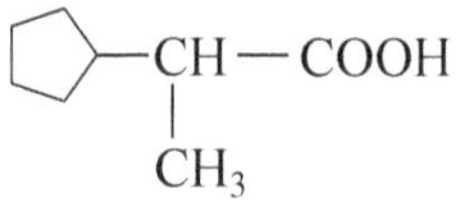

2-环戊基丙酸

芳香酸则常用苯甲酸作为母体，加上取代基的名称和位置。例如

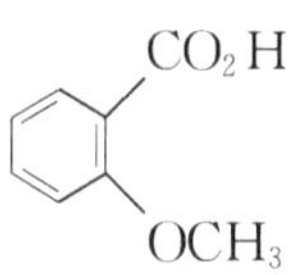

邻甲氧基苯甲酸

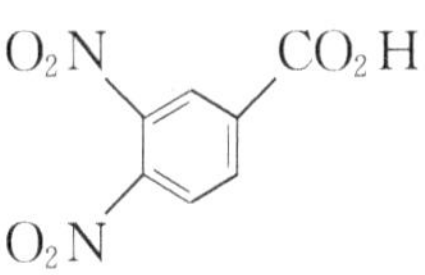

3,4-二硝基苯甲酸

二元酸选择含有两个羧基的最长碳链作为主链，称为某二酸，取代基应使其编号尽可能小。例如

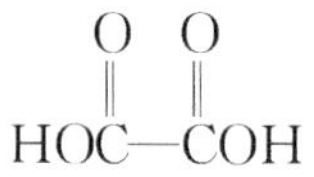

乙二酸(草酸)

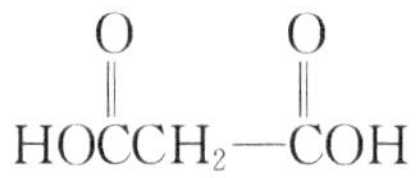

丙二酸

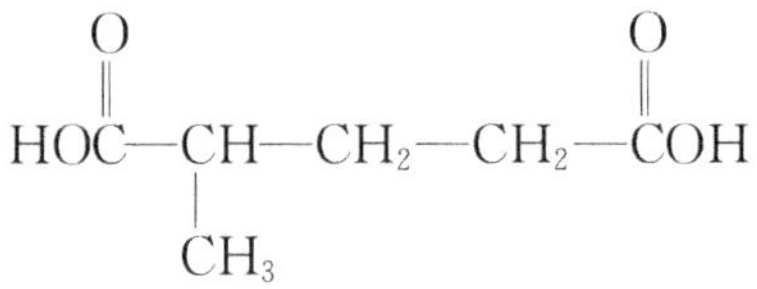

2-甲基戊二酸

二、羧酸的性质

(一)羧酸的物理性质

低级脂肪酸是液体,具有刺鼻的气味;中级脂肪酸是具有特殊臭味的液体;高级脂肪酸是蜡状固体,无味。芳香酸和二元酸是结晶固体。

羧酸可与水形成氢键,故四个碳以下的羧酸能与水互溶。但从戊酸开始,随着相对分子质量增大,羧基在整个分子中所占的比例减小,羧酸的水溶性迅速降低,癸酸以上不溶于水。芳香酸在水中溶解度不大。羧酸一般可溶于有机溶剂中,如乙醚、乙醇、苯、丙酮、氯仿等。

羧酸是极性化合物,而且可形成分子间氢键,以二缔合体形式存在。二缔合体有较高的稳定性。在固态及液态时,羧酸以二缔合体的形式存在,甚至在气态,相对分子质量较小的羧酸(如甲酸、乙酸)也以二缔合体存在,这些均已通过凝固点降低法测定相对分子质量以及X射线衍射法得到证明。所以,羧酸的熔、沸点都很高,其沸点比相应相对分子质量的醇还要高。

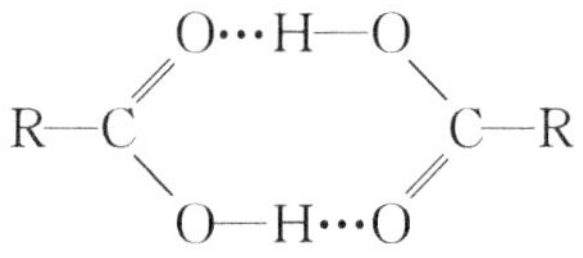

(二)羧酸的化学性质

羧酸的化学性质主要表现在四种键的断裂:①处的O—H键断裂显示酸性;②处的C—O键断裂表示羧基中的羟基被取代而生成羧酸衍生物;③处的C—C键断裂表示脱羧;④处的C—H键断裂表示α-H可被取代,如发生α-卤代反应等。

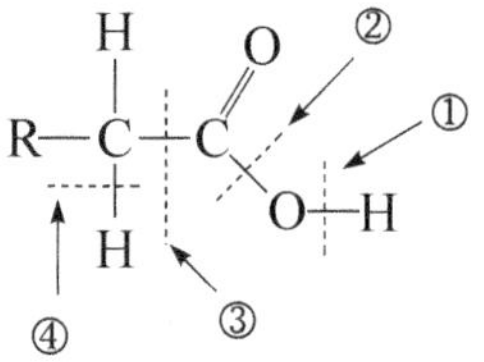

1. 羧酸的酸性

羧酸呈明显的弱酸性。在水溶液中,羧基中的O—H键断裂,解离出的质子与水结合成为水合质子。

$$RCOOH + H_2O \rightleftharpoons RCOO^- + H_3O^+$$

羧酸的酸性比碳酸的酸性($pK_a=6.4$)强，pK_a 为 4～5。羧酸具有较强的酸性与它的结构有关。羧酸在水中解离产生的酸根负离子中碳原子为 sp^2 杂化，所剩 p 轨道可分别与两个氧原子的 p 轨道交盖形成大 π 键，负电荷分散于两个电负性较强的氧原子上，使能量降低。X 射线衍射实验显示，甲酸根负离子的两个 C—O 键的键长均为 0.127 nm，而正常的 C═O 键长为 0.123 nm，C—O 键长为 0.143 nm。酸根负离子中已没有一般的碳-氧双键和碳-氧单键，这是由于电子的离域而发生了键长的平均化。酸根负离子结构较稳定，使平衡向右，显示酸性。

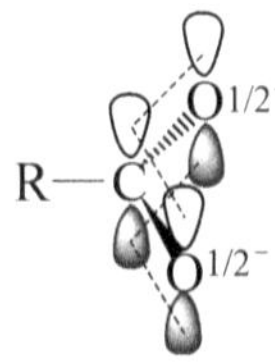

羧酸的酸性强弱与羧基所连基团的性质有关，吸电子基团使酸性增强，而给电子基团使酸性减弱。例如，乙酸的三个 α-氢依次被氯原子取代，其酸性增强。

	CH_3COOH	$ClCH_2COOH$	$Cl_2CHCOOH$	Cl_3CCOOH
pK_a	4.74	2.86	1.26	0.64

这是由于氯原子的吸电子诱导效应(−I)使酸根负离子的稳定性增大，而诱导效应具有加和性，α-位的氯原子越多，吸电子诱导效应越强，酸性就越强。对于 α-卤代乙酸，随着卤原子电负性的降低，酸性减弱。例如

	FCH_2COOH	$ClCH_2COOH$	$BrCH_2COOH$	ICH_2COOH
pK_a	2.66	2.86	2.86	3.12

α-氯丁酸、β-氯丁酸和 γ-氯丁酸的酸性依次减弱，这是因为诱导效应沿 σ 键传递，随距离的增加诱导效应的影响迅速减小。

	$CH_3CH_2CHClCOOH$	$CH_3CHClCH_2COOH$
pK_a	2.84	4.06
	$CH_2ClCH_2CH_2COOH$	$CH_3CH_2CH_2COOH$
pK_a	4.52	4.82

当羧基与共轭结构相连时，共轭效应同样影响羧酸的酸性。例如，苯甲酸比一般脂肪酸的酸性强(甲酸除外)，这是因为苯环的共轭效应稳定了苯甲酸根负离子。当苯甲酸的苯环上有取代基时，酸性将发生变化。

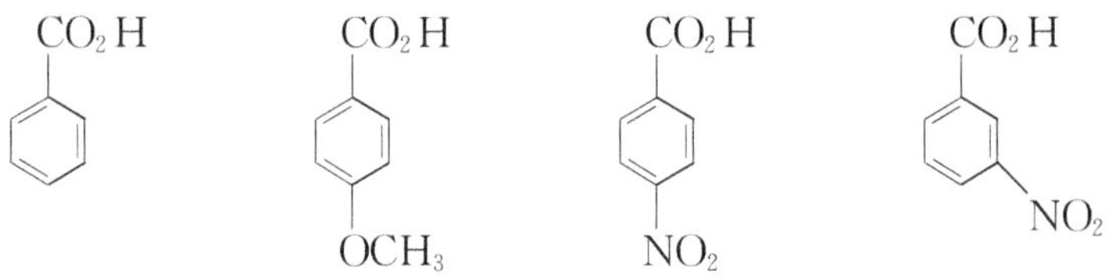

pK_a　　4.20　　4.47　　3.42　　3.49

对位的甲氧基具有强的给电子共轭(+C)效应和吸电子诱导(−I)效应，但前者的影响大于后者，总的效应不利于稳定酸根负离子，所以对甲氧基苯甲酸比苯甲酸的酸性弱。对位的硝基既有强的吸电子共轭(−C)效应，又有强的吸电子诱导(−I)效应，二者作用方向一致，总的结果是稳定了酸根负离子，故对硝基苯甲酸比苯甲酸的酸性强。然而，间位硝基的吸电子诱导(−I)效应占主导地位，而共轭效应影响相对较小，所以间硝基苯甲酸的酸性比对硝基苯甲酸弱。

2. 成盐

羧酸能与氢氧化钠、碳酸钠、碳酸氢钠等碱性化合物反应生成盐。羧酸盐比羧酸更易溶于水，制药工业中常将不溶于水的含羧基的药物制成钠盐或钾盐供注射用，如常用抗生素青霉素 G。

$$RCOOH + NaHCO_3 \longrightarrow RCOONa + CO_2 + H_2O$$

饱和一元羧酸的酸性比苯酚强，大多数酚类化合物不与碳酸氢钠反应，可利用此性质区别羧酸和酚。

3. 羧基中羟基被取代的反应

羧基中的羟基可被卤素、酰氧基、烷氧基、氨基取代，分别生成酰卤、酸酐、酯、酰胺等羧酸衍生物。

1) 被卤素取代

羧酸与磷的卤化物(如 PCl_3、PCl_5、PBr_3 等)或亚硫酰氯($SOCl_2$)反应，生成酰卤。例如

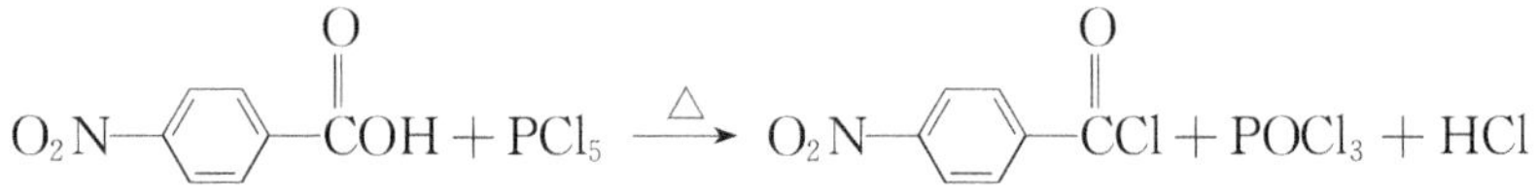

对硝基苯甲酸　　对硝基苯甲酰氯 90%～96%

$$CH_3CH_2CH_2\overset{O}{\overset{\|}{C}}OH + SOCl_2 \xrightarrow{\triangle} CH_3CH_2CH_2\overset{O}{\overset{\|}{C}}Cl + SO_2 + HCl$$

丁酸　　丁酰氯 85%

$$3CH_3CH_2CH_2\overset{\overset{\displaystyle O}{\|}}{C}OH + PBr_3 \xrightarrow{\triangle} 3CH_3CH_2CH_2\overset{\overset{\displaystyle O}{\|}}{C}Br + P(OH)_3$$

丁酸　　　　　　　　　　　丁酰溴

酰卤极易水解，通常用蒸馏法将其与副产物或未反应的反应物分离。与亚硫酰氯反应所得副产物均为气体，容易分离，反应后过量的亚硫酰氯沸点(79 ℃)较低，容易蒸馏除去。

2）被酰氧基取代

羧酸(除甲酸外)在脱水剂(如乙酰氯、乙酸酐、P_2O_5 等)存在下加热，羧基间失去一分子水生成酸酐。例如

$$2CH_3COOH \xrightarrow{P_2O_5} CH_3\overset{\overset{\displaystyle O}{\|}}{C}-O-\overset{\overset{\displaystyle O}{\|}}{C}CH_3 + H_2O$$

乙酸酐便宜易得，常作为脱水剂制备相对分子质量较大的对称酸酐。乙酸酐与水作用生成乙酸，并被立即蒸出，使平衡反应向右进行。

$$2RCO_2H + (CH_3CO)_2O \rightleftharpoons (RCO)_2O + 2CH_3CO_2H$$

适当链长的二元羧酸可发生分子内脱水生成环状酸酐。例如

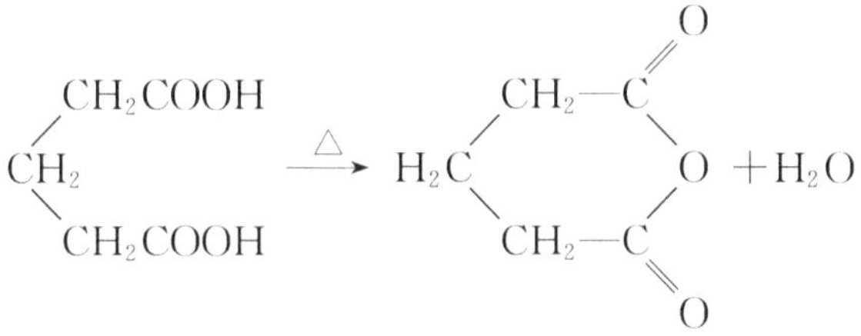

3）被烷氧基取代

羧酸与醇在酸催化下反应生成酯，这类反应称为酯化反应。

$$RCO_2H + R'OH \overset{H^+}{\rightleftharpoons} RCO_2R' + H_2O$$

酯化反应是可逆反应。反应速率很慢，一般需用硫酸、卤化氢或对甲苯磺酸等强酸作催化剂。为提高酯化率，可增加反应物的浓度(一般是加过量的醇)或加入能与水共沸的溶剂(如苯或甲苯)，并及时除去反应生成的水，使反应向右进行。

酯化反应是通过加成-消除机理进行的，首先是羧酸的羰基被质子活化，然后醇作为亲核试剂进攻羰基碳，最后在酸催化下脱水生成酯。

代酸。

$$RCH_2\overset{\overset{O}{\|}}{C}—OH+Cl_2 \xrightarrow{红磷} RCH(Cl)\overset{\overset{O}{\|}}{C}—OH+HCl$$

α-卤代酸中的卤原子性质非常活泼，可通过水解、氨解和消除反应分别制备 α-羟基酸、α-氨基酸和 α，β-不饱和酸。

第二节　取代羧酸

一、羟基酸

（一）羟基酸的分类和命名

羧酸分子中烃基上氢原子被羟基取代后的化合物称为羟基酸。羟基酸分为醇酸和酚酸。羟基取代脂肪烃上氢原子的羟基酸称为醇酸，羟基连在芳环上的羟基酸称为酚酸。

根据羟基与羧基的相对位置不同，醇酸还可分为 α-羟基酸、β-羟基酸、γ-羟基酸等。

醇酸的命名：以羧酸为母体，羟基为取代基，并用阿拉伯数字或希腊字母 α、β、γ 等标明羟基的位置。一些来自自然界的羟基酸多采用俗名。例如

$$H_3C—CH(OH)—COOH$$

α-羟基丙酸（2-羟基丙酸、乳酸）

$$HOOC—CH_2—CH(OH)—COOH$$

羟基丁二酸（苹果酸）

$$HOOC—CH(OH)—CH(OH)—COOH$$

2，3-二羟基丁二酸（酒石酸）

$$HOOC—CH_2—C(OH)(COOH)—CH_2—COOH$$

3-羟基-3-羧基戊二酸（柠檬酸）

酚酸的命名：以芳香酸为母体，标明羟基在芳环上的位置。例如

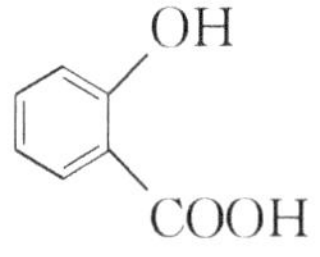

邻羟基苯甲酸（水杨酸）

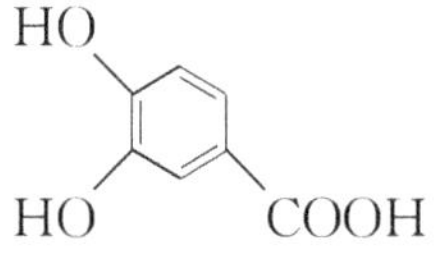

3，4-二羟基苯甲酸（原儿茶酸）

（二）羟基酸的物理性质

常见的醇酸多为晶体或黏稠的液体，由于分子中羟基和羧基都能与水形成氢键，故其熔点和在水中的溶解度比相应碳原子数的醇和酸大，多数醇酸具有旋光性。酚酸都

为晶体，多以盐、酯或糖苷的形式存在于植物中，大多微溶于水。

(三) 羟基酸的化学性质

羟基酸具有醇(酚)和酸的通性。羟基和羧基相互影响又具有特殊性，而且这些特殊性质因两官能团的相对位置不同又表现出明显的差异。

1. 酸性

醇酸中羟基表现出吸电子诱导效应，因此醇酸的酸性强于相同碳原子数的羧酸，羟基离羧基越近，酸性越强；反之越弱。

酚酸的酸性受诱导效应、共轭效应、邻位效应和氢键的影响，其酸性随羟基与羧基的相对位置不同而表现出明显的差异。羟基苯甲酸中，酸性由强到弱的顺序为

邻羟基苯甲酸＞间羟基苯甲酸＞苯甲酸＞对羟基苯甲酸

邻羟基苯甲酸的酸性最强是因为羟基处于羧基邻位，由于空间拥挤，羧基不能与苯环共平面，削弱了羧基与苯环之间的 p-π 共轭效应，减小了苯环上 π 电子云向羧基偏移，使羧基氢原子较易解离，形成稳定的羧酸根负离子。这种由于羧基的邻位连有体积较大的基团(无论是吸电子还是给电子基)而使酸性增强的效应称为邻位效应。此外，羟基与羧基能形成分子内氢键，增强了羧基中氧-氢键的极性，有利于氢解离，解离后的羧基负离子与酚羟基也能形成氢键，使这个负离子更加稳定，不易再与解离出的 H^+ 结合，因此其酸性比苯甲酸强。

间羟基苯甲酸不能形成分子内氢键，羟基在间位主要以吸电子诱导效应为主，由于羟基与羧基之间隔了三个碳原子，作用较小，故其酸性比苯甲酸略微增强。

在对羟基苯甲酸分子中，由于羟基氧原子与苯环的 p-π 共轭效应大于其吸电子诱导效应，羧基负离子稳定性降低，因此其酸性比苯甲酸弱。

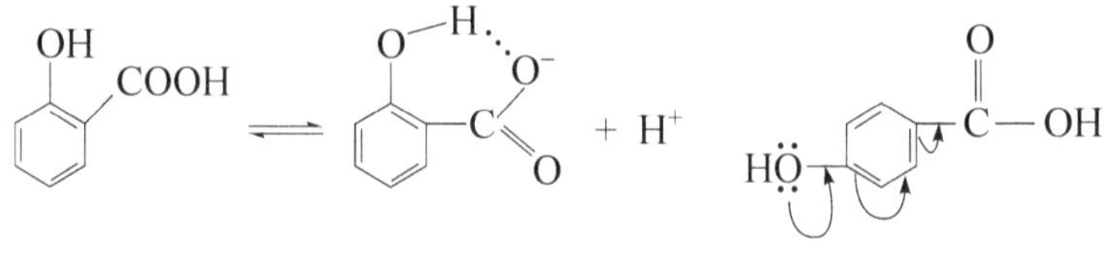

2. 醇酸的脱水反应

由于分子中羟基和羧基的相互影响，醇酸的热稳定性较差，加热时容易发生脱水反应。脱水产物因羟基和羧基的相对位置不同而不同。

α-醇酸脱水：两分子 α-醇酸羟基和羧基交叉脱水生成六元环交酯。例如

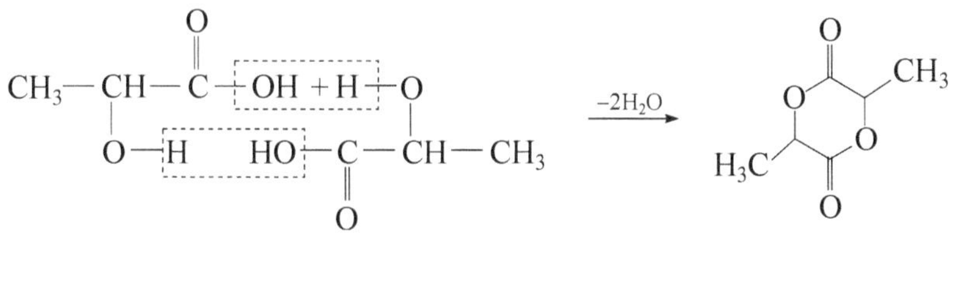

β-醇酸脱水：由于*β*-羟基和羧基共同影响，*α*-氢很活泼，加热时容易与*β*-羟基同时失去，脱水生成*α*,*β*-不饱和酸。例如

$$CH_3\underset{\displaystyle OH}{\underset{|}{C}H}-\underset{\displaystyle H}{\underset{|}{C}H}COOH \xrightarrow{\triangle} CH_3CH=CHCOOH+H_2O$$

γ-醇酸、*δ*-醇酸脱水：*γ*-醇酸极易脱水，在室温下转变为环状的内酯。例如

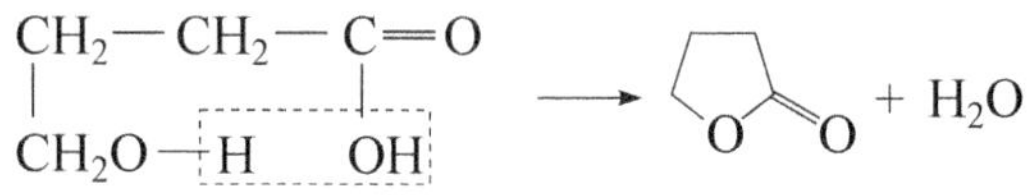

因此，游离的*γ*-醇酸很难得到，只在变成盐后才是稳定的。例如，静脉全麻药*γ*-羟基丁酸钠。

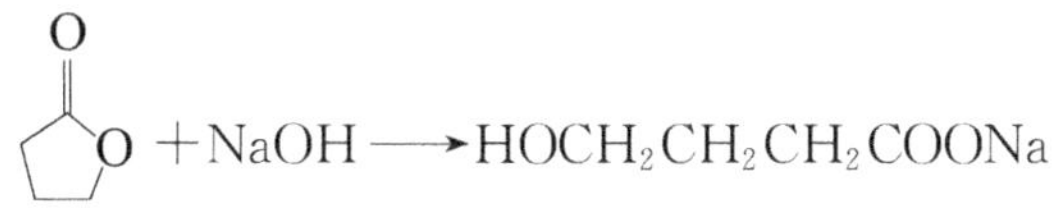

δ-醇酸较难生成内酯，生成的*δ*-内酯也容易开环，在室温放置即吸水而呈酸性。

羟基和羧基相隔五个或五个以上碳原子的醇酸受热后发生分子间的酯化脱水，生成链状结构的聚酯。

3. 醇酸的氧化反应

醇酸中羟基因受羧基的吸电子效应影响，比醇中羟基更易被氧化。例如，*α*-醇酸能与弱氧化剂(如土伦试剂)反应生成醛酸或酮酸。醇酸在体内的氧化通常是在酶催化下进行。

4. *α*-醇酸的分解反应

α-醇酸与稀硫酸共热时，由于羟基和羧基都有吸电子诱导效应，羧基和羟基之间的电子云密度降低，有利于键的断裂，生成一分子醛(或酮)和一分子甲酸。

$$R\underset{\displaystyle OH}{\underset{|}{C}H}COOH \xrightarrow{\text{稀硫酸}} RCHO+HCOOH$$

5. 酚酸的脱羧反应

羟基在羧基邻、对位的酚酸加热至熔点以上时，易脱羧分解成相应的酚。例如

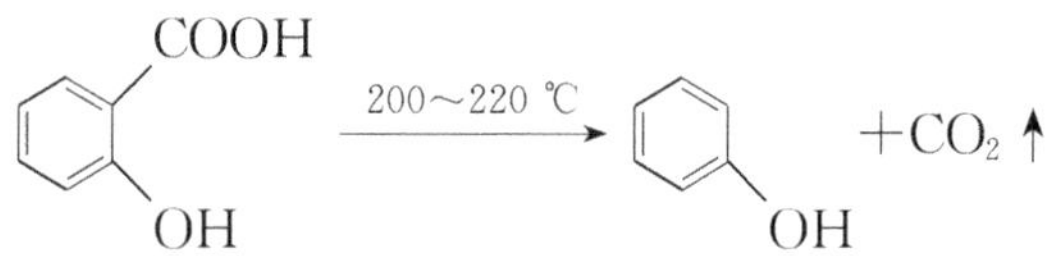

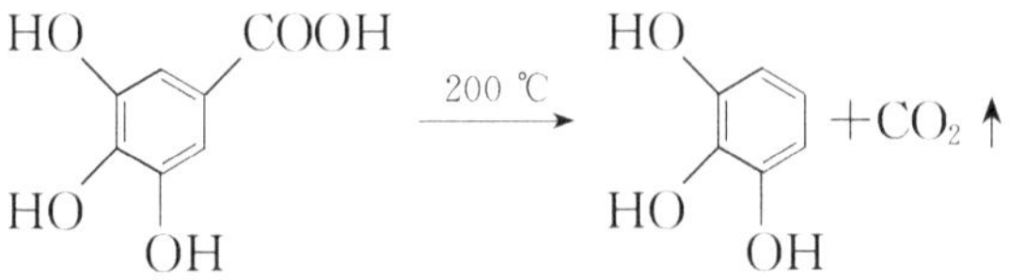

二、羰基酸

（一）羰基酸的分类和命名

羧酸分子中的烃基被羰基取代的化合物称为羰基酸，包括醛酸和酮酸。根据羰基和羧基的相对位置，可分为 α-羰基酸、β-羰基酸和 γ-羰基酸。油脂、糖类和蛋白质体内代谢主要产生 α-酮酸和 β-酮酸。β-丁酮酸、β-羟基丁酸和丙酮称为酮体，它是糖尿病人晚期酸中毒的根本原因。

酮酸的命名是以羧酸为母体，酮基作取代基，并用阿拉伯数字或希腊字母标明酮基的位置；也可以羧酸为母体，用“氧代”表示羰基。例如

α-丙酮酸
2-氧代丙酸

3-丁酮酸
3-氧代丁酸

α-丁酮二酸
2-氧代丁二酸

有些酮酸常用习惯名称，如乙酰乙酸、草酰乙酸等。

（二）酮酸的化学性质

酮酸具有酮和羧酸的一般性质，并且由于酮基和羧基之间的相互影响，酮酸具有一些特殊性质。

1. 酸性

酮酸的酸性比相应的醇酸强。酮酸分子中羰基的诱导效应使酸性增强，羰基的影响随其与羧基之间距离的增加而减小。

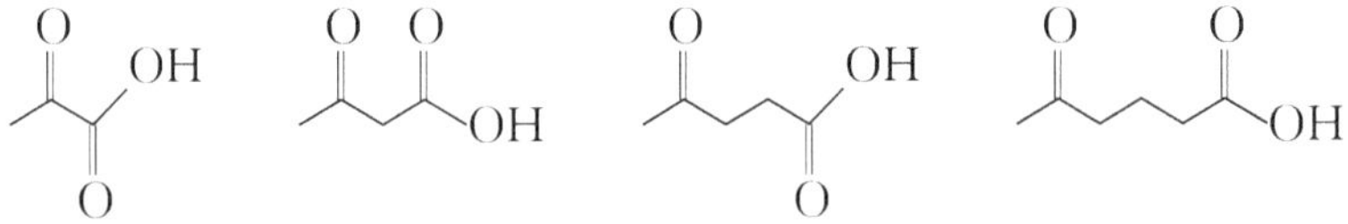

pK_a　2.49　3.51　4.63　4.66

2. 分解反应

1）α-酮酸

α-酮酸分子中的酮基与羧基直接相连，由于氧原子有较强的电负性，酮基与羧基碳原子间的电子云密度较低，因而碳-碳键容易断裂，与稀硫酸或浓硫酸共热均可发生分

(3) 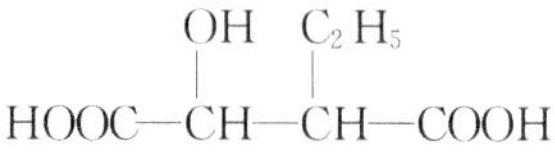

(4) 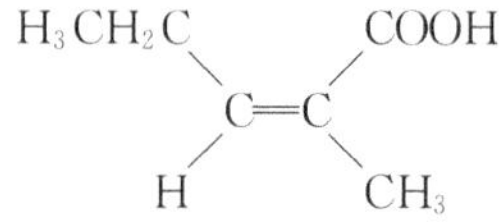

(5) 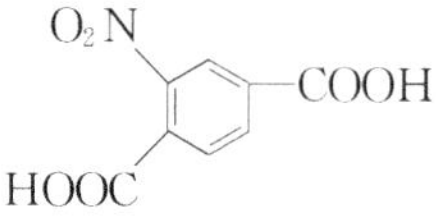

(6) 

(7) 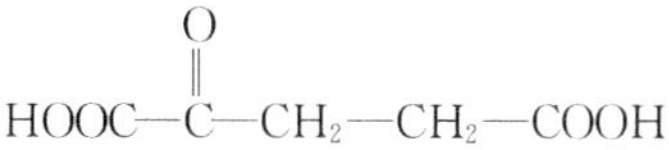

(8) 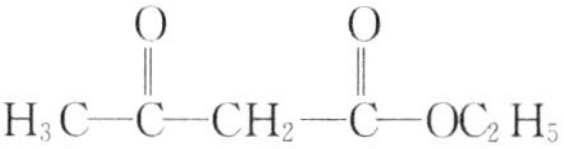

2. 写出下列化合物的结构式。

(1) (*Z*)-4-羟基-2-己烯酸

(2) L-乳酸

(3) 柠檬酸

(4) (2*R*,3*R*)-酒石酸

(5) 3-苯基丙烯酸(肉桂酸)

(6) 3-戊酮二酸

3. 完成下列反应。

(1) $HOCH_2CH_2COOH + PCl_3 \longrightarrow$

(2) 

(3) 

(4) 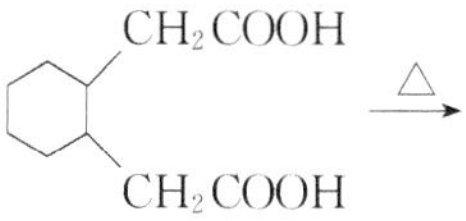

(5) 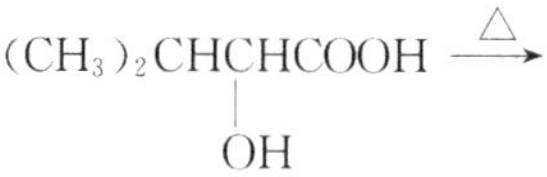

(6) 

(7) 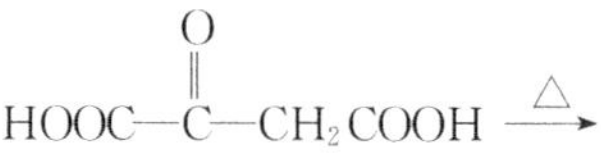

(8) 

(9) 

(10) 

4. 完成下列转变。

(1) $CH_2{=}CH_2 \longrightarrow HOOC{-}CH_2{-}CH_2{-}COOH$

(2) $CH_3COOH \longrightarrow HOOCCH_2COOH$

(3) $CH_3CH_2COOH \longrightarrow CH_3CH_2CH_2COOH$

(4) 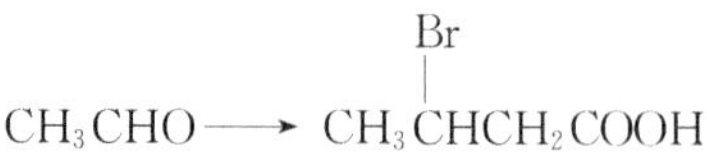

5. 将下列各组化合物按指定项目排列顺序。

(1) 酸性由强到弱

a. $CH_3CH_2CH_2COOH$　　b. 　　c. 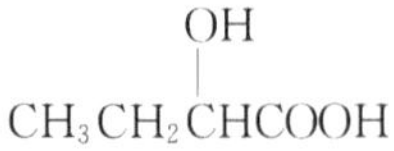

d. 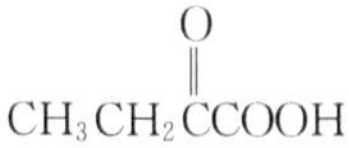　　e. 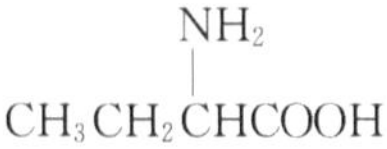

(2) 脱羧反应由易到难

a. α-丁酮酸　　b. β-丁酮酸　　c. 丁酸

(3) 酸性由强到弱

a. 乙酸　　b. 乙醇　　c. 苯酚　　d. 甲酸　　e. 苯甲酸

(4) 酸性由强到弱

a. 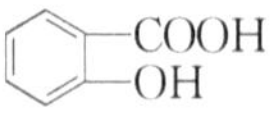　b. 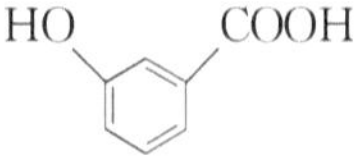　c. 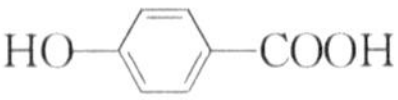　d. 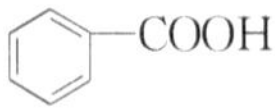

(5) 烯醇式含量由高到低

a. 乙酰乙酸乙酯　　b. 2,4-戊二酮　　c. 2,5-己二酮

6. 用化学方法鉴别下列各组化合物。

(1) 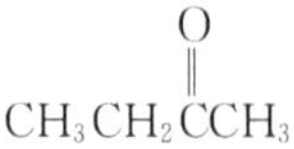、 和 

(2) 对甲苯酚、苯甲酸和苯甲醇

(3) 乙二酸、甲酸、乙酸和乙醛

7. 旋光性物质 A($C_6H_{12}O_3$)存在两对对映异构体，与 $NaHCO_3$ 作用放出 CO_2，A 微热后脱水生成 B。B 存在两种构型，都无光学活性，将 B 用酸性 $KMnO_4$ 处理可得丙酸和 C。C 也能与 $NaHCO_3$ 反应放出 CO_2，与土伦试剂作用产生银镜，C 还能发生碘仿反应。试推出 A～C 的结构式。

8. 分子式为 $C_6H_{12}O$ 的化合物 A，氧化后得 B($C_6H_{10}O_4$)。B 能溶于碱，若与乙酐(脱水剂)一起蒸馏则得 C，C 能与苯肼作用，用锌汞齐及盐酸处理得 D，D 的分子式为 C_5H_{10}。写出A～D的结构式。

第十一章　羧酸衍生物

羧酸分子中羧基上的羟基被其他原子或基团取代后生成的化合物称为羧酸衍生物。本章讨论的羧酸衍生物有酰卤、酸酐、酯、酰胺。羧酸分子中除去羟基后剩下的基团（RCO—）称为酰基。酯、酰卤、酸酐、酰胺分子中均含有酰基，因此又称为酰基化合物。

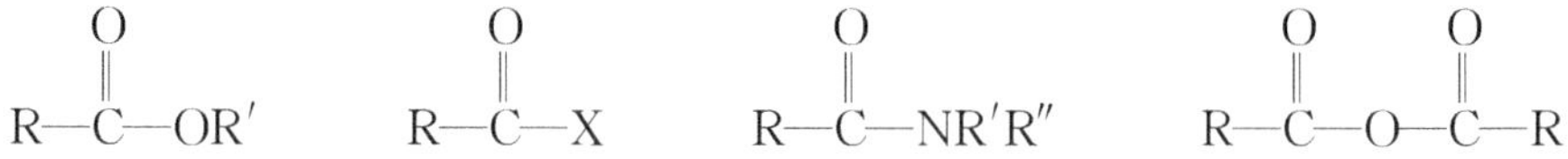

酯　　酰卤　　酰胺　　酸酐

羧酸衍生物可转变为多种化合物，被广泛用于药物的合成。例如，局部麻醉药盐酸普鲁卡因、红霉素等内酯类抗生素都含有羧酸衍生物结构。

一、羧酸衍生物的结构

羧酸衍生物的结构与羧酸类似，羰基碳为 sp^2 杂化，未参加杂化的 p 轨道与羰基氧原子的 p 轨道平行重叠形成 π 键。与羰基相连的原子（O、N、X）上都有孤电子对，可以与羰基 π 键形成 p-π 共轭。

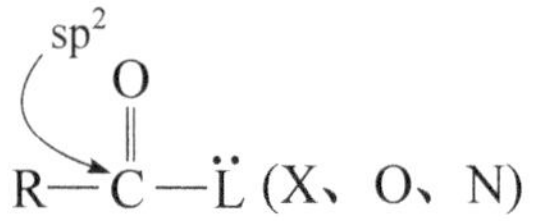

共轭效果与杂原子的电负性大小有关。N 的电负性最小，p 轨道上的孤电子对与羰基的共轭作用最强，使 C—N 键具有很强的双键性质。

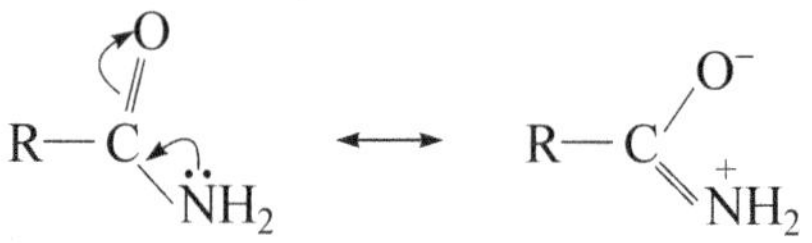

卤原子的电负性较大，正电荷在氯原子上的经典结构式不稳定，共轭作用很弱，C—Cl 键基本上无双键性质。

二、羧酸衍生物的命名

酰卤的命名常用酰基名称后加卤素名称，酰基则根据相应羧酸来命名，称为“某酰基”。例如

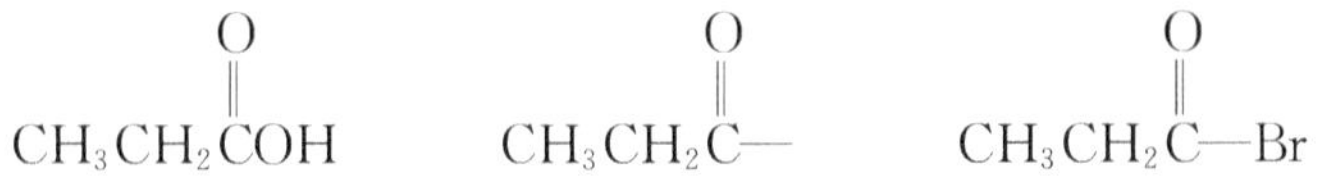

丙酸　　丙酰基　　丙酰溴

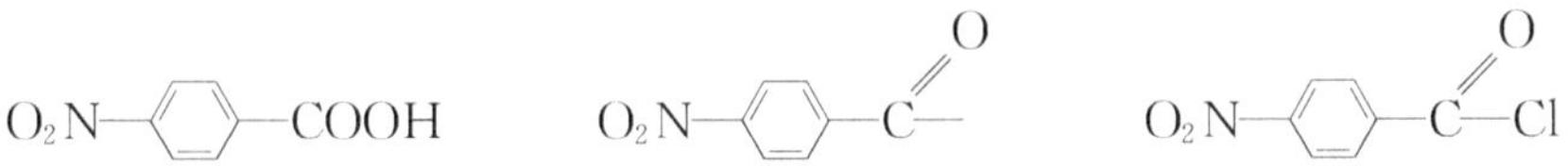

对硝基苯甲酸　　对硝基苯甲酰基　　对硝基苯甲酰氯

2-溴丁酰溴　　2-戊烯酰氯

酸酐的名称由相应的水解所得酸加“酐”组成。酸酐中含有两个相同或不同的酰基，分别称为单酐和混酐。混酐的命名与混合醚相近，按次序规则，依次写出两种酸的名称，并在后面加“酐”字。例如

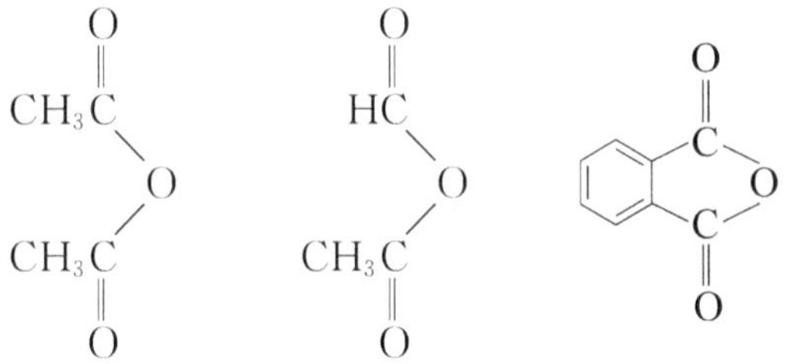

乙酸酐　　甲乙(酸)酐　　邻苯二甲酸酐

酯根据水解所得的羧酸和醇命名，称为某酸某酯，“醇”字省略。多元醇的酯一般将醇的名称放在前面，称为“某醇某酸酯”。例如

$HCOOCH_2CH_2CH_3$

甲酸丙酯

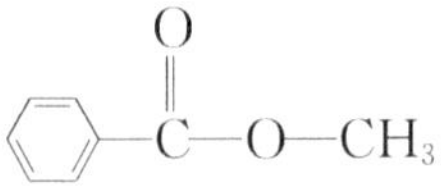

苯甲酸甲酯

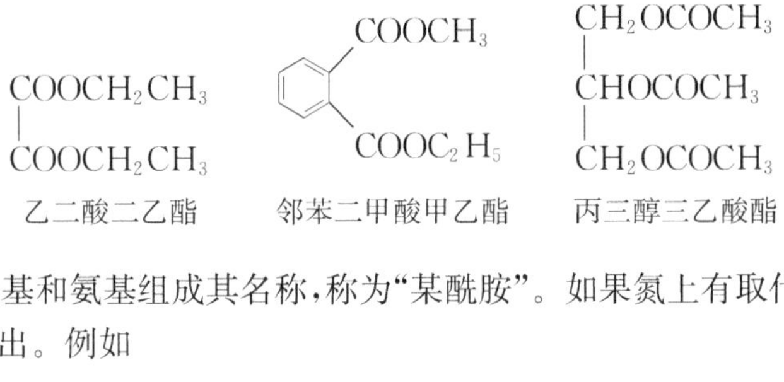

乙二酸二乙酯　　邻苯二甲酸甲乙酯　　丙三醇三乙酸酯

酰胺是由酰基和氨基组成其名称，称为“某酰胺”。如果氮上有取代基，则在取代基名称前加“*N*”标出。例如

$C_6H_5CONH_2$　　$CH_3CONHCH_2CH_3$　　$HCON(CH_3)_2$

苯甲酰胺　　*N*-乙基乙酰胺　　*N*,*N*-二甲基甲酰胺(DMF)

三、羧酸衍生物的物理性质

低级的酰卤和酸酐是有刺激气味的无色液体。高级酰卤为白色固体。低级酯具有挥发性，具有芬芳的气息，许多花果的香气就是由酯引起的。有些酯可用作食用香料。例如，乙酸异戊酯、戊酸异戊酯和丁酸丁酯分别具有与香蕉、苹果和菠萝相似的香气。除甲酰胺、*N*-取代酰胺外，酰胺在室温下为固体。

酰卤、酸酐和酯不存在氢键，故沸点比相应的羧酸低得多。酰胺也可形成氢键，因此有较高的沸点。氮原子上的氢被烃基取代，缔合程度减弱，沸点降低。

由于酰胺分子中的氮-氢键可与水分子通过氢键缔合，因此低相对分子质量的脂肪族酰胺溶于水，而芳香族酰胺微溶或难溶于水。酯在水中的溶解度较小，酰卤和酸酐难溶于水，低级的酰卤和酸酐遇水分解。羧酸衍生物均能溶于一般的有机溶剂。

四、羧酸衍生物的化学性质

羧酸衍生物结构中含有相同的官能团酰基，表现出相似的化学性质。例如，可与水、醇、氨(胺)分别发生水解、醇解、氨解等亲核取代反应。

(一) 亲核取代反应

酰基碳原子带部分正电荷，易受亲核试剂进攻，羧酸衍生物可发生类似于酯化反应的亲核取代反应，反应按加成-消除机理进行。

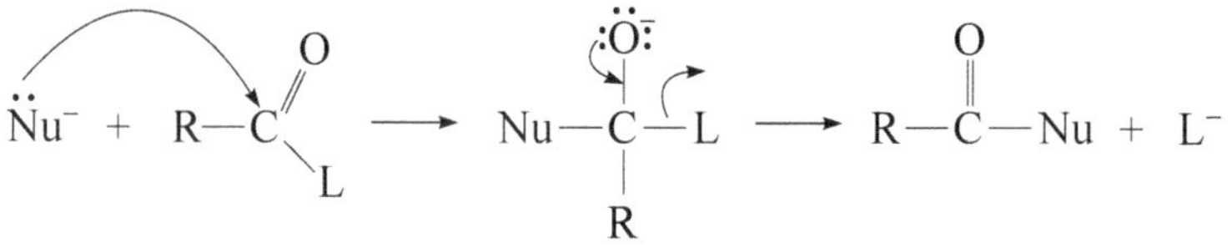

式中：Nu^-为亲核试剂，如OH^-、RO^-、ROH、H_2O、NH_3或H_2NR等；L为离去基团，包括X、OR、O_2CR、NH_2、NHR或NR_2等。

加成和消除这两步都会对反应速率产生影响。羰基正电性越强，且形成的四面体中间体的空间位阻越小，越有利于亲核加成反应的进行；离去基团的碱性越小，基团越易离去，越有利于消除反应的进行。离去基团的离去由易到难的次序为

$$X > O_2CR > OR > NH_2$$

所以，羧酸衍生物进行亲核取代的难易次序为酰氯＞酸酐＞酯＞酰胺。

1. 水解反应

酰氯、酸酐、酯和酰胺均可发生水解反应生成羧酸。

$$RCOCl \xrightarrow{H_2O} RCOOH + HCl$$

$$(RCO)_2O \xrightarrow[\triangle]{H_2O} 2RCOOH$$

$$RCO_2R' \xrightarrow[H_2O,\triangle]{H^+ 或 OH^-} RCOOH + R'OH$$

$$RCONH_2 \xrightarrow[H_2O,\triangle]{H^+ 或 OH^-} RCOOH + NH_3$$

低级酰卤与水立即发生反应，有大量白色烟雾生成。酸酐与热水才能反应。反应活性较低的酯和酰胺的水解通常需要酸或碱作催化剂。

酯在碱性溶液中水解时，碱与生成的羧酸作用使其转变为盐而从平衡中除去，使水解进行到底。酯的碱性水解是不可逆反应，速率又比较快，是一般采用的方法。长期以来一直用油脂的碱性水解生产肥皂，因此酯的碱性水解常称为皂化反应。

$$\begin{array}{l} H_2C\text{—}OCOC_{17}H_{35} \\ \quad| \\ \ HC\text{—}OCOC_{17}H_{35} \\ \quad| \\ H_2C\text{—}OCOC_{17}H_{35} \end{array} + NaOH \longrightarrow \begin{array}{l} H_2C\text{—}OH \\ \quad| \\ \ HC\text{—}OH \\ \quad| \\ H_2C\text{—}OH \end{array} + C_{17}H_{35}COONa$$

2. 醇解反应

酰氯、酸酐、酯和酰胺与醇反应生成酯。

$$R\overset{O}{\overset{\|}{C}}Cl + R'OH \longrightarrow R\overset{O}{\overset{\|}{C}}OR' + HCl$$

$$R\overset{O}{\overset{\|}{C}}O\overset{O}{\overset{\|}{C}}R' + R''OH \longrightarrow R\overset{O}{\overset{\|}{C}}OR'' + R'\overset{O}{\overset{\|}{C}}OH$$

$$R\overset{O}{\overset{\|}{C}}OR' + R''OH \rightleftharpoons R\overset{O}{\overset{\|}{C}}OR'' + R'OH$$

$$R\overset{O}{\overset{\|}{C}}\text{—}NH_2 + R'OH \longrightarrow R\overset{O}{\overset{\|}{C}}OR' + NH_3$$

酰卤、酸酐容易与醇反应生成酯，反应通常在碱（如三乙胺、吡啶等）存在下进行，以便除去生成的酸。一般来说，难以直接用羧酸和醇发生酯化反应制备的酯常用该方法制备。例如

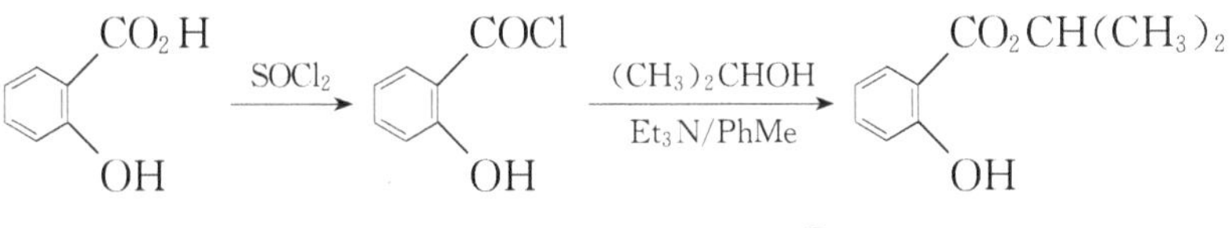

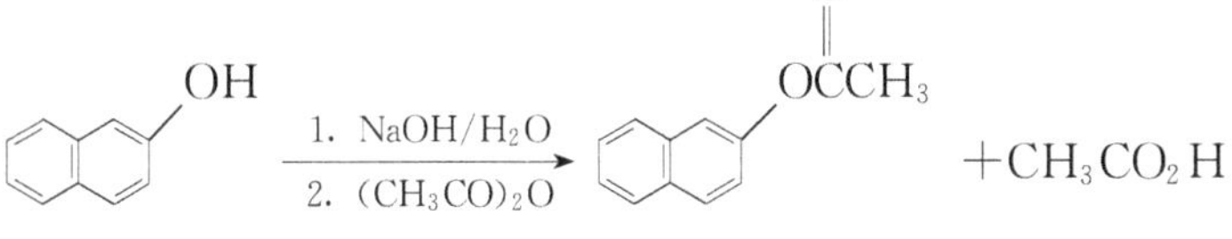

在酸或醇钠的催化下，酯的醇解可得到另一种酯和另一种醇，称为酯交换反应。该反应可用于制备难以合成或不能直接酯化合成的酯，如酚酯和烯醇酯。例如

$$H_2C{=}CHCOOCH_3 + C_4H_9OH \xrightarrow{TsOH} H_2C{=}CHCOOC_4H_9 + CH_3OH$$

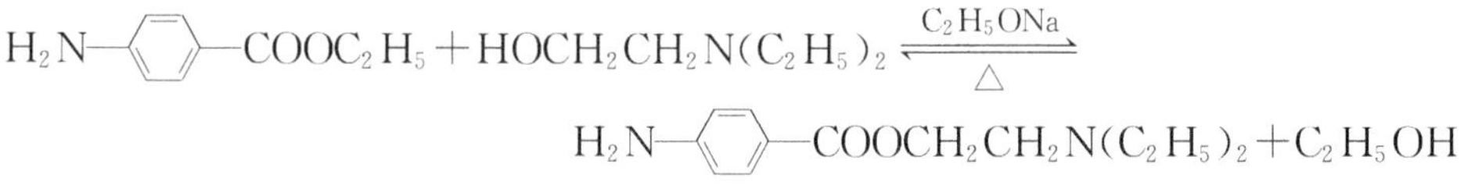

普鲁卡因

酰胺与醇在酸性催化剂存在下加热到较高温度，也可以转变为酯，但没有合成价值。

3. 氨解反应

酰氯、酸酐和酯容易与氨(或胺)反应生成酰胺，这是制备酰胺的常用方法。

$$R\overset{O}{\overset{\|}{C}}{-}Cl + 2HNR'_2 \longrightarrow R\overset{O}{\overset{\|}{C}}{-}NR'_2 + H_2\overset{+}{N}R'_2Cl^-$$

$$R\overset{O}{\overset{\|}{C}}O\overset{O}{\overset{\|}{C}}R + 2HNR'_2 \longrightarrow R\overset{O}{\overset{\|}{C}}{-}NR'_2 + R\overset{O}{\overset{\|}{C}}O^-\ H_2\overset{+}{N}R'_2$$

$$R\overset{O}{\overset{\|}{C}}OR'' + HNR'_2 \longrightarrow R\overset{O}{\overset{\|}{C}}{-}NR'_2 + R''OH$$

由于氨(或胺)具有碱性，氨解反应更容易进行。酰卤和酸酐在较低温度下即可缓慢氨解。当酰氯与氨(或胺)的反应过于猛烈时常用酐作酰化剂。

利用亲核取代反应可使羧酸衍生物之间相互转换。同时羧酸衍生物的水解、醇解、氨解也可看作在水、醇、氨(胺)分子中引入酰基的反应，因此这类反应又统称为酰化反应或酰基转移反应。能提供酰基的化合物称为酰化剂。酰卤和酸酐是常用的酰化剂，如乙酰氯和乙酸酐。

酰化反应在药物合成上具有重要意义，如增加药物的脂溶性，改善体内吸收，或降低毒性，提高疗效等。例如

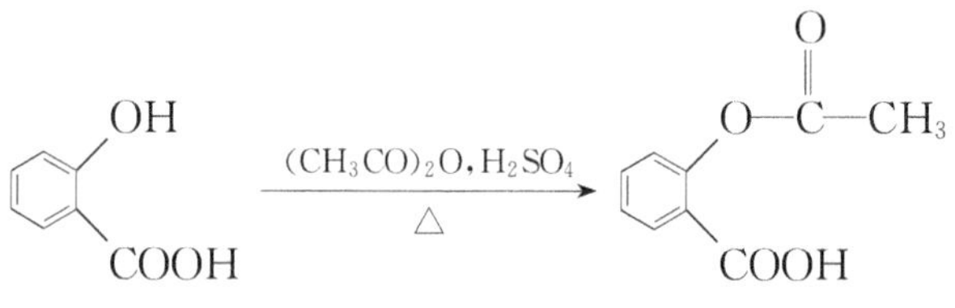

水杨酸　　　　乙酰水杨酸(阿司匹林)

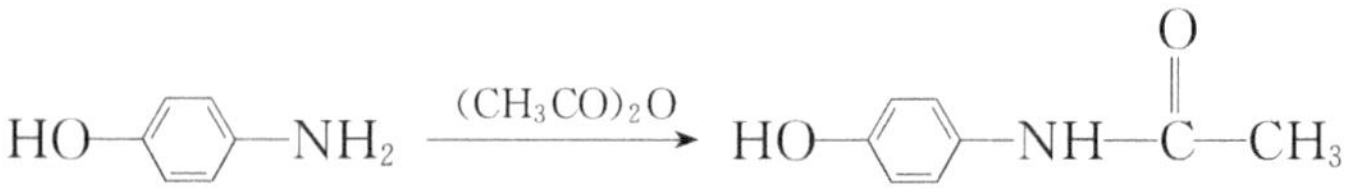

对羟基苯胺　　　　对羟基乙酰苯胺(扑热息痛)

此外，酰化反应可用在有机合成中保护羟基或胺基，并可增加酚和苯胺的卤代选择性。例如，酚中羟基对苯环有强致活作用，通过酚的酰化反应可以降低反应活性，得到单卤代化合物。

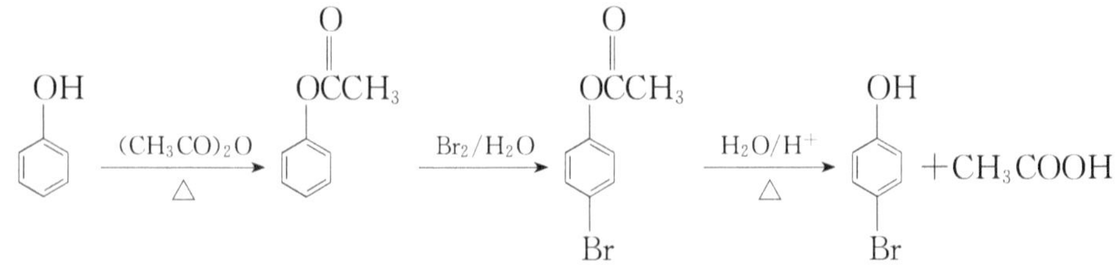

（二）还原反应

1. 催化氢化还原

酰氯容易发生催化氢化反应生成醛，进一步加氢生成醇，但如果使用部分中毒的钯催化剂，可得到高产率的醛。这个反应称为罗森蒙德（Rosenmund）还原反应，是制备醛的一个重要方法。

$$\mathrm{RCOCl} \xrightarrow[\mathrm{Pd/BaSO_4}]{\mathrm{H_2}} \mathrm{RCHO}$$

例如

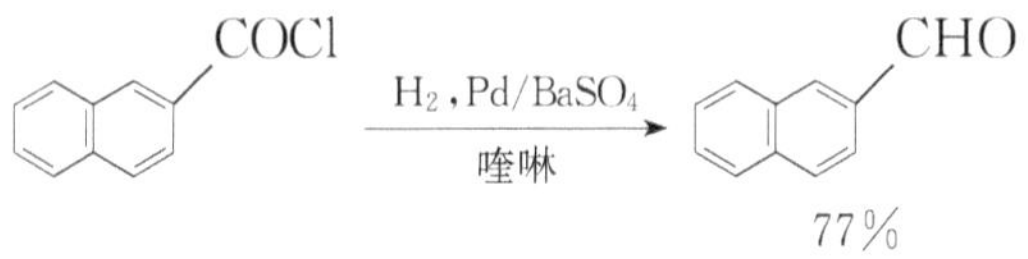

2. 金属氢化物还原

酰卤、酸酐和酯被氢化铝锂还原成伯醇，酰胺还原为胺。

$$\mathrm{R{-}\overset{\overset{\displaystyle O}{\|}}{C}{-}Cl} \xrightarrow{\mathrm{LiAlH_4}} \mathrm{RCH_2OH + HCl}$$

$$\mathrm{R{-}\overset{\overset{\displaystyle O}{\|}}{C}{-}O{-}\overset{\overset{\displaystyle O}{\|}}{C}{-}R} \xrightarrow{\mathrm{LiAlH_4}} \mathrm{2RCH_2OH}$$

$$\mathrm{R{-}\overset{\overset{\displaystyle O}{\|}}{C}{-}O{-}R'} \xrightarrow{\mathrm{LiAlH_4}} \mathrm{RCH_2OH + HO{-}R'}$$

$$\mathrm{R{-}\overset{\overset{\displaystyle O}{\|}}{C}{-}NH_2} \xrightarrow{\mathrm{LiAlH_4}} \mathrm{RCH_2NH_2}$$

（三）酯的克莱森缩合反应

含有 α-活泼氢的酯在碱性条件下失去一分子醇生成 β-酮酸酯，这个反应称为酯缩合反应或克莱森（Claisen）缩合反应。例如，乙酸乙酯在乙醇钠（或金属钠）的作用下缩合，产物经过酸化和分离，得到乙酰乙酸乙酯。

$$2CH_3\overset{O}{\overset{\|}{C}}OC_2H_5 \xrightarrow[2.\ H_3O^+]{1.\ EtONa/EtOH} CH_3\overset{O}{\overset{\|}{C}}CH_2\overset{O}{\overset{\|}{C}}OC_2H_5$$

从形式上看，乙酰乙酸乙酯是由一分子乙酸乙酯提供一个α-氢，另一分子乙酸乙酯消除一分子乙氧基而形成的。这个反应的过程是：首先乙氧基负离子夺取乙酸乙酯的α-氢，生成碳负离子Ⅰ；然后，Ⅰ亲核进攻另一分子乙酸乙酯的羰基碳，形成加成产物Ⅱ；再消除一分子乙氧基负离子，生成乙酰乙酸乙酯Ⅲ。由于乙酰乙酸乙酯（$pK_a \sim 11$）是酸性比乙醇（$pK_a \sim 16$）强的活泼亚甲基化合物，因此第三步生成的乙酰乙酸乙酯全部与乙醇钠交换为乙酰乙酸乙酯的钠化物Ⅳ，只是在反应完成后经过酸化才得到乙酰乙酸乙酯。

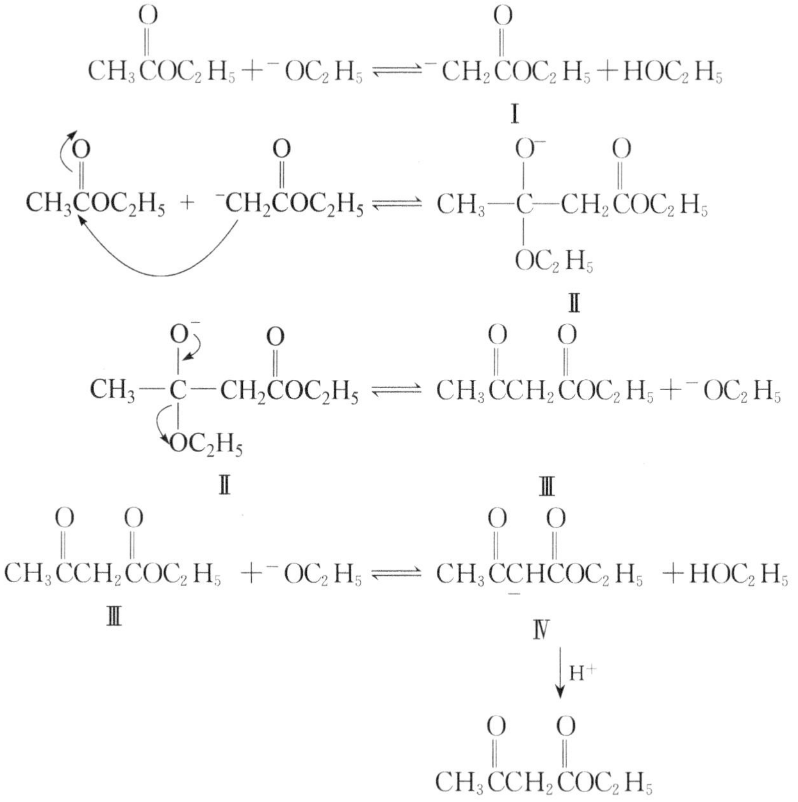

这四步反应都是可逆的，而且由于乙酸乙酯的酸性很弱（$pK_a \sim 25$），第一步反应平衡倾向于逆反应方向，因此反应似乎不能进行到底。然而，如上所述，由于乙酰乙酸乙酯的酸性较强，第四步反应平衡倾向于产物方向，从而使反应得以完全进行。所以，中间体Ⅳ的生成是酯缩合反应的驱动力。这种反应相当于一个强酸从盐中置换出一个弱酸，两者的酸性相差越大，反应的驱动力就越大，置换得也就越完全。

若用两种不同的酯进行酯缩合可以得到四种产物的混合物，分离比较困难，在合成

上没有价值。但若用含 α-活泼氢的酯与无 α-氢的酯缩合，可以得到较纯的产物。例如

$$\mathrm{H\overset{O}{\overset{\|}{C}}OC_2H_5 + H_3C\overset{O}{\overset{\|}{C}}OC_2H_5 \xrightarrow{C_2H_5ONa} H\overset{O}{\overset{\|}{C}}CH_2\overset{O}{\overset{\|}{C}}OC_2H_5 + C_2H_5OH}$$

酯缩合反应在有机合成及药物合成方面具有重要价值。

（四）酰胺的特性——酸碱性

酰胺分子中氨基氮原子上未共用电子对与羰基的 π 轨道形成 p-π 共轭体系，氮上电子云密度降低，接受质子能力下降，碱性比氨弱。酰胺的水溶液不显碱性，而是中性。

如果氮同时与两个酰基相连形成酰亚胺分子，则具有明显的酸性，可与氢氧化钠水溶液成盐。例如

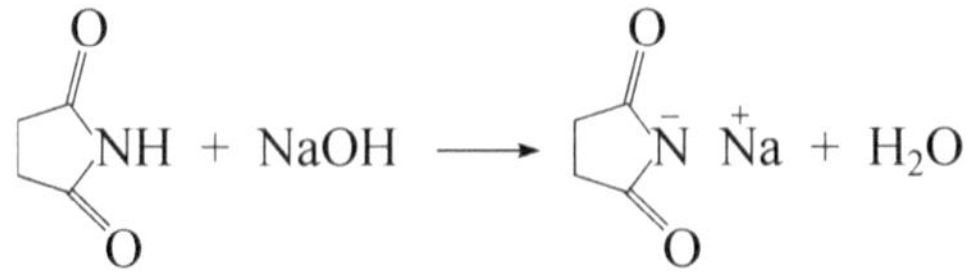

五、碳酸衍生物

碳酸是不稳定的化合物。但是碳酸分子中两个烃基都被其他基团取代的衍生物相当稳定，是有机合成及药物合成的重要原料。

常见的碳酸衍生物有碳酸二酰氯（又称为光气）、碳酸二酰胺（脲）、亚氨基脲（胍）。碳酸衍生物与羧酸衍生物类似，可发生水解、醇解和氨解反应。

$$\mathrm{Cl{-}\overset{O}{\overset{\|}{C}}{-}Cl} \qquad \mathrm{H_2N{-}\overset{O}{\overset{\|}{C}}{-}NH_2} \qquad \mathrm{H_2N{-}\overset{NH}{\overset{\|}{C}}{-}NH_2}$$

光气　　脲　　胍

（一）光气

1812 年英国化学家戴维（Davy）首先由一氧化碳和氯气在光照射下得到了碳酸二酰氯，并命名为光气。光气为无色但令人窒息的气体，是一种窒息性毒气，能引起肺水肿而导致死亡，但在工业上和实验室中是一种有用的合成原料。

光气与一般的酰氯一样，可与多种亲核试剂发生反应。在工业上主要用于聚碳酸酯和二异氰酸酯的生产。

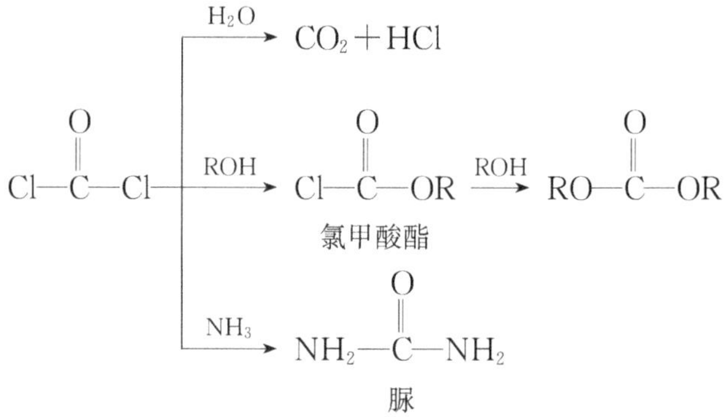

（二）脲

脲又称为尿素，是碳酸的二酰胺，存在于人和哺乳动物的尿液中。脲除具有酰胺的一般化学性质外，由于分子中两个氨基连在同一羰基上，也具有一些特殊性质。

1. 弱碱性

尿素分子中有两个氨基，其中一个氨基可与强酸成盐，呈弱碱性。

$$H_2N-\overset{\overset{\displaystyle O}{\|}}{C}-NH_2+HNO_3 \longrightarrow H_2N-\overset{\overset{\displaystyle O}{\|}}{C}-NH_2\cdot HNO_3$$

生成的硝酸脲难溶于水而易结晶，利用这种性质可从尿液中提取尿素。

2. 水解

尿素在酸、碱或尿素酶的催化下水解，生成二氧化碳、氨(或铵盐)。

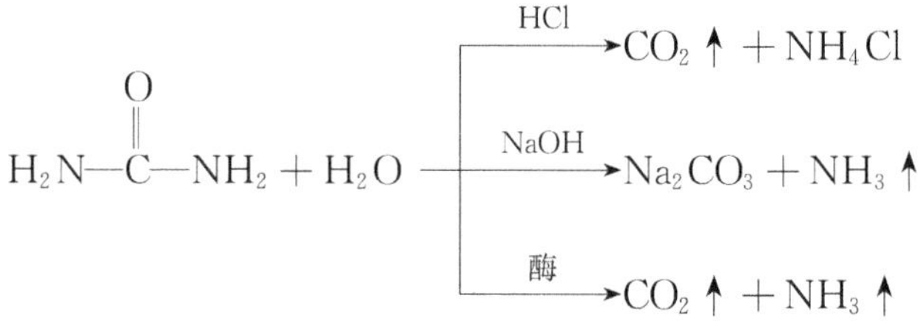

3. 与亚硝酸反应

尿素与亚硝酸反应，放出氮气，同时生成二氧化碳和水。此反应是定量进行的，根据放出氮气的量，可以求得尿素的含量。这是测定尿素含量常用的方法之一。

$$NH_2-\overset{\overset{\displaystyle O}{\|}}{C}-NH_2+HNO_2 \longrightarrow CO_2\uparrow+N_2\uparrow+H_2O$$

4. 缩二脲的生成及缩二脲反应

尿素加热至稍高于熔点时，两分子尿素间失去一分子氨，生成缩二脲，此反应称为缩二脲生成反应。

在缩二脲碱性溶液中加入微量硫酸铜即显紫红色或紫色，这种颜色反应称为缩二脲反应。凡分子中含有两个或两个以上酰胺键的化合物（如蛋白质和多肽等）都发生这种颜色反应。

5. 酰脲的生产

脲与酰卤、酸酐或酯反应可生成酰脲。例如，尿素与丙二酰氯反应生成丙二酰脲。

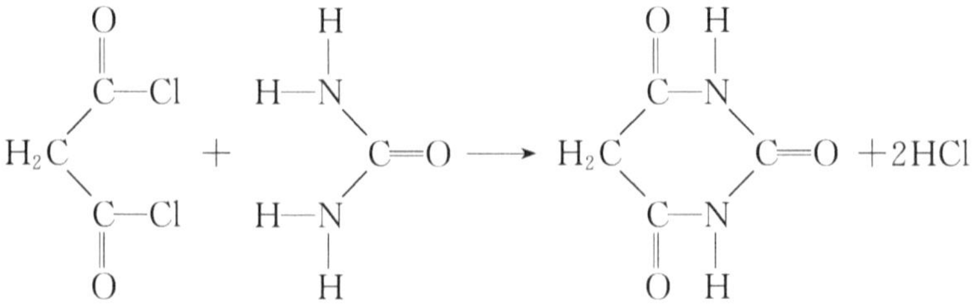

丙二酰氯　　尿素　　丙二酰脲(巴比妥酸)

丙二酰脲在水溶液中存在酮式-烯醇式互变异构平衡，烯醇式有酸性，故又称为巴比妥酸。

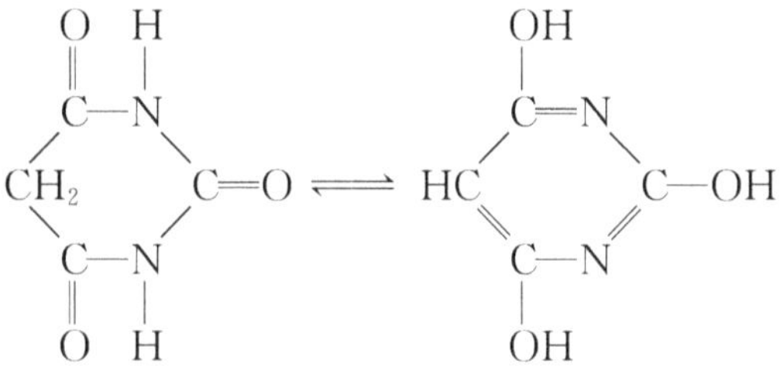

丙二酰脲本身没有药理作用，当它的亚甲基上两个氢被烃基取代后则呈现镇静催眠的生理活性，这些巴比妥酸的衍生物总称为巴比妥类药物，其通式为

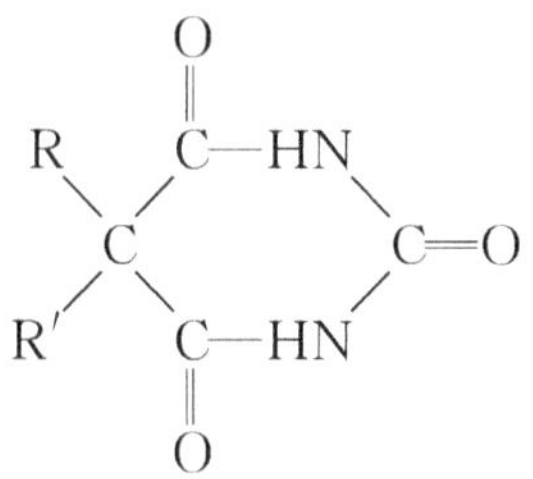

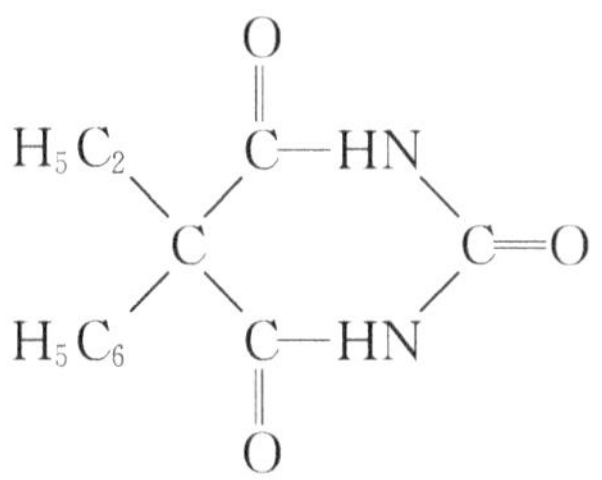

5-乙基-5-苯基丙二酰脲(鲁米那)

巴比妥类药物很多，常用的有巴比妥、苯巴比妥（鲁米那）、戊巴比妥、异戊巴比妥

等。它们是结晶性粉末状晶体，难溶于水，能溶于一般的有机溶剂中。巴比妥催眠药的钠盐可作注射用。

（三）胍

脲分子中的氧原子被亚氨基代替形成的化合物称为胍，又称为亚氨基脲。

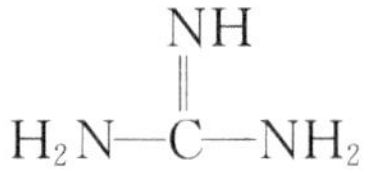

胍

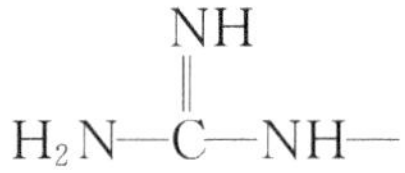

胍基

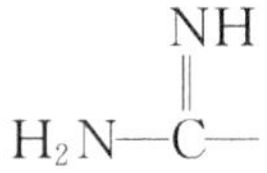

脒基

胍是有机强碱，碱性与氢氧化钾相近，通常以盐的形式保存。许多胍的衍生物都具有良好的药理作用，如降血压药物胍乙啶、治疗糖尿病药物苯乙双胍、抗病毒药物吗啉胍等。

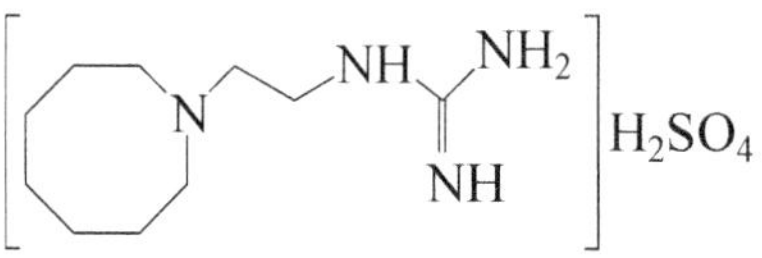

胍乙啶硫酸盐

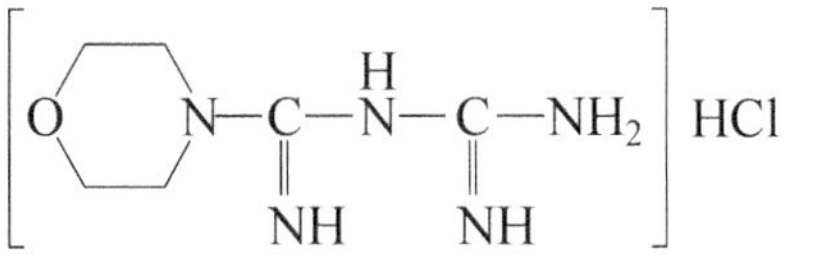

吗啉胍盐酸盐

习　题

1. 命名下列化合物。

(1) 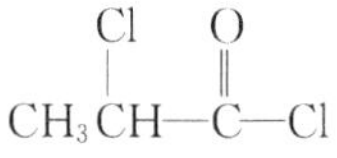

(2) 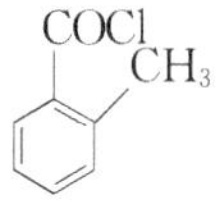

(3) 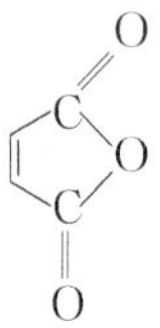

(4) 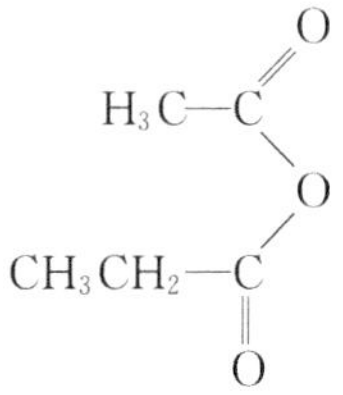

(5) 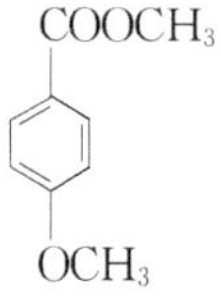

(6) 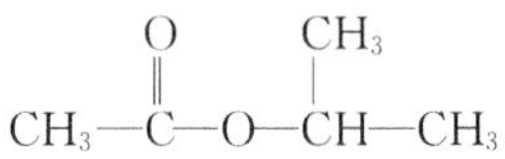

(7) 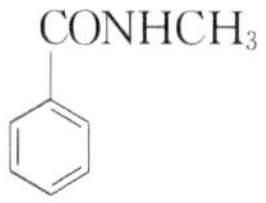

(8) 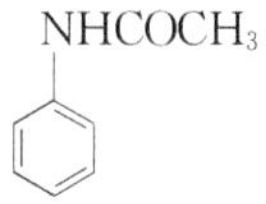

2. 写出下列化合物的结构式。

(1) 乙二酸二甲酯　　(2) *N*-乙基丁酰胺

(3) 苯甲酸苯酯　　(4) 巴比妥酸

(5) 2,3-二甲基戊酰溴　　　　(6) 琥珀酸酐

3. 完成下列反应。

(1) $CH_3CH_2-\overset{O}{\overset{\|}{C}}-Cl + (CH_3)_2CHOH \longrightarrow$

(2) 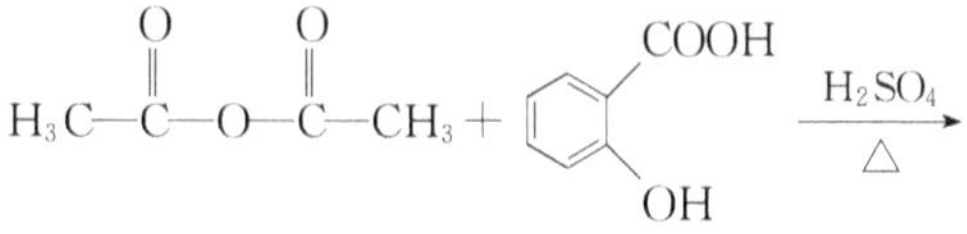

(3) $CH_3\overset{O}{\overset{\|}{C}}-OCH{=}CH_2 \xrightarrow[H^+]{H_2O}$

(4) 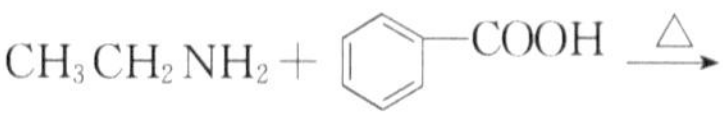

(5) 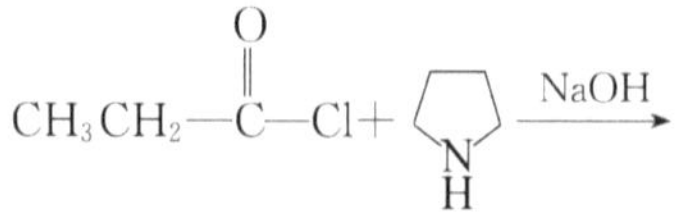

(6) 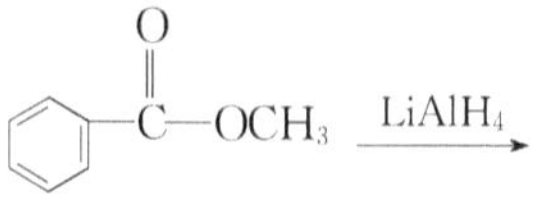

(7) 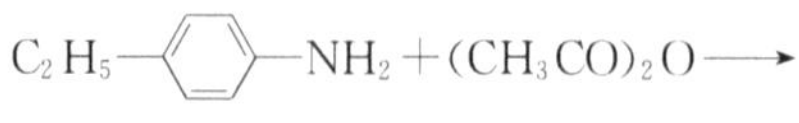

(8) $CH_3CH_2-\overset{O}{\overset{\|}{C}}-OC_2H_5 + NH_3 \longrightarrow$

4. 完成下列转变。

(1) 丙酸⟶丙烯酰氯

(2) 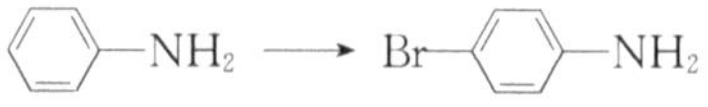

5. 将下列各组化合物按要求排列顺序。

(1) 水解活性顺序

a. 乙酸酐　b. 乙酸乙酯　c. 乙酰胺　d. 乙酰氯

(2) 氨解活性顺序

a. $Cl_3CCOOC_2H_5$　b. $CH_3COOC_2H_5$　c. $ClCH_2COOC_2H_5$

6. 用化学方法鉴别下列各组化合物。

(1) 水杨酸、乙酰水杨酸和水杨酸甲酯

(2) 

7. 已知某羧酸 A 的分子式为 $C_7H_{12}O_4$，它依次与下列试剂作用：(1)二氯亚砜；(2)乙醇；(3)氢化铝锂；(4)浓硫酸加热；(5)高锰酸钾氧化，得到一个二元羧酸化合物 B。将化合物 B 单独加热则生成丁酸。试推测 A 的结构式，并写出各步反应式。

第十二章　含氮化合物

分子中含有 C—N 键的有机化合物称为含氮有机化合物。含氮有机化合物包括的种类很多,并广泛地存在于自然界中,其中有许多与人的生命活动关系密切。本章主要介绍胺和偶氮化合物。

第一节　胺

一、胺的结构、分类和命名

（一）胺的分类和命名

胺(amine)是指氨分子中的氢原子被烃基取代而形成的化合物。其分类方法很多，最常见的是根据胺分子中氮原子上所连烃基的数目,分为一级(伯)胺、二级(仲)胺、三级(叔)胺、四级(季)铵盐(碱)。

NH_3	RNH_2	R_2NH	R_3N	$R_4N^+X^-$	$R_4N^+OH^-$
氨	伯胺	仲胺	叔胺	季铵盐	季铵碱

应该注意的是,胺的分类与卤代烃和醇的不同,后两者均以官能团所连接的碳原子类型分为伯、仲、叔卤代烃或醇,而胺是以氮上所连接的烃基的个数作为分类标准。例如

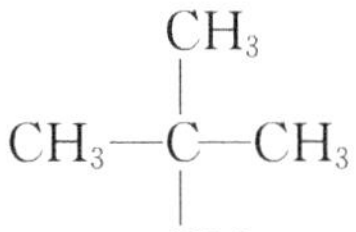

叔丁基醇(叔醇)

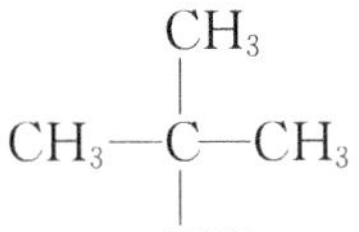

叔丁基胺(伯胺)

根据胺中氮原子上所连烃基的种类,可分为脂肪胺、芳香胺和脂环胺。例如

	脂肪胺	芳香胺	脂环胺
伯胺	CH_3NH_2	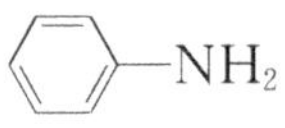	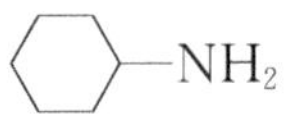
仲胺	$(CH_3)_2NH$		
叔胺	$(CH_3)_3N$	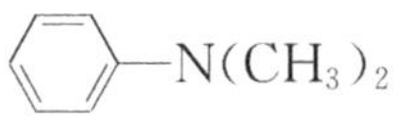	

只有当氨基直接连在芳环上才是芳香胺。

胺的命名:简单的胺可用胺作为母体,烃基的名称和数目写在前面,从简单到复杂

先后列出，后面加上胺字。例如

CH_3NH_2

甲胺

苯胺

$CH_3CH_2CH_2NH_2$

丙胺

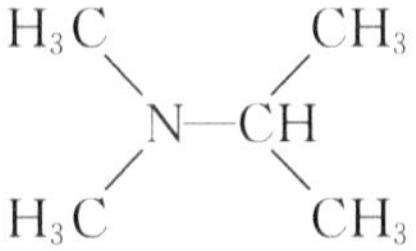

二甲基异丙胺

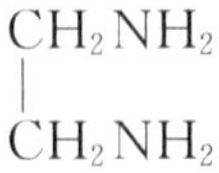

乙二胺

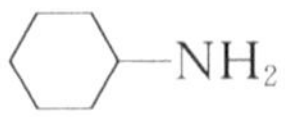

环己胺

氮原子上的烃基作为取代基时，可用“*N*-”或“*N*，*N*-”定位。例如

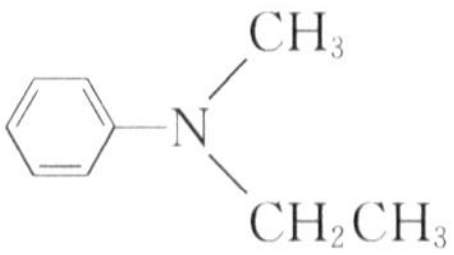

N-甲基-*N*-乙基苯胺

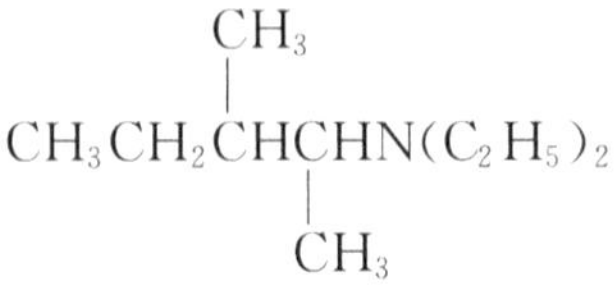

N，*N*-二乙基-3-甲基-2-戊胺

比较复杂的胺可用烃作为母体，氨基为取代基。例如

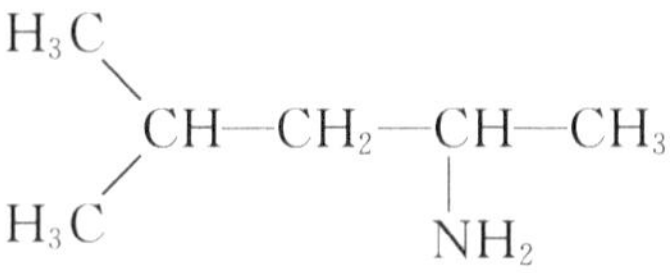

2-甲基-4-氨基戊烷

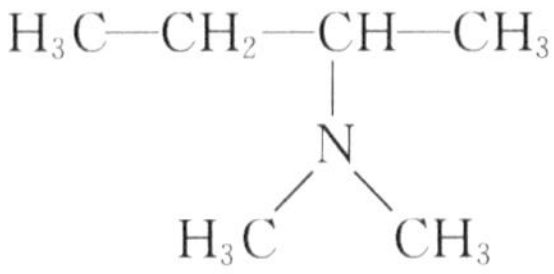

2-二甲氨基丁烷

季铵盐的命名是由相应的酸和烃基的名称加铵字构成。例如

$(CH_3)_4\overset{+}{N}Cl^-$　　$(C_2H_5)_4\overset{+}{N}OH^-$

氯化四甲基铵　　氢氧化四甲基铵

在有机化学中，“氨”、“胺”、“铵”三字的用法常易混淆，本书中的用法：作为取代基时称“氨基”，如—NH_2 称为氨基、CH_3NH—称为甲氨基；作为官能团时称为“胺”，如 CH_3NH_2 称为甲胺；氮上带有正电荷时称为“铵”，如 $CH_3\overset{+}{N}H_3Cl^-$ 称为氯化甲铵，如果写成 $CH_3NH_2 \cdot HCl$ 则称为甲胺盐酸盐。

（二）胺的结构

氮原子核外电子排布为 $1s^22s^22p^3$，成键时氮原子轨道 sp^3 杂化，形成四个 sp^3 杂化轨道，其中三个 sp^3 杂化轨道和氢原子的 s 轨道或碳原子的杂化轨道重叠，形成三个 σ 键，氮原子的未共用电子对占据剩余的一个 sp^3 杂化轨道，分子呈棱锥形结构，如图 12－1所示。

在芳香胺中，氮原子的孤电子对所在的 sp^3 杂化轨道受苯环 π 电子轨道影响，倾向与之重叠发生共轭，当两种轨道达到平行时，共轭最有效。这样的结果使此 sp^3 杂化轨

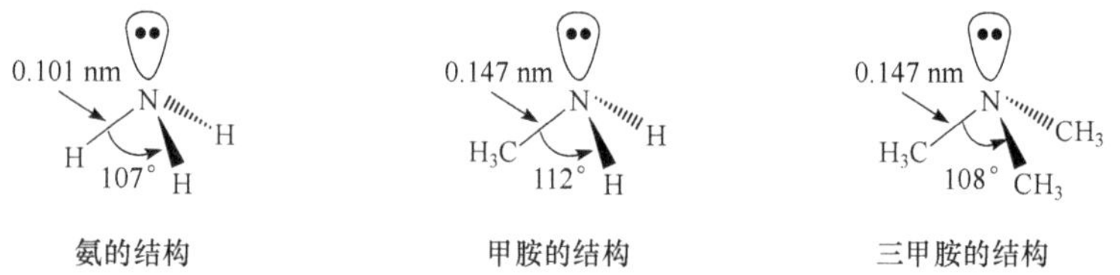

图 12-1 含氮类有机化合物的结构

道具有更多的 p 轨道性质。在苯胺分子中，H—N—H 键角为 113.9°，H—N—H 平面与苯环平面交叉的角度为 39.4°，倾向平面化，如图 12-2 所示。所以苯胺氮原子具有某些 sp^2 杂化特征。

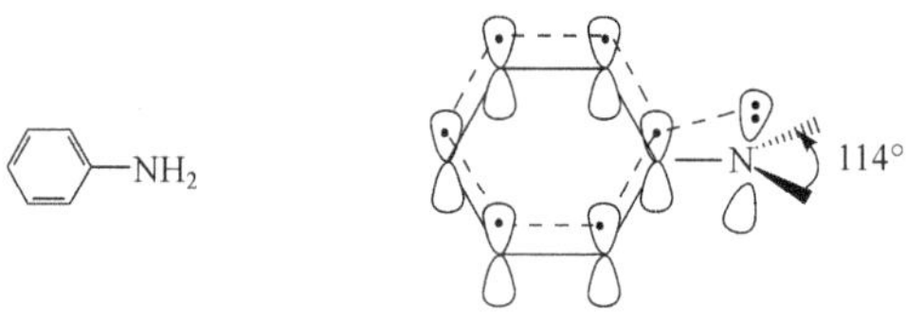

图 12-2 苯胺的结构

二、胺的性质

(一) 胺的物理性质

胺是极性化合物，分子间能形成氢键，由于氮原子的电负性比氧原子的电负性弱，因此 H—N···H 氢键比 H—O···H 氢键弱。胺的沸点比相应的醇低，但是比烃、醚等非极性化合物高。叔胺由于氮原子上没有氢，不能形成分子间氢键，因此沸点比相应的伯、仲胺低。

由于胺可以与水形成氢键，因此低级胺能溶于水。六个碳原子以上的胺在水中溶解度降低。

易挥发的胺具有无机氨的气味，高级胺有鱼腥味。芳胺一般有毒性，吸入过量或通过皮肤渗入苯胺易引起中毒，β-苯胺和联苯胺是致癌物，使用时要特别小心。常见胺的物理常数列于表 12-1。

表 12-1 常见胺的物理常数

胺	结构式	熔点/℃	沸点/℃	溶解性(水溶液)	pK_a(铵离子)
氨	NH_3	−77	−33	易溶	9.24
甲胺	CH_3NH_2	−92	−6.3	易溶	10.62
二甲胺	$(CH_3)_2NH$	−96	−7.5	易溶	10.73
三甲胺	$(CH_3)_3N$	−117	3.5	易溶	9.79
乙胺	$CH_3CH_2NH_2$	−80	16	易溶	10.64
二乙胺	$(CH_3CH_2)_2NH$	−50	56	易溶	10.94

续表

胺	结构式	熔点/℃	沸点/℃	溶解性(水溶液)	pK_a(铵离子)
三乙胺	$(CH_3CH_2)_3N$	−115	89	易溶	10.75
苯胺	$C_6H_5NH_2$	−6	184	可溶	4.60
苯甲胺	$C_6H_5CH_2NH_2$	10	184	易溶	9.73
二苯胺	$(C_6H_5)_2NH$	−53	302	不溶	1.0
对甲基苯胺	$CH_3C_6H_4NH_2$	43	200	微溶	5.08
对硝基苯胺	$NO_2C_6H_4NH_2$	147	331	微溶	1.0

（二）胺的碱性

胺分子中的氮原子上有一对孤电子对，易与质子结合，因此具有碱性。当胺溶于水时，可与水中的质子作用，发生以下反应：

$$\underset{\text{碱}}{RNH_2} + H_2O \rightleftharpoons \underset{\text{共轭酸}}{R\overset{+}{N}H_3} + OH^-$$

胺的碱性强弱可以用胺的水溶液的碱解离常数 K_b 或其对数的负值 pK_b 表示：

$$K_b = \frac{[RNH_3^+][OH^-]}{[RNH_2]} \qquad pK_b = -\lg K_b$$

碱的强弱也可以用其共轭酸($R\overset{+}{N}H_3$)的酸解离常数 K_a 或其对数的负值 pK_a 表示：

$$R\overset{+}{N}H_3 + H_2O \rightleftharpoons RNH_2 + H_3O^+$$

$$K_a = \frac{[RNH_2][H_3O^+]}{[RNH_3^+]} \qquad pK_a = -\lg K_a$$

胺的 K_b 与其共轭酸 K_a 有下列关系：

$$K_a \cdot K_b = K_w$$

K_w 为水的离子积，在 25℃时为 1×10^{14}，所以 $pK_a + pK_b = 14$。

因此，K_a 值越小或 pK_a 值越大，说明与质子结合能力越强，胺的碱性越强。常见胺的 pK_a 值见表 12－1。

脂肪胺的碱性比氨强，因为胺分子中的烃基为给电子基，可以增加氮原子上的电子云密度，使铵离子的正电荷分散而更稳定。

是不是胺分子中的氮上连的烃基越多碱性越强呢？从表 12－1 可以看出，结果并不是如此。这是因为胺的碱性不仅取决于氮原子的电负性，同时还与溶剂化效应和空间效应有关。

胺分子中氮原子上的氢越多，则与水形成氢键的机会越大，溶剂化的程度也就越大，铵离子就越稳定，胺的碱性也就越强。因此，在溶剂化效应的影响下，胺的碱性强弱顺序为伯胺＞仲胺＞叔胺。

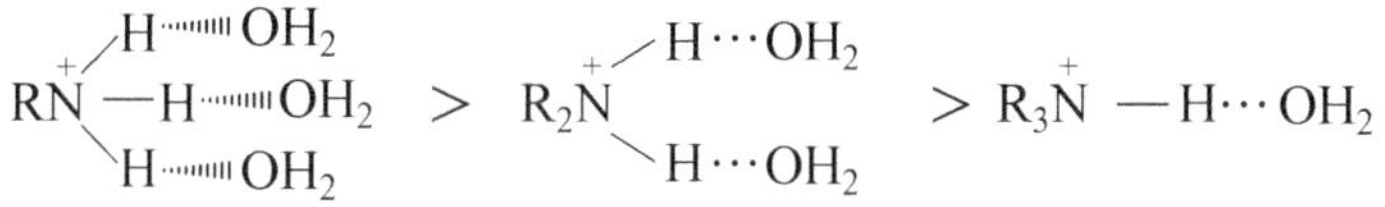

空间效应对胺的碱性也有影响，如果胺分子中的烃基体积增大，占据的空间位置也大，使质子不容易与氨基接近，胺的碱性也就随之减弱。所以，在空间效应的影响下，胺的碱性强弱顺序为伯胺＞仲胺＞叔胺。

这三种效应综合作用的结果是，在水溶液中脂肪胺的碱性强弱一般为仲胺＞伯胺＞叔胺。

芳香胺的碱性比氨以及脂肪胺的碱性弱，这是因为芳香胺中氮原子上的孤电子对能与苯环的 π 电子共轭，氮上的电子对部分地离域到苯环上，从而降低了氮原子与质子的结合能力，碱性也随之减弱。取代芳香胺的碱性还与取代基的种类以及取代的位置有关，活化基使苯胺的碱性增强，钝化基使苯胺的碱性减弱。

综上所述，胺的碱性是电子效应、溶剂化效应和空间效应等因素综合影响的结果。各类胺在水溶液中的碱性强弱顺序大致为脂肪胺＞氨＞芳香胺。

胺具有碱性，可以与酸反应生成盐。

$$RNH_2 + HX \longrightarrow RN^+H_3X^-$$

铵盐一般都溶于水，与强碱反应又重新游离出原来的胺。可以利用此性质分离或提纯胺。

很多药物为了便于保存和利于体内吸收，常制成水溶性的铵盐。

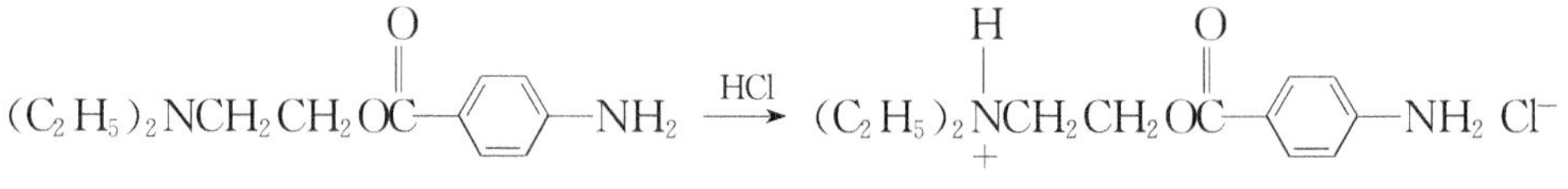

普鲁卡因　　　　盐酸普鲁卡因

（三）酰化反应和磺化反应

1. 酰化反应

伯胺和仲胺可以与酰氯或酸酐反应，氮原子上的氢被酰基取代，这就是胺的酰化。叔胺分子氮原子上没有活泼氢，不能发生酰化反应。

$$\overset{O}{\overset{\|}{RC}}Cl \text{ 或 } (\overset{O}{\overset{\|}{RC}})_2O + R'NH_2 \longrightarrow \overset{O}{\overset{\|}{RC}}—NHR' + HCl \text{ 或 } RCOOH$$

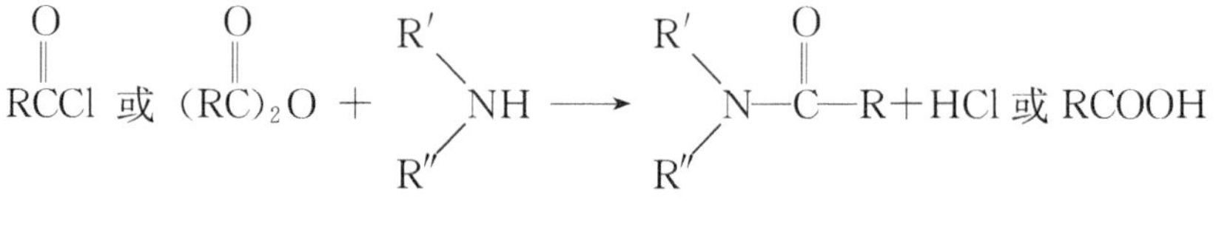

该反应在有机合成中很重要。例如,解热镇痛药物扑热息痛和非那西汀可分别由对羟基苯胺和对乙氧基苯胺经乙酰化合成得到。

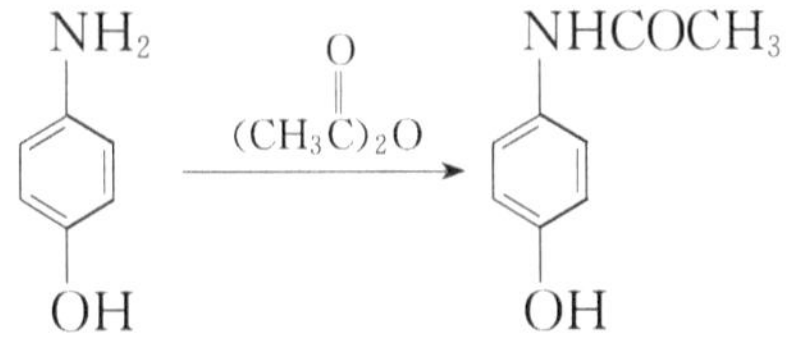

扑热息痛

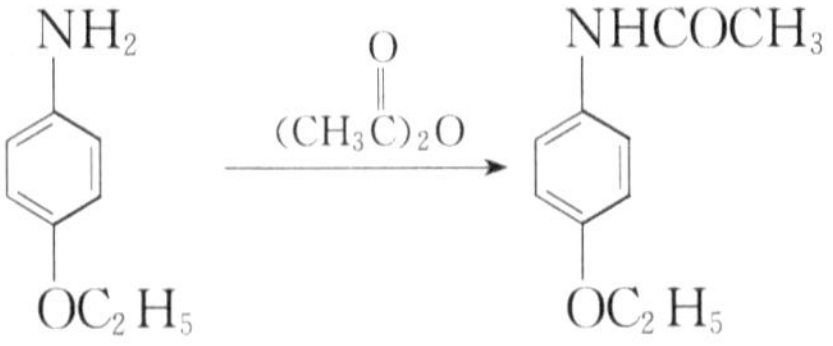

非那西汀

胺的酰化反应还常用来保护芳香胺分子中的氨基。例如,苯胺易被氧化,如果直接用浓硝酸与苯胺反应制备硝基苯胺,苯胺易被氧化成对苯醌。一般的制备方法如下:

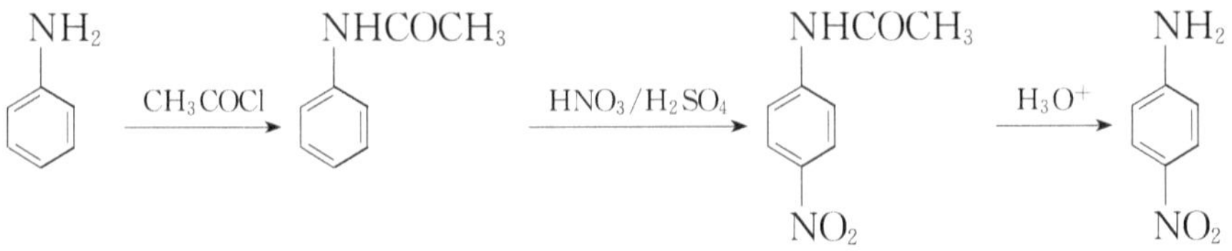

2. 磺化反应

磺化反应是指胺分子中引入磺酰基的反应,又称为欣斯堡(Hinsberg)反应。伯胺、仲胺能与苯磺酰氯反应,生成苯磺酰胺。伯胺磺化后的产物中氮原子上有一个氢原子,受到磺酰基的影响,此氢原子显弱酸性,能与碱反应生成溶于水的盐。仲胺磺化后的产物中氮原子上没有氢原子,不能与碱生成盐。叔胺氮原子上没有氢原子,不能发生磺化反应。

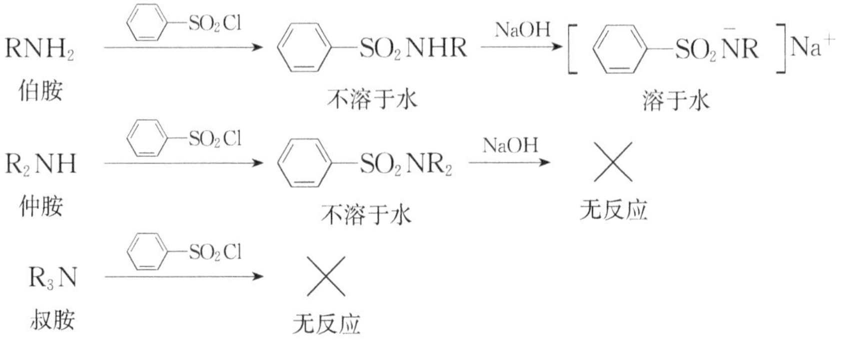

苯磺酰胺类大多为固体,具有一定的熔点,易于精制,与酸反应又可得到原来的胺。

欣斯堡反应可用于分离、提纯和鉴别三种胺。

（四）与亚硝酸的反应

脂肪胺和芳香胺都可以与亚硝酸反应，胺的结构不同，反应的最终产物也不相同。

1. 伯胺与亚硝酸的反应

1）脂肪伯胺

脂肪伯胺与亚硝酸反应生成极不稳定的重氮盐，这个盐一旦生成就会立即分解，放出氮气同时生成卤代烃、烯烃和醇等混合物。该反应在合成中作用不大，但由于反应放出的氮气是定量的，可以用于氨基的定量分析。

$$RNH_2 \xrightarrow[HCl]{NaNO_2} [R-\overset{+}{N}\equiv N]Cl^- \xrightarrow{H_2O} N_2\text{，卤代烃、烯、醇等混合物}$$

亚硝酸不稳定易分解，一般在反应中用亚硝酸盐与盐酸或硫酸反应制得，最常用的是亚硝酸钠。

2）芳香伯胺

芳香伯胺与亚硝酸反应生成的芳香重氮盐比脂肪重氮盐稳定，可以在低温（0～5 ℃）的酸性溶液中短时间保存。芳香重氮盐能与多种化合物反应，是非常重要的反应中间体，其具体的反应及应用将在后面的章节中讨论。

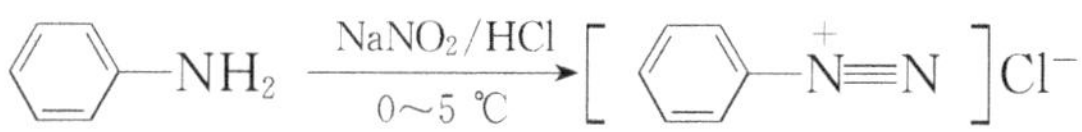

2. 仲胺与亚硝酸的反应

脂肪仲胺和芳香仲胺与亚硝酸反应都生成 *N*-亚硝基胺类化合物。

$$R_2NH \xrightarrow{NaNO_2/HCl} R_2N-N=O$$

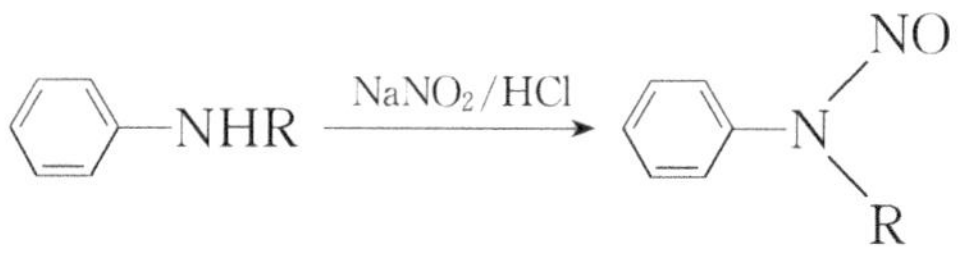

N-亚硝基仲胺为中性的黄色液体或固体，可用于鉴别仲胺。该亚硝基化合物经水解或还原得原来的仲胺，可用于胺的精制。

经动物实验证明，*N*-亚硝基化合物具有强的致癌作用。

3. 叔胺与亚硝酸的反应

1）脂肪叔胺

叔胺的氮原子上没有氢，因此在氮上不能发生亚硝化反应。

脂肪叔胺可以与亚硝酸反应形成不稳定的亚硝酸盐，中和时又分解。

$$R_3N + HNO_2 \longrightarrow [R_3NH]^+ NO_2^-$$

2）芳香叔胺

芳香叔胺与亚硝酸可在芳香环上发生亲电取代反应，NO^+ 是弱亲电试剂，—NR_2 是强活化基，也是邻、对位定位基。由于芳香叔胺中的氨基体积较大，亲电取代时进入邻位的空间位阻较大，故产物主要为对位。若对位被其他基团占据，则生成邻位取代产物。

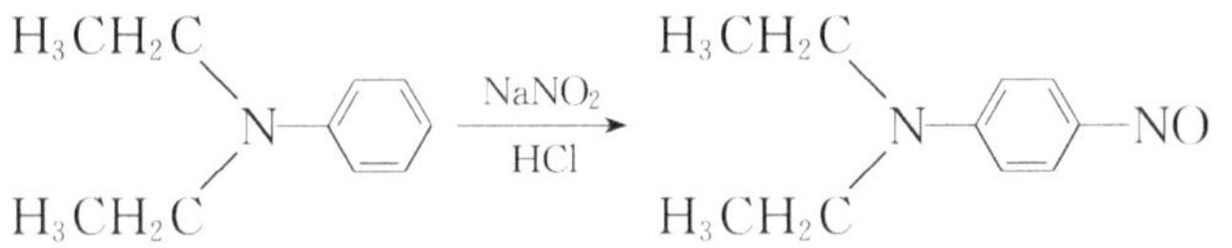

N,*N*-二乙基对亚硝基苯胺

亚硝酸与伯、仲、叔三种不同的胺反应，产物和现象都不同，因此可以用来鉴别不同类型的胺。

（五）胺的烃基化

胺类化合物中氮原子上有一对未共用电子对，具有亲核性，可以与卤代烃发生亲核取代反应。如果有过量的卤代烃，反应可以继续进行下去，直到生成季铵盐。最后得到的是复杂的混合物。

$$NH_3 \xrightarrow{RX} RNH_2 \xrightarrow{RX} R_2NH \xrightarrow{RX} R_3N \xrightarrow{RX} R_4N^+X^-$$

控制反应温度、投料比例和反应时间等条件可使某一胺为主要产物，但是还需要复杂的后处理。

第二节　重氮化合物和偶氮化合物

重氮化合物和偶氮化合物分子中都含有—N_2—官能团。官能团—N═N—两端与烃基相连所形成的化合物称为偶氮化合物。例如

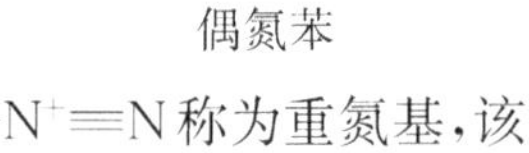

偶氮苯

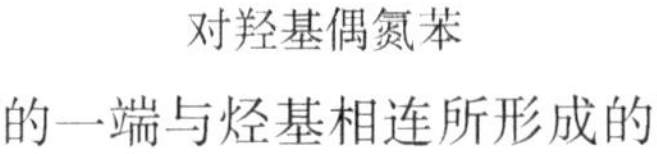

对羟基偶氮苯

官能团—N^+≡N 称为重氮基，该官能团的一端与烃基相连所形成的化合物称为重氮化合物。例如

氯化重氮盐

硫酸重氮盐

一、芳香重氮化反应

芳香伯胺与亚硝酸在低温条件下反应可以生成重氮盐，这个反应称为重氮化反应。

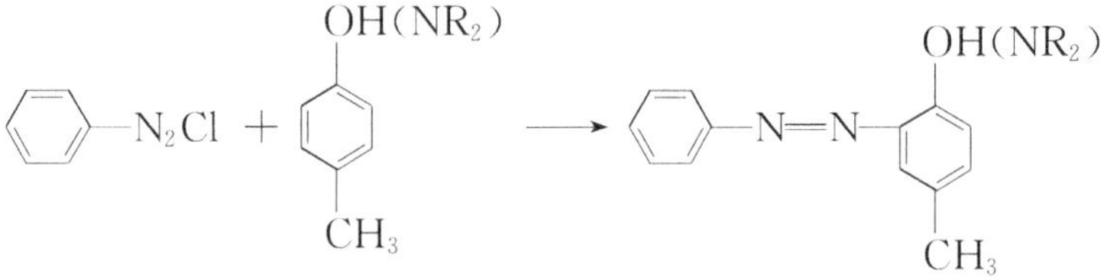

重氮盐与酚或芳胺发生偶合的条件不相同。一般与酚偶合要在弱碱性溶液（pH为9～10）中最好。因为在碱性溶液中酚可转化为苯氧负离子（$C_6H_5O^-$），使芳环进一步活化，亲电取代反应更容易。但碱性不能太强，当pH>10时，重氮盐会转变成重氮碱，进而发生一系列副反应。

重氮盐与芳胺的偶合反应是在弱酸或中性溶液（pH为5～7）中进行，但酸性不能太强，因为在强酸中，$—NH_2$ 会变成$—NH_3^+$，由供电子基变成吸电子基，不利于偶合反应的进行。偶氮化合物都有颜色，其中很多被用作染料或指示剂。

习　题

1. 命名下列化合物。

(1) 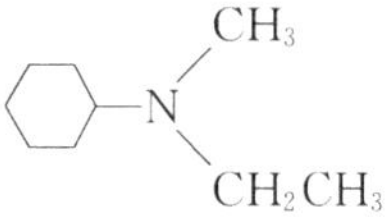　(2) 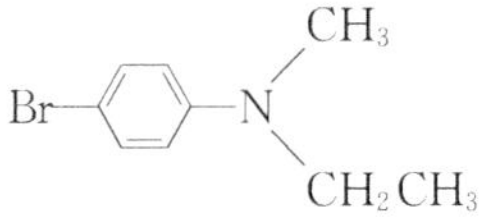

(3) 　(4) 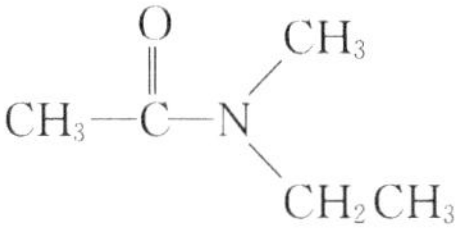

(5) 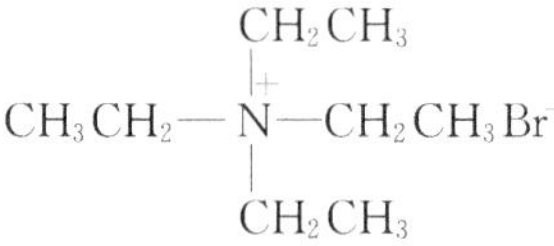　(6) 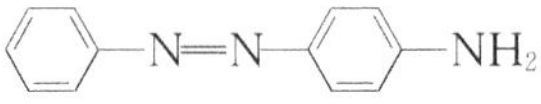

(7) $HOCH_2CH_2NH_2$　(8) 

2. 将下列各组化合物按碱性由强至弱排列。

(1) 苯胺、2,4-二硝基苯胺、对硝基苯胺、对氯苯胺、乙胺、二乙胺、对甲氧基苯胺

(2) 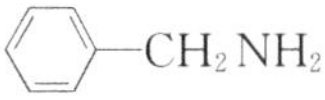、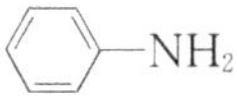、$(CH_3)_4N^+OH^-$、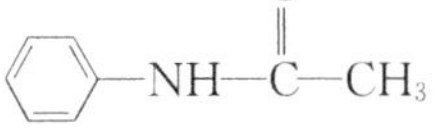

(3) 、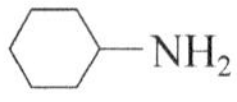、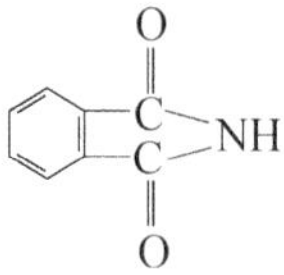、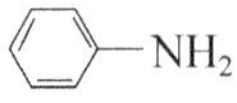

3. 完成下列反应，写出主要产物。

(1) $(C_2H_5)_2NH+$ ⟶

(2)  $+NaNO_2+HCl$ ⟶

(3) 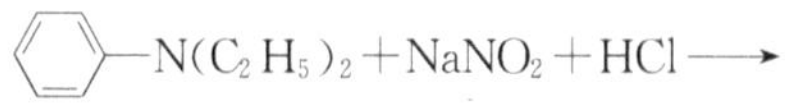

(4) 

(5) 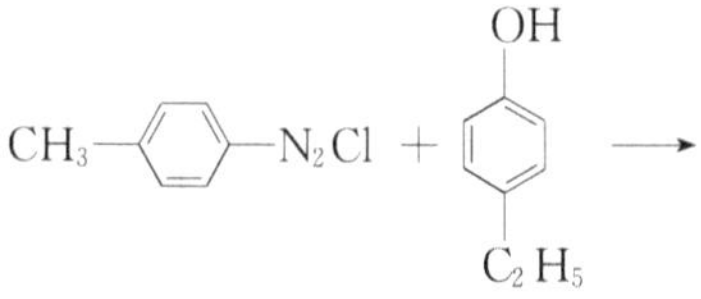

(6) 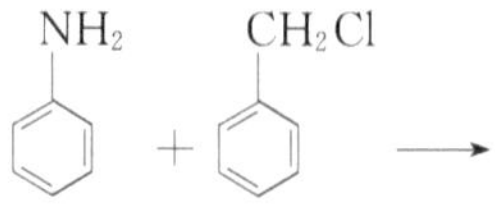

4. 用简单的化学方法鉴别下列各组化合物。

(1) 甲胺、二甲胺、三甲胺

(2) *N*-甲基苯胺、邻甲基苯胺、*N*,*N*-二甲基苯胺、环己胺

(3) 硝基苯、苯胺、*N*-甲基苯胺、苯酚

5. 以苯为原料合成下列化合物。

(1) 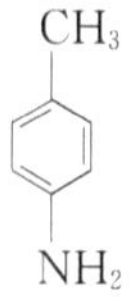

(2) 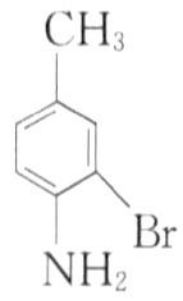

(3) 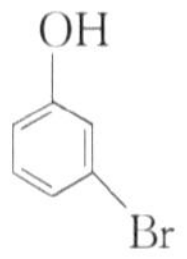

(4) 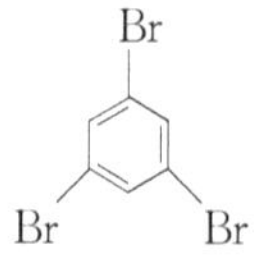

(5) 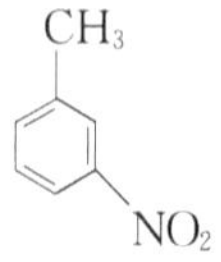

(6) 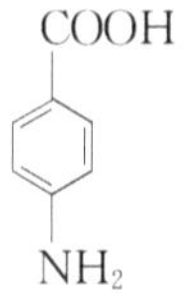

6. 试写出 *N*-乙基苯胺与下列试剂反应产物的结构。

(1) 溴水　(2) 乙酸酐　(3) 盐酸　(4) 亚硝酸钠的盐酸溶液

7. 化合物 A 分子式为 $C_6H_{15}N$，能溶于稀盐酸，与亚硝酸在室温下作用放出氮气得到 B，B 能进行碘仿反应，B 和浓硫酸共热得 C，C 分子式为 C_6H_{12}，能使溴水褪色，用高锰酸钾氧化 C，得到乙酸和 2-甲基丙酸。推出 A～C 的结构式。

第十三章　糖　　类

糖类(saccharide)是自然界中存在最多的一大类有机化合物,也是一类重要的天然有机化合物,对于维持动植物的生命起着重要的作用。糖类不仅可以供给和存储生命活动所需的能量,而且还具有特殊的生理活性。

几乎所有的植物器官(如叶、根、茎、花、果实和种子)中都含有糖类,糖类是植物进行光合作用的产物。植物在日光的作用下,在叶绿素催化下将空气中的二氧化碳和水转化成葡萄糖,并放出氧气。

$$6CO_2 + 6H_2O \xrightarrow[\text{叶绿素}]{\text{日光}} C_6H_{12}O_6 + 6O_2$$

葡萄糖在植物体内进一步结合生成多糖——淀粉及纤维素。地球上每年由绿色植物经光合作用合成的糖类物质多达数千亿吨。它既是构成组织的基础,又是人类和动物赖以生存的物质基础,还为工业提供粮、棉麻、竹、木等众多的有机原料。

糖类也称碳水化合物,这是因为最初发现的这类化合物都是由 C、H、O 三种元素组成,且都符合 $C_n(H_2O)_m$ 的通式,当时人们就把它们看成是碳和水组成的化合物,所以称为碳水化合物。事实上,糖类被称为碳水化合物是不准确的。因为,一方面,在糖分子中,H 和 O 并不以 H_2O 的形式存在;另一方面,有一些糖,如鼠李糖($C_6H_{12}O_5$)和脱氧核糖($C_5H_{10}O_4$),其分子中 H 和 O 的比例并不是 2∶1,而有些分子中 H 和 O 的比例是 2∶1 的化合物[如甲酸(CH_2O)、乙酸($C_2H_4O_2$)、乳酸($C_3H_6O_3$)等]明显不属于糖类。

从结构上看,糖是多羟基醛或多羟基酮及其缩合物,或水解后能产生多羟基醛、酮的一类有机化合物。

根据是否水解及水解产物的情况,糖可以分为单糖、寡糖(低聚糖)和多糖。

单糖(monosaccharide)是不能再水解的多羟基醛或多羟基酮,如葡萄糖、果糖等。

寡糖(oligosaccharide,低聚糖)是水解后每分子能生成 2～10 个单糖结构的缩合物。以二糖最为多见,如蔗糖、麦芽糖、乳糖等。

多糖(polysaccharide)又称高聚糖,是完全水解后每分子能生成 10 个以上单糖结构的缩合物,如淀粉、纤维素等。

第一节　单　　糖

一、单糖的分类

单糖可分为多羟基醛和多羟基酮,前者称为醛糖(aldose),后者称为酮糖(ketose)。

单糖还可根据分子中所含碳原子的数目分为丙糖、丁糖、戊糖、己糖等。有些糖的羟基被 H 和 NH_2 取代,分别称为去氧糖和氨基糖。

自然界中存在最广泛的单糖是葡萄糖(己醛糖)、果糖(己酮糖)和核糖(戊醛糖)。本节以葡萄糖和果糖为代表讨论单糖。

二、单糖的结构

(一) 开链结构和构型

因为寡糖和多糖都是由单糖构成的,所以对糖类的研究必须从单糖的结构入手。单糖中最丰富、最重要的是葡萄糖。下面以葡萄糖为例阐明糖的化学结构。

实验证明,葡萄糖的分子式为 $C_6H_{12}O_6$,是一个含有六个碳原子、五个羟基、一个醛基的己醛糖。其构造式如下:

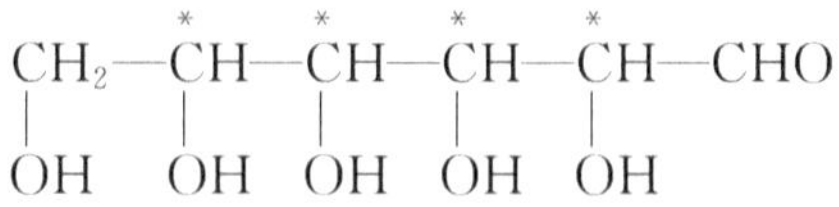

2,3,4,5,6-五羟基己醛

2,3,4,5,6-五羟基己醛有四个不相同的手性碳原子,因此,它有 $2^4=16$ 个对映异构体,$2^3=8$ 对对映体。事实上,葡萄糖只是其中一对。所以,只测定糖的构造式是不够的,还必须确定它的构型。

19 世纪末至 20 世纪初,费歇尔首先对糖进行了系统的研究,确定了葡萄糖的结构。葡萄糖的构型如下:

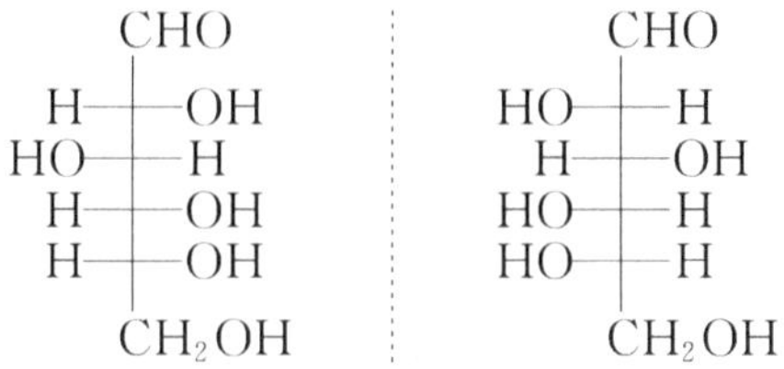

由于用 *R*/*S* 标记糖的构型比较麻烦,所以糖的构型常以 D/L 相对构型标记。因为最简单的糖是甘油醛,它是研究糖类化学结构的参照物,也是合成复杂糖类化合物的起始原料。所以糖的相对构型是以甘油醛的一对对映体 D-(+)甘油醛和 L-(−)甘油醛作为参照标准。

葡萄糖的空间构型是以离羰基最远的手性碳原子 C5 上的—OH 的空间排列与甘油醛的手性碳原子上的—OH 的空间排列相比较确定的。如果与 D-甘油醛相同,标记为 D-型;如果与 L-型相同,则标记为 L-型。

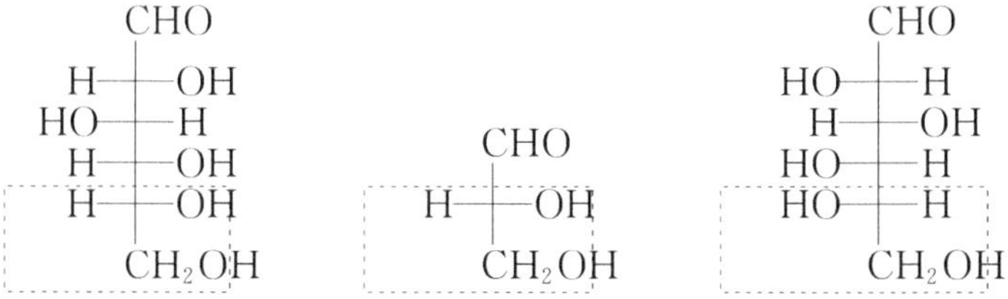

D-(+)葡萄糖　　D-(+)-甘油醛　　L-(−)葡萄糖

其他单糖的空间构型也都由此确定。D、L 只表示构型，(＋)、(－)表示旋光方向，两者之间没有必然的联系。

糖的构型一般用费歇尔式表示，为了书写方便，也可以写成省写式，用一直线表示碳链，用一短线表示羟基，○表示羟甲基，△表示醛基。D-(＋)-葡萄糖常见的几种表示方法为

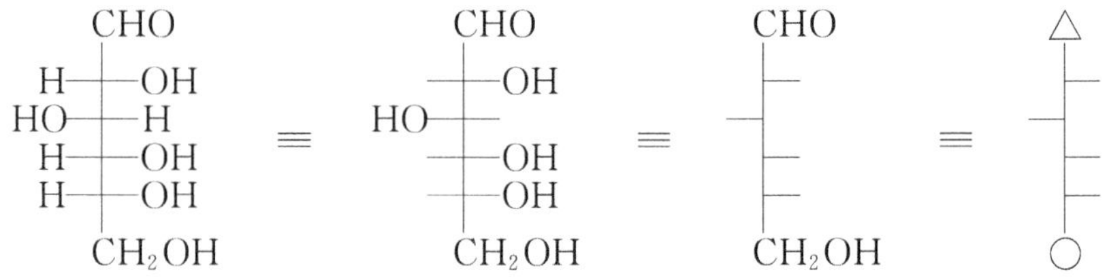

下面列出从 D-(＋)甘油醛到 D-己醛糖的一系列立体异构体。

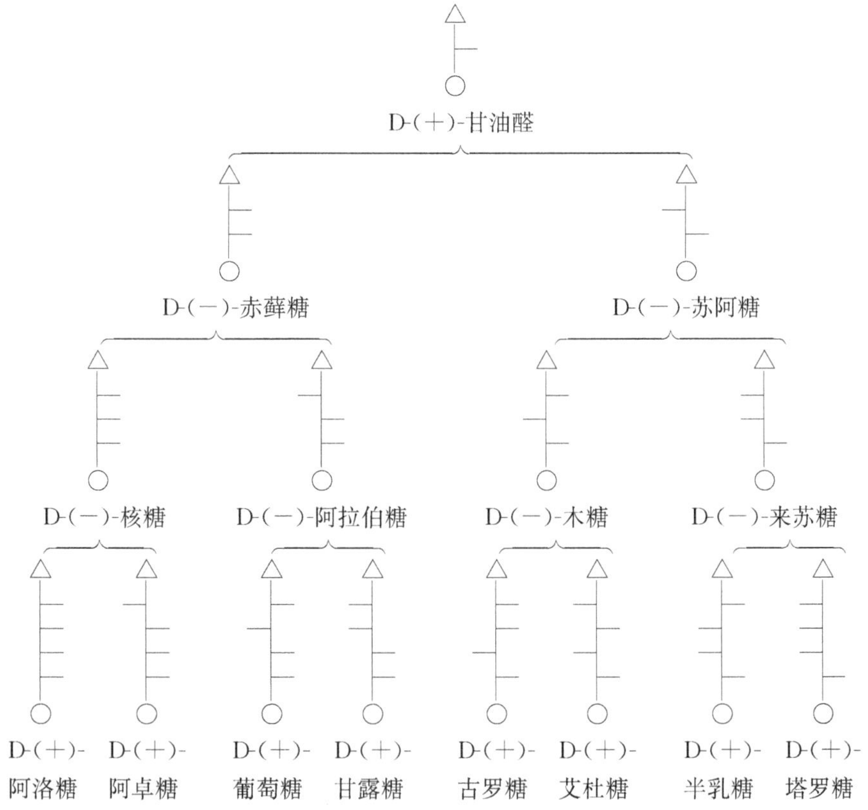

天然存在的糖绝大多数是 D-型糖。葡萄糖的 16 种异构体中只有三种是天然存在的，即 D-(＋)-葡萄糖、D-(＋)-半乳糖和 D-(＋)-甘露糖，其他 13 种只能人工合成制得。

对于含有多个手性碳原子的非对映异构体，如果只有一个手性碳原子构型不同，其余手性碳原子构型完全相同，则这样的非对映异构体互称为差向异构体(epimer)。例如，D-(＋)-葡萄糖和 D-(＋)-半乳糖只有 C4 构型不同，两者互称为 C4 差向异构体。

（二）环状结构

1. 费歇尔投影式

单糖的开链结构是由它的一些性质而推导来的，因此，开链结构能说明单糖的许多化学性质，但实验发现，单糖的开链结构不能解释其所有性质。例如：

(1) D-(＋)-葡萄糖不能发生醛的某些典型反应，它虽然也易氧化，但难与$NaHSO_3$饱和水溶液反应。

(2) 醛糖只能与一分子醇生成半缩醛结构化合物，而不能与另一分子醇继续缩合。

(3) 具有变旋光(mutarotation)现象。

1895年药物学家坦莱特(Tanret)分离出了两种物理性质不同的D-葡萄糖结晶。一种葡萄糖结晶熔点为146 ℃，比旋光度＋112°；另一种葡萄糖结晶熔点为150 ℃，比旋光度＋18.7°。实验发现，任何一种D-葡萄糖结晶溶解在水中，溶液比旋光度的值都会逐渐发生变化，直到＋52.7°，达到平衡则旋光度不再改变。糖在溶液中自行改变比旋光度最后达到平衡的现象就称为变旋光现象。

上述现象说明，单糖并不是仅以开链结构形式存在，还应有其他的存在形式。1925～1930年，X射线衍射等现代物理方法证明，晶体单糖是以环状结构存在。其中，葡萄糖主要是以六元环半缩醛结构(氧环式)形式存在的。

糖分子中的醛基与羟基作用形成半缩醛时，由于C＝O为平面结构，羟基可从平面的两边进攻C＝O，因此得到两种异构体α构型(生成的半缩醛羟基与决定单糖构型的羟基在同一侧)和β构型(生成的半缩醛羟基与决定单糖构型的羟基在不同的两侧)。两种构型可通过开链式相互转化而达到平衡。

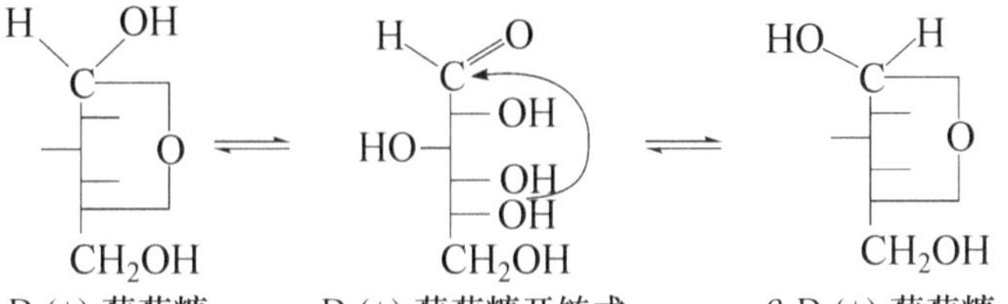

α-D-(+)-葡萄糖　37%　+112°　　D-(+)-葡萄糖开链式　~0.1%　　β-D-(+)-葡萄糖　63%　+18.7°

平衡混合物$[\alpha]_D$= +52.7°

由上可知，变旋光现象是由部分α-D-(＋)-葡萄糖经开链结构慢慢转变成β-D-(＋)-葡萄糖，或者由部分β-D-(＋)-葡萄糖经开链结构慢慢转变成α-D-(＋)-葡萄糖，直到达到平衡体系，各组分所占比例恒定。这就从结构上解释了比旋光度会变化，最后达平衡的实验事实。平衡体系中开链结构浓度只占0.1%，不足以发生醛的某些可逆反应，如与饱和$NaHSO_3$水溶液的反应难以发生。

在形成环状结构的过程中，葡萄糖分子醛基碳由 sp^2 杂化变成 sp^3 杂化，生成了一个新的手性碳，α-D-(＋)-葡萄糖和 β-D-(＋)-葡萄糖两种构型的区别就是这个新生的手性碳构型不相同，而其余手性碳构型均相同，所以两者互为 C1 差向异构体。糖化学中，这种因半缩醛(酮)碳原子构型不同而形成的非对映异构体又称为端基差向异构体(anomer)、异头物。

2. 哈沃斯透视式

糖的半缩醛氧环式结构不能反映各个基团的相对空间位置。哈沃斯(Haworth)采用平面六元环透视式代替费歇尔投影式。哈沃斯透视式是最直观的表示方法，能更清楚地反映糖的氧环式结构。

下面以 D-葡萄糖为例，说明如何将开链结构的费歇尔投影式变成平面环状结构的哈沃斯式。

(1) 将碳链向右放成水平，使原基团处于左上右下的位置。

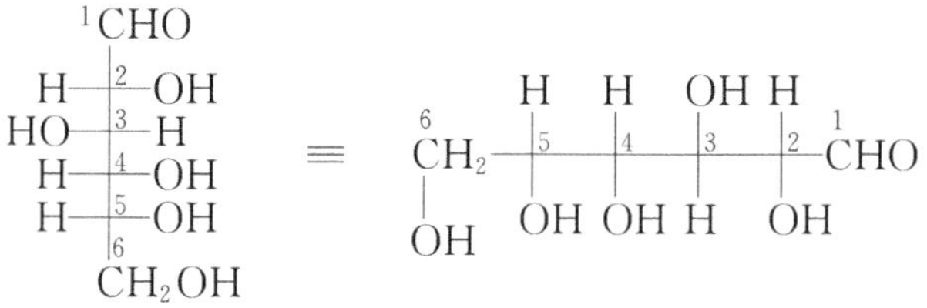

(2) 将碳链水平位置弯成六边形状。

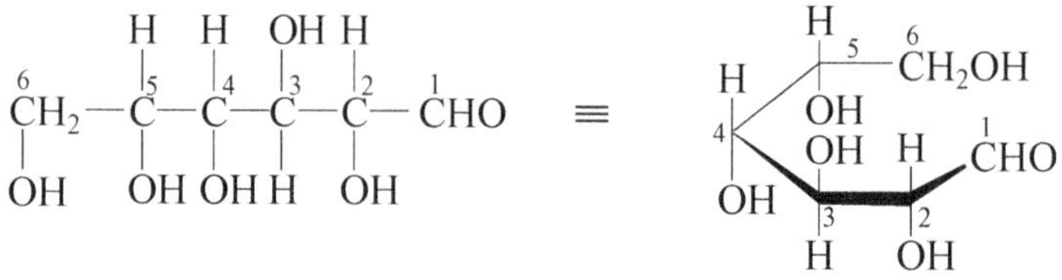

(3) 以 C4—C5 为轴旋转 120°，使 C5 上的羟基与醛基接近，然后成环。因 C5 上羟基在环平面的下面，它必须旋转到环平面上才易与 C1 成环。

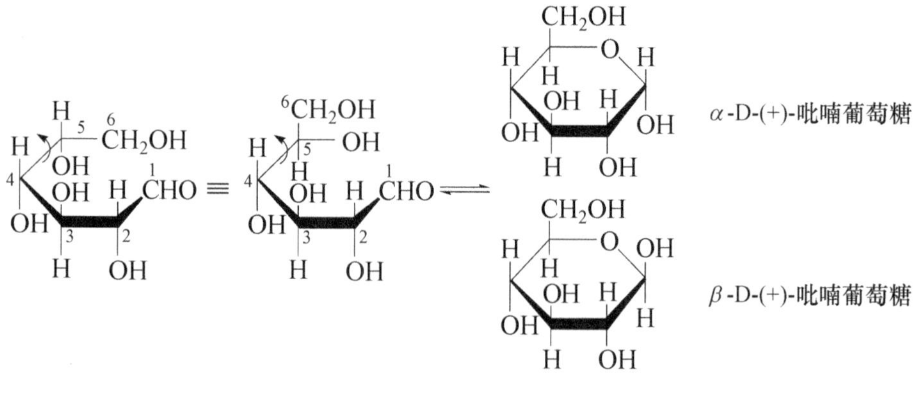

用哈沃斯式表示葡萄糖的环状结构式，通常把环上 O 原子写在六元环[该环与吡喃环  类似，所以六元环单糖又称为吡喃糖(pyranose)]的右上角，碳原子顺环编号，原基团处于左上右下的位置。如果在费歇尔投影式中属 D-型糖，其尾端—CH_2OH 在环平面上方；反之，属 L-型糖，其尾端—CH_2OH 在环平面下方。

哈沃斯式给出的是糖分子的立体透视图，它可以在纸面上翻转。

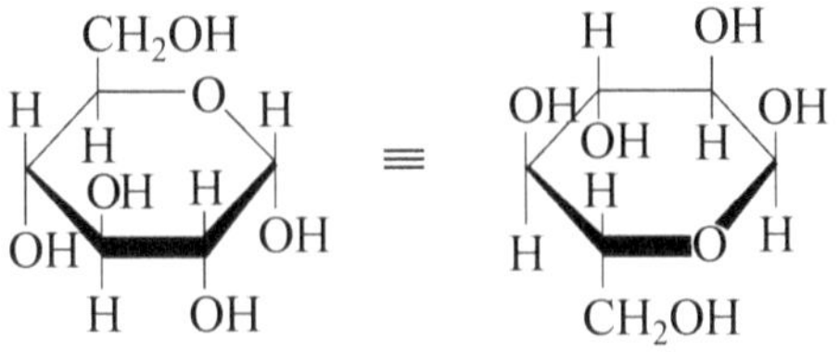

α-D-(+)-吡喃葡萄糖

D-果糖为 2-己酮糖，是最普通的酮糖，其 C3、C4、C5 的构型与葡萄糖一样。

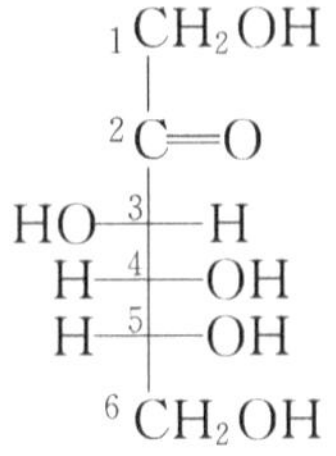

果糖在形成环状结构时，可由 C5 上的羟基与羰基形成呋喃式环[呋喃糖(furanose)]，也可由 C6 上的羟基与羰基形成吡喃式环(吡喃糖)。两种氧环式都有 α、β 两种构型，因此，果糖可能有五种构型。一般而言，果糖在游离态时以吡喃糖形式存在；而作为糖的一个组分，如在蔗糖分子中常以呋喃糖形式存在。

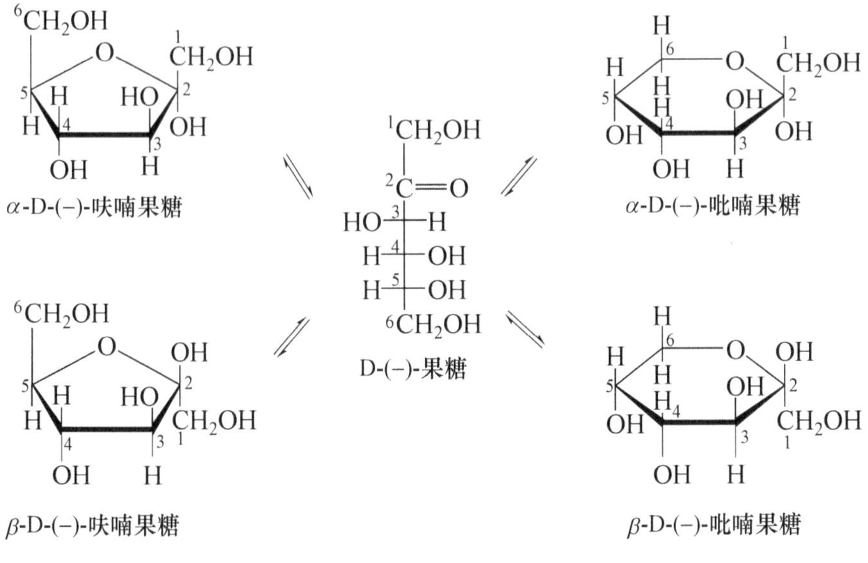

α-D-(−)-呋喃果糖　α-D-(−)-吡喃果糖　D-(−)-果糖　β-D-(−)-呋喃果糖　β-D-(−)-吡喃果糖

3. 构象式

哈沃斯透视式比费歇尔投影式更接近糖的真实结构。但是，由于葡萄糖环状结构的吡喃环上的六个成环原子不可能都同在一个平面上，因此葡萄糖的哈沃斯透视式也并不能真实地反映环状半缩醛的立体结构。研究证明，吡喃型糖的六元环主要呈椅式构象存在于自然界。

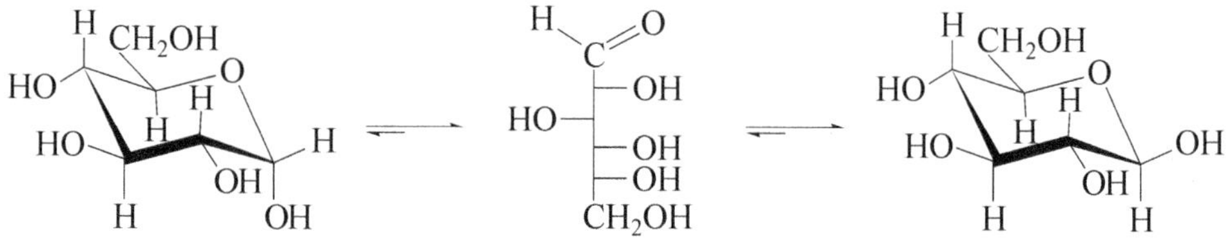

α-型37%　　D-(+)-葡萄糖开链式　　β-型63%

三、单糖的物理性质

单糖都是无色结晶形固体，有甜味，在水中的溶解度很大，常能形成过饱和溶液——糖浆。1 g 无水葡萄糖可溶于 1.1 mL 25 ℃的水中。不溶于醚，难溶于无水乙醇，易溶于热的吡啶和乙酸中。

单糖除丙酮糖外，都有旋光性，存在变旋光现象。旋光性是鉴定糖的一项重要指标（表 13－1）。

表 13－1　常见单糖的比旋光度(单位：°)

名　称	纯 α 型	纯 β 型	平衡混合物
D-阿拉伯糖	－55.4	－175	－103
D-葡萄糖	＋112	＋18.7	＋52.7
D-甘露糖	＋29.9	－16.3	＋14.5
D-半乳糖	＋150.7	＋52.8	＋80.2
D-果糖	－21	－113	－92

四、单糖的化学性质

（一）差向异构化

单糖在稀碱催化下发生异构化。例如，用稀碱溶液处理 D-葡萄糖、D-甘露糖或 D-果糖，最后得到的都是平衡混合物。

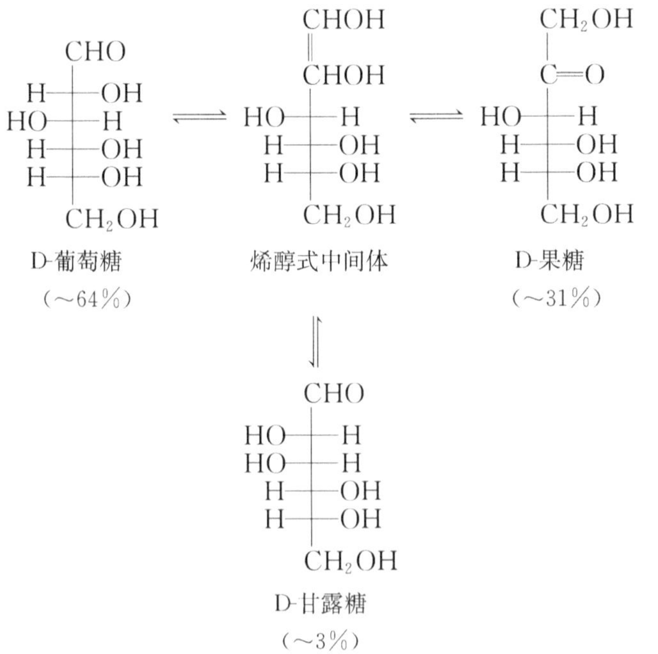

这是因为在碱催化下，以上三者可以通过烯醇式互变异构相互转化，最后达到平衡。这种在稀碱催化下，醛糖、酮糖发生异构化而产生差向异构体的现象称为差向异构化(epimerization)。

(二) 氧化反应

1. 碱性弱氧化剂氧化

醛糖和酮糖都能被常见的碱性弱氧化试剂，如土伦试剂、费林试剂和本尼迪克特试剂氧化。例如

$$\underset{\text{葡萄糖或果糖}}{C_6H_{12}O_6} + Ag(NH_3)_2^+OH^- \longrightarrow \underset{\text{葡萄糖酸}}{C_6H_{12}O_7} + Ag\downarrow$$

$$C_6H_{12}O_6 + Cu(OH)_2 \longrightarrow \underset{\text{葡萄糖酸}}{C_6H_{12}O_7} + Cu_2O\downarrow$$

酮糖在以上弱氧化剂的碱性条件下可以通过差向异构化转化为醛糖，所以酮糖也可被上述弱氧化剂氧化。

凡是能与上述弱氧化剂发生反应的糖称为还原糖(reducing sugar)，否则为非还原糖(nonreducing sugar)。所有单糖都是还原糖。部分能发生以上反应的寡糖也是还原糖，其他寡糖和多糖则是非还原糖。

2. 溴水氧化

溴水能氧化醛糖，但不能氧化酮糖，因为酸性条件下不会引起糖分子的差向异构

化。可用此反应区别醛糖和酮糖。

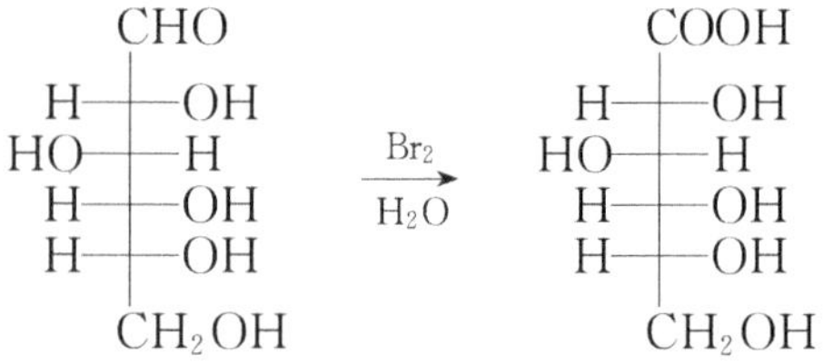

3. 硝酸氧化

稀硝酸的氧化作用比溴水强，能将醛糖氧化为糖二酸。例如

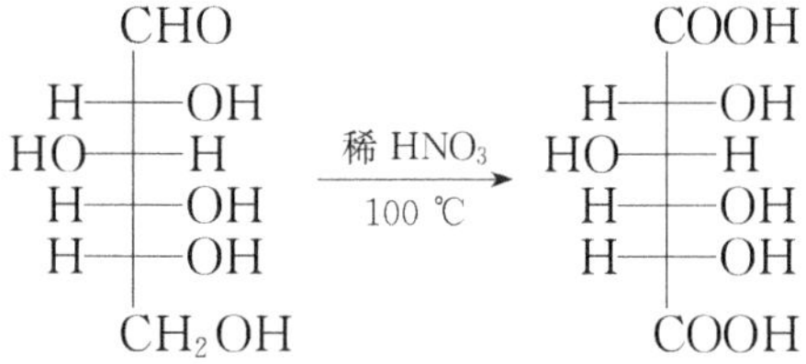

D-葡萄糖　　D-葡萄糖二酸

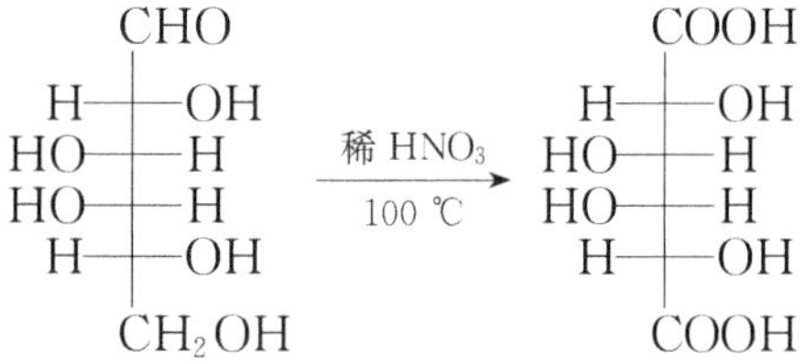

D-半乳糖　　D-半乳糖二酸
（黏液酸）

D-葡萄糖二酸有旋光性，而黏液酸是内消旋体，无旋光性。根据该性质可以区分葡萄糖和半乳糖。另外，黏液糖在水中溶解度小，易析出结晶，常用此检查半乳糖或乳糖的存在。

葡萄糖二酸可用适当方法还原为葡萄糖醛酸。人体内部分葡萄糖可以在酶催化下转变成葡萄糖醛酸，葡萄糖醛酸具有保肝解毒作用，药品名称为“肝泰乐”。

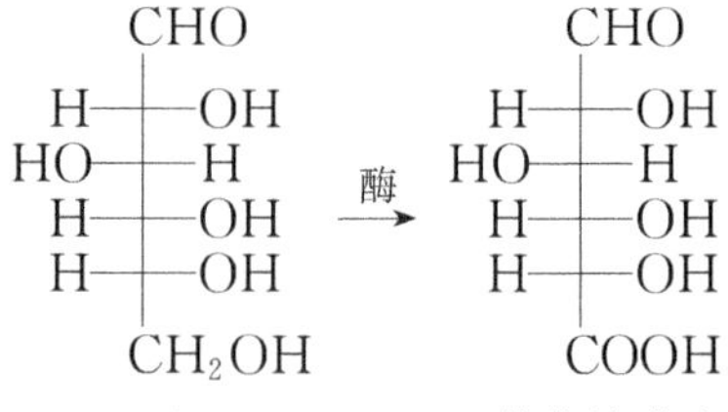

D-葡萄糖　　D-葡萄糖醛酸

（三）脱水反应

单糖和醇类一样，在浓无机酸存在下加热发生脱水反应。例如

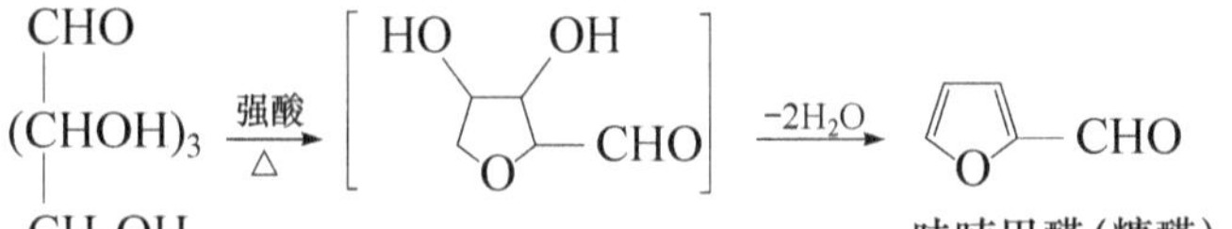

戊醛糖　　　呋喃甲醛(糠醛)

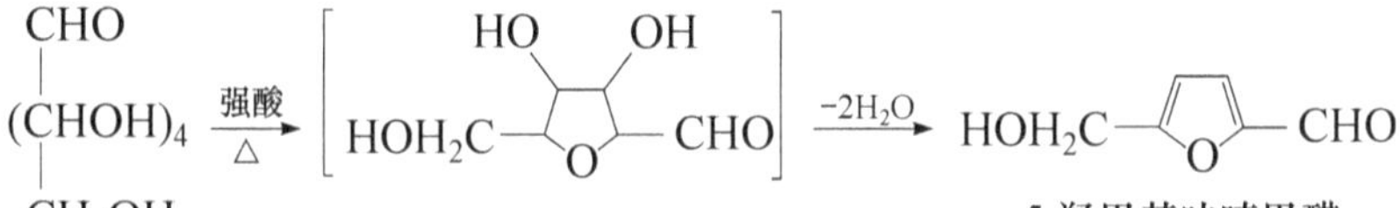

己醛糖　　　5-羟甲基呋喃甲醛

以上生成的糠醛或糠醛衍生物可与酚类试剂发生颜色反应，称为莫里斯克(Molisch)反应，常用于糖的鉴别：在糖的水溶液中加入 α-萘酚的醇溶液，然后沿着试管壁再缓慢加入浓硫酸，不断振荡试管，此时在浓硫酸和糖的水溶液交界处能产生紫红色。

（四）成脎反应

单糖与苯肼反应生成的产物称为脎(osazone)。单糖与苯肼作用，首先羰基与苯肼生成苯腙，但在过量苯肼存在下，α-羟基能继续与苯肼反应，产物为脎。

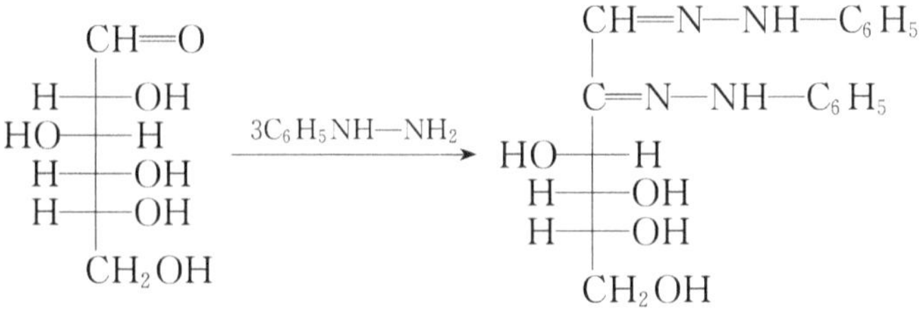

D-(＋)-葡萄糖　　　D-葡萄糖脎

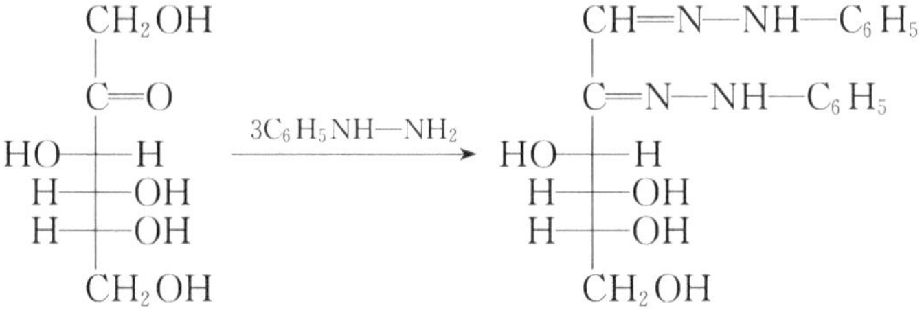

D-(－)-果糖　　　D-果糖脎(葡萄糖脎)

生成糖脎的反应发生在 C1 和 C2 上，不涉及其他碳原子。仅在第二个碳上构型不同而其他碳原子构型相同的差向异构体，必然生成同一个脎。例如，D-葡萄糖、D-甘露糖、D-果糖的 C3、C4、C5 的构型都相同，因此它们生成同一个糖脎。

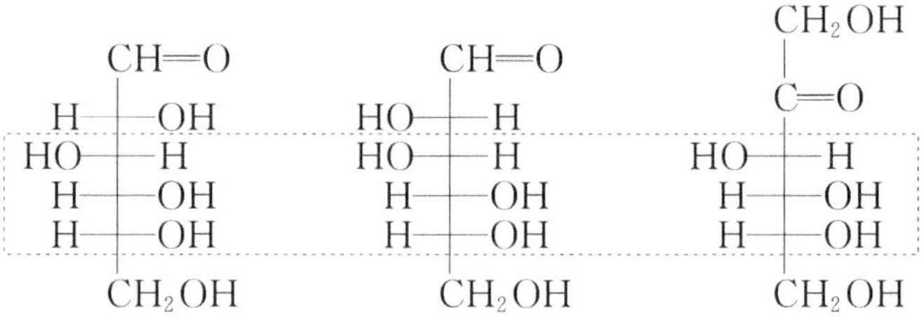

D-(+)-葡萄糖　D-(+)-甘露糖　D-(−)-果糖

糖脎为黄色结晶，不同的糖脎有不同的晶形，反应中生成的速率也不同。因此，可根据糖脎的晶形、熔点和成脎的时间来鉴别不同的糖。

（五）成苷反应

糖分子中的活泼半缩醛羟基（也称为苷羟基）与其他含几个羟基不同，在无水氯化氢催化下，可与醇、酚等含羟基的化合物脱去一分子水而生成缩醛（酮）——糖苷（glycoside），该反应称为成苷反应。

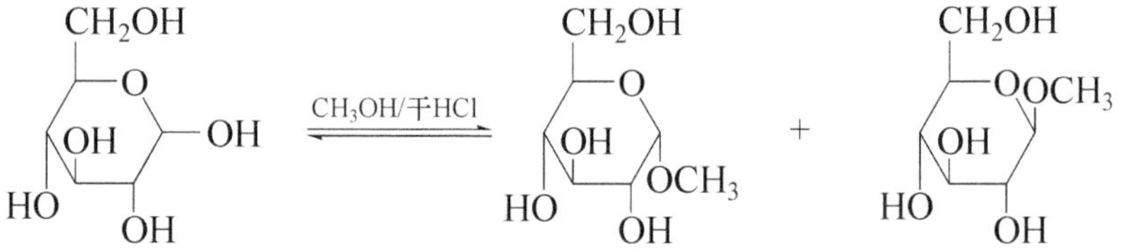

α-D-吡喃葡萄糖甲苷　**β-D-吡喃葡萄糖甲苷**

糖苷由糖和非糖部分组成，糖部分称为糖苷基，非糖部分称为配基或糖苷配基，二者之间所连化学键称为苷键，可分为氧苷键、氮苷键、硫苷键或碳苷键等，以氧苷键多见。由于苷羟基有 α、β 两种，因此有 α-苷键和 β-苷键之分。

糖苷中没有半缩醛羟基，不能变为开链结构而具有醛（酮）基，因此糖苷无变旋光现象，也没有还原性，不能成脎。但在酸或酶催化下，可以水解为原来的糖和非糖部分。

第二节　二　　糖

二糖又称双糖，是低聚糖中常见的糖类。二糖是由一个单糖分子中的半缩醛羟基（苷羟基）与另一分子单糖中的羟基（可以是苷羟基，也可以是其他羟基）作用脱水而形成的糖苷。有些二糖是由同一种单糖形成的，如麦芽糖和纤维二糖是由两分子葡萄糖形成的；有些二糖是由不同的单糖形成的，如蔗糖和乳糖。

二糖可分为还原性二糖和非还原性二糖两大类。还原性二糖是由一分子单糖的苷羟基与另一分子单糖的醇羟基脱水缩合而成的二糖。由于分子中仍保留一个苷羟基，能转变成开链结构，因此具有变旋光现象和还原性，能与苯肼成脎。非还原性二糖是由一分子单糖的苷羟基与另一分子单糖的苷羟基缩合而成的二糖。由于分子中不再有苷羟基，不能转变成开链结构，因此不具有变旋光现象和还原性，也不能与苯肼成脎。

一、还原性二糖

(一) 麦芽糖

麦芽糖(maltose)存在于发芽的大麦中,麦芽中含有的淀粉酶能使淀粉部分水解成麦芽糖。麦芽糖是饴糖的主要成分,用作营养剂和培养基等,在食品工业中用作膨松剂,防止烘烤的食物干瘪。麦芽糖又可在麦芽酶或酸作用下水解成两分子 D-葡萄糖。

麦芽糖[4-*O*-(*α*-D-吡喃葡萄糖基)-D-吡喃葡萄糖苷]的结构为

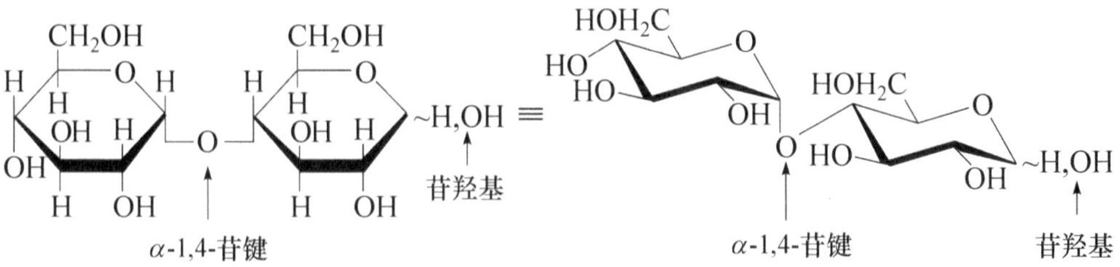

(二) 纤维二糖

纤维二糖(cellobiose)可由纤维素小心水解得到。纤维二糖水解后也生成两分子 D-葡萄糖。

纤维二糖[4-*O*-(*β*-D-吡喃葡萄糖基)-D-吡喃葡萄糖苷]的结构为

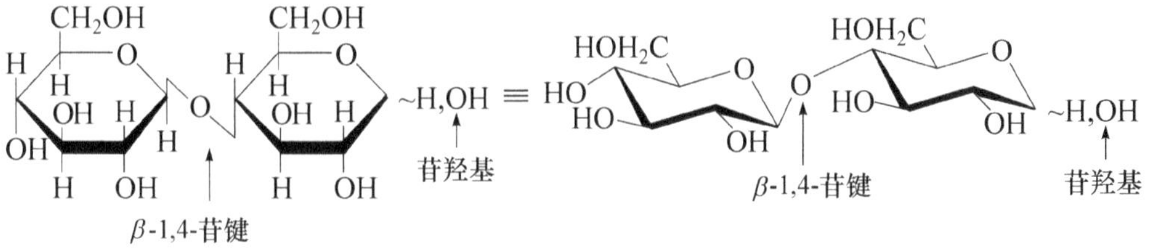

纤维二糖与麦芽糖结构只有一个不同点,前者为 *β*-型苷键,后者为 *α*-型苷键,但两者生理活性完全不同,纤维二糖只可被苦杏仁酶水解,不被麦芽糖酶水解,而人体只能水解 *α*-苷键连接的糖,因此人体可以消化淀粉却不能消化纤维素。食草动物体内存在水解 *β*-苷键的酶,所以能消化纤维素。

(三) 乳糖

乳糖(lactose)存在于哺乳动物的乳汁中,人乳中乳糖的质量分数为 7%~8%,牛乳中乳糖的质量分数为 4%~5%。乳糖的水溶性较小,甜味较弱,可用于制作婴儿食品、糖果、人造奶油等,也用作培养基和赋形剂等。乳糖水解或消化时分解成 D-葡萄糖和 D-半乳糖。

乳糖[4-*O*-(*β*-D-吡喃半乳糖基)-D-吡喃葡萄糖苷]的结构为

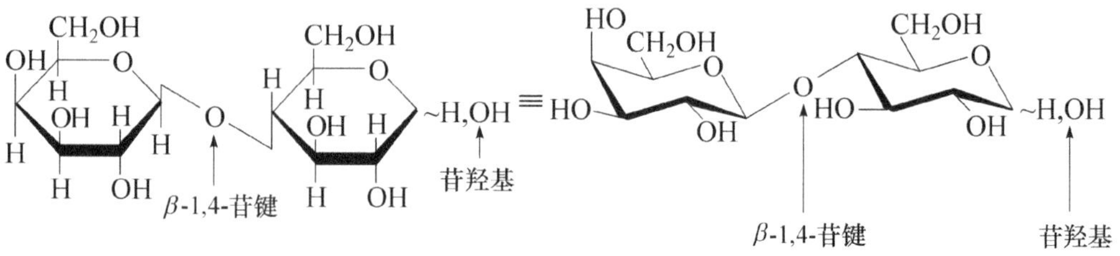

β-D-吡喃半乳糖 D-吡喃葡萄糖 β-D-吡喃半乳糖 D-吡喃葡萄糖

二、非还原性二糖

蔗糖(sucrose)是普通食用的白糖。它在甘蔗中的质量分数为10%～15%,在甜菜中的质量分数为15%～20%。蔗糖一般不存在于动物体内。蔗糖的甜度仅次于果糖,比葡萄糖、麦芽糖和乳糖的甜度都大。蔗糖除食用外,还可用于酱油、糖果、面包和饮料等的着色剂,以及药片赋形剂等。

蔗糖(β-D-呋喃果糖基-α-D-吡喃葡萄糖苷或α-D-吡喃葡萄糖基β-D-呋喃果糖苷)的结构为

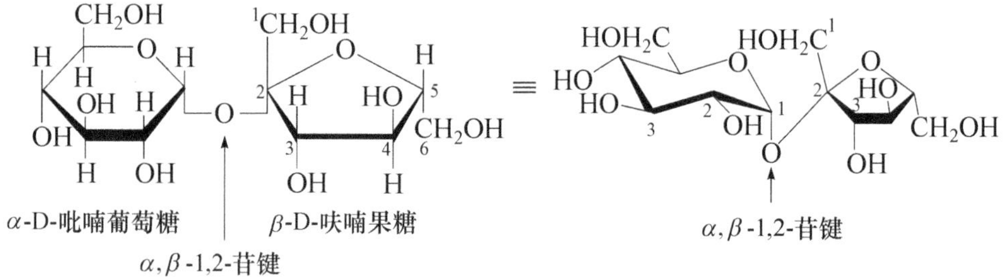

蔗糖的主要性质有:

(1) 不能与土伦试剂和费林试剂反应,没有还原性。

(2) 不能与苯肼反应。

(3) 无变旋光现象。

(4) 蔗糖水解后,旋光度发生改变。

$$\text{蔗糖} \xrightleftharpoons{H_3O^+} \text{葡萄糖} + \text{果糖}$$

$$[\alpha]_D^{20} = 66.5° \qquad \underbrace{+52° \quad -92°}_{[\alpha]_D^{20} = -19.9°}$$

蔗糖水解或消化时分解为等量的D-葡萄糖和D-果糖,这种等物质的量的混合物又称为转化糖,因为原来的蔗糖是右旋的(+66.5°),转变成葡萄糖和果糖的混合物后是左旋(−19.9°)。转化糖比蔗糖更甜,而且转化糖具有还原糖的所有性质。

第三节　多　　糖

多糖是重要的天然高分子化合物，是由单糖通过苷键连接而成的高聚体。一分子多糖水解后可以生成成千上万个单糖分子。有些单糖水解后得到一种单糖，如淀粉、纤维素、糖原水解最终产物都是葡萄糖，这类多糖称为均多糖；同时也把三者称为葡聚糖。有些多糖水解后得到两种以上的单糖或单糖的衍生物，如醛糖酸、氨基糖等，这类多糖称为杂多糖。

多糖大多为无定形粉末，无甜味，大多难溶于水，有的能和水形成胶体溶液。虽然多糖分子末端有苷羟基，但是对高分子多糖而言，所占的比例太小，对多糖的化学性质影响极小。所以，多糖无还原性，无变旋光现象。自然界分布最广、最重要的多糖是淀粉和纤维素。

一、淀粉

淀粉(starch)大量存在于植物的种子和地下块茎中，是人类的三大食物之一。淀粉用淀粉酶水解得到麦芽糖，在酸的作用下，能彻底水解为葡萄糖。所以，淀粉是麦芽糖的高聚体。

淀粉是白色无定形粉末，是由直链淀粉和支链淀粉组成的混合物，两者都是葡聚糖，两者的比例随植物的品种而不同，同时在结构和性质上也有一定的区别。

(一) 直链淀粉

在玉米、马铃薯的淀粉中，直链淀粉含量占20%～30%，能溶于热水而不呈糊状，相对分子质量比支链淀粉小，主要是由D-葡萄糖的α-1，4-苷键聚合而成的链状化合物。

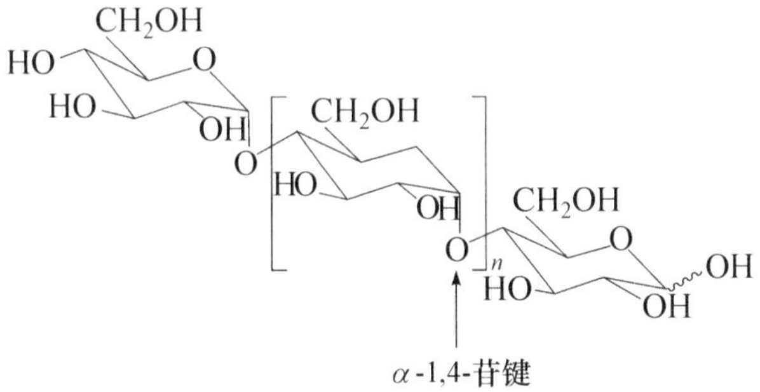

直链淀粉不溶于冷水，因为直链淀粉虽属线形高聚物，但卷曲成螺旋状，像线圈一样，紧密堆积在一起，水分子难以接近，故难溶于水；直链淀粉遇碘显深蓝色，因为直链淀粉每一圈螺旋均含六个葡萄糖单体，螺旋状空穴正好与碘分子(实际上碘以络离子 I_3^- 存在)的直径相匹配，允许碘分子进入空穴中，形成络合物而显深蓝色。这个反应很

灵敏,专门用于检查淀粉。淀粉-碘络合物加热解除吸附,则深蓝色褪去。

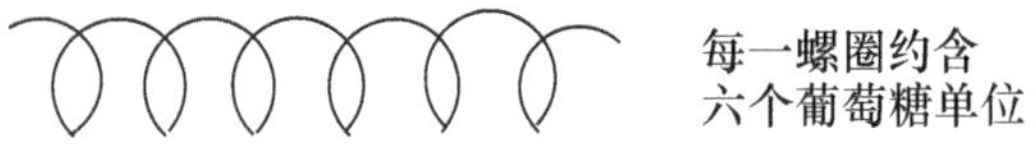

（二）支链淀粉

支链淀粉(淀粉皮质)为有分支的多聚物。分子的主要部分由几千个葡萄糖单位通过 α-1,4-苷键连接而成,每隔 25～30 个葡萄糖单位便有一个 α-1,6-苷键连接的分支,因而呈分支状。

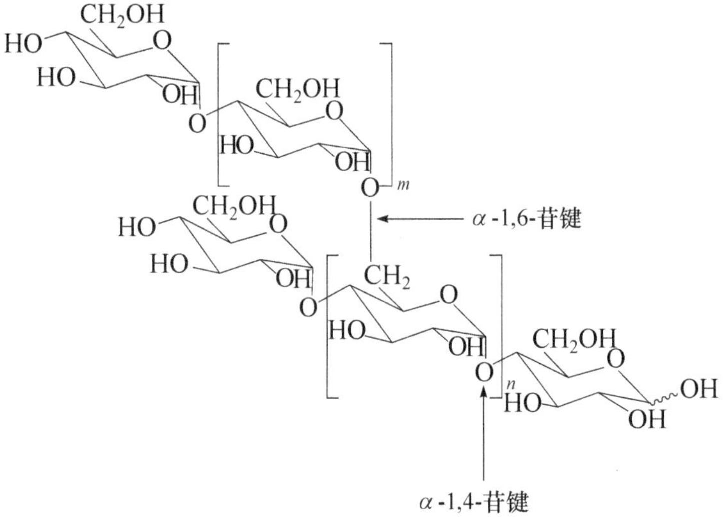

无论是直链还是支链淀粉,均可在酸催化下加热水解,水解是逐步进行的,具体如下:

$$\underset{\text{淀粉}}{(C_6H_{10}O_5)_n} \xrightarrow[H^+]{H_2O} \underset{(n>m)}{} \underset{\text{糊精}}{(C_6H_{10}O_5)_m} \xrightarrow[H^+]{H_2O} \underset{\text{麦芽糖}}{C_{12}H_{22}O_{11}} \xrightarrow[H^+]{H_2O} \underset{\text{D-葡萄糖}}{C_6H_{12}O_6}$$

糊精是相对分子质量较小的多糖,能溶于水,其水溶液有很强的黏性,可作黏合剂。

二、糖原

糖原(glycogen)是动物体内的储备糖,就像淀粉是植物的储备糖一样,所以又称为动物淀粉。人体内约含 400 g 糖原,以颗粒形式存在于肝细胞和肌肉组织中,它由食物所得的 D-葡萄糖转变而成。当机体有需求(如低血糖)时,糖原可经一系列酶催化最后分解为 D-葡萄糖以保持血糖的水平,为各种组织提供能量。

糖原的分子结构与支链淀粉很相似,含有 α-1,4-和 α-1,6-苷键,但其中侧链比支链淀粉多、密和短。糖原中每隔 8～10 个葡萄糖单位就出现一个 α-1,6-苷键。糖原含葡萄糖 6000～24 000 个,相对分子质量可高达 10^8。

三、纤维素

纤维素(cellulose)是构成植物细胞壁及支柱的主要成分，是自然界存在最丰富的有机物。木材中含有40%～50%的纤维素。纸张、棉花和亚麻纤维等都是由纤维素组成的。

纤维素类似于直链淀粉，仅是苷键不同。纤维素是由几千个D-葡萄糖结构单位以β-1,4-苷键互相连接而成的线状多聚物。将纤维素用纤维素酶(β-糖苷酶)水解或在酸性溶液中完全水解，生成D-(+)-葡萄糖。

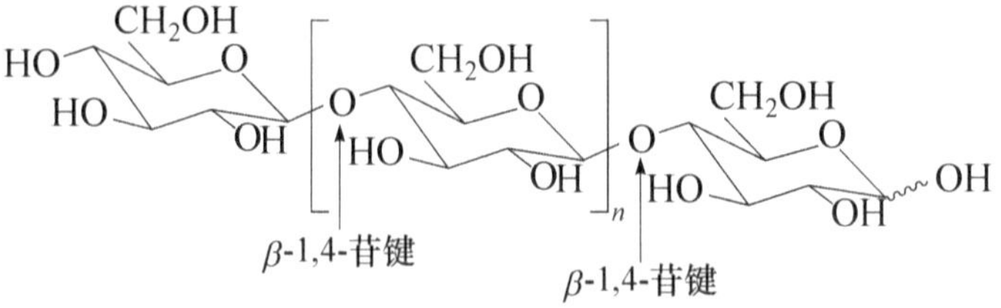

人的消化道中没有水解β-1,4-葡萄糖苷键的酶，所以人体不能消化纤维素，但纤维素对人又是必不可少的，因为纤维素可帮助肠胃蠕动，以提高消化和排泄能力。

习　　题

1. 写出D-半乳糖的吡喃环及D-核糖的呋喃环哈沃斯式与链式的互变平衡体系。
2. 写出α-及β-D-吡喃甘露糖的优势构象式，指出哪种比较稳定。
3. 试解释下列名词。

　(1) 变旋光现象　(2) 端基异构体　(3) 差向异构体

　(4) 苷键　(5) 还原糖与非还原糖　(6) 转化糖

4. 选择题。

　(1) 没有还原性的二糖可能具有的苷键是(　　)。

　a. α-1,4　b. α-1,6　c. β-1,4　d. α,β-1,2

　(2) α-葡萄糖和β-葡萄糖不是(　　)。

　a. 差向异构体　b. 异头物　c. 对映异构体　d. 非对映异构体

　(3) α-D-吡喃葡萄糖甲苷能发生(　　)。

　a. 变旋光现象　b. 酯化反应　c. 成脎反应　d. 银镜反应

　(4) 淀粉的基本组成单位为D-葡萄糖，其中支链淀粉所包含苷键为(　　)。

　a. α-1,4和α-1,6　b. β-1,4和α-1,6

　c. α-1,4和β-1,4　d. β-1,4和β-1,6

　(5) 下列叙述正确的是(　　)。

　a. 己酮糖不能还原土伦试剂

　b. β-D-吡喃葡萄糖的构象比α-D-吡喃葡萄糖的构象稳定

　c. 凡含氮物都能溶于稀盐酸

　d. 所有二糖都有苷羟基，都有还原性

5. 完成下列反应。

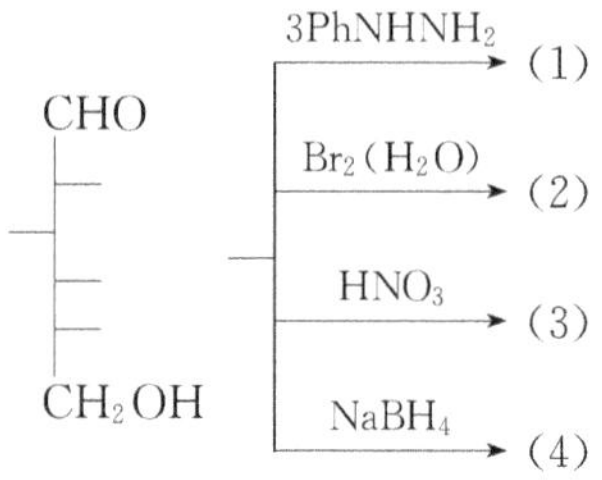

6. 下列化合物中哪些可与费林试剂发生反应？

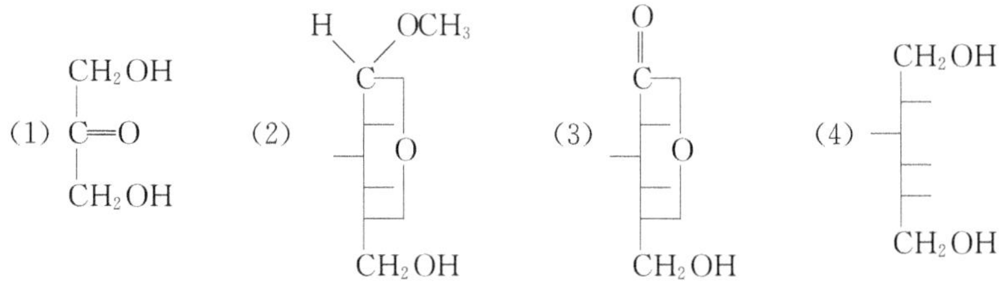

7. 柳树皮中存在一种水杨糖苷，如用苦杏仁酶水解将得到 D-(+)-葡萄糖和邻羟基苯甲醇。请写出水杨糖苷的结构式。

8. 化合物 A 和 B 是两种 D-型丁醛糖，两者与苯肼作用生成相同的糖脎。用稀硝酸溶液氧化时，A 的氧化产物有旋光性，而 B 的氧化产物无旋光性。请推测 A 和 B 的结构式。

第十四章　杂环化合物

杂环化合物是指构成环的原子中含有杂原子的环状有机化合物。杂原子是指除碳原子外的其他原子，常见的有氮、氧和硫。

杂环化合物在自然界分布很广，数量庞大，是有机化合物中数量最多的一类。许多天然产物及药物中都含有杂环的结构。例如，植物中的叶绿素、血液中的血红素、具有遗传作用的核酸、许多中草药的有效成分都含有含氮杂环化合物，部分维生素和抗生素以及一些植物色素和植物染料都含有杂环，通过化学合成的许多新型药物也含有杂环。

本章主要讨论五元和六元具有芳香性的杂环化合物。

第一节　杂环化合物的分类和命名

杂环化合物可根据环的大小、杂原子的多少及单环和稠环来分类。常见的杂环为五元、六元单杂环及稠杂环。稠杂环可以由苯环与单杂环稠合而成，也可以由多个单杂环稠合而成。

杂环的命名常用音译法，是按外文名词音译成带“口”字旁的同音汉字。杂环母体的名称需要特别记忆。对于取代杂环的命名，规则如下：

(1) 杂环的编号从杂原子起依次为 1，2，3，…。

(2) 如环上不止一个杂原子，则从 O、S、N 的顺序依次编号。

(3) 有两个相同杂原子的，从连有 H 原子或取代基的开始编号。

(4) 编号使杂原子或取代基的位次和最小。

例如

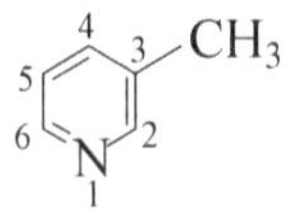

3-甲基吡啶

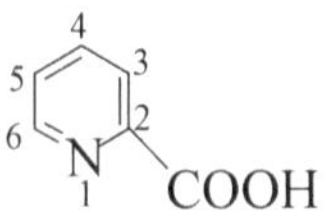

2-吡啶甲酸

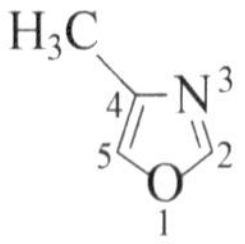

4-甲基噁唑

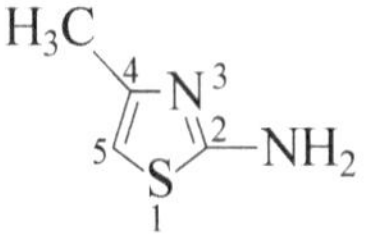

2-氨基-4-甲基噻唑

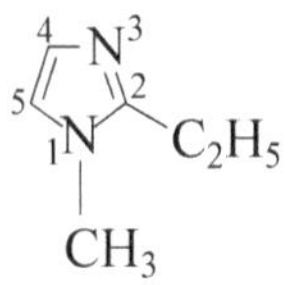

N-甲基-2-乙基咪唑

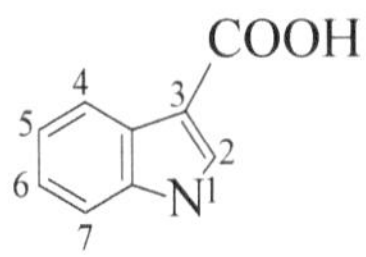

3-吲哚乙酸

常见的杂环母体结构见表 14－1。

表 14-1　常见的杂环母体

五元杂环	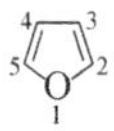 呋喃(furan)	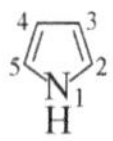 吡咯(pyrrole)	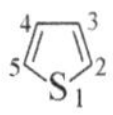 噻吩(thiophene)
	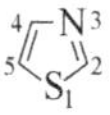 噻唑(thiazole)	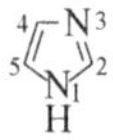 咪唑(imidazole)	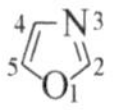 噁唑(oxazole)
六元杂环	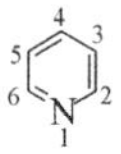 吡啶(pyridine)	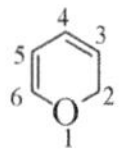 2*H*-吡喃 (2*H*-pyran)	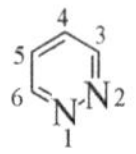 哒嗪(pyridazine)
	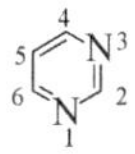 嘧啶(pyrimidine)		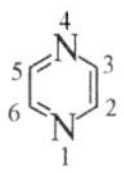 吡嗪(pyrazine)
稠杂环	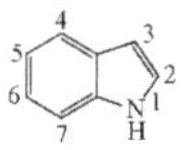 吲哚(indole)	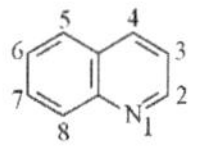 喹啉(quinoline)	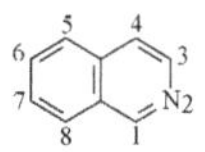 异喹啉(isoquinoline)
	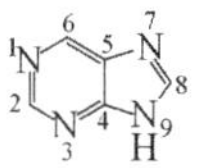 嘌呤(purine)	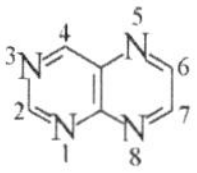 喋啶(pteridine)	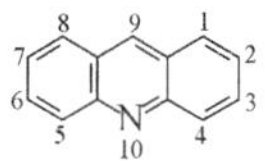 吖啶(acridine)

第二节　五元杂环化合物

呋喃、噻吩、吡咯是最重要的含一个杂原子的五元杂环化合物。它们的衍生物种类繁多，有些是重要的工业材料，有些具有重要的生理活性。本节主要介绍这三种化合物。

一、物理性质

呋喃、噻吩、吡咯分别存在于木焦油、煤焦油、骨焦油中，它们都是无色液体，其物理性质见表 14－2。

表 14－2　五元杂环的物理性质

化合物	沸点/℃	熔点/℃	相对密度
呋喃 	31	－86	0.9514
噻吩 	84	－38	1.0649
吡咯 	131	—	0.9691

二、结构

近代物理方法测得，呋喃、噻吩、吡咯这三种化合物都是平面形分子，环上所有的原子都是 sp^2 杂化，各原子间以 sp^2 杂化轨道重叠形成 σ 键。每个碳原子及杂原子上都有一个未参与杂化的 p 轨道，碳原子的 p 轨道上有一个电子，杂原子的 p 轨道上有一对电子，p 轨道相互平行重叠，形成闭合的共轭体系。体系中 π 电子数为 6，符合休克尔的 $4n+2$ 规则，所以具有芳香性。

杂原子的三个 sp^2 杂化轨道，有两个分别与碳原子形成 σ 键，剩下的一个 sp^2 杂化轨道，呋喃和噻吩中各有一对未共用电子，吡咯中有一个电子，与氢原子形成 σ 键，具体结构如下：

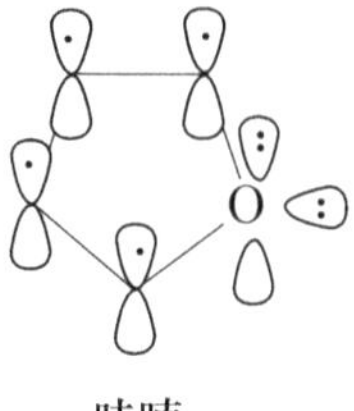

呋喃

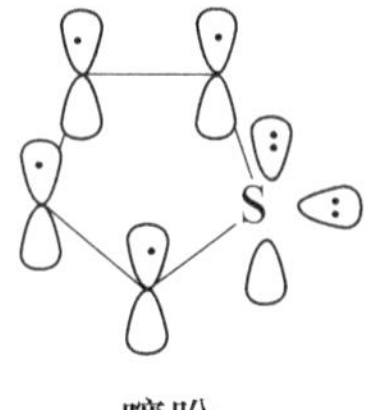

噻吩

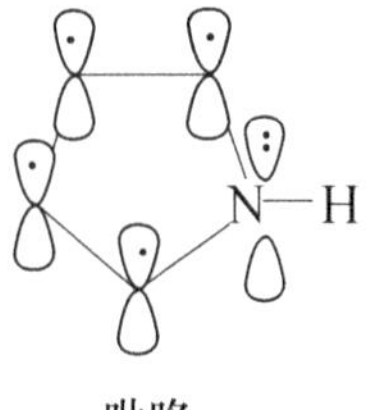

吡咯

三、化学性质

（一）亲电取代反应

呋喃、噻吩、吡咯具有芳香性，和苯环一样容易发生环上的亲电取代反应。由于杂原子的大小及电负性不同，它们发生亲电取代反应的活性有差异，顺序为吡咯＞呋喃＞噻吩＞苯。呋喃、噻吩、吡咯分子中的杂原子各提供一对电子参与共轭，使杂环上碳原子的电子云密度增加，亲电取代反应的活性也增大，因此它们发生亲电取代反应的活性都比苯强。由于 α-位的电子云密度较大，故亲电取代反应优先在 α-位发生。

1. 卤代反应

呋喃与卤素反应几乎是爆炸式完成的，反应需在低温、试剂浓度很低的条件下才可以顺利进行。吡咯与苯相似，容易生成多卤代物。例如

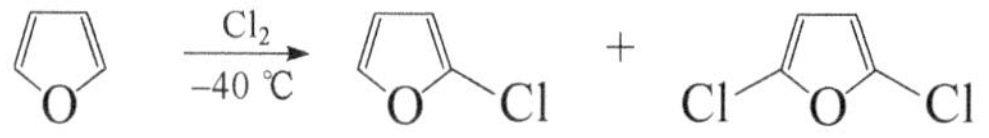

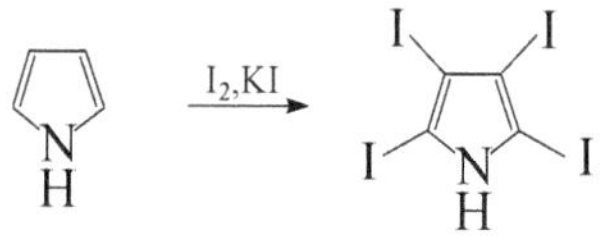

2. 硝化反应

由于呋喃、噻吩、吡咯是富电子共轭体系，在强酸或强氧化剂条件下环易被破坏，因此它们不能用混酸进行硝化，通常使用较温和的非质子性试剂硝酸乙酰酯。例如

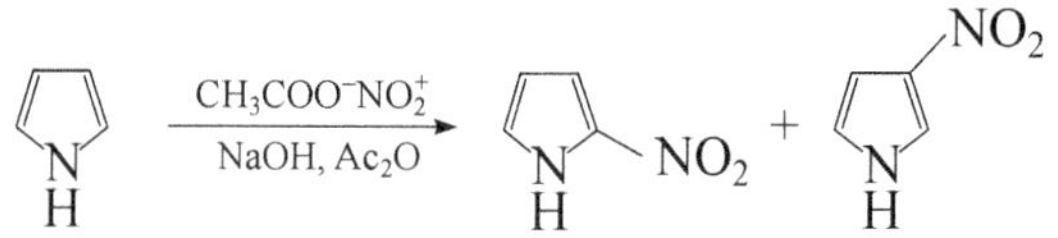

3. 磺化反应

呋喃、噻吩、吡咯的磺化常用温和的非质子磺化试剂。例如

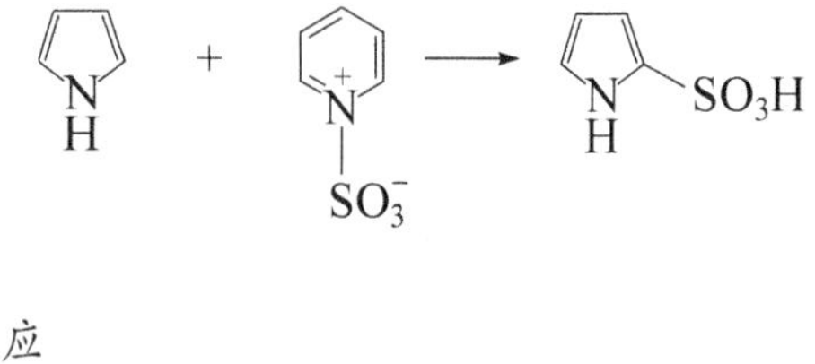

4. 傅-克酰基化反应

傅-克酰基化反应需采用较温和的催化剂，如 $SnCl_4$、BF_3 等。吡咯活性较大，可不用催化剂。例如

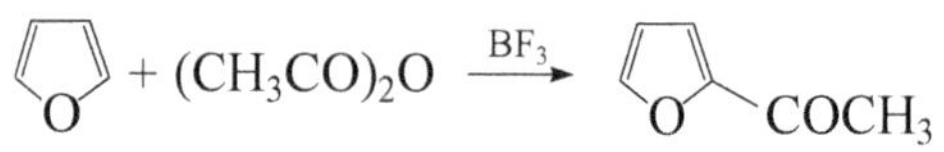

（二）加成反应

呋喃、噻吩、吡咯虽然具有芳香性，但是比苯的弱。它们都相对容易催化加氢，得到饱和的杂环化合物。

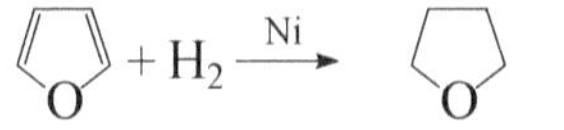

四氢呋喃

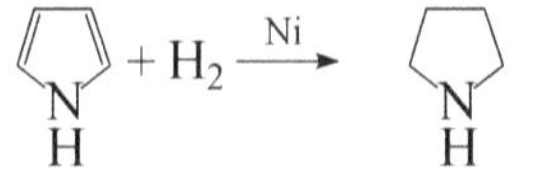

四氢吡咯

噻吩分子中含有硫，会使一般的催化剂中毒，一般采用特殊催化剂。

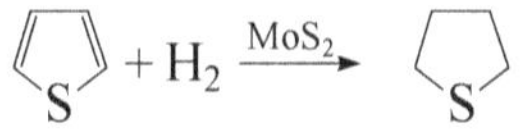

四氢噻吩

（三）吡咯的酸碱性

从结构上看，吡咯是仲胺，但是吡咯几乎不具有碱性。因为氮原子上的一对孤电子对参与共轭 π 键的形成，不再具有给出电子对的能力，难以与质子结合。相反，吡咯氮原子上的氢原子却因此变得活泼，显弱酸性，其 $pK_a=17.5$。吡咯能与强碱反应生成盐。

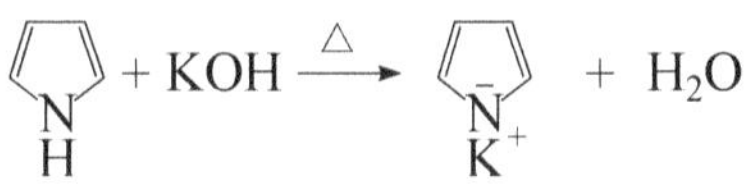

第三节 六元杂环化合物

六元杂环化合物是杂环化合物的重要组成部分，其中最重要的是吡啶。

一、吡啶的结构

吡啶的结构与苯相似。吡啶环上的氮原子和其他五个碳原子一样，都是以 sp^2 杂化成键。氮原子提供一个 p 电子，与五个碳原子提供的五个 p 电子一起形成六个 π 电子的闭合的共轭体系，具有芳香性。氮原子上有一对未共用电子占据 sp^2 杂化轨道，没有参与共轭，因此具有碱性。

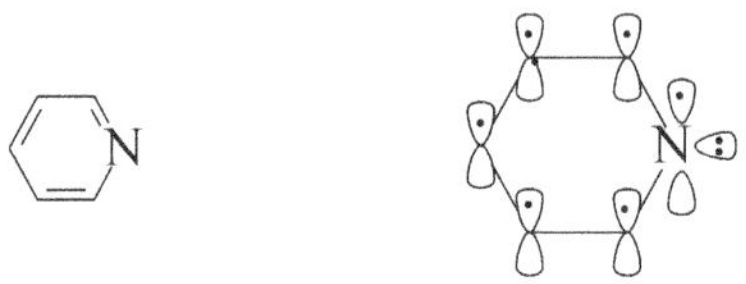

二、吡啶的性质

吡啶存在于煤焦油和骨焦油中，为无色有恶臭的液体，沸点 115.5 ℃，熔点 −42 ℃，相对密度 0.9819，与水及许多有机溶剂（如乙醇、乙醚等）混溶，是很好的溶剂。

吡啶的化学性质体现在芳环的取代反应及氮原子上未共用成对电子的碱性上。

（一）碱性

从结构上看吡啶属于叔胺，但是它的碱性比脂肪族叔胺弱很多，其 $pK_b=8.8$，这是因为吡啶中氮原子上显碱性的未共用电子对处于 sp^2 杂化轨道，而脂肪胺中氮原子的未共用电子对处于 sp^3 杂化轨道，在 sp^2 轨道上的电子受原子核的束缚较大，其供电子能力较低，所以碱性比脂肪胺弱。吡啶可与酸反应成盐。例如

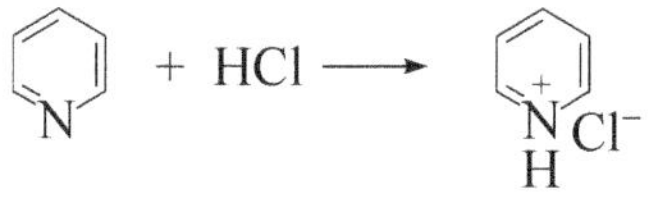

在一些反应中，常用吡啶吸收反应中产生的酸，以提高产率。例如

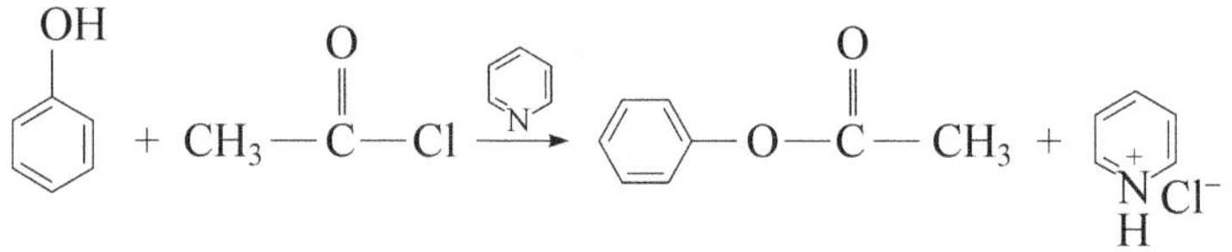

（二）亲电取代反应

吡啶的芳环上可发生亲电取代反应，但是由于吡啶环上的氮原子电负性比碳原子大，吸电子诱导效应使得吡啶环上的电子云密度降低，因此吡啶环上的氮原子具有强的类似间位定位基（如—NO_2）的作用：一方面，氮原子的钝化作用使吡啶发生亲电取代反应的活性比苯弱很多，需要的条件相当苛刻，且产率较低；另一方面，发生亲电取代反应时，亲电试剂进攻的位置主要为氮原子的 β-位。

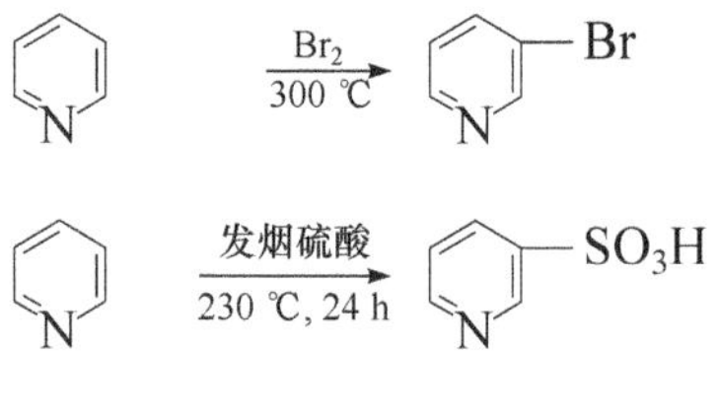

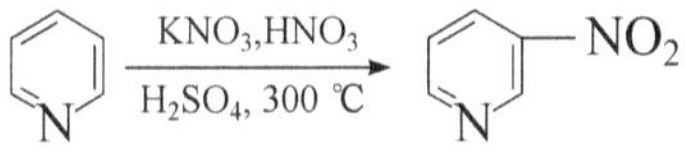

（三）亲核取代反应

吡啶环上氮原子的吸电子作用使环上的电子云密度降低，吡啶不容易发生亲电取代反应，反而容易被亲核试剂进攻发生亲核取代反应。亲核取代反应主要是在吡啶的2-、4-、6-位发生。

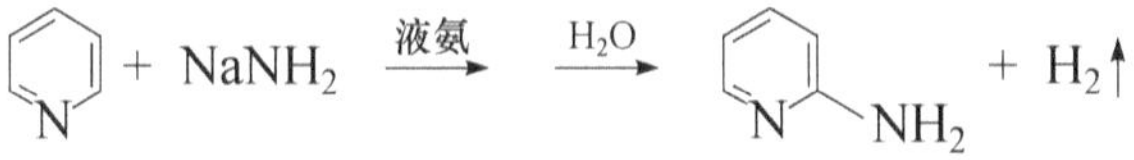

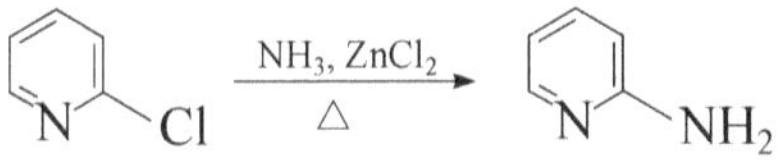

（四）氧化与还原反应

吡啶比苯更难被氧化，主要是吡啶氮原子的吸电子作用使环上电子云密度降低，故吡啶环对氧化剂很稳定。但是如果环上有烃基，烃基可被氧化。例如

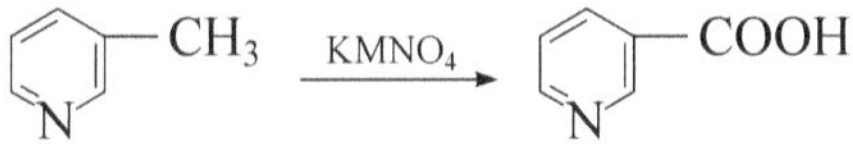

3-甲基吡啶　　3-吡啶甲酸

吡啶在还原剂下表现活泼，容易被还原成六氢吡啶，又称为哌啶。例如

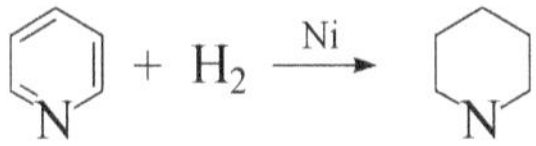

哌啶

第四节　稠杂环化合物

一、吲哚

吲哚由苯与吡咯稠合而成，存在于煤焦油、粪便及各种植物中。吲哚为白色片状结晶，熔点 52 ℃，具有极臭的气味，但极稀浓度的吲哚具有花粉香味，可用作香料。

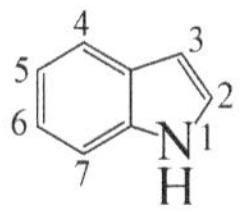

吲哚

吲哚为 10 个 π 电子的环状共轭体系，具有芳香性。由于共轭体系的增长，吲哚比

吡咯更稳定：它的碱性比吡咯弱，其共轭酸的 $pK_a=3.5$；亲电取代反应活性比吡咯低，但是比苯高，所以亲电取代反应主要在吡咯环上进行，且发生在 β-位。

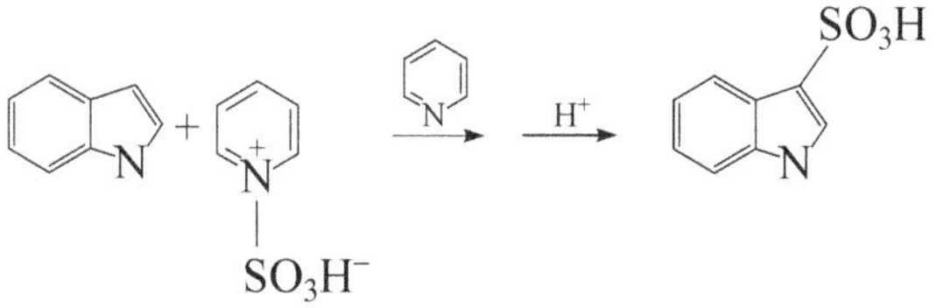

吲哚的衍生物在自然界分布很广，许多天然化合物的结构中都含有吲哚环，有些吲哚的衍生物与生命活动密切相关。

(1) 3-吲哚乙酸：是植物体内普遍存在的内源生长素，3-吲哚乙酸的基本作用是调节植物的生长。

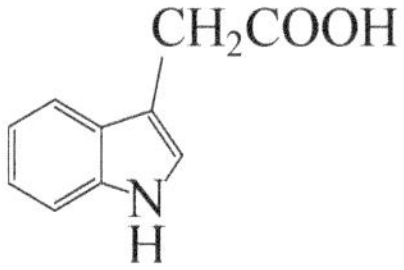

3-吲哚乙酸

(2) 色氨酸：存在于天然蛋白质中，L-色氨酸是组成蛋白质的常见 20 种氨基酸之一，是哺乳动物必需的氨基酸。

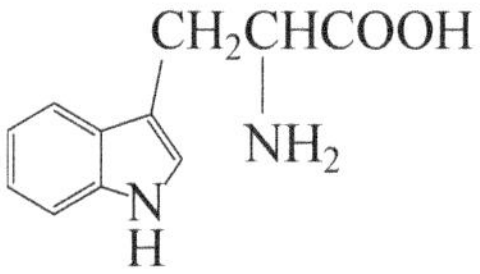

色氨酸

(3) 5-羟色胺：是一种重要的神经介质，在人体中主要由色氨酸代谢生成。当大脑中 5-羟色胺的量突然改变时，就会出现精神失常症状，所以 5-羟色胺是维持人体精神和思维正常活动不可缺少的物质。

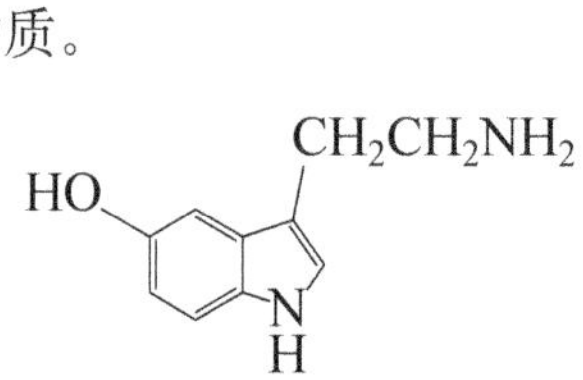

5-羟色胺

二、喹啉和异喹啉

喹啉和异喹啉是以苯和吡啶稠合而成。

喹啉　　　　异喹啉

喹啉和异喹啉都存在于煤焦油和骨焦油中。喹啉为无色具有恶臭的油状液体，沸点 238 ℃，熔点 −15 ℃，能与大多数有机溶剂混溶，但在水中的溶解度较低。异喹啉为低熔点的固体，气味类似于喹啉，熔点 24 ℃，沸点 242 ℃。

喹啉和异喹啉都具有芳香性，苯环的电子云密度比吡啶环高，亲电取代反应在苯环上进行，发生的位置主要是 5-位和 8-位。例如

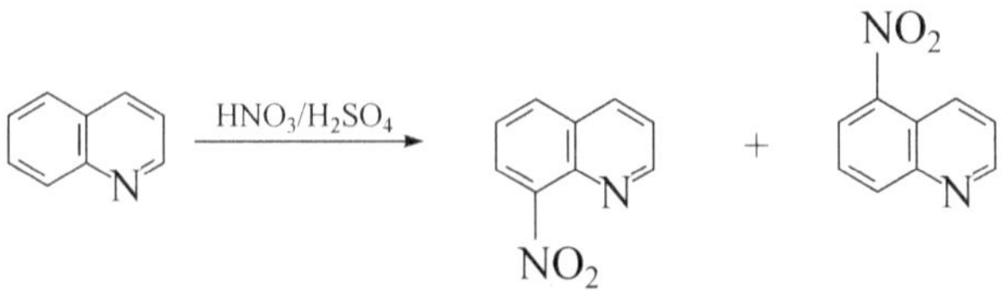

8-硝基喹啉(48%)　　5-硝基喹啉(52%)

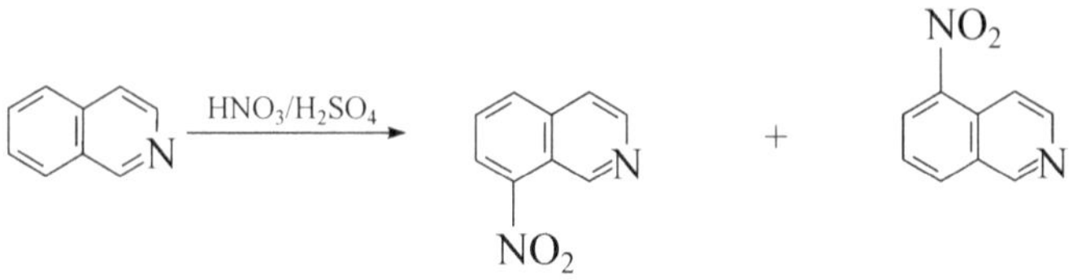

8-硝基异喹啉(10%)　　5-硝基异喹啉(90%)

喹啉氧化时，电子云密度较高的苯环破裂而吡啶环保持不变，还原时电子云密度较低的吡啶环被还原而苯环保持不变。例如

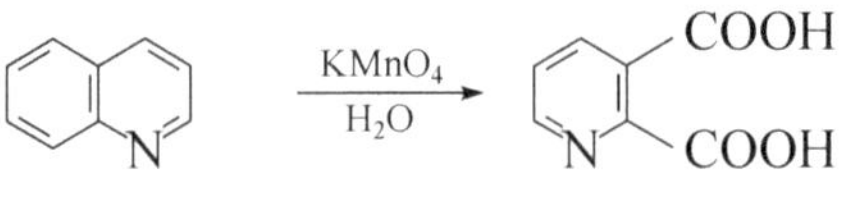

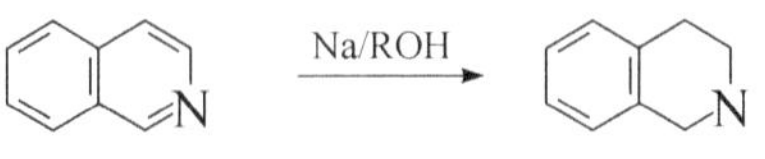

合成喹啉最常用的方法是斯克洛浦(Skraup)法，由苯胺、甘油、浓硫酸及一种弱氧化剂(如硝基苯、五氧化二砷、氧化铁等)共热制备。

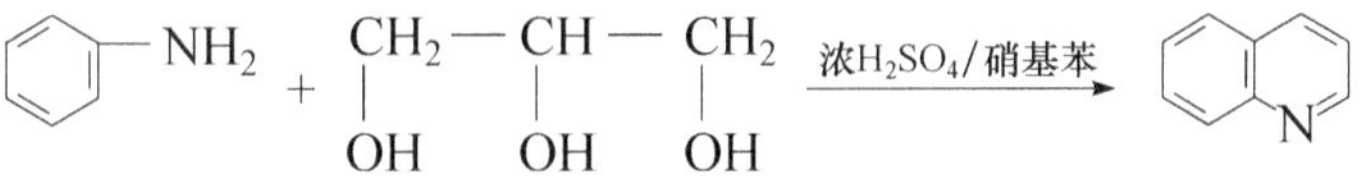

金鸡纳碱(quinine)又称奎宁，是喹啉的一种重要衍生物，存在于金鸡纳树的根、枝、皮中。奎宁具有退热作用，对于某些疟疾原虫具有迅速杀灭的效能，主要用于治疗

疟疾。

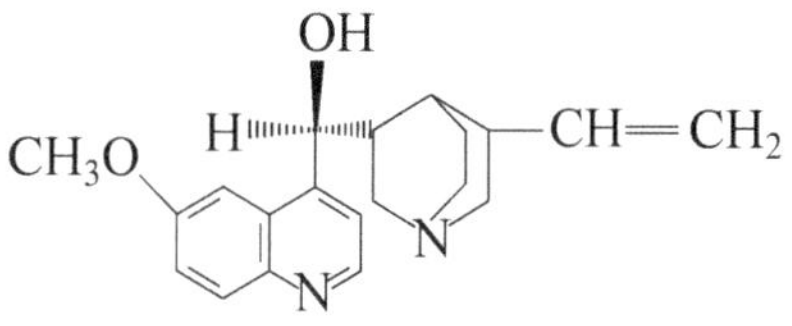

金鸡纳碱

三、嘌呤

嘌呤可以看作是由一个嘧啶环与一个咪唑环稠合而成的。

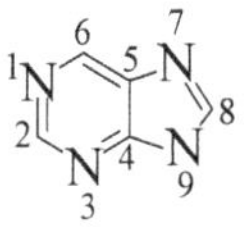

嘌呤

嘌呤是无色针状晶体，熔程 216～217 ℃，易溶于水，也溶于醇，难溶于非极性溶剂。在水溶液中，嘌呤以两种互变异构体的形式存在。在药物分子中，主要以 7H-嘌呤的形式存在，而在生物体内则以 9H-嘌呤的形式存在。

9H-嘌呤　　7H-嘌呤

嘌呤本身不存在于自然界中，但是它的衍生物却在自然界中分布很广。它的许多氨基和羟基衍生物具有很强的生理活性，其中最重要的是腺嘌呤和鸟嘌呤，它们是核酸的两种碱基。

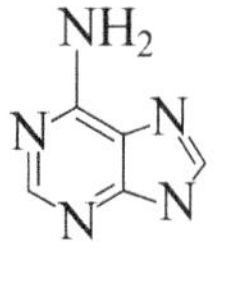

腺嘌呤

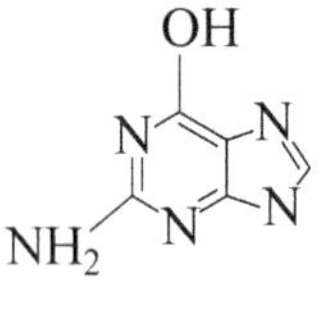

鸟嘌呤

许多生物碱及药物都含有嘌呤环，如存在于咖啡、茶叶、可乐中的咖啡因、可可碱和茶碱；存在于所有食肉动物尿液中的尿酸等；一些具有抗肿瘤、抗病毒、抗过敏、降胆固醇、利尿、强心等生物活性的物质都有嘌呤类化合物存在。

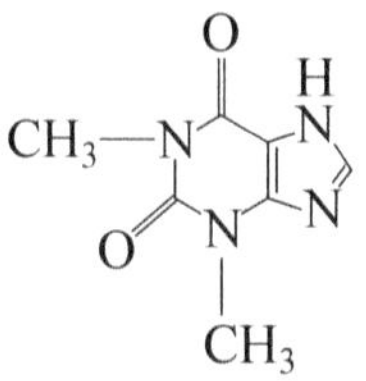

茶碱

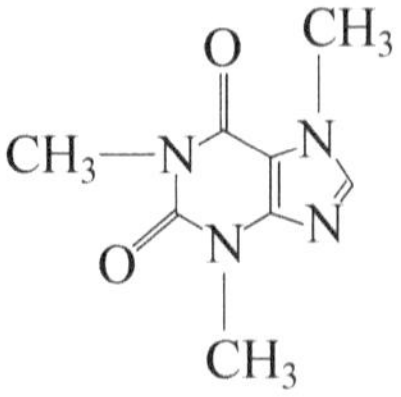

咖啡因

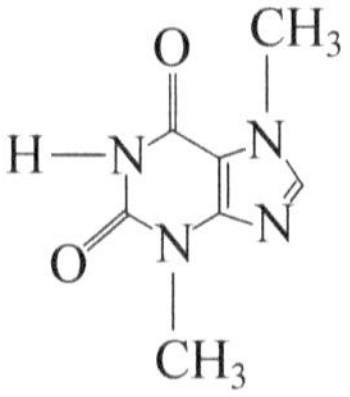

可可碱

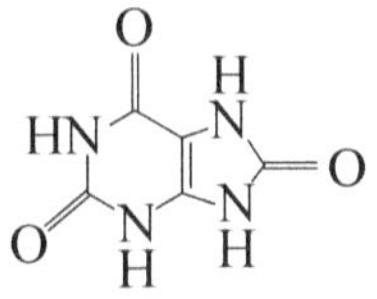

尿酸

习　　题

1. 命名下列化合物。

(1) 

(2) 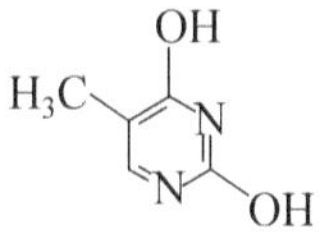

(3) 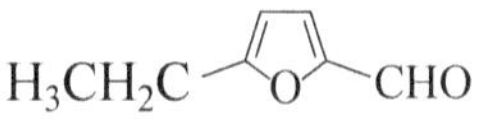

(4) 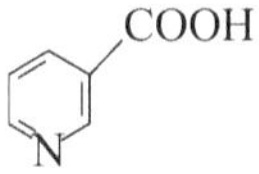

(5) 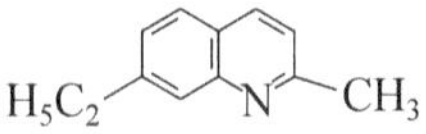

(6) 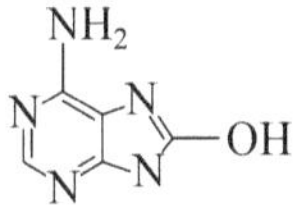

(7) 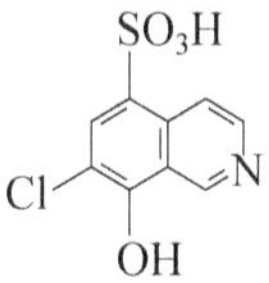

(8) 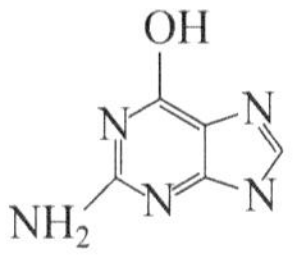

2. 写出下列化合物的结构式。

(1) 2,4-二甲基-8-异丁基喹啉

(2) 4,6-二甲基-2-吡喃酮

(3) 3-吲哚乙酸

(4) 糠醛

(5) 咖啡因

(6) 8-溴异喹啉

3. 写出下列反应的主要产物。

(1) 

(2) 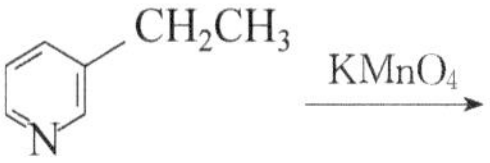

(3) 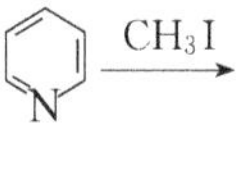

(4) 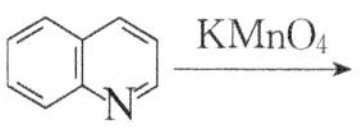

(5) 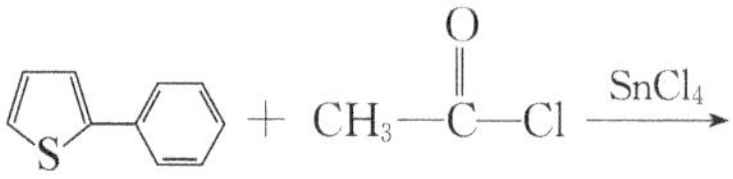

(6) 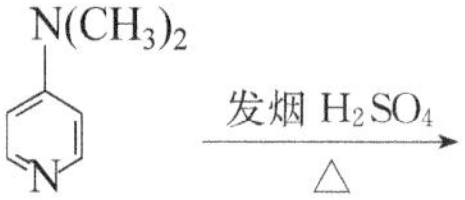

(7) 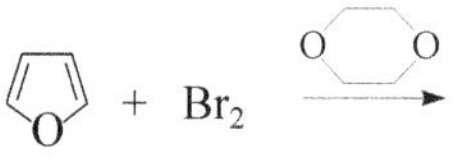

4. 下列物质中，哪些具有芳香性？

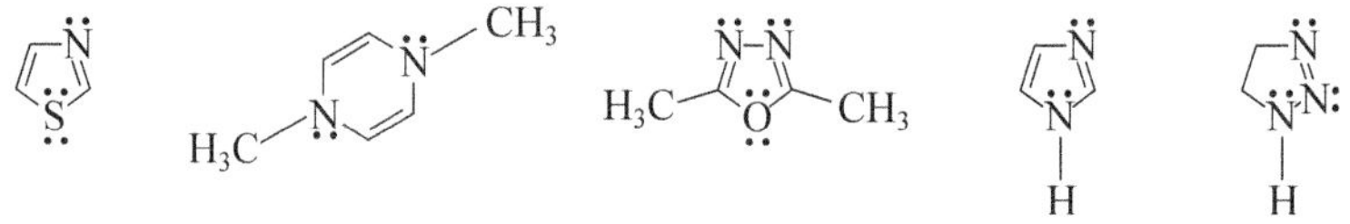

5. 将下列化合物按指定要求排列顺序。

(1) 碱性由强至弱

a. 

b. 

c. 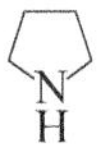

d. 

(2) 亲电取代反应活性由强至弱

a. 

b. 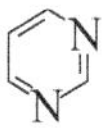

c. 
d. 

第十五章　脂类化合物

脂类化合物(lipid)是油脂和类脂两大类物质的总称,也称为脂质,广泛地存在于人体和其他生物组织中,在许多方面发挥着极其重要的生理功能。其中,脂肪是人体生命三大物质基础之一,是人体储存能量的主要形式。类脂中的甾体性激素与人类的繁衍生殖息息相关。

脂类化合物包括油脂、磷脂、糖脂、甾体化合物、萜类化合物、脂蛋白、人工脂类等。

脂类化合物的共同特征是:难溶于水,而易溶于非极性有机溶剂(乙醚、丙酮等)。

第一节　油　　脂

油脂是动植物的重要组成部分,也是人体活动所必需的物质。油脂是油和脂的总称。油脂在常温下呈液态的称为油(oil),呈固态或半固态的称为脂肪(fat)。它们都是甘油和脂肪酸所组成的中性甘油酯(acylglycerol)。

油脂在动物体内氧化时放出大量的热,1 g 油脂氧化放出 38.9 kJ(约合9.3 kcal[①])的热,以维持动物的正常体温。同时,油脂又是维生素 A、维生素 D、维生素 E、维生素 K 等许多生物活性物质的良好溶剂。在体内,油脂还具有保护内脏器官免受外力撞伤和摩擦的作用;皮下脂肪能防止体内热量过分外散而起到御寒保暖的作用。

一、油脂的组成

从化学结构和组成上看,油脂是甘油与脂肪酸所形成的高级脂肪酸甘油酯的混合物,即一分子甘油与三分子脂肪酸结合生成的甘油酯,其通式如下:

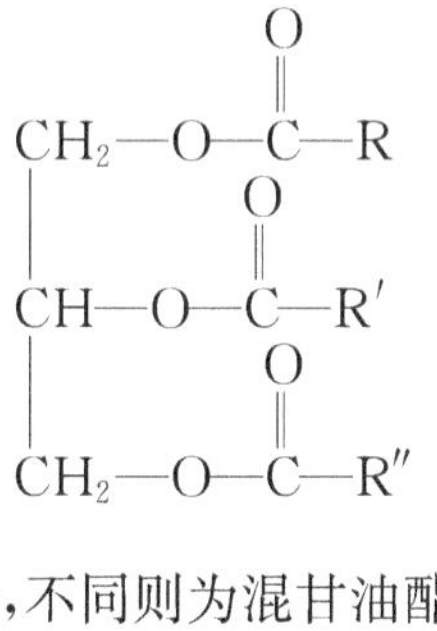

如果 R、R′、R″相同,则为单甘油酯,不同则为混甘油酯。

天然油脂(如豆油、花生油、牛油等)都是多种甘油酯的混合物。油脂中有双键的脂肪酸称为不饱和脂肪酸,没有双键的脂肪酸称为饱和脂肪酸。动物脂肪中不饱和脂肪

① 1 cal=4.1868 J,下同。

酸很少，植物油中则比较多。膳食中饱和脂肪酸太多会引起动脉粥样硬化，诱发冠心病、脑血管疾病等。

组成甘油酯的脂肪酸绝大多数是含偶数碳原子的饱和及不饱和直链脂肪酸。例如，人体脂肪中的脂肪酸主要为 C_{14}～C_{22} 偶数直链脂肪酸。其中饱和脂肪酸与不饱和脂肪酸的含量比约为 2∶3，油酸、亚油酸又分别占 45.9%、9.6%。组成油脂的各种不饱和脂肪酸中以油酸分布最广，其次是亚油酸、亚麻酸等。

多数脂肪酸在人体内合成，只有亚油酸、亚麻酸、花生四烯酸等是人体不能合成的，必须由食物供给，这些脂肪酸医学上称为“必需脂肪酸”。在必需脂肪酸中，又以亚油酸最为重要，它不仅具有促进胆固醇和胆汁酸的排泄、降低血液中胆固醇含量的功能，还是合成花生四烯酸的原料，而花生四烯酸又是合成前列腺素的重要物质。前列腺素具有多种生理活性。

常见油脂中所含的脂肪酸如表 15-1 所示。

表 15-1 常见油脂中所含的脂肪酸

类别	名称	结构
饱和脂肪酸	桂酸（十二烷酸）	$CH_3(CH_2)_{10}COOH$
	蔻酸（十四烷酸）	$CH_3(CH_2)_{12}COOH$
	软脂酸（棕榈酸）（十六烷酸）	$CH_3(CH_2)_{14}COOH$
	硬脂酸（十八烷酸）	$CH_3(CH_2)_{16}COOH$
	焦油酸（二十四烷酸）	$CH_3(CH_2)_{22}COOH$
不饱和脂肪酸	鳖酸（9-十六碳烯酸）	$CH_3(CH_2)_5CH{=}CH(CH_2)_7COOH$
	油酸（9-十八碳烯酸）	$CH_3(CH_2)_7CH{=}CH(CH_2)_7COOH$
	蓖酸（12-羟基-9-十八碳烯酸）	$CH_3(CH_2)_5CH(OH)CH_2CH{=}CH(CH_2)_7COOH$
	亚油酸（9,12-十八碳二烯酸）	$CH_3(CH_2)_4CH{=}CHCH_2CH{=}CH(CH_2)_7COOH$
	γ-亚油酸（6,9,12-十八碳三烯酸）	$CH_3(CH_2)_4CH{=}CHCH_2CH{=}CHCH_2CH{=}CH(CH_2)_4COOH$
	桐油酸（9,11,13-十八碳三烯酸）	$CH_3(CH_2)_3CH{=}CHCH{=}CHCH{=}CH(CH_2)_7COOH$
	花生四烯酸（5,8,11,14-二十碳四烯酸）	$CH_3(CH_2)_4CH{=}CHCH_2CH{=}CHCH_2CH{=}CHCH_2CH{=}CH(CH_2)_3COOH$
	神经酸（15-二十四碳四烯酸）	$CH_3(CH_2)_7CH{=}CH(CH_2)_{13}COOH$

二、油脂的命名

油脂的命名有两种方法：一是称为“三酰甘油”，这种命名法较少；二是将甘油的名称放在前，脂肪酸的名称放在后，称为甘油某酸酯。

如果甘油酯中三个脂肪酸不同，为混合甘油酯，则必须将脂肪酸的位次按 α、β、α'顺序分别标明。例如

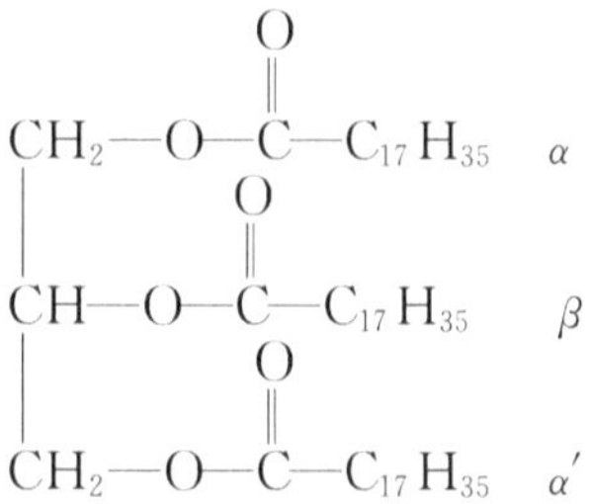

甘油三硬脂酸酯

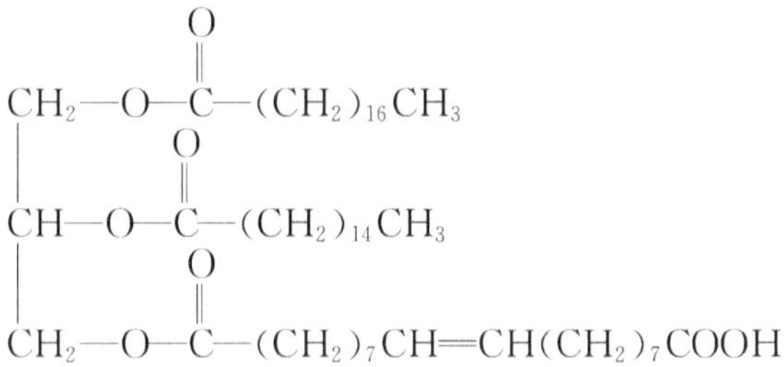

甘油-α-硬脂酸-β-软脂酸-α'-油酸酯

三、油脂的物理性质

纯净的油脂是无色、无臭、无味的物质，相对密度小于水，难溶于水，易溶于有机溶剂(如乙醚、石油醚、氯仿、四氯化碳等)，可以利用上述溶剂从动植物组织中提取油脂。天然油脂都是混合物，没有恒定的熔点和沸点。

四、油脂的化学性质

油脂的化学反应主要表现在酯、双键、β-碳上的活泼氢反应等方面。

(一) 皂化

油脂与一般酯的性质相似，可以在酸、碱、酶的催化下发生水解。

油脂在碱溶液中水解称为皂化。

油脂发生水解时，生成一分子甘油和三分子脂肪酸。如果用碱(NaOH 或 KOH)使油脂进行水解，所得产物不是脂肪酸而是脂肪酸盐，这些盐习惯上称为肥皂。

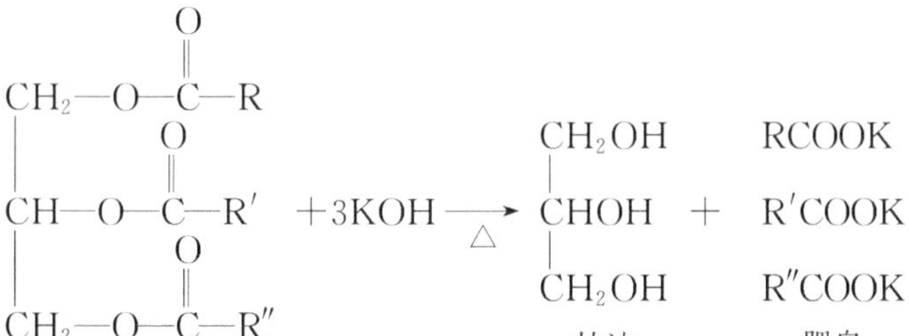

甘油　　肥皂

1 g 油脂完全皂化时所需要 KOH 的质量(mg)称为皂化值。皂化值与油脂的相对分子质量成反比。因此，根据皂化值的大小，可以推知油脂中所含脂肪酸的平均相对分

子质量。皂化值可以用来检验油脂的质量。

（二）加成

含不饱和脂肪酸的油脂可以与 H_2、卤素进行加成反应。

1. 氢化

含不饱和脂肪酸的油脂可以通过催化加氢使油脂的不饱和程度降低，液态的油转化为半固态或固态的脂肪。这种加氢反应称为“油脂的硬化”。

硬化后的油脂不易氧化，利于储存、运输。

在硬化过程中，由于较高的温度和催化剂的作用，油脂的构型发生了转变，从不稳定的 Z 型变成稳定的 E 型，从而使其熔点升高。

2. 加碘

油脂与碘可以进行加成反应，根据一定量的油脂所能吸收的碘的数量，可以测定油脂中脂肪酸的不饱和程度。

100 g 油脂所能吸收碘的质量(g)称为碘值。碘值越大，表示油脂的不饱和程度越高。

由于碘本身不够活泼，因此测定时常用氯化碘（ICl）或溴化碘（IBr）的冰醋酸溶液作试剂，其中氯原子或溴原子能使碘活化。

（三）酸败

油脂在空气中久置会变质，产生异臭、异味，这种变化称为酸败。酸败的主要原因是氧化作用，油脂中不饱和酸的双键部分受到空气中氧气的作用，氧化成过氧化物，过氧化物继续分解或氧化产生有臭味的低级醛或羧酸。光、热或湿气可以加速油脂的酸败。

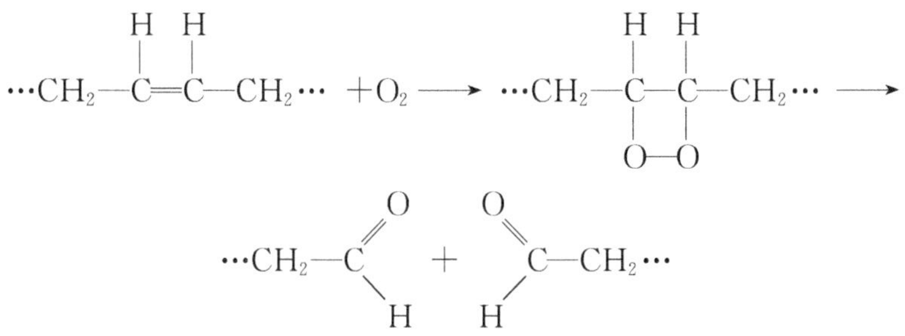

油脂酸败的另一原因是在微生物或酶的作用下发生 β-氧化，生成的 β-酮酸进一步脱羧而成具有臭味的酮。例如

$$\overset{\beta}{R}CH_2\overset{\alpha}{C}H_2COOH \xrightarrow{\text{微生物或酶}} R\overset{O}{\overset{\|}{C}}CH_2COOH \xrightarrow{-CO_2} R\overset{O}{\overset{\|}{C}}CH_3$$

（四）干性

某些油在空气中放置，表面上会生成一层干燥而有韧性的薄膜，这种现象称为干化。具有这种性质的油称为干性油。在干性油中加入颜料等物质，就可以制成油漆等涂料。

干性的好坏是以形成干燥薄膜的速度和韧性的强弱来衡量的。

桐油是最好的干性油，桐油中含有 79% 的桐油酸，它不但干化快，而且形成的薄膜韧性强，并耐冷、热、潮湿。我国的桐油在世界上占有非常重要的地位。

根据油的干性不同，又可以把油分成干性油、半干性油、不干性油。

油的干化是一个复杂的过程，与氧化和聚合有关系，实验证明，油的干化与油中的脂肪酸结构密切相关。含不饱和脂肪酸是必要条件；含共轭双键的不饱和脂肪酸的油干性最好。例如，桐油的干性非常好，就是因为桐油酸分子中的三个双键是共轭的。

$$CH_3(CH_2)_3CH{=}CH{-}CH{=}CH{-}CH{=}CH(CH_2)_7COOH$$

在这种结构中，双键旁的亚甲基容易和空气中的 O_2 发生自动氧化，形成一个自由基，自由基又自行结合为高分子化合物。共轭双键两侧的亚甲基同时受两个或三个双键的影响，更为活泼，更容易氧化和聚合。

第二节　类　　脂

类脂即是复合酯类，生物体内除油脂外，还存在许多类似油脂的化合物。

类脂是构成人体及动物组织器官的重要成分。例如，肝、脑、神经组织和卵黄等都含有丰富的磷脂(phospholipid)及胆固醇。

人体皮肤也分泌少量的甾醇，具有润滑皮肤的功用。

类脂主要包括：①磷脂，如甘油磷脂：磷脂酰胆碱、磷脂酰乙醇胺、神经鞘磷脂等；②糖脂，如脑苷脂、神经节苷脂等；③甾体化合物，如胆固醇、甾体激素等；④萜类化合物，如前列腺素等；⑤脂蛋白，如高密度脂蛋白、低密度脂蛋白等；⑥人工脂类，如蔗糖脂肪酸聚酯、山梨醇聚酯。

一、磷脂

磷脂是含磷酸酯的类脂化合物，存在于一切细胞的细胞膜中。它是细胞原生质的固定组成成分。动物的心、肝、脑，以及蛋黄、种子、胚芽、大豆中都含有丰富的磷脂。

磷脂水解后，可以得到醇、脂肪酸、磷酸和含氮有机碱等几种不同的物质。

根据与磷酸成酯的组分不同，磷脂又可分为甘油磷脂(phosphoglyceride)和鞘磷脂(sphingomyelin)两大类。

（一）甘油磷脂

甘油磷脂主要是指磷酯酸的衍生物，即磷酯酸的磷酸部分与其他的醇结合成酯，这种酯就称为甘油磷脂。在天然甘油磷脂分子中，两分子高级脂肪酸通常与甘油分子中两个相邻的羟基通过酯键结合。

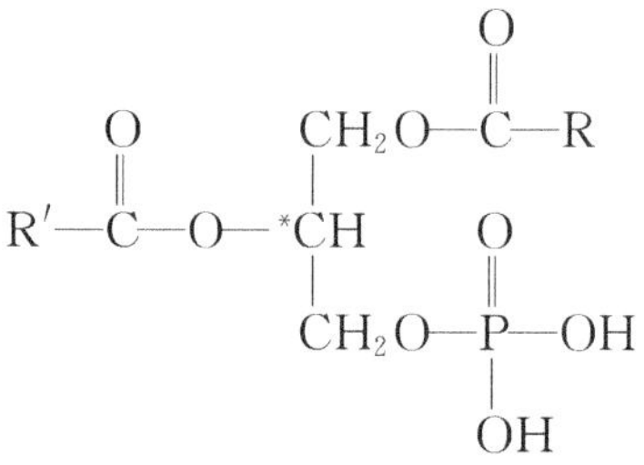

磷酯酸

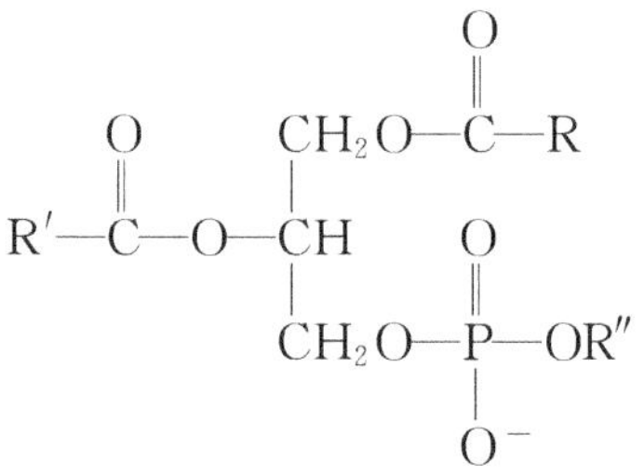

甘油磷脂

这类甘油磷脂有磷脂酰胆碱（卵磷脂）、磷脂酰乙醇胺（脑磷脂）等。

常见的成酯的醇有胆碱、乙醇胺、丝氨酸等。

重要的甘油磷脂有以下两种。

1. 磷脂酰胆碱

磷脂酰胆碱（posphatidyl choline）又称为卵磷脂（lecithin）。它是磷脂中最丰富的一种，存在于各种动植物组织与器官中，尤其是脑、肝、神经组织、心脏、肾上腺、红血球等，蛋黄中含量特别多，占 8%～10%，其结构如下：

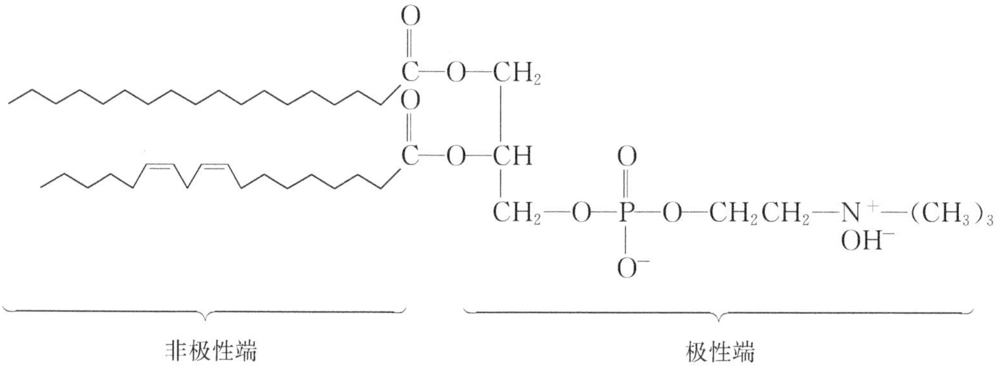

磷脂酰胆碱

自然界的磷脂酰胆碱是几种磷脂酰胆碱的混合物，主要是组分中的脂肪酸不同。

根据磷酸在磷脂分子中连接位置不同，磷脂又可分为 α-和 β-两种异构体。例如，α-磷脂酰胆碱是磷酸连接在甘油的 α-碳上，β-磷脂酰胆碱则是磷酸连在 β-碳上。

天然的磷脂酰胆碱是 α-磷脂酰胆碱。磷脂酰胆碱水解可得甘油、脂肪酸、磷酸和胆碱（choline）。脂肪酸包括软脂酸、硬脂酸、油酸、亚油酸、亚麻酸和花生四烯酸六种。

2. 磷脂酰乙醇胺

磷脂酰乙醇胺（phosphatidyl ethanolamine）又称为脑磷脂（cephalin），与磷脂酰胆

碱并存于机体各种组织及器官中。二者的结构和理化性质相似，不同的是磷脂酰乙醇胺中含氮的有机碱为胆胺。

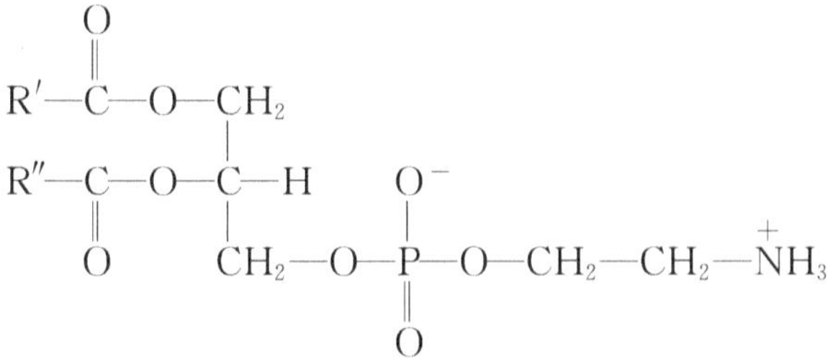

磷脂酰乙醇胺

磷脂酰乙醇胺与磷脂酰胆碱一样，也有 α、β 两种异构体，也不稳定，易于吸收水分，并在空气中氧化成黑色。水解后得到甘油、脂肪酸、磷酸和胆胺。磷脂酰乙醇胺与血的凝结有关，血小板内的凝血激酶就是脑磷脂与蛋白质构成。

（二）神经鞘磷脂

神经鞘磷脂又称为鞘磷脂，由鞘氨醇、脂肪酸、磷酸和胆碱组成，结构如下：

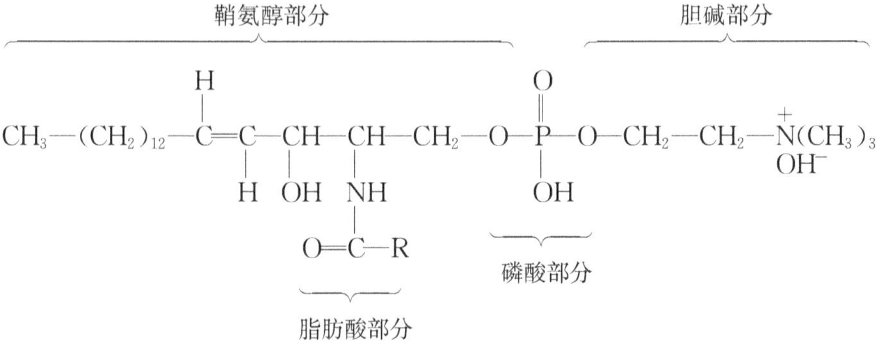

鞘磷脂

鞘磷脂水解后得到的脂肪酸有软脂酸、硬脂酸、掬焦油酸、二十四碳烯酸等。

鞘磷脂为白色结晶，在光的作用下或在空气中不易氧化，比较稳定，不溶于丙酮及乙醚而溶于热乙醇中。高等动物的脑及神经组织中含有大量的神经鞘磷脂。鞘磷脂对神经的兴奋性和传导性起着重要的作用。

二、中性糖鞘脂

中性糖鞘脂（neutral glycosphingolipid）又称为糖脂，是含糖、脂肪酸和鞘氨醇的类脂，分布在脑和其他神经组织中，特别是脑中的蛋白质部分。

脑苷脂是中性糖鞘脂类中最简单、最重要的一种，其结构如下：

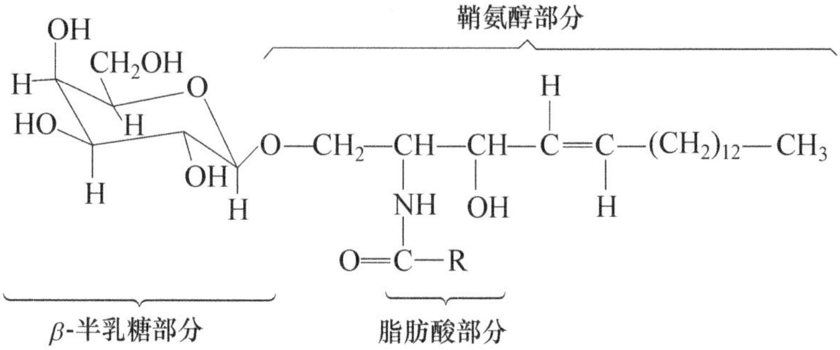

脑苷脂

脑苷脂水解后得到鞘氨醇、半乳糖(或葡萄糖)和脂肪酸。

中性糖鞘脂为白色蜡状物,溶于热的乙醇、丙酮或苯中,而不溶于冷乙醇及冷丙酮中。

中性糖鞘脂与神经鞘磷脂、蛋白质、多糖组成髓脂质称为髓鞘,包裹在神经纤维或轴突外,形成一层包膜。当神经细胞的轴突传导神经冲动时,髓鞘就像导线的绝缘体一样,对轴突起到绝缘的作用。

三、甾体化合物

甾体化合物(steroid)也称为甾族化合物,又称为类固醇化合物,是一类非常重要的天然产物。它广泛存在于动植物组织中,并在动植物生命活动中起着重要作用。

甾体化合物构型比较复杂,因此它们的种类很多,一般分为甾醇类、胆甾酸类、强心苷类、甾体性激素、含氮甾体化合物以及甾体生物碱等。

(一) 甾体化合物的基本骨架及其编号

甾体化合物的分子中都含有一个环戊烷多氢菲的基本骨架,并且一般都含有三个侧链。"甾"字很形象地表示了这种基本骨架的特征,在含有四个稠合环"田"字上连有三个侧链"巛"。其基本结构式表示如下:

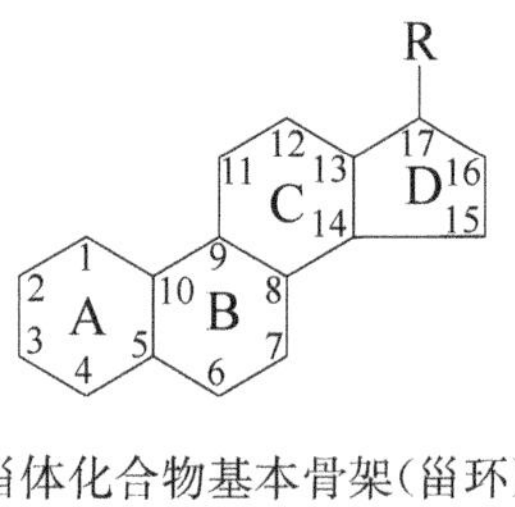

甾体化合物基本骨架(甾环)

C10 和 C13 上常连有甲基,这种甲基称为角甲基,结构式中用短竖线表示;C17 上可连有各种不同烃基、氧原子或其他基团;C3 上一般连有羟基。基本骨架中的环,有的是完全饱和的,有的在不同位置含有不同数目的双键。

（二）甾体化合物的命名

许多天然甾体化合物常根据其来源而有习惯的名称，如胆固醇、黄体酮等。

若按系统命名法命名，是先确定所选用的甾体母核，然后在母核名称的前后表明取代基的名称、数量、位置及构型（α、β）。在母核中若有双键时，除用一般方法编号表示位次外，还可用符号“Δ”表示双键，写在母核之前，并在“Δ”号的右上角标出双键的位次。例如

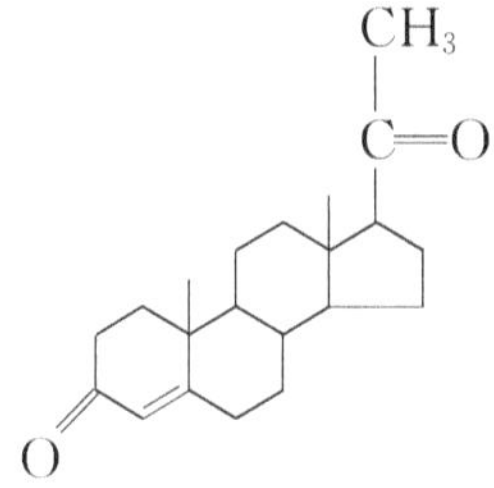

黄体酮（Δ^4-孕甾烯-3,20-二酮）

（三）甾体化合物的构型

甾体化合物的立体结构比较复杂，它的分子中含有多个手性碳原子，其基本骨架中就有 C5、C8、C9、C10、C13、C14、C17 七个手性碳原子。理论上应有 $2^7=128$ 种旋光异构体，但由于稠环的存在所引起的空间障碍，实际上存在的只是具有比较稳定构型的异构体。

存在于自然界中的甾体化合物只有两种构型，即 A/B 两环可以是顺式或反式相稠合，B/C 两环都是反式稠合，C/D 两环在大多数情况下也是反式稠合。

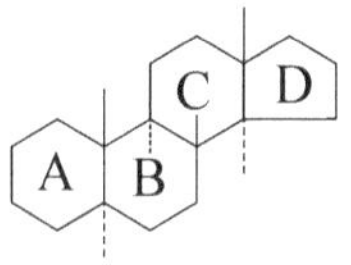

A/B(反), B/C(反), C/D(反)

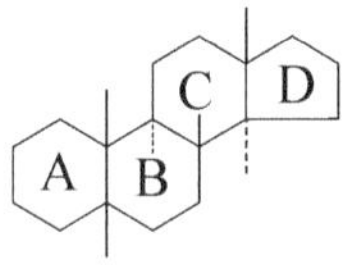

A/B(顺), B/C(反), C/D(反)

根据这一点，甾体化合物可分为两类：一类以粪甾烷为代表，A/B 两环顺式稠合，相当于顺十氢萘的构型，即 C5 上的氢原子和 C10 上的角甲基都伸向环系平面的前方，处于平面同侧，用实线表示，又称正系。另一类以胆甾烷为代表，A/B 两环反式稠合，相当于反十氢萘的构型，即 C5 上的氢原子与 C10 的角甲基处于平面异侧，用虚线表示，又称别系。

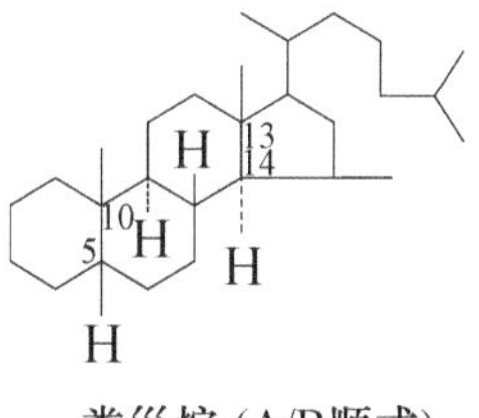

粪甾烷 (A/B顺式)

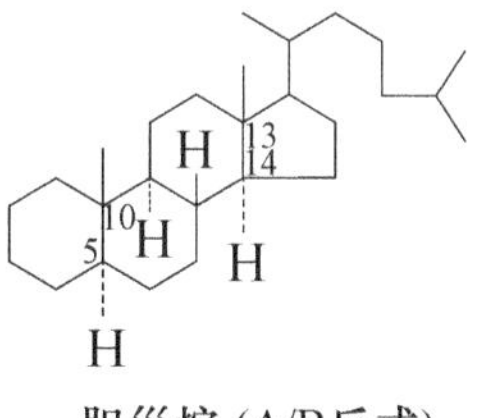

胆甾烷 (A/B反式)

甾体化合物除环的稠合有顺反异构外，还可以有取代基的构型。一般规定：环上的取代基与 C10、C13 上的两个角甲基处于平面同侧的称为 β-构型，用实线表示；环上的取代基与 C10、C13 上的两个角甲基处于平面异侧的称为 α-构型，用虚线表示。

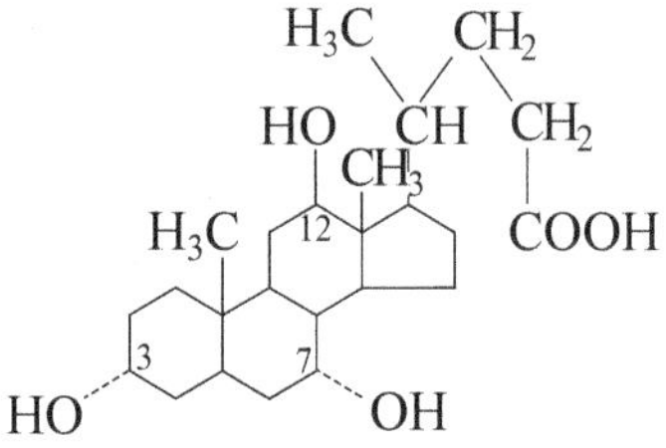

胆酸(α-构型,A/B顺式)

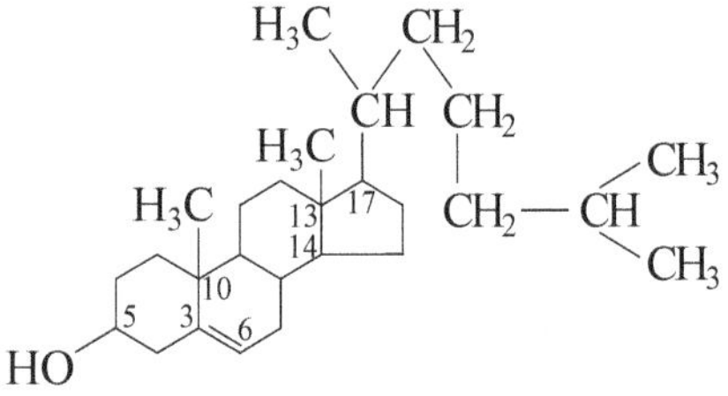

胆固醇(β-构型,A/B反式)

甾体化合物的各种立体异构体不仅理化性质上有所不同，生理活性上也有差异。

（四）甾体化合物的构象

胆酸和胆固醇的构象式表示如下：

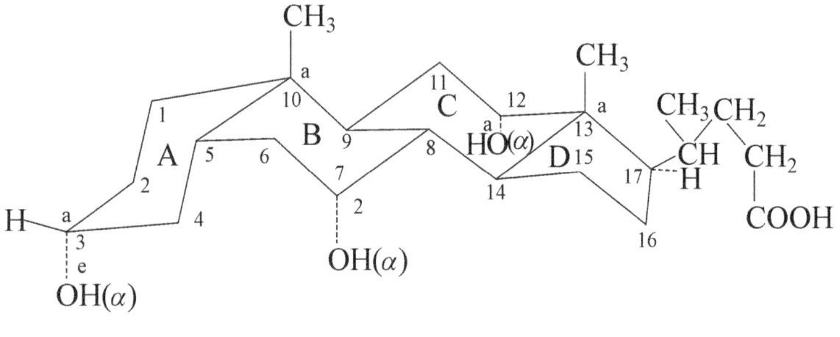

胆酸(α-构型)

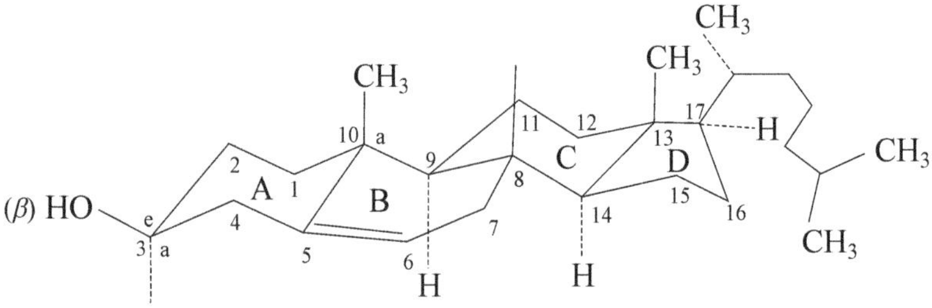

胆固醇(β-构型)

（五）甾体化合物母核的定性检验

将试样溶解在氯仿中，加入乙酸酐和浓硫酸，先产生浅红色，后变为蓝紫色，最后转为绿色。这个反应称为利伯曼-布查(Lieberman-Burchard)反应，它是甾体母核(骨架)的颜色反应。在天然药物化学中，常用于强心苷、甾体皂苷等甾体化合物的定性检验。

(六)几种重要的甾体化合物

1. 胆固醇

胆固醇(cholesterol)又称为胆甾醇,它是动物甾醇,是最早发现的天然甾体化合物。因为是从胆结石中发现的固体醇,故此得名。胆固醇 C3 位有一个 β-羟基,C5(6)之间为双键,C17 连有一个八个碳原子的烷基侧链,是胆甾烷的衍生物。其结构如下:

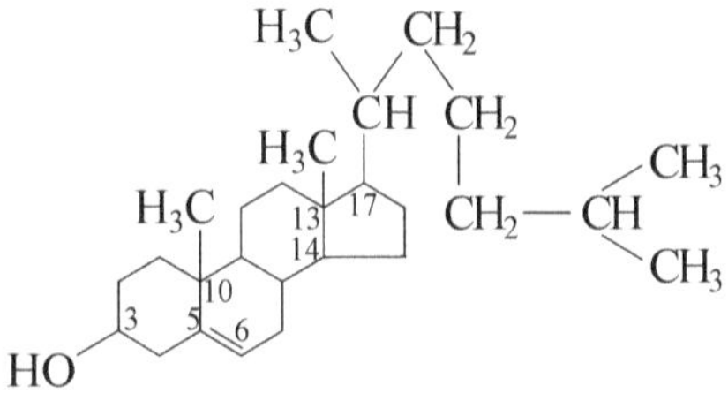

胆固醇

在动物和人体内,胆固醇通常以脂肪酸酯的形式存在,在植物体内一般以糖苷的形式存在。胆固醇是真核生物细胞膜的重要组分,生物膜的流动性与其密切相关,它使细胞膜流动性适中。胆固醇还是生物合成胆甾酸和甾体激素的前体。所以,胆固醇在体内有重要作用。但是,若胆固醇摄入太多或代谢发生障碍,就会从血清中沉积在动脉血管壁上,导致冠心病或动脉血管粥样硬化。相反,胆固醇长期偏低也会诱发疾病。

胆固醇为无色或略带黄色的结晶,熔点 148 ℃,微溶于水,易溶于有机溶剂。

2. 维生素 D_3

维生素 D_3(vitamin D_3)可由 7-脱氢胆固醇经紫外线照射生成。

胆固醇在体内氧化,C7 和 C8 上各脱去一个氢原子,转化为 7-脱氢胆固醇,它存在于人体皮肤中,若经紫外线照射,B 环打开,转变为维生素 D_3。因此,多晒太阳,体内就可以获得维生素 D_3,这是获得维生素 D 的最简易方法。

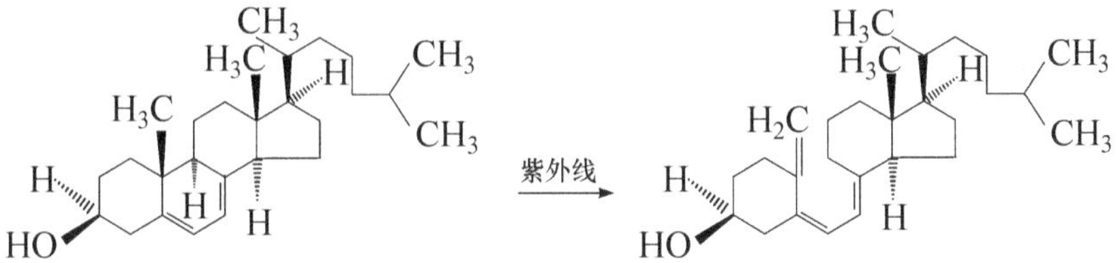

7-脱氢胆固醇 维生素D_3

3. 维生素 D_2

维生素 D_2(vitamin D_2)则是由麦角固醇在紫外线照射下生成的。

麦角固醇存在于干酵母、霉菌及麦角中,是青霉素生产中的一种副产物。与 7-脱氢胆固醇相比，麦角固醇在 C17 相连的侧链上多了一个甲基和一个双键。

麦角固醇在紫外光照射下，通过一系列中间产物，最后生成维生素 D_2。

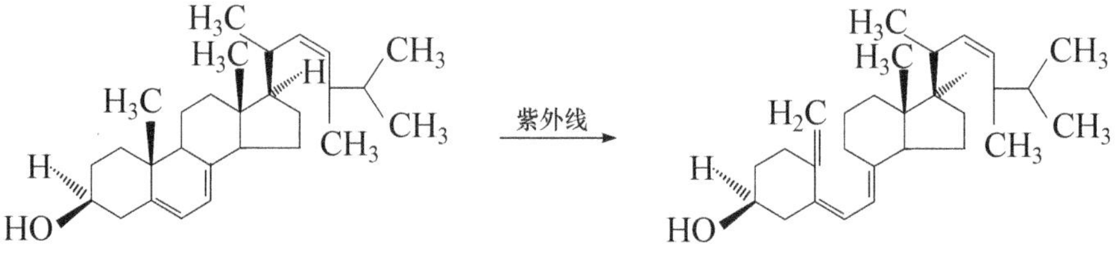

麦角固醇　　　　　　　　　　维生素D_2

维生素 D 具有抗佝偻病的作用，所以也称为抗佝偻病维生素。当体内缺乏维生素 D 时，儿童易患佝偻病，成人则会患软骨症。因此，多晒太阳，可以防止佝偻病和软骨病。

维生素 D 除维生素 D_2、维生素 D_3 外，还有维生素 D_4、维生素 D_5 等，但以维生素 D_2、维生素 D_3 的生理作用最强。

4. 胆甾酸

胆甾酸(cholic acid)是用水解的方法从动物胆汁中分离出来的一系列羧酸，它们的结构与胆固醇类似。从人和牛的胆汁中分离出来的胆甾酸主要为胆酸和脱氧胆酸。

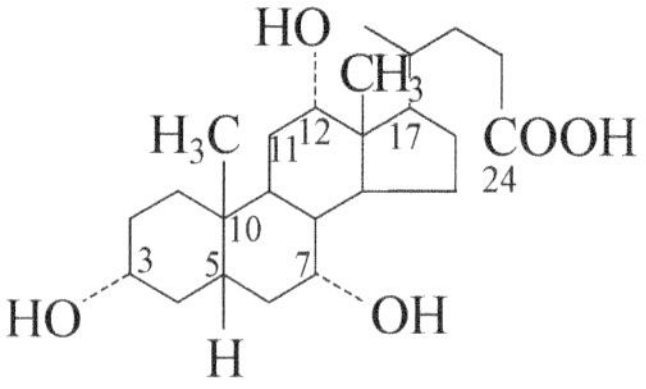

胆酸(α-构型,A/B顺式)

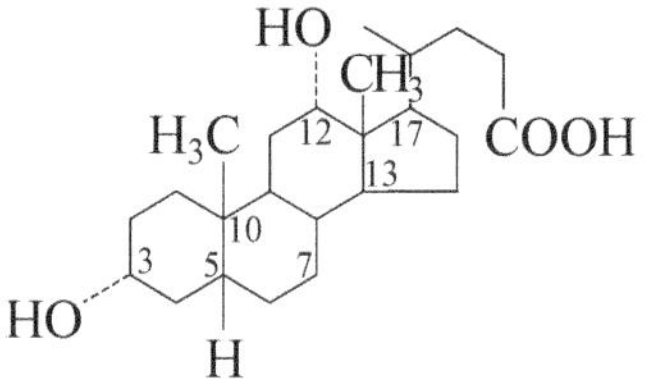

脱氧胆酸

胆酸在肝脏中生成，而大多数的胆酸是和甘氨酸($H_2N—CH_2—COOH$)或牛磺酸($H_2N—CH_2—CH_2—SO_3H$)以肽键结合成甘氨胆酸或牛磺胆酸，它们不同比例的混合物总称为胆汁酸，可表示如下：

$$R—\overset{\overset{\displaystyle O}{\|}}{C}—NH—CH_2—COOH \quad 或 \quad R—\overset{\overset{\displaystyle O}{\|}}{C}—NH—CH_2—CH_2—SO_3H$$

在人体或动物小肠中的碱性条件下，胆汁酸大部分形成胆汁酸盐。胆汁酸盐是一种乳化剂，能把肠道中的脂肪、胆固醇和脂溶性纤维素乳化，还能使脂肪酶活化。因此，它能促进对脂类的消化吸收作用。

5. 甾体激素

甾体激素(steroid hormone)是动物的内分泌腺所分泌的物质，数量很少，但是却具有重要的生理作用，主要是调控生长、营养和性机能等。

甾体激素按来源又分为皮质激素和性激素两大类。

1）肾上腺皮质激素

肾上腺皮质激素(adrenal corticoid)是哺乳动物肾上腺皮质所分泌激素的总称。从肾上腺皮质中已发现 30 余种甾醇类物质。其中有 7 种结晶型物质具有生理作用，能发挥皮质激素的功效。

(1) 肾上腺皮质激素的分类。肾上腺皮质激素按功能的不同，可分为盐皮质激素和糖皮质激素。其中盐皮质激素有醛固酮、去氧皮质酮、去氢皮质酮、皮质甾酮。糖皮质激素有可的松、氢化可的松、地塞米松等。

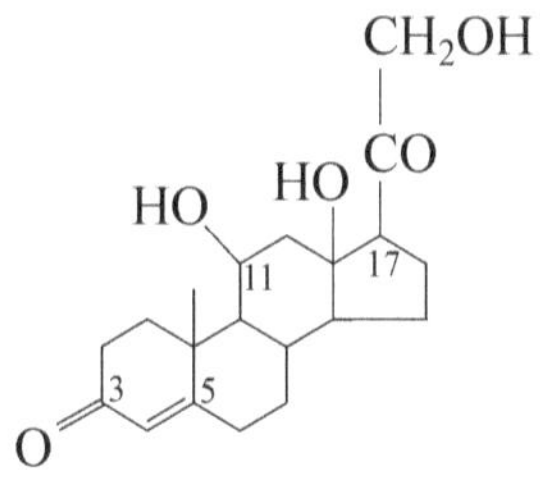

皮质甾酮

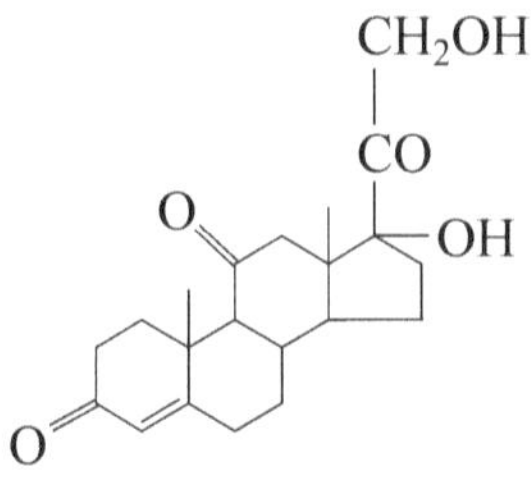

17-羟-11-脱氢皮质酮(可的松)

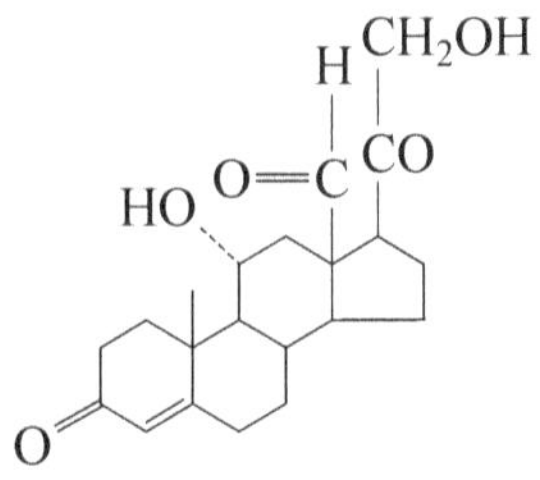

醛固酮

(2) 肾上腺皮质激素的构效关系。肾上腺皮质激素结构上共同的特征是：C3 上是酮基，C4—C5 是双键，C20 上是羰基，C21 是一个羟基。

若是糖皮质激素，C17 上必有—OH，C11 上有═O 或—OH。

若是盐皮质激素，C17 上无—OH，C11 上无═O，或有 O 与 C18 相连。

(3) 肾上腺皮质激素的生理作用。在肾上腺皮质激素中，生理状态下分泌的糖皮质激素具有调节糖代谢、蛋白质代谢、脂肪代谢的作用；超生理剂量的糖皮质激素则具有抗炎、抗毒、抗过敏、抗休克、抗风湿作用；还有调节机体免疫功能的作用。盐皮质激素则对水盐代谢具有显著的调节作用，能够纠正体内水盐代谢紊乱，恢复水盐代谢平衡。

肾上腺皮质激素有调节糖或无机盐代谢等功能，其中可的松及氢化可的松主要影响糖的代谢，能增加肝糖原，对冷冻、药品中毒等增加抵抗力，通常称为糖代谢皮质激素，它除了能促进和维持机体的正常生理机能外，还有抗风湿性炎症的作用。

去氢皮质酮及醛固酮对电解质代谢有显著的影响，对维持体内钾钠平衡和调节体液有重要意义，通常称为电解质代谢皮质激素。

(4) 肾上腺皮质激素的结构优化。

(i) 以氢化可的松为例，对其进行结构优化，可以得到药效更高、副作用更小的化合物。在氢化可的松分子的 C1(2)位引入双键，可以得到泼尼松龙(强的松龙)，其抗炎作用是氢化可的松的 4 倍。

(ii) 若在氢化可的松结构上的 C9 α-位引入 F 原子，C16 α-位引入—OH，则得到去炎松，其抗炎作用是氢化可的松的 5 倍，副作用也小。

(iii) 仍然以氢化可的松为底物，在 C9 α-位引入 F 原子，C16 α-位引入—CH_3，生成地塞米松(氟米松)，其抗炎作用是氢化可的松的 30 倍，副作用更小。

(iv) 在去炎松的基础上，再在 C6 α-位引入 F 原子，得到氟轻松，抗炎作用是氢化可的松的 100 倍。

可见，肾上腺皮质激素的结构优化和改造是一件非常有意义的工作。

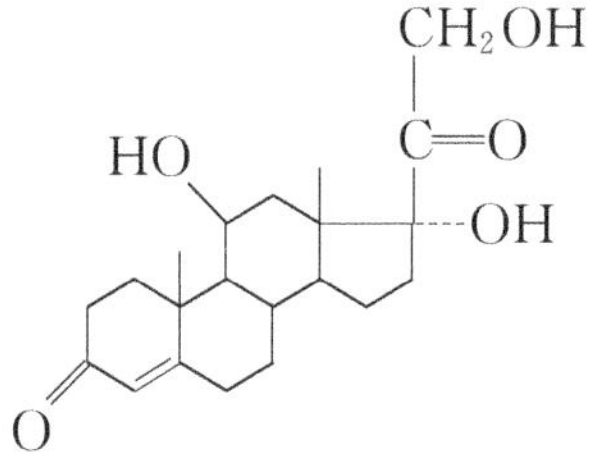

氢化可的松

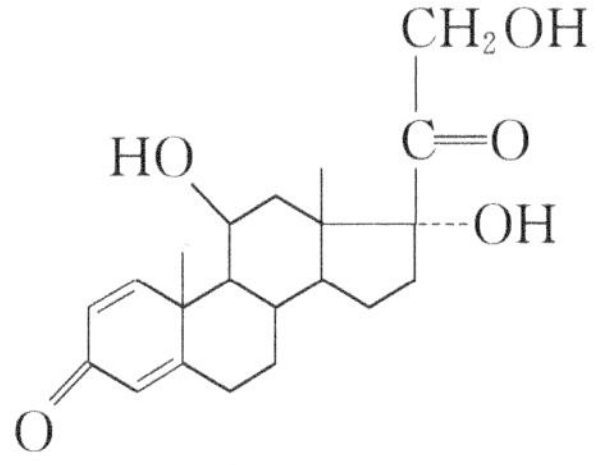

泼尼松龙

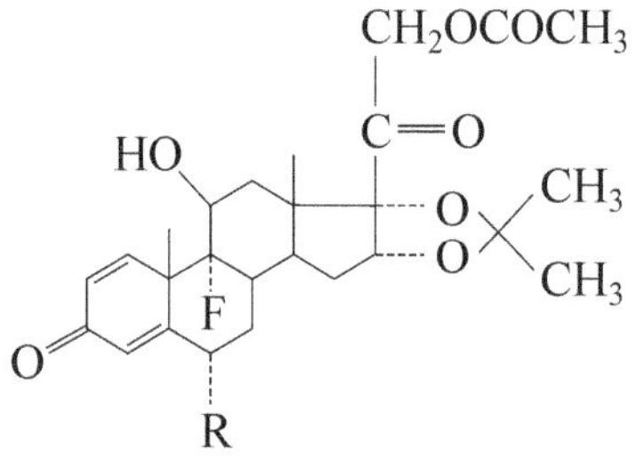

R=H　醋酸去炎松
R=F　醋酸氟轻松

2) 性激素

性激素(sex hormone)是性腺(睾丸或卵巢)分泌的激素。性激素分为雄性激素和雌激素两大类，对生育功能及第二性征(如声音、体型)的改变有决定性作用。

(1) 雄性激素。雄性激素在睾丸中产生，在血液及雄性动物小便中也含有，它有促进雄性动物性器官形成及副性征发育的作用。

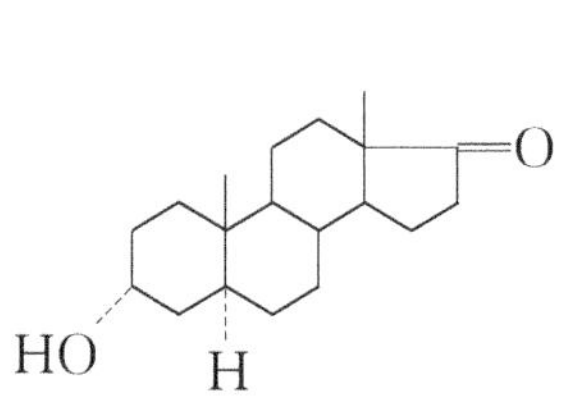

雄性酮

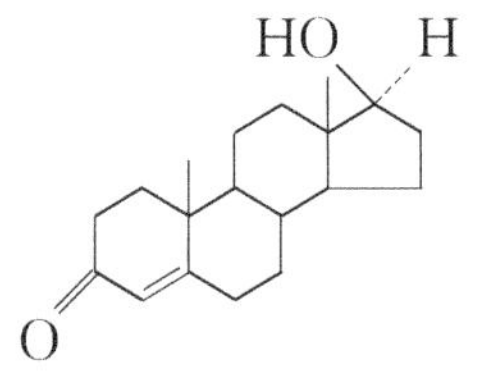

睾丸酮

睾丸酮的效力比雄性酮大 7～10 倍，它为 α,β-不饱和酮，同时含有羟基。

(2) 雌性激素。是雌性动物的卵巢所分泌的激素。雌性激素又分为雌激素(卵泡激素)和孕激素。

由成熟的卵泡产生的激素称为卵泡激素或雌激素；由卵泡排卵后形成的黄体产生的激素称为孕激素。雌性动物的性周期及妊娠期中各种变化都与这两类激素的分泌变化密切相关。

从它们的化学结构上分析，雌激素(β-雌二醇)和雄性酮都是甾体化合物。但是有一个惊人的不同：雌激素的 A 环是芳环，是酚类结构；而雄性酮的 A 环是饱和的环状二级醇结构。一个苯环和一个环己烷之差，决定了两性差别。

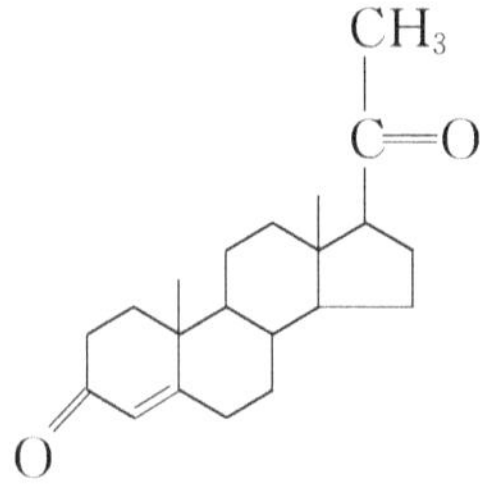

黄体酮（孕激素）

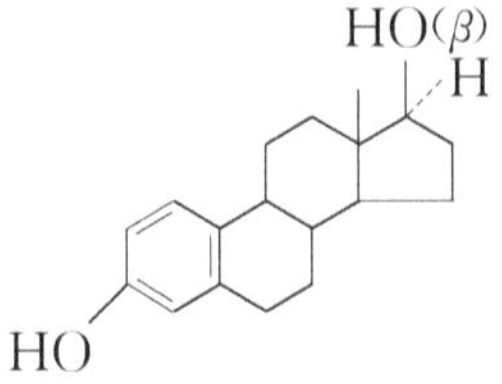

β-雌二醇（雌激素）

四、萜类化合物

这里讨论的萜类化合物也属于异戊二烯脂类物质。主要化合物有前列腺素（prostaglandin，PG），是一类广泛存在人体内的不饱和脂肪酸酯类，如 PGE_1、PGE_2 等。

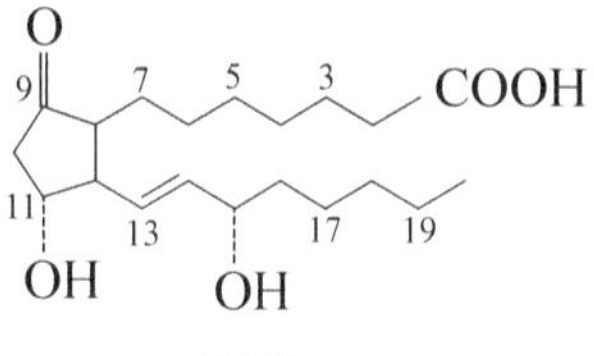

PGE_1

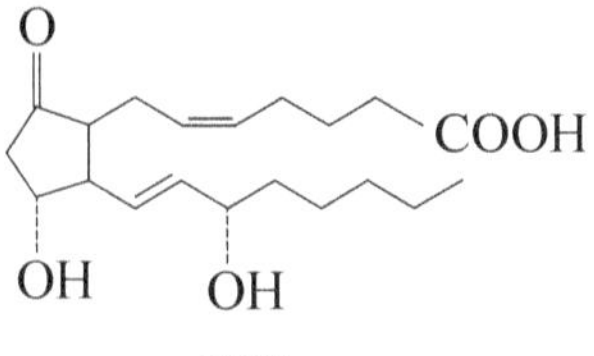

PGE_2

前列腺素是由一个五元环的 20 碳不饱和脂肪酸衍生而来的一组生物活性物质。

前列腺素分为 A、B、C、D、E、F、G、H、I 九个大类型。不同的前列腺素具有不同的功能，如前列腺素 E 具有舒张支气管平滑肌、降低通气阻力的作用，而前列腺素 F 则作用相反。

前列腺素对内分泌、生殖、消化、血液、呼吸、心血管、泌尿和神经系统均有作用。

五、脂蛋白

脂蛋白（lipoprotein）是脂类与蛋白质结合在一起形成的脂质-蛋白质复合物。两者之间没有共价键结合，多数是通过脂质的非极性部分与蛋白质组分以疏水性相互作用结合在一起。

血浆中有多种脂蛋白，是血脂转运及代谢的形式。脂蛋白分为高密度脂蛋白（HDL）、低密度脂蛋白（LDL）、极低密度脂蛋白（VLDL）及乳糜（CM）。

其中，高密度脂蛋白运载周围组织中的胆固醇，再转化为胆酸或直接通过胆汁从肠道排出体外。

六、人工脂类

人工脂类又称脂肪替代物，是为了克服天然脂肪容易引起肥胖和心脑血管疾病，而人工合成或改造天然产物得到的脂类物质。

脂肪替代物分为两大类：脂肪替代品和脂肪模拟品。

脂肪替代品由人工合成，如蔗糖脂肪酸聚酯和山梨醇聚酯。

蔗糖脂肪酸聚酯是由蔗糖与 6～8 个脂肪酸通过酯基团转移或交换而形成的蔗糖酯的混合物，不能为人体提供能量。

山梨醇聚酯是由山梨醇与脂肪酸形成三、四、五酯，可提供热量(仅为 4.2 kJ/g)远比甘油三酯的低(39.5 kJ/g)。

脂肪模拟品是以天然蛋白或多糖经加工改造形成的。

习　题

1. 写出下列化合物的结构式。

   (1) 磷脂酰胆碱　(2) 神经鞘磷脂　(3) 十六酸三十醇酯　(4) 前列腺素 E

2. 油脂和磷脂在结构上有什么异同点？

3. 解释下列名词。

   (1) 碘值　(2) 皂化值　(3) 酸败　(4) 干化

4. 油脂酸败的主要原因是什么？

5. 某化合物不溶于水，易溶于有机溶剂，能被生物体所利用，并能使 Br_2 褪色，将此物质与 NaOH 溶液共煮一段时间放冷，加入 NaCl 可析出固体，用手擦，可产生泡沫，此物质是什么？与 Br_2 及 NaOH 溶液发生了什么反应？

6. 说明 7-脱氢胆固醇、麦角固醇和维生素 D 的关系。

7. 某未知物的分子式为 $C_7H_{14}O_2$，它属于酯类，酸性水解得酸(A)和醇(B)，用 PCl_5 处理 B，得 C，用 KCN 处理 C，则生成 D，酸性水解 D 生成 A。写出未知物可能的结构式和 A～D 的可能结构式。

8. 人工脂类分为哪两类？

第十六章　氨基酸、多肽和蛋白质

第一节　氨　基　酸

氨基酸(amino acid)是分子中具有氨基和羧基的一类含有复合官能团的化合物。目前在自然界已发现的氨基酸有300余种，但由蛋白质水解得到的常见氨基酸仅有20种。蛋白质主要是由氨基酸组成的，要了解蛋白质的结构、性质和生物功能，就必须对氨基酸有一初步了解。

一、氨基酸的分类和命名

蛋白质进行水解，其最终产物都是α-氨基酸。各种蛋白质所含氨基酸的种类和数目均不相同，但常见组成蛋白质的氨基酸只有20种(表16-1)。在这20种氨基酸中，只有8种在人体内不能合成，必须靠食物供给，因此称为人体必需氨基酸。

表16-1　20种氨基酸的结构式和命名

名　称	常用符号		结构式
	中文	英文缩写	
甘氨酸 glycine (氨基乙酸)	甘	Gly(G)	$NH_2—CH_2—COOH$
丙氨酸 alanine (α-氨基丙酸)	丙	Ala(A)	$CH_3—CH(NH_2)—COOH$
* 缬氨酸 valine (α-氨基异戊酸)	缬	Val(V)	$CH_3CH(CH_3)CH(NH_2)COOH$
* 亮氨酸 leucine (α-氨基异己酸)	亮	Leu(L)	$CH_3CH(CH_3)CH_2CH(NH_2)COOH$
* 异亮氨酸 isoleucine (α-氨基-β-甲基戊酸)	异亮	Ile(I)	$CH_3CH_2CH(CH_3)CH(NH_2)COOH$
丝氨酸 serine (α-氨基-β-羟基丙氨酸)	丝	Ser(S)	$CH_2(OH)CH(NH_2)COOH$
* 苏氨酸 threonine (α-氨基-β-羟基丁酸)	苏	Thr(T)	$CH_3CH(OH)CH(NH_2)COOH$

续表

名　称	常用符号		结构式
	中文	英文缩写	
半胱氨酸 cysteine（α-氨基-β-巯基丙酸）	半胱	Cys(C)	$CH_2(SH)CH(NH_2)COOH$
* 蛋氨酸 methionine（α-氨基-γ-甲硫基丁酸）	蛋	Met(M)	$CH_3—S—CH_2CH_2CH(NH_2)COOH$
天冬氨酸 aspartic acid（α-氨基丁二酸）	天	Asp(D)	$HOOC—CH_2CH(NH_2)COOH$
谷氨酸 glutamic acid（α-氨基戊二酸）	谷	Glu(E)	$HOOC—CH_2CH_2CH(NH_2)COOH$
天冬酰胺 asparagine（α-氨某丁酰氨酸）	天酰或天—NH_2	Asn(N)	$NH_2—C(=O)—CH_2CH(NH_2)COOH$
谷酰胺 glutamine（α-氨基戊酰胺酸）	谷酰或谷—NH_2	Gln(Q)	$NH_2—C(=O)—CH_2CH_2CH(NH_2)COOH$
精氨酸 arginine（α-氨基-δ-胍基戊酸）	精	Arg(R)	$NH_2—C(=NH)—NHCH_2CH_2CH_2CH(NH_2)COOH$
* 赖氨酸 lysine（α,ε-二氨基己酸）	赖	Lys(K)	$NH_2CH_2CH_2CH_2CH_2CH(NH_2)COOH$
* 苯丙氨酸 phenylalanine（α-氨基-β-苯基丙酸）	苯	Phe(F)	$PhCH_2CH(NH_2)COOH$
酪氨酸 tyrosine（α-氨基-β-对羟苯基丙氨酸）	酪	Tyr(Y)	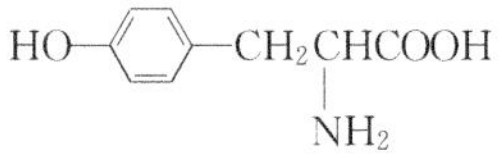
脯氨酸 proline（α-羧基四氢吡咯）	脯	Pro(P)	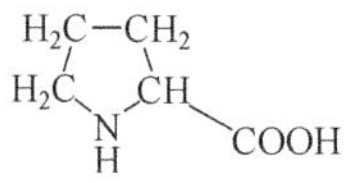
组氨酸 histidine［α-氨基-β-(4-咪唑基)-丙酸］	组	His(H)	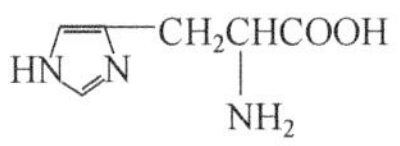
* 色氨酸 tryptophan［α-氨基-β-(3-吲哚基)-丙酸］	色	Try(W)	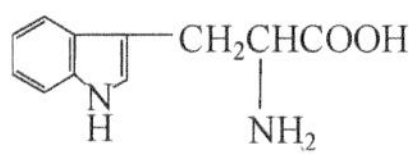

* 必需氨基酸。

将组成蛋白质的 20 种氨基酸按其化学结构不同，进行以下分类：

(1) 脂肪族氨基酸(链状氨基酸)。是具有开链结构的氨基酸。这类氨基酸又可按其分子中含有的氨基或羧基的数目以及是否含有某些特殊的元素或基团，细分成以下各类：①一氨基一羧基酸(如甘氨酸、天冬酰胺)；②一氨基二羧基酸(如天冬氨酸、谷氨酸)；③二氨基一羧基酸(如精氨酸、赖氨酸)。

(2) 芳香族氨基酸。结构中带有芳香环的结构特征，如苯丙氨酸、酪氨酸。

(3) 杂环氨基酸。在结构中具有杂环结构的一类氨基酸，如脯氨酸、组氨酸、色氨酸。

氨基酸的命名：氨基酸可以看成是羧酸烃基上的氢原子被氨基取代而成的取代羧酸，称为氨基某酸。而氨基的位置常采用 α、β、γ、…标示在氨基的名称前面。有时直接用氨基酸的俗名。俗名一般是按其来源或某些性质而命名的。例如，氨基乙酸因其具有甜味而命名为甘氨酸。

二、氨基酸的结构特点

由蛋白质水解得到的氨基酸都是 α-氨基酸，它们的结构通式如下：

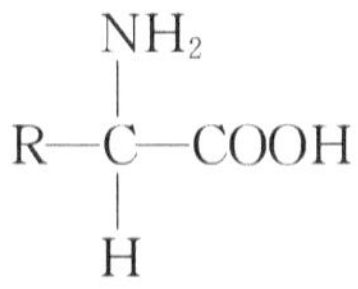

从式中可以看出，氨基和羧基连在同一个碳原子上。各种氨基酸不同之处在于 R 基团的差异，如果 R≠H，则该氨基酸就具有手性。20 种氨基酸中，除甘氨酸外，其他氨基酸均具有手性。

天然的氨基酸绝大多数是 L-构型，这一点恰好与天然单糖的构型相反。

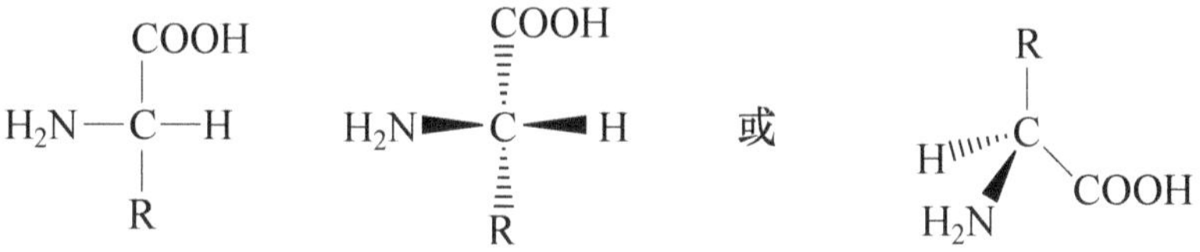

由上述投影式可以看出，如果 R 基团比羧基优先，则此氨基酸为 *R*-构型，反之，则为 *S*-构型。因此，除半胱氨酸外，天然氨基酸均为 *S*-构型。

三、氨基酸的理化性质

组成蛋白质分子的 α-氨基酸都是固体，能生成一定形状的晶体。熔点一般都较高，常为 230～300 ℃，这些氨基酸到达熔点时，往往分解碳化。α-氨基酸都能溶于强酸及强碱溶液中。它们在水中的溶解度大小不同，甘氨酸、丙氨酸、半胱氨酸、精氨酸和赖氨酸的溶解度最大，常温下可达 10 g/100 g 水以上；胱氨酸、酪氨酸溶解度最小，常温下不足 0.05 g/100 g 水。除甘氨酸、丙氨酸、亮氨酸微溶于乙醇，其他氨基酸实际上均不溶于无水乙醇。几乎所有的氨基酸均不溶于乙醚。

(一) 两性电离和等电点

氨基酸具有碱性的氨基，又有酸性的羧基，故既有碱的性质，又有酸的性质，因此是两性电解质(ampholyte)。氨基酸在纯水溶液及晶体状态下都以两性离子的形式存在。两性离子即同一氨基酸分子中带有正、负两种电荷：羧基解离后带负电；氨基结合质子而带正电。两性离子在酸性溶液中羧酸根与 H^+ 结合后，使氨基酸分子带正电荷；在碱性溶液中 NH_3^+ 上的 H^+ 与 OH^- 结合，使氨基酸分子带负电荷。其解离过程如下：

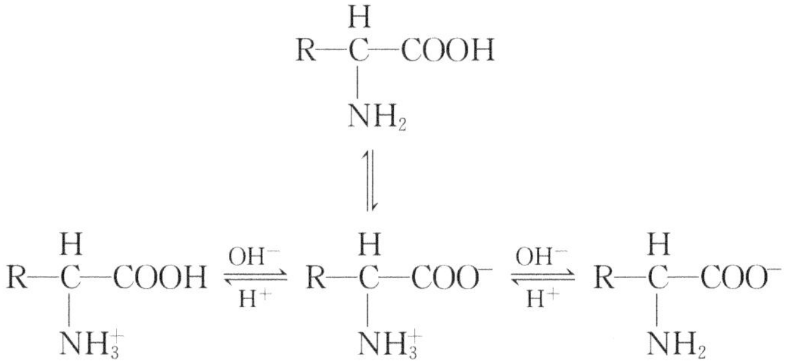

阳离子 (pH<pI)　　两性离子 (pH=pI)　　阴离子 (pH>pI)

根据上式可见，氨基酸在溶液中带何种电荷与溶液的 pH 密切相关。当一种氨基酸溶液 pH 调至某一特定值时，氨基酸以偶极离子形式存在，分子呈电中性，在电场中既不向正极移动，也不向负极移动，这时溶液的 pH 称为该氨基酸的等电点(isoelectric point)，常用 pI 表示。因此，当溶液 pH<pI 时，氨基酸主要以阳离子形式存在；当 pH>pI 时，氨基酸主要以阴离子形式存在，在电场中向正极移动。

每一种氨基酸都有特定的等电点(表 16-2)。这是由于各种氨基酸所含的羧基和氨基数目不同，并且各种基团的相对解离度也不一致。二羧基一氨基的氨基酸等电点偏酸性，故称为酸性氨基酸。二氨基一羧基的氨基酸等电点偏碱性，故称为碱性氨基酸。含一氨基一羧基的氨基酸称为中性氨基酸，由于氨基酸的解离度中羧基大于氨基，故中性氨基酸等电点小于 7。

表 16-2　25 ℃时各种氨基酸的 pK_a 和 pI 的近似值

名　称	pK_{a_1} (α-COOH)	pK_{a_2}	pK_{a_3}	pI
甘氨酸	2.34	9.60		5.97
丙氨酸	2.34	9.69		6.02
缬氨酸	2.32	9.62		5.96
亮氨酸	2.36	9.60		5.98
异亮氨酸	2.36	9.68		6.02
丝氨酸	2.21	9.15		5.68
苏氨酸	2.71	9.62		6.18
半胱氨酸(30 ℃)	1.96	8.18(SH)	10.28(NH_3^+)	5.07
胱氨酸(30 ℃)	1.00	1.7(COOH)	7.48 和 9.02	4.60

续表

名 称	pK_{a_1} (α-COOH)	pK_{a_2}	pK_{a_3}	pI
蛋氨酸	2.28	9.21		5.74
天冬氨酸	1.88	3.65(COOH)	9.60(NH_3^+)	2.77
谷氨酸	2.19	4.25	9.67(NH_3^+)	3.22
天冬酰胺	2.02	8.80		5.41
谷氨酰胺	2.17	9.13		5.65
赖氨酸	2.18	8.95(α-NH_3^+)		9.74
精氨酸	2.17	9.04(NH_3^+)		10.76
苯丙氨酸	1.83	9.13		5.48
酪氨酸	2.20	9.11(NH_3^+)		5.66
色氨酸	2.38	9.39		5.89
组氨酸	1.82	6.00(咪唑基)		7.59
脯氨酸	1.99	10.60		6.30
羟脯氨酸	1.92	9.73		5.83

氨基酸的等电点可由实验测试直接获得，也可通过计算获得。但重要的是应该会判断在不同的 pH 溶液中氨基酸本身的电荷状态。当溶液 pH＞pI 时，氨基酸带负电(以阴离子存在)；当溶液 pH＜pI 时，氨基酸带正电(以阳离子存在)；当溶液 pH＝pI 时，氨基酸在溶液中处于等电状态(净电荷为零)。

(二) 氨基酸的反应

1. 氨基的反应

基于氨基酸、肽及蛋白质的分析，有三个氨基的反应是特别有用的。

1) 与亚硝酸反应

脂肪伯胺与亚硝酸反应能释放出氮气。带有 α-伯氨基的氨基酸也与亚硝酸反应，产物为 α-羟基酸、水和氮气。

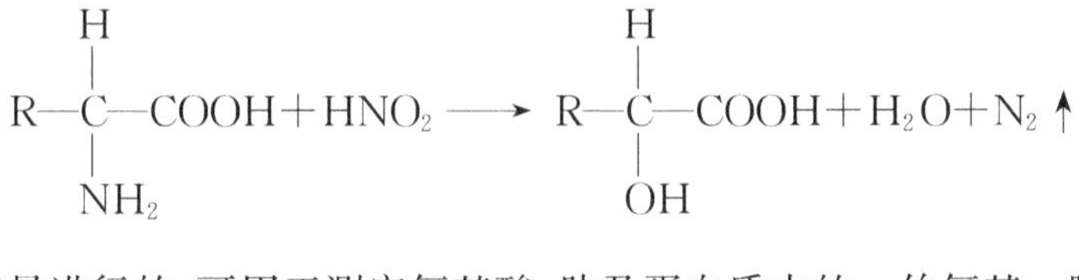

反应是定量进行的，可用于测定氨基酸、肽及蛋白质中的 α-伯氨基。脯氨酸及羟脯氨酸不含 α-伯氨基，则不能放出氮气。

2) 与茚三酮反应

茚三酮与氨反应生成紫色染料。茚三酮也与伯胺生成紫色络合物。绝大多数氨基酸也可与茚三酮发生反应。

生成紫色产物涉及两个连续反应。首先，氨基酸转变成 α-酮酸及 NH_3。α-酮酸在实验条件下不稳定，脱羧生成相应的醛及 CO_2。

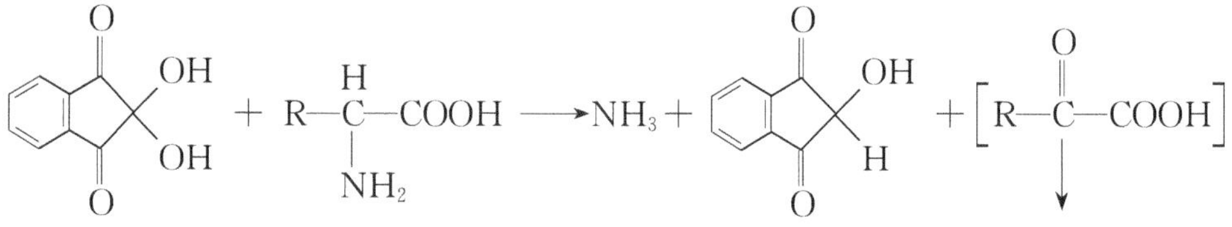

茚三酮(氧化型)　　茚三酮(还原型)　　R—CHO+CO_2↑

在第二个反应中，第一步释放的 NH_3 与还原型茚三酮及另一分子氧化茚三酮作用生成紫色络合物。

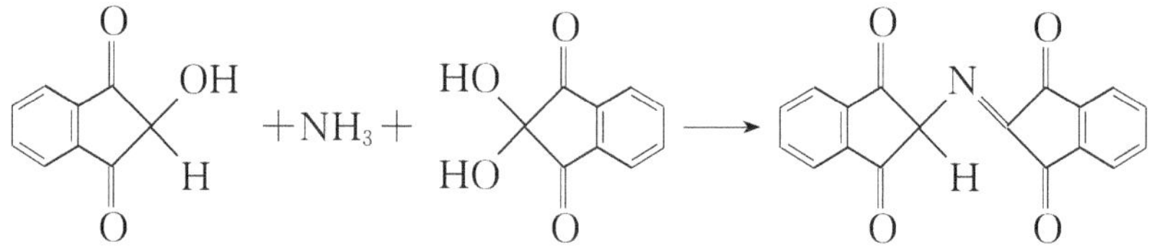

茚三酮与离子交换层析法结合，广泛应用于定量测定氨基酸的浓度。与试剂作用生成颜色的强度直接与氨基酸的浓度有关。茚三酮也可定性地检出电泳、纸层析及薄层层析中氨基酸的位置。

3）与 2,4-二硝基氟苯反应

氨基酸的伯氨基与 2,4-二硝基氟苯(DNFB)反应生成一种黄色产物：2,4-二硝基苯基衍生物或 DNP-氨基酸。

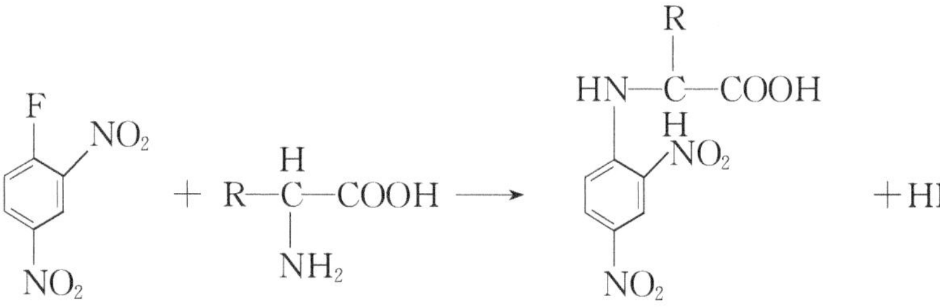

DNFB　　氨基酸　　DNP-氨基酸(黄色)

带有游离氨基的肽及蛋白质也与 DNFB 反应生成黄色的 DNP-氨基酸衍生物。DNFB 是桑格(Sanger)发现的，因此称为桑格试剂。它首先用于确定胰岛素的结构，后常用于测定其他肽的结构。

2. 羧基的反应

氨基酸与醇在酸性条件下可以转变为酯。

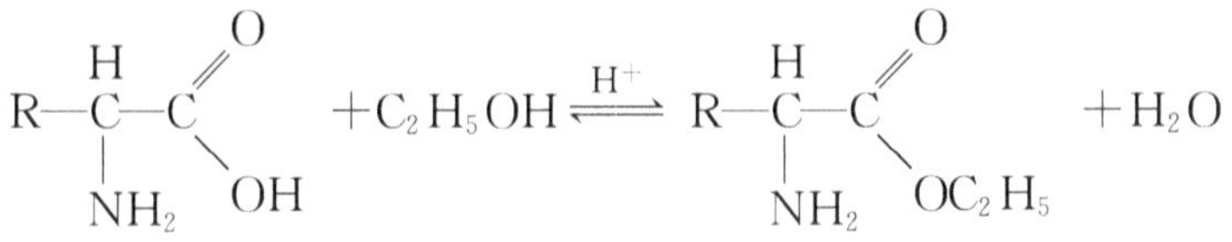

α-氨基酯

当α-氨基酯用过量氨处理时，生成酰胺。

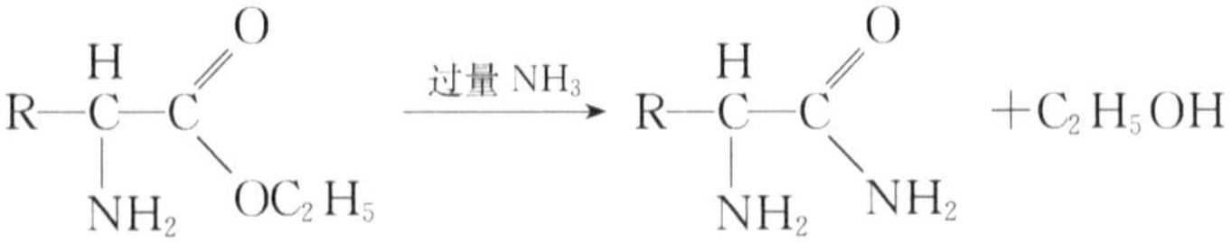

当一个氨基酸的羧基与另一个氨基酸的氨基反应时，也生成酰胺。

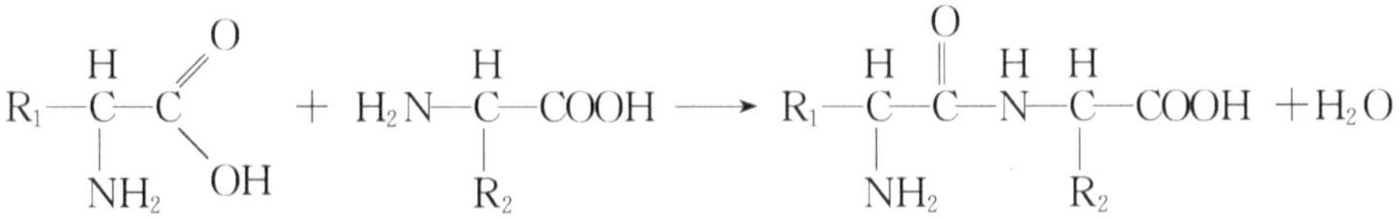

在此情况下酰胺键称为肽键。肽键的生成是氨基酸最重要的反应。

3. R基的反应

在侧链的反应中，有两个具有重要的生物学意义：一个涉及丝氨酸中的—OH；另一个涉及半胱氨酸中的—SH。在酪蛋白(牛奶蛋白质)中，丝氨酸的羟基以磷酸酯的形式存在。担负葡萄糖的代谢裂解酶中有一种也带有磷酸化的丝氨酸残基。

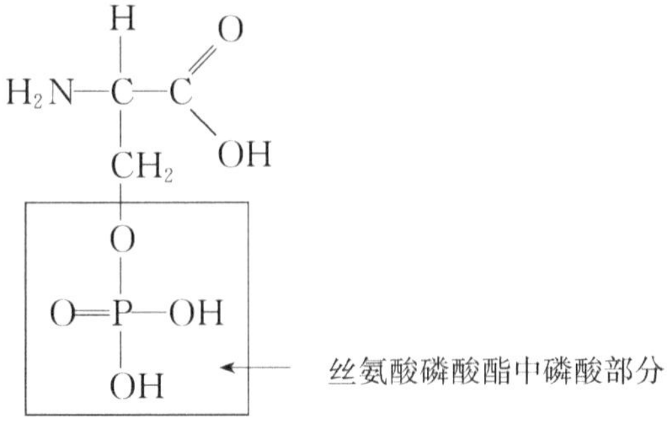

半胱氨酸中巯基(—SH)也进行典型反应，其中之一是半胱氨酸氧化为胱氨酸。

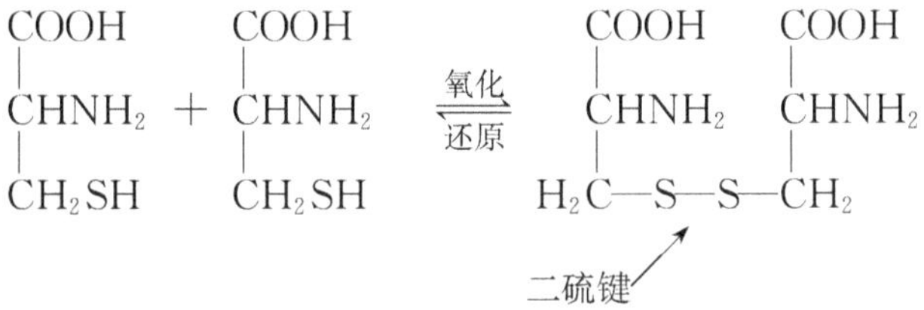

半胱氨酸　　　　胱氨酸

胱氨酸中的二硫键易被还原剂断裂再生成—SH。半胱氨酸残基间的二硫键常存在于蛋白质中，它们可作为连接分子不同部分的桥梁。二硫键的存在对分子的形状有直接影响，而这又决定着分子是否有生物功能。例如，核糖核酸酶有四个二硫键，如果任何一个断开，分子形状就会改变，催化功能可减弱或丧失。胰岛素是另一个例子，其二硫键也起到决定作用。胰岛素分子由两条氨基酸链组成，通过—S—S—键连接。断开连接两链的二硫键将引起分子活性丧失。

四、氨基酸的合成和分离鉴定

（一）氨基酸的合成

目前制备氨基酸的常见方法有以下几种。

1. 氨基酸的化学合成

1）通过 α-卤代羧酸制备氨基酸

羧酸的 α-氢可以溴化，产物中的溴可以被氨取代而生成相应的氨基酸。例如，丙酸通过这两步反应可以转化为外消旋的丙氨酸。

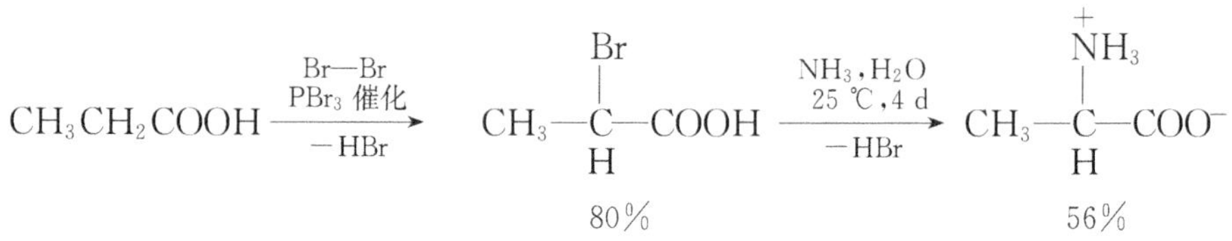

这种方法的主要缺点是产率相对较低。

2）通过盖布瑞尔合成方法制备氨基酸

丙二酸二乙酯溴化得到 2-溴丙二酸二乙酯，后者与邻苯二甲酰亚胺钾盐进行盖布瑞尔(Gabriel)反应，产物再通过水解、脱羧和酰亚胺的水解得到氨基酸。

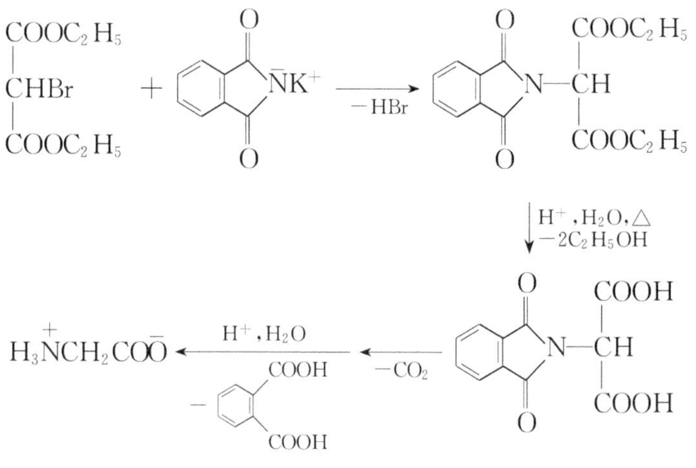

这种方法的优点之一是可以采用不同的 2-取代丙二酸二乙酯，且盖布瑞尔反应所得产

物可以被烷基化，从而可以制备各种取代氨基酸。

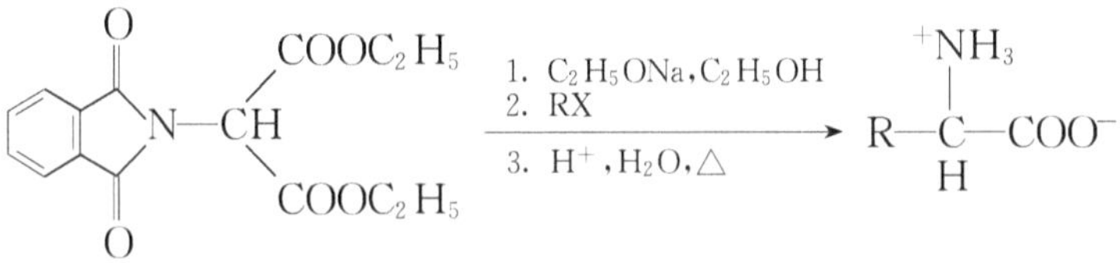

3）从醛制备氨基酸

乙醛与氨反应得到亚胺，亚胺继续与氢氰酸反应得到相应的 2-氨基腈，用酸或碱水解后生产氨基酸。这个反应称为斯特雷克(Strecker)反应。例如

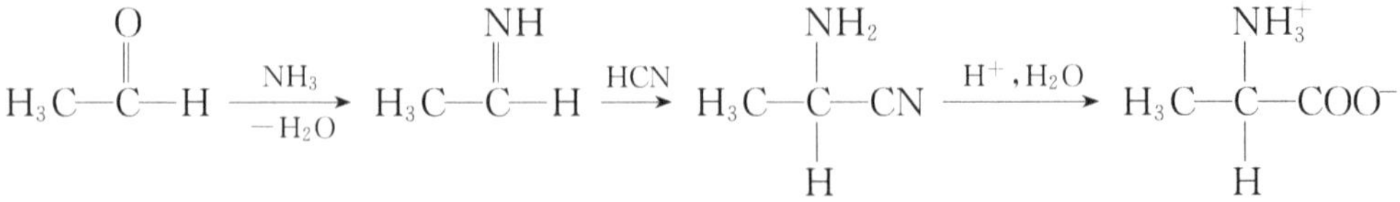

上述三种方法可以制备目前所有已知的氨基酸，但所得的均是外消旋氨基酸。

4）氨基酸的不对称合成

光学活性的 α-氨基酸具有重要的生物活性和生理作用。它是医药、农药及食品配剂的重要前体，光学活性的 α-氨基酸还可以作为手性诱导剂应用于不对称合成。自然界已发现的非蛋白氨基酸有近 1000 种，这些氨基酸以及其他功能性的非天然氨基酸的不对称合成是近年来不对称合成领域中的热点之一。因此，事实上，可以通过对两条途径得到纯的氨基酸对映异构体——外消旋氨基酸的拆分分离或对映选择性反应。

制备氨基酸纯对映异构体的方法之一是拆分非对映异构的盐。通过氨基酸中的氨基与羧基与一个具有光学活性的物质结合，生成的两种非对映异构体即可通过结晶等方法分离。在立体选择性的反应方法中，通过外界的手性环境或手性催化剂(酶)，前手性的 C(2)上对映选择性地形成一个构型确定的立体中心。自然界就是运用这种方法合成氨基酸的。例如，谷氨酸酯脱氢酶将 2-羰基戊二酸中的羰基通过生物还原转化为氨基取代的(S)-谷氨酸，这个还原试剂是嘌呤二核苷酸(NADH)。

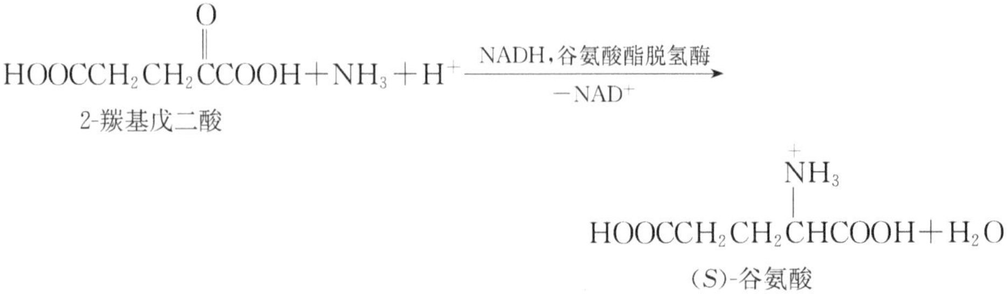

2-羰基戊二酸

(S)-谷氨酸

应用不对称合成方法合成氨基酸的技术不断发展，已在部分氨基酸工业生产得到应用。例如，L-多巴已经可以工业化手性加氢合成。

2. 氨基酸的生物合成

生物合成氨基酸必须以氨基和碳架为原料。各种生物合成氨基酸的能力有相当大的差异。人体只能从氨及不同的碳架合成 10 种非必需氨基酸，另外的 10 种必需氨基酸必须由食物供给。高等植物能合成蛋白质和所需要的全部氨基酸。不同种微生物合成氨基酸的能力也有很大区别。例如，大肠杆菌能从简单的前体合成自身蛋白质合成所必需的氨基酸，但乳酸菌却必须从环境中摄取某些种类氨基酸。除酪氨酸外，体内非必需氨基酸由四种共同代谢中间产物(丙酮酸、草酰乙酸、α-酮戊二酸及 3-磷酸甘油)之一作其前体简单合成。例如，丙氨酸及天冬氨酸分别由丙酮酸及草酰乙酸通过转氨作用生成，天冬酰胺可由天冬氨酸酰胺化生成(图 16－1)。

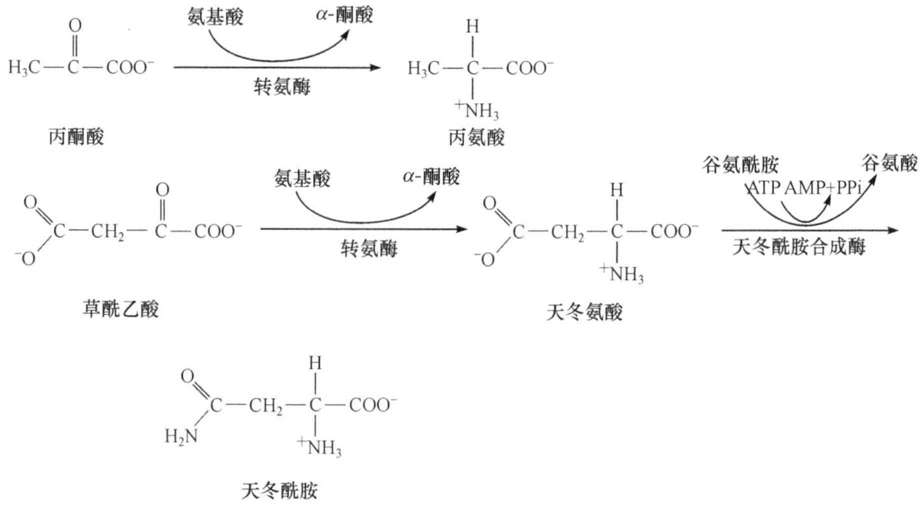

图 16－1　氨基酸生物合成过程

必需氨基酸与非必需氨基酸相似，均由熟悉的代谢前体转化生成，它们的合成途径仅存在于微生物及植物体内。例如，赖氨酸、甲硫氨酸(蛋氨酸)及苏氨酸均可由天冬氨酸合成，缬氨酸及亮氨酸可由丙酮酸形成，色氨酸、苯丙氨酸及酪氨酸由磷酸烯醇式丙酮酸及 4-磷酸赤藓糖生成。

3. 氨基酸的其他制备方法

(1) 蛋白质水解法(提取法)。以动物蛋白质为原料，经强酸水解后，得到各种氨基酸。提取法原料廉价，所需的原料种类少，且原料资源相当丰富。工业生产时可得到 10 多种氨基酸产品。另外，许多医药用氨基酸品种必须依靠提取法提供，它们分别是组氨酸、精氨酸、丝氨酸、赖氨酸、脯氨酸及酪氨酸。提取法的发展潜力很大。

(2) 发酵法。由微生物利用糖类、氨等廉价的碳源和氮源可直接生产 L-氨基酸。应用发酵法生产氨基酸产量最大的是谷氨酸，其次为赖氨酸。但发酵法中菌种的选育相当麻烦，且不好控制；生产的产品单一，纯度不高，有伴生氨基酸产生。随着现代生物技术和工程技术的发展，发酵生产氨基酸的方法将会呈现出相当诱人的前景。

（3）酶法。用微生物菌体或从菌体中提取的酶，把有机物转变成所需要的L-氨基酸。此方法涉及生物工程菌的生产，酶的提取及酶、菌体的固定化等现代生物工程中的许多技术。

（二）氨基酸的分离鉴定

蛋白质水解生成的氨基酸种类很多，为了进一步了解蛋白质分子的组成及其结构，必须将其一一分离，然后加以鉴定。分离鉴定应用最广的方法是层析法。其中最常用的有纸层析法和离子交换层析法。由于各种氨基酸的酸碱性、极性、分子大小等性质不同，因此利用这些性质在纸层析和离子交换层析上的交换速度不同，可有效达到分离鉴定的目的。这里不再详细介绍。

第二节　肽

一、肽的分类、结构和命名

20世纪初，费歇尔首先提出：氨基酸通过肽键彼此连接构成蛋白质。肽键为酰胺键，由一个氨基酸分子的羧基与另一个氨基酸的氨基反应生成，在此过程中失去一分子水。此反应产物称为肽(peptide)。生成二肽的反应过程如下：

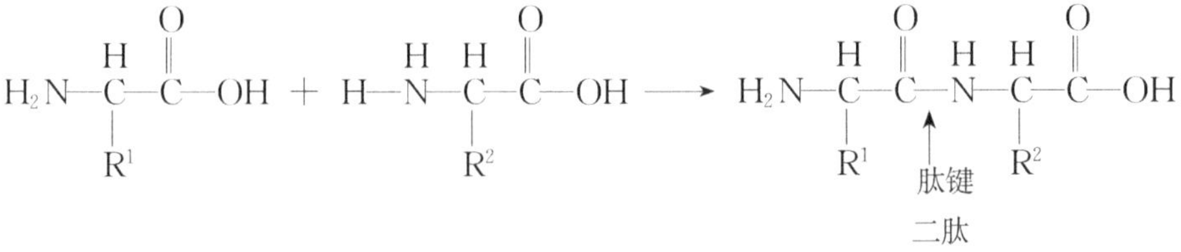

二肽由两个氨基酸残基组成，通过一个肽键连接。氨基酸残基可以相同也可以不同。第三个氨基酸以同样方式连接至二肽，产物为三肽。一个三肽含有三个氨基酸残基，通过两个肽键连接(图16-2)。四个、五个、六个等氨基酸的类似连接分别得到四肽、五肽、六肽等。低聚肽为任何含有2～10个氨基酸残基的肽。一般含有超过10个氨基酸单位的肽称为多肽。绝大多数蛋白质有100个或更多的氨基酸残基，但没有明显的界线来划分多肽与蛋白质。

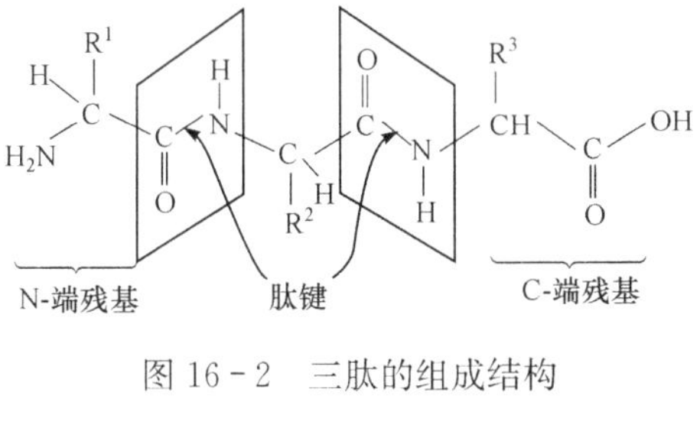

图16-2　三肽的组成结构

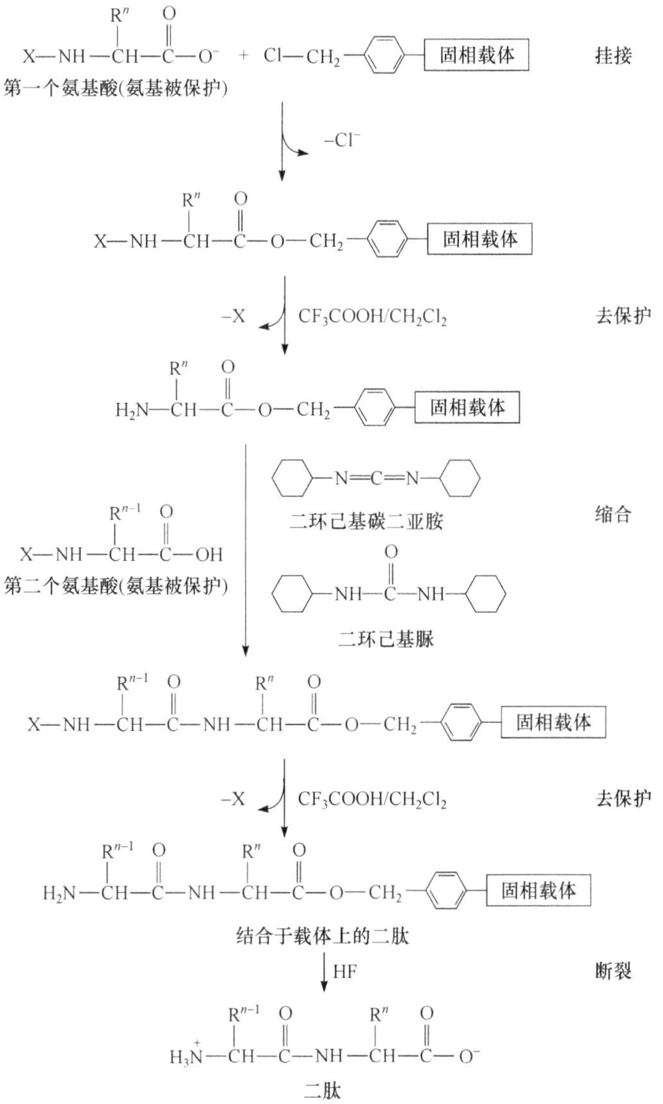

图 16-4　二肽固相合成过程

（一）谷胱甘肽

谷胱甘肽(glutathione,GSH)是由谷氨酸、半胱氨酸及甘氨酸组成的三肽。GSH 的—SH 代表半胱氨酸残基上的巯基,是该化合物的主要功能基团。由于分子中的—SH极为活泼,易氧化生成二硫键(—S—S—)的结构,因此它有还原型和氧化型两种形式。

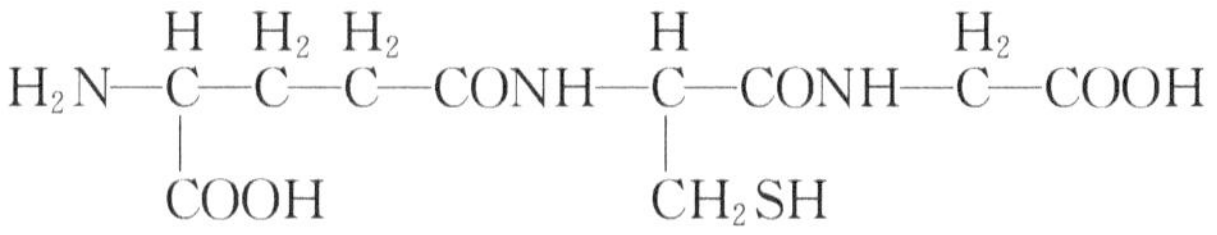

还原型谷胱甘肽

+2H ⇌ −2H

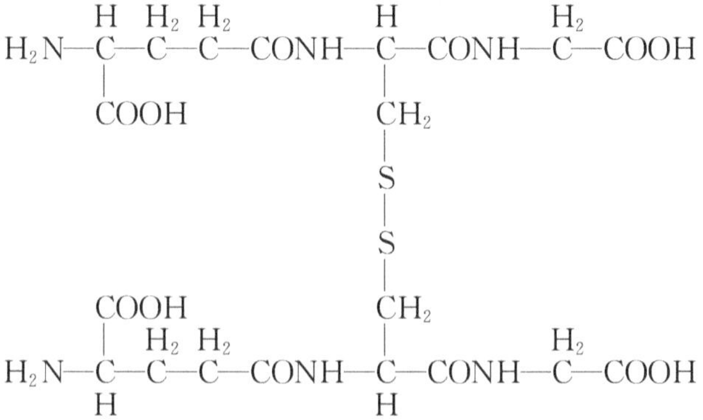

氧化型谷胱甘肽

谷胱甘肽具有解毒功能，它是细胞内重要的还原剂，可保护蛋白质分子中的—SH免遭氧化。

（二）多肽类抗生素

抗生素是一类能抑制或杀死细菌的药物，其中有一类属于多肽。例如，短杆菌肽（gramicidin）是一种环状十肽，氨基酸组成中除 L-α-氨基酸外，还有 D-α-氨基酸（图 16－5）。

近年来，在人体及其他生物体内又相继发现了很多生物活性强的多肽。例如，心钠素就是从人心脏中发现的一种肽类激素，其结构为二十八肽。它具有很强的利尿、利钠、扩张血管、降低血压、改善心律和营养心肌等生理作用。

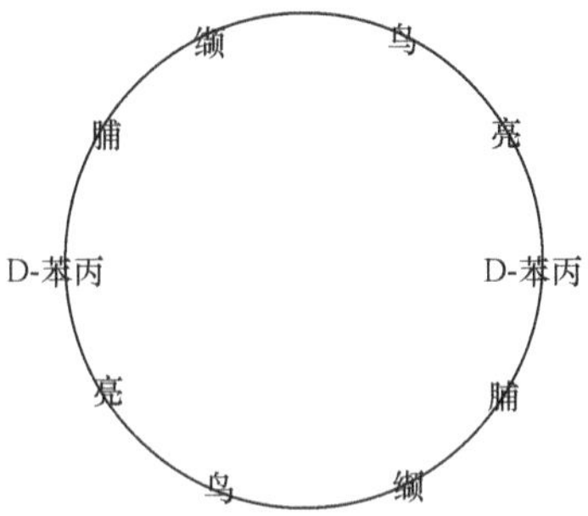

图 16－5　短杆菌肽

第三节　蛋　白　质

蛋白质（protein）是重要的生物大分子，其含量约占细胞干重的一半。蛋白质不仅是构成生物体的主要成分，同时也是各种生命活动的物质基础，几乎所有的生命现象都是蛋白质分子运动的结果。例如，生命的重要特征新陈代谢就是在一大类具有催化活性的蛋白质-酶的催化下进行的；调节物质代谢的激素很多都是蛋白质或多肽；生物体内物质的运输、肌肉收缩、抵御病原体的侵袭等功能都离不开蛋白质。在遗传信息的传递、调控和表达过程中，蛋白质也起到十分重要的作用。

一、蛋白质的元素组成及分类

从各种动物和植物组织中提取的蛋白质，经过元素分析，可得其组成（质量分数）如下：C，50%～55%；H，6.0%～7.3%；O，19%～24%；N，13%～19%；S，0～4%。有些蛋白质还含有磷、铁、碘、锰、锌及其他元素。

大多数蛋白质的含氮量相当接近，平均约为16%。因此在任何生物样品中，1 g 氮相当于6.25 g 蛋白质，只要测定生物样品中的含氮量，就可算出其中蛋白质的大致含量：

$$\text{样品中蛋白质的质量分数}(\%)=\text{每克样品中含氮的质量}(g)\times 6.25\times 100\%$$

蛋白质的分类方法众多，根据蛋白质分子的结构可以把蛋白质分为球状蛋白（globular protein）和纤维状蛋白（fibrous protein）。所有具有生物活性的蛋白质都是近似球状或椭球状的。大多数疏水性侧链埋藏在球蛋白分子的内部，形成疏水核，从而使多肽链形成极其致密的球状结构；大多数亲水链分布在球蛋白分子的表面，形成亲水的分子外壳，从而使球蛋白分子可溶于水。按功能可将蛋白质分为活性蛋白质和非活性蛋白质两类。按组成可分为简单蛋白质和结合蛋白质，主要的结合蛋白质包括色蛋白、金属蛋白、磷蛋白、核蛋白、脂蛋白和糖蛋白六类。按其溶解度可分为非水溶性的纤维蛋白质和能溶于水、酸、碱或盐溶液的球状蛋白质。按其营养价值可分为含有人体所必需氨基酸的完全蛋白质和缺少人体必需氨基酸的不完全蛋白质。

二、蛋白质的分子结构

蛋白质是具有复杂结构的高分子化合物。首先是由许多氨基酸连接成多肽链，再通过侧链（R基）的相互作用形成局部的和整体的空间结构（构象），有的蛋白质不止一条多肽链，结合蛋白质还具有辅基，这就使得蛋白质的结构非常复杂。蛋白质分子的结构有不同的结构层次，一般分为一级结构（primary structure）、二级结构（secondary structure）、三级结构（tertiary structure）和四级结构（quaternary structure），后三者统称为高级结构或空间构象（图16-6）。蛋白质的空间构象涵盖了蛋白质分子中每一个原子在三维空间的相对位置，并非所有蛋白质都有四级结构，由两条或两条以上多肽链形成的蛋白质才有四级结构。

（一）蛋白质的一级结构

蛋白质多肽链中氨基酸残基的排列顺序称为蛋白质的一级结构。主要化学键是肽键和二硫键。一级结构是蛋白质空间结构和特异生物学功能的基础。氨基酸排列顺序的差别意味着从多肽链骨架伸出的侧链R基团的性质和顺序对于每一种蛋白质是特异的，因为R基团大小不同，所带电荷数目不同，对水的亲和力不相同，所以蛋白质的空间构象也不同。

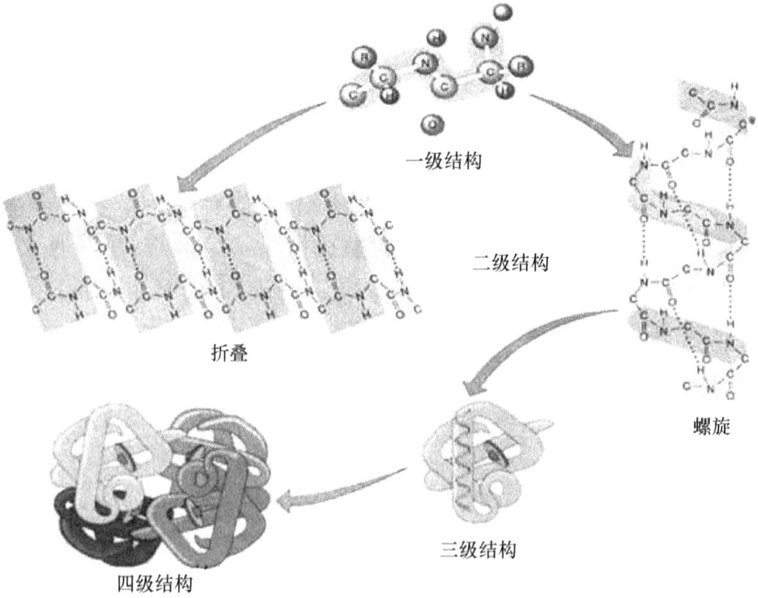

图 16-6　蛋白质的结构

（二）蛋白质的二级结构

用 X 射线衍射法研究蛋白质晶体的结构，证明了蛋白质分子中肽键之间 C—N 键的键长为 0.132 nm，介于单键 C—N 键长（0.147 nm）和双键 C═N 键长（0.127 nm）之间。这显示了肽键中的 C—N 键具有一定程度的双键性质。

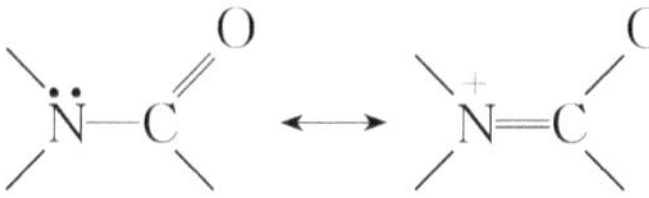

因而肽键不能自由旋转，从而使肽键—CO—NH 所连接的各原子位于同一平面上，其中 O 与 H 以反式存在。

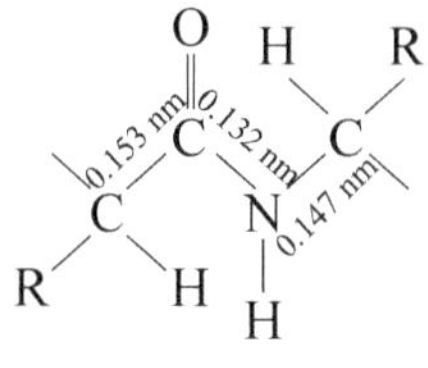

蛋白质的肽链上除肽键具有双键性质不能自由旋转外，其他与肽键相连接的单键都是可以自由旋转的，这使得主链能具有多种构象。

蛋白质的二级结构是指蛋白质分子中某一段肽链的局部空间结构，也就是该段肽链主链骨架原子的相对空间位置，并不涉及氨基酸残基侧链的构象。维系二级结构的化学键主要是氢键。二级结构的主要形式包括 α 螺旋（α-helix）和 β 折叠（β-sheet）。

α 螺旋是由肽键平面盘旋形成的螺旋状构象(图 16-6 中螺旋结构)。多数蛋白质中的多肽链主链围绕中心轴有规律性地呈螺旋式上升,每隔 3.6 个残基螺旋上升一圈,每个氨基酸残基沿轴转动 100°并向上平移 0.15 nm,故螺距为 0.54 nm。螺旋的走向为右手螺旋。α 螺旋的每个肽键的 N—H 和第四个肽键的羰基氧形成氢键,氢键的方向与螺旋长轴基本平行,侧链 R 基团则伸向螺旋外。

肽键平面呈伸展的锯齿状排列形成的结构称为 β 折叠(图 16-6 中折叠结构)。多肽链充分伸展,每个肽单元以碳为旋转点折叠成锯齿状结构,侧链 R 基团交错位于锯齿状结构的上下方。可由两条以上肽链或一条肽链内的若干肽段折叠成锯齿状结构。平行肽段间靠链间肽键羰基氧和 N—H 形成氢键,使构象稳定,此氢键方向与折叠的长轴垂直。两条平行肽链走向可相同或相反,反式平行比顺式平行更稳定。

除了这两种常见的二级结构,还有 β 转角(β-turn)和无规卷曲(random coil)。蛋白质分子中,肽链经常出现 180°的回折,这种回折结构就是 β 转角。此外在蛋白质分子的肽链上还经常出现一些没有确定规律的部分,这部分构象称为无规卷曲。

(三) 蛋白质的三级结构

蛋白质的三级结构是指整条肽键中全部氨基酸残基的相对空间位置,也就是整条肽链所有原子在三维空间的排布位置(图 16-6),是多肽链在形成二级结构以后进一步盘曲折叠形成的整体三维结构。三级结构的形成和稳定主要靠疏水键、盐键、二硫键、氢键和范德华力等次级键。疏水键是蛋白质分子中疏水基团之间的结合力,酸性和碱性氨基酸的 R 基团可以带电荷,正、负电荷互相吸引形成盐键。

相对分子质量大的蛋白质三级结构中其整条肽链中常可分割成多折叠的紧密结构域,实际上结构域也是一种介于二级和三级结构之间的结构层次,每个结构域能执行一定的功能。

(四) 蛋白质的四级结构

蛋白质的四级结构由有生物活性的两条或多条肽链组成,肽链与肽链之间不通过共价键相连,而由非共价键维系(图 16-6),每条多肽链都有其完整的三级结构,称为蛋白质的亚基(subunit)。这种蛋白质分子中各亚基的空间排布及亚基接触部位的布局和相互作用称为蛋白质的四级结构。在四级结构中,各亚基之间的结合力主要是疏水作用,氢键和离子键也参与维持四级结构。单独的亚基一般没有生物学功能,只有含有完整的四级结构的蛋白质才有生物学功能。

三、蛋白质的理化性质

(一) 两性电离和等电点

氨基酸具有两性电离和等电点。蛋白质是由氨基酸组成的,虽然在蛋白质分子中氨基酸大部分氨基和羧基已形成肽键,但仍留有未结合的自由氨基与羧基(末端或侧链),所以蛋白质也是两性物质,其带电状态受溶液的酸碱性影响。

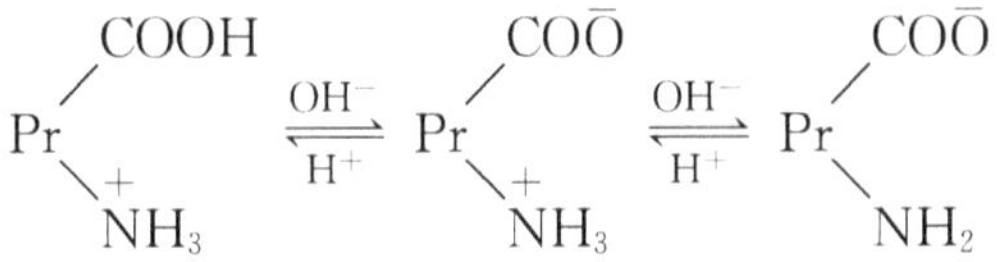

阳离子　　两性离子　　阴离子

(pH＜pI)　　(pH＝pI)　　(pH＞pI)

从上面平衡式看出,当蛋白质分子处于 pH＜pI 溶液中时,形成阳离子;当蛋白质分子处于 pH＞pI 溶液中时,形成阴离子。因此,在一定 pH 下,其分子可解离成两性离子,这时的 pH 称为该蛋白质的等电点 pI。此时,蛋白质分子正电荷与负电荷相等,分子总电荷为零。不同蛋白质分子中的自由氨基和自由羧基的数目是不相同的,其他可解离的基团数目也不相同,解离程度也不相同,所以不同的蛋白质等电点也不相同。含碱性氨基酸较多的蛋白质称为碱性蛋白质,其等电点大于 7。含酸性氨基酸较多的蛋白质称为酸性蛋白质,其等电点小于 7。大多数蛋白质的等电点接近 5.0。蛋白质在等电点时,由于没有相同电荷的互相排斥,因此蛋白质颗粒容易凝集而沉淀出来,故蛋白质在等电点时溶解度最小,在电场中也不发生泳动。

(二) 蛋白质的胶体性质

蛋白质相对分子质量为 6000～1 000 000 或更大,分子直径在胶体颗粒的范围(1～100 nm),所以蛋白质是胶体颗粒,在溶液中非常稳定。维持蛋白质在溶液中的稳定因素有两个,即电荷和水化膜。如果去掉这两个因素,蛋白质分子即可凝聚成大颗粒,从溶液中沉淀析出。分散在溶液中的蛋白质分子发生凝聚(aggregation),并从溶液中沉淀析出的现象称为蛋白质的沉淀(precipitation)。蛋白质发生沉淀的过程如图 16－7 所示。

从图 16－7 中可以看出,如将蛋白质溶液的 pH 调节到等电点,这时蛋白质分子呈等电状态,分子间由于相同电荷产生的排斥作用消失,但是还有水化膜起保护作用,一般不能发生凝集,如果再加入某种脱水剂,除去蛋白质分子的水化膜,则蛋白质分子就互相凝集而析出沉淀;同理,若先使蛋白质脱水,然后再调节 pH 到等电点,也同样可使蛋白质沉淀析出。

必须指出,有些蛋白质(如白明胶)这两种稳定因素的作用都很强,这时只有两种因素都被消除后才会沉淀。而另一些蛋白质往往是两种因素中的某一种起作用,这时只要去除这种起主要作用的稳定因素,蛋白质就可以发生沉淀。例如,酪蛋白溶液在等电时很不稳定,可以发生沉淀,这说明水化作用在保持酪蛋白溶液的稳定性上起的作用是较小的。当然也可能是由于它的水化程度与电荷有关,当它的电荷被中和时,水化膜也就随之减小。

下面介绍几种使蛋白质沉淀的方法。

1. 盐析法

向蛋白质溶液中加入大量中性盐使蛋白质沉淀称为盐析(salting out)。常用的中

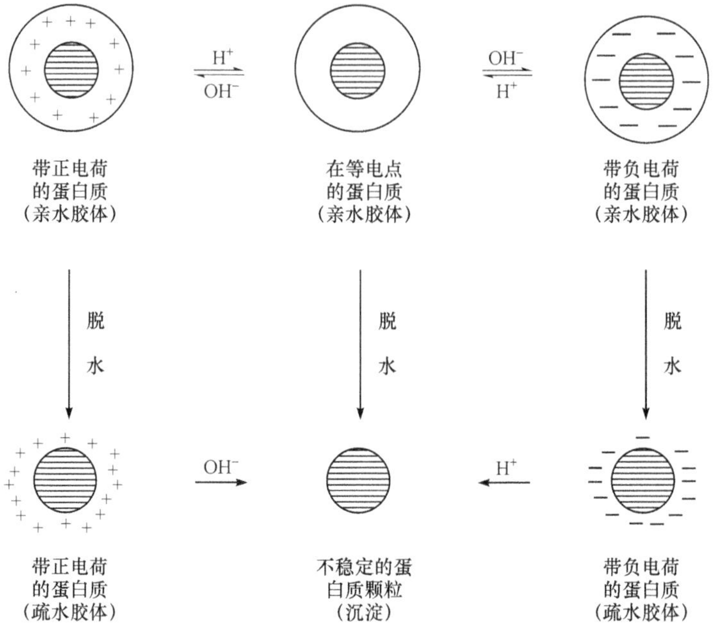

图 16－7　蛋白质的沉淀

性盐有硫酸铵、硫酸钠、氯化钠等，这些盐极容易溶于水并解离生成离子。盐离子与水的亲和力极强，浓度高时能夺取蛋白质的水化层（脱水），同时由于大量带电离子的存在，能抑制蛋白质分子表面基团的解离，减少表面电荷。这时蛋白质既失去了水化层，又减少了分子之间的静电斥力，稳定因素被去除，就会聚集成大的颗粒发生沉淀。中性盐不破坏蛋白质的构象，盐析沉淀的蛋白质仍有生物活性，即不发生变性。

各种蛋白质的亲水程度和等电点不同，盐析时所需的中性盐浓度和 pH 也不相同。例如，半饱和硫酸铵可沉淀血浆球蛋白，饱和硫酸铵则可沉淀血浆清蛋白。盐析时溶液的 pH 越接近蛋白质的等电点，蛋白质就越易沉淀。调节盐析所用的盐浓度和溶液的 pH，可将溶液中混合的各种蛋白质逐个分开，称为分段盐析法（fractional salting out）。

2. 有机溶剂沉淀法

有机溶剂（如甲醇、乙醇、丙酮等）能使蛋白质脱去水化层，又能降低溶液的介电常数，影响基团的解离，使表面电荷减少，导致蛋白质分子聚集而沉淀。但是，有机溶剂常会破坏蛋白质的构象引起变性。要用此法获得有活性的蛋白质，必须在低温下操作，尽量缩短处理时间，并及时将蛋白质中残存的有机溶剂除去，否则会发生变性失活。

3. 重金属盐沉淀法

蛋白质可以与重金属离子（如汞、铅、铜、锌等）结合生成不溶性盐而沉淀。此反应的条件是溶液的 pH 应稍大于该蛋白质的等电点，使蛋白质带较多的负电荷，易与金属离子结合。

临床上常用蛋清或牛乳解救误服重金属盐的病人，目的是使重金属离子与蛋白质结合而沉淀，阻止重金属离子的吸收。然后用洗胃或催吐的方法，将重金属离子的蛋白质盐从胃内清除，也可用导泻药使毒物通过肠道排出。

4. 酸类沉淀法

蛋白质可与钨酸、苦味酸、鞣酸、三氯乙酸、磺基水杨酸等发生沉淀。反应条件是溶液的 pH 应小于该蛋白质的等电点，使蛋白质带正电荷，与酸根结合生成不溶盐而沉淀。生化检验中常用钨酸或三氯乙酸作为蛋白沉淀剂，以制备无蛋白血滤液。

（三）蛋白质的变性

蛋白质受到某些物理因素（如加热、加压、搅拌、振荡、紫外线、超声波等）或化学因素（如强酸、强碱、脲、胍、重金属盐、钨酸、三氯乙酸、乙醇、丙酮等）的影响而改变它们性质的现象称为变性（denaturation）。性质改变后的蛋白质称为变性蛋白（denatured protein）。

除白明胶外，几乎所有蛋白质对热都很敏感，在中性溶液中蛋白质受热后溶解度就会降低，许多蛋白质受热后，很快生成沉淀；如果蛋白质是激素、酶或抗体，还会失去它们的生物活性，失去结晶性，因此至今还没有把变性蛋白质制成晶体。许多天然蛋白质分子中并不含有半胱氨酸中的自由巯基，但变性后的蛋白质中自由巯基的含量增加，说明变性使蛋白质分子中的巯基解放出来了。

加热可以使蛋白质的变性和沉淀迅速完成。紫外光的照射能引起与加热相同的反应。这些变性过程的速度受温度、pH 和电解质浓度等影响。伴随着蛋白质变性，蛋白质溶液黏度和表面张力都有很大增加，旋光性等其他性质也有很大的改变。

脲和胍盐的高浓度溶液也能使许多蛋白质变性。有些蛋白质变性时相对分子质量并不改变，但有些则会改变。变性蛋白质常可溶于浓的脲溶液中，当加水稀释或透析时则又沉淀下来。许多类型的有机溶剂（如乙醇、丙酮等）也可促使蛋白质变性。阴、阳离子的去污剂能与蛋白质的疏水基团结合，都能引起蛋白质的变性。例如，十二烷基磺酸钠（简称 SDS）就是一种很有效的变性剂。

蛋白质的变性作用是破坏了蛋白质分子中的副键（如氢键、盐键、二硫键等），使蛋白质结构变得松散，部分肽链失去折叠状态及 α 螺旋状态而展开，肽链的伸展使得溶液的黏度升高，失去结晶性；同时原来藏在分子内部的疏水基团大量暴露在分子表面从而使蛋白质的水化作用减小，失去水化膜，所以表现为溶解度的降低。但变性一般不会导致一级结构的破坏。

（四）蛋白质显色反应

1. 缩二脲反应

蛋白质在强碱溶液中遇稀的硫酸铜溶液则出现紫色或紫红色。生成的颜色与蛋白质的种类有关。

凡分子中含有两个以上 $-\overset{O}{\overset{\|}{C}}-NH-$ 结构的化合物，无论其直接相连或通过一个氮或碳原子间接相连，均呈缩二脲反应，如草酰胺、缩二脲等。

草酰胺

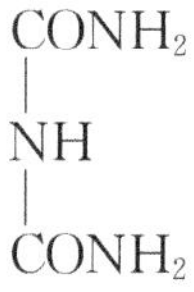

缩二脲

有人认为紫色反应产物可能是铜离子与四个肽键上的氮原子形成配位复合物。

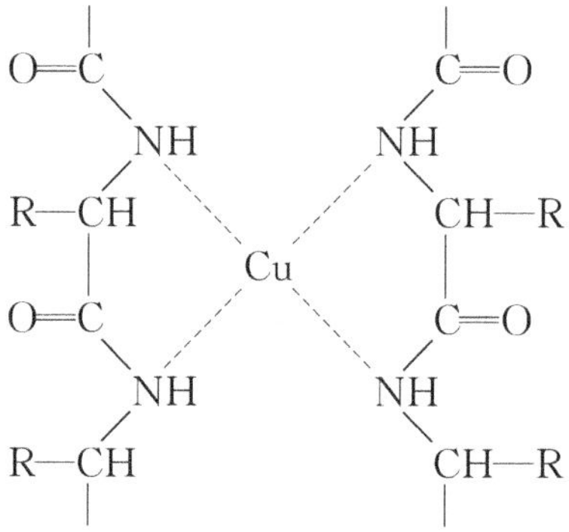

2. 茚三酮反应

将蛋白质中性溶液(pH＝5～7)与茚三酮水溶液(1∶400)1～2 滴混合，并加热煮沸 1～2 min，放冷后产生蓝紫色反应。说明蛋白质分子中有 α-氨基存在，蛋白质、肽类、氨基酸及其他伯胺类化合物等具有自由氨基的化合物(包括氨)对茚三酮均呈阳性反应。此反应可用于蛋白质的定性和定量鉴定。

四、蛋白质的分离和提纯

自然界中，蛋白质和许多物质混合存在。要获得某种纯净的蛋白质或者要研究某种蛋白质的结构与功能，必须把它从混合状态分离开来，经提纯处理成不含杂蛋白的均一蛋白质。蛋白质分离提纯的一般程序如图 16－8 所示。

目前还没有一套现成的方法能分离提纯所有的蛋白质，只能根据具体蛋白质的性质和功能，选用适当方法组合起来对该蛋白质进行分离提纯。常用的方法有以下几种。

(一) 盐析和有机溶剂沉淀

盐析和有机溶剂沉淀是两种常用的使蛋白质从溶液中沉淀的方法。蛋白质在溶液中一般含量很低，经沉淀浓缩，以利于进一步分离纯化。如果条件选择得当，大多数杂

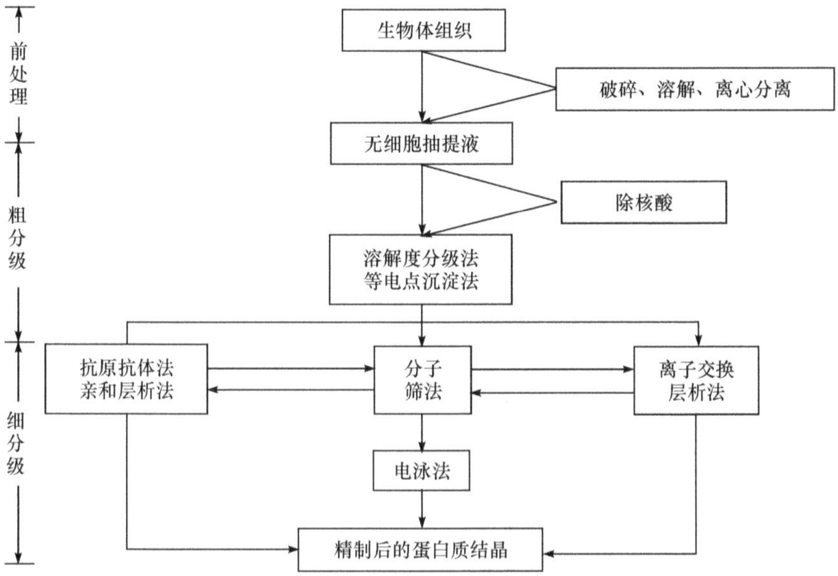

图 16－8　蛋白质分离提纯的一般程序

蛋白已在此步除去，但纯度远远不够。盐析在蛋白质等电点处进行效果更佳。使用有机溶剂沉淀时，要在低温下进行，避免蛋白质变性。

（二）电泳

蛋白质在高于或低于 pI 的溶液中是带电的，在电场中能向电场的一极移动。根据支持物的不同，有薄膜电泳、凝胶电泳等。薄膜电泳是将蛋白质溶液点样于薄膜上。薄膜两端分别加正、负电压，此时带正电荷的蛋白质向负极泳动，带负电荷的向正极泳动。凝胶电泳的支持物为琼脂糖、淀粉或聚丙烯酰胺凝胶。凝胶置于玻璃板上或玻璃管中，两端加正、负电压，蛋白质即在凝胶中泳动。电泳结束后，用蛋白质显色剂显色，即可看到一条条已被分离的蛋白质色带。

（三）透析和超过滤

蛋白质是高分子化合物，不能透过半透膜。常用的半透膜有玻璃纸、火棉胶硝酸纤维素膜等，这些膜具有很小的微孔，只允许小分子通过，而蛋白质分子被截留在膜的一侧。透析是把半透膜制成透析袋，内盛蛋白质溶液，置于蒸馏水或缓冲液中，此时小分子物质扩散袋外，蛋白质仍留在袋内，不断更换袋外的水可把小分子物质尽可能地除去。

超过滤是利用压力或离心力强行使水和小分子杂质通过半透膜除去，而蛋白质留在膜内。超过滤也能分离蛋白质，选用适当孔径的半透膜，让小分子通过，大分子蛋白质被截留。

(四) 层析

层析是分离提纯蛋白质的重要方法,种类很多,有离子交换层析、分子筛层析、亲和层析等。其中离子交换层析应用最广。蛋白质和氨基酸一样,是两性电解质,在某一特定的 pH 时,各蛋白质的电荷量及性质不同,故可以通过离子交换层析分离。

分子筛层析又称为凝胶过滤,它是根据蛋白质分子大小进行层析分离的方法。层析支持剂为多孔网状结构,只允许小分子蛋白质进入,大分子蛋白质被排阻在外。这样,大分子蛋白质只能在凝胶颗粒之间向下移动,阻力小,路程短,故先流出来,小分子根据相对分子质量从大到小随后流出。该法可用来测定蛋白质的相对分子质量。

(五) 超速离心

在强离心力作用下,蛋白质分子在溶液中沉降。直到其浮力等于离心所产生的力,此时沉降停止。不同种类的蛋白质其相对密度与形态各不相同,用此法可将它们分开。

(六) 结晶

许多蛋白质经提纯后可在盐溶液或缓冲液中形成结晶。一般只有同种蛋白质分子才能定向聚集形成结晶,因此结晶过程伴有一定程度的提纯。变性蛋白质不能参与晶体的形成,所以蛋白质结晶不仅是纯度的一个标志,也是判断制品处于天然状态的重要指标。

五、重要的结合蛋白

(一) 糖蛋白

糖蛋白(glycoprotein)是一类由糖或其衍生物同蛋白质以共价键连接而成的结合蛋白质。糖蛋白在自然界分布广,一切动植物(包括细菌)组织体液(包括组织液、分泌液)都含有糖蛋白。神经组织、各种结缔组织、血浆、血细胞、唾液、胃肠液、关节液、眼球水晶体液、眼角膜、视网膜、促性腺激素、凝血酶、核糖核酸酶以及所有生物膜都含有糖蛋白,有的本身就是糖蛋白。糖蛋白的非糖部分有的是多肽,有的是短链的肽。糖的部分有的只含有一种多糖(主要为黏多糖),有的含几个低聚糖或多个二糖单位(如黏蛋白和胶原蛋白的糖基)。

(二) 核蛋白

核蛋白是(nucleoprotein)一切生物细胞中都含有的一种结合蛋白质,因最初是从细胞核中发现的,所以称为核蛋白。实际上在细胞核及细胞质中都含有核蛋白。

核蛋白的辅基是核酸,蛋白质部分大都是具有阳离子性质的碱性蛋白质,如组蛋白和鱼精蛋白。组蛋白存在于躯体细胞的核蛋白中,相对分子质量为 11 000～21 000,富有碱性氨基酸——赖氨酸和精氨酸。在不同的组蛋白中两种氨基酸的含量比是不同的。鱼精蛋白存在于某些鱼精子核蛋白中,是一种最简单的碱性蛋白质。

（三）血红蛋白

血红蛋白(hemoglobin)存在于几乎所有的脊椎动物和许多无脊椎动物的体内，在某些酵母和霉菌的菌株中也有发现。每 100 mL 人的全血中含 12～16 g 血红蛋白。正常状态下血红蛋白全部存在于红细胞中，如受溶血物质作用，红细胞破裂，血红蛋白被释放于血液中。血红蛋白在体内具有运输氧和二氧化碳的作用，因而十分重要。

血红蛋白的相对分子质量约为 67 000，由无色的珠蛋白和红色辅基血红素两部分构成。血红蛋白的组成由于来源不同而稍有不同，但这种差别仅存在于分子的珠蛋白部分。

血红素是由亚铁离子与原卟啉结合而成的络合物。原卟啉是卟吩的衍生物。卟啉从结构上可看出是四个吡咯环借助四个次甲基连接而成一个大的共轭环状结构。

血红蛋白中的珠蛋白是由四条肽链组成的，具有四级结构的蛋白质。正常成年人的珠蛋白是由两条 α-肽链和两条 β-肽链组成的。α-链由 141 个氨基酸组成，β-链由 146 个氨基酸组成。α-链、β-链与肌红蛋白在一级结构上是明显不同的，但二级结构与三级结构非常相似，每条肽链上像肌红蛋白那样结合一个血红素分子。因此一个分子的珠蛋白共结合了四个血红素辅基。

习　　题

1. 试写出下列氨基酸的结构式和英文缩写。
   (1) 具有两个手性碳原子的氨基酸　(2) 含硫氨基酸
   (3) 酸性氨基酸　(4) 碱性氨基酸
   (5) 含杂环结构的氨基酸　(6) 含苯环的氨基酸
2. 在 pH 分别为 2.7 和 12.0 的条件下，写出下列氨基酸的主要存在形式。
   (1) 异亮氨酸(pI=6.02)　(2) 天冬氨酸(pI=2.77)
   (3) 赖氨酸(pI=9.74)
3. 完成下列反应。
   (1) 酪氨酸+$Br_2/H_2O \longrightarrow$
   (2) 半胱氨酸 $\xrightarrow{[O]}$
   (3) $H_3\overset{+}{N}—CH_2COO^- \xrightarrow{HCl}$
   (4) $H_3\overset{+}{N}—CH_2COO^- \xrightarrow{NaOH}$
4. 写出下列肽的结构式或命名下列肽。
   (1) 组氨酰丝氨酸　(2) 蛋氨酰谷氨酸
   (3) 脯氨酰苏氨酸　(4) 异亮氨酰缬氨酸
   (5) 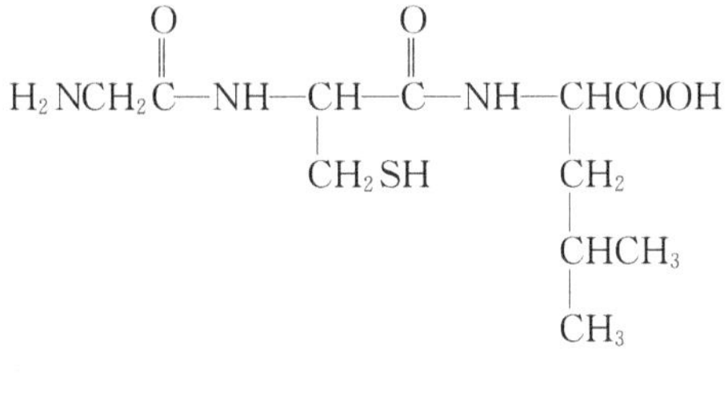

(6) 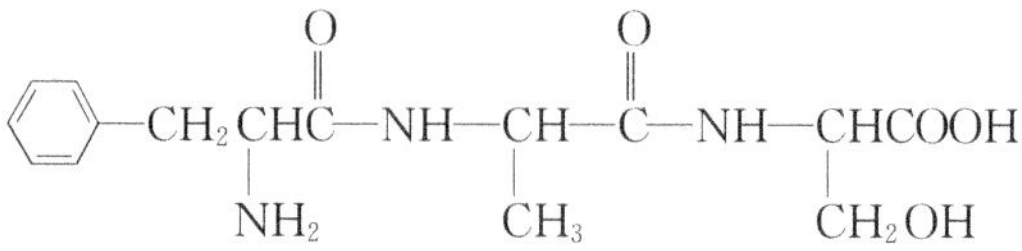

(7) 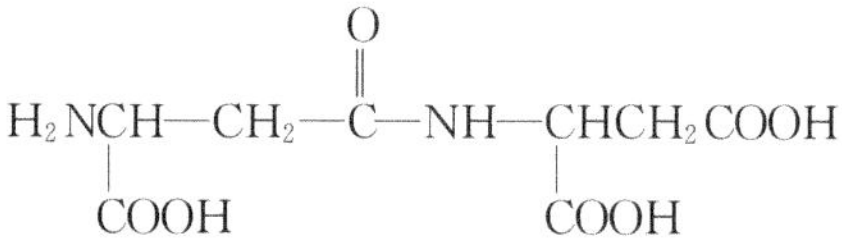

5. 试推测赖氨酸(a)、天冬氨酸(b)、丝氨酸(c)与下列试剂的反应产物。

(1) NaOH　(2) HCl　(3) CH_3OH/H^+　(4) 乙酸酐　(5) HNO_2

6. 化合物 A($C_4H_7O_4N$)具有旋光性，与 HNO_2 作用后生成产物 B 和 N_2。B 也具有旋光性，可氧化脱氢生成 C，C 具有互变异构体 D。B 发生脱水反应后生成产物 E，E 有顺反异构体 F。试写出 A～F 的结构式。

第十七章　有机波谱学简介

有机化学是用结构式来描述的一门学科，从结构式就可以推测出该化合物的性质、化学反应以及合成方法。因此确定有机化合物的结构（无论是通过有机反应合成得到的产物还是从天然产物中提取分离得到的有机化合物）是有机化学研究中重要的组成部分。最初科学家们主要是通过元素定性和定量分析，测定相对分子质量等方法求出分子式，再检测化合物的化学性质，也就是它在一系列典型反应中的行为，来推断它的结构。用这种经典的方法来确定未知有机化合物的结构是相当烦琐的工作，不仅需要很多的样品，还相当费时费力，有时还因为有机反应的复杂性而得出错误的结论。从20世纪50年代以来，随着光谱学（spectroscopy）的不断发展，利用波谱分析确定有机物的结构越来越方便。同时使用波谱分析方法确定有机物结构还具有微量、快速、准确等特点。例如，从昆虫体内分离出来的昆虫激素（量非常少）以及一些不稳定分子和反应中间体等，都只能用波谱分析测定它们的结构。

有机波谱学是20世纪中期以来逐渐发展并不断完善起来的一门重要学科。随着新技术、新仪器的迅速发展及应用，波谱方法已成为化学、物理学、药学、医学、生命科学等领域工作者深入了解分子结构的强有力的工具。在有机化学研究中最常用测定结构的方法有紫外光谱（ultraviolet spectroscopy，UV）、红外光谱（infrared spectroscopy，IR）、核磁共振谱（nuclear magnetic resonance，NMR）以及质谱（mass spectrometry，MS）等。

这些波谱都是通过仪器进行测定的，是通过物理方法间接但简单、快速、准确地了解检测化合物的某些结构特征。不同的光谱能给出化合物中不同方面的结构信息，这些方法配合使用，可以为化学测定提供有力的补充，甚至代替某些化学方法。但是有机物结构确定，特别是未知化合物结构确定，就需要多种波谱方法与化学方法联合使用，因此化学方法仍然是有机化合物结构确定中不可或缺的一个方面。

本章简单介绍如何应用紫外光谱、红外光谱以及核磁共振谱来阐明有机物的某些结构特征。需要说明的是，本书只进行极简单的波谱分析和讨论，在实际应用时，还应参考其他波谱学书籍。

吸收光谱法是基于物质对光的选择性吸收而建立起来的谱图解析方法。本章介绍的三种光谱都是分子吸收光而产生的光谱。紫外光谱是分子吸收了紫外光和可见光后，引起电子能级跃迁而产生的电子光谱；红外光谱是分子吸收了红外光后，引起分子振动能级或转动能级跃迁而产生的分子光谱；核磁共振谱则是某些原子核吸收了电磁波后，引起核的自旋能级跃迁而产生的波谱。紫外光、可见光及红外光统属于电磁波的区域范围，故紫外光谱、红外光谱及核磁共振谱均为电磁波谱。

光具有波动性，是由不同波长的射线组成的电磁波。光谱法就是用电磁波中不同范围的波长对物质进行辐射，引起原子或分子内部量子化能级跃迁而产生发射、吸收、散射或荧光，仪器检测到这些信号，并进行定性定量分析。电磁波通常用波长(wavelength，λ)或频率(frequency，ν)来描述。根据大致波长范围，可将光分为以下五个区域(表 17-1)。

表 17-1　不同光波长的几个区域

光谱区	γ射线	X射线	远紫外	近紫外	可见	近红外	中红外	远红外	微波	无线电波(及核磁波)
波长 λ/nm	<0.1	0.1	10～200	200～400	400～760					
λ/μm						0.76～2.5	2.5～25	25～1000		
λ/cm									0.1～10	>10
跃迁类型	核与内层电子		价电子			分子振动与转动			分子转动 电子振动	核自旋

注：1 nm(纳米)＝10^{-9} m；1 μm(微米)＝10^{-6} m。

电磁波的能量 E 与波长 λ 成反比，而与频率 ν 成正比，即波长越短，频率越高，能量也越高。

$$E = h\nu = \frac{hc}{\lambda}$$

式中，h 为普朗克(Planck)常量(6.63×10^{-34} J · s)；c 为光速($c=3\times10^{10}$ cm · s^{-1})。频率 ν 的单位为 Hz，波长的单位为 m、cm、μm 或 nm 等。

分子吸收电磁辐射，获得能量，从而引起分子中某些能级的变化，如将价电子激发到较高能级，或增加原子间键的振动，或者引起原子核的自旋跃迁等。发生这些分子不同能级的变化则需要不同的能量。紫外光谱法所用的是波长范围为200～400 nm 的电磁波，其能量高，相当于红外光谱(波长为 2.5～25 μm)的 10 倍以上。而核磁共振所用的波长处于无线电波谱区，所吸收的能量(波长大于 100 cm)最低。

第一节　紫外光谱

紫外吸收光谱简称紫外光谱(UV)，是由分子中价电子跃迁所形成的电子光谱，可用紫外分光光度计测定。目前常用的紫外-可见分光光度仪测定范围为近紫外(200～400 nm)和可见(400～800 nm)两个光谱区，不饱和化合物中电子跃迁而产生的紫外光谱多在该范围内，因此紫外光谱在不饱和化合物，特别是不饱和共轭化合物中使用最为广泛。

一、紫外光谱的产生

紫外光谱是分子的电子光谱。当有机物分子吸收了紫外光后，可以引起分子中价电子的跃迁，由基态变为激发态，由此得到的光谱即为紫外光谱。

基态有机分子中可以跃迁的电子有 σ 电子、π 电子和 n 电子（非键电子，也可称为未共用电子对）。在紫外光的照射下，这些不同类型的基态电子可由成键轨道（基态）跃迁到反键轨道（激发态）。由图 17－1 可知，各种电子跃迁所需能量顺序为 $\sigma \to \sigma^* > n \to \sigma^* > \pi \to \pi^* > n \to \pi^*$。现结合有机分子结构与 UV 的关系，分别讨论如下（图 17－2）：

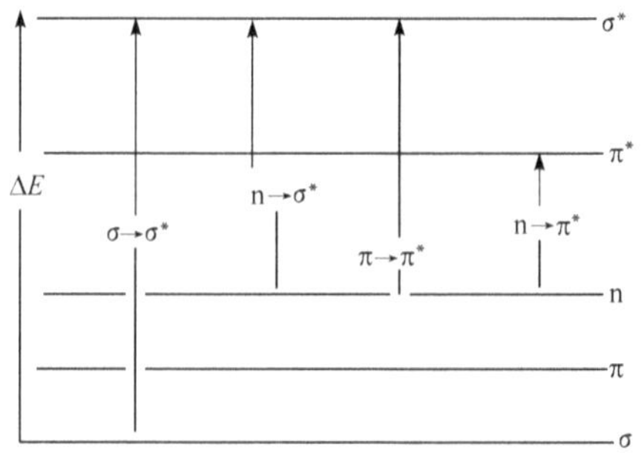

图 17－1　各种电子跃迁的相对能量

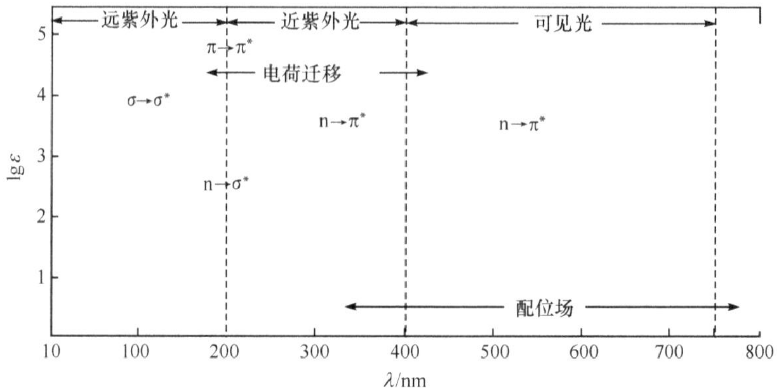

图 17－2　电子跃迁所处的波长范围及强度

（1）$\sigma \to \sigma^*$ 跃迁。完成这种形式的跃迁所需能量较高，多在远紫外区（150 nm 左右），因而紫外区不产生吸收，只有 σ 电子的烷烃类化合物跃迁属于此类。由于烷烃（如环己烷、正己烷等）在紫外区无吸收，故常用作 UV 测定时的溶剂。

（2）$n \to \sigma^*$ 跃迁。含有 n 电子（未共用电子）的基团（如—OH、—SH、—NH_2、—X 等）会产生此类跃迁，吸收波长接近 200 nm。例如，以下是三类化合物的最大吸收波长 λ_{max} 和该波长下化合物的摩尔吸光系数 ε（值越大，吸收强度越大）：

	CH_3OH	CH_3NH_2	CH_3I
λ_{max}	183 nm(ε 150)	215 nm(ε 600)	258 nm(ε 378)

（3）$\pi \to \pi^*$ 跃迁。含有碳-碳双键的化合物会发生此类跃迁。非共轭双键吸收波长常低于 200 nm，吸收强度很大；共轭双键吸收波长红移。例如

	乙烯	1,3-丁二烯	β-胡萝卜素
λ_{max}	175 nm(ε 10 000)	217 nm(ε 21 000)	453 nm(ε 13 000)

(4) n→π* 跃迁。含有 C=O、C=S、C=N、N=O、N=N 等结构的有机化合物，除了存在波长短、强度大的 π→π* 跃迁外，还可进行 n→π* 跃迁。n→π* 跃迁所需能量较小，吸收波长较长(300 nm 附近)，但吸收峰强度较弱(ε 10～50)。例如

		乙醛	丙酮	硝基甲烷
λ_{max}	π→π*	180 nm(ε 10 000)	189 nm(ε 900)	201 nm(ε 5000)
	n→π*	290 nm(ε 17)	279 nm(ε 15)	274 nm(ε 17)

π→π* 跃迁和 n→π* 跃迁之间的这种差别对判断跃迁类型十分有用。

二、紫外光谱图

在实际测定中，将不同波长的光依次照射被测样品的溶液，得到不同波长 λ 时的吸光度(absorbance)A，以波长 λ 为横坐标，以吸光度 A 或摩尔吸光系数 ε(或 lgε)为纵坐标作图，即为紫外吸收曲线。

摩尔吸光系数 ε 与吸光度 A 的关系可通过以下公式换算得到

$$\varepsilon = \frac{A}{L \cdot c}$$

式中，ε 定义为：1 L 溶液中含 1 mol 样品，通过样品的光路长度为 1 cm 时，在指定波长下测得的吸收值。若 ε 值的数据较大，常以其对数值 lgε 表示。图 17－3 为香芹酮的紫外光谱。

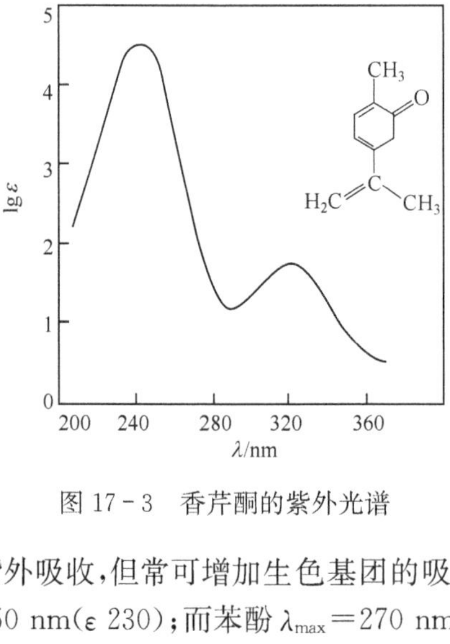

图 17－3　香芹酮的紫外光谱

紫外光谱中化合物的最大吸光度处的波长用 λ_{max} 表示，它是样品的特征常数。例如，图 17－3中，其对应波长 238 nm，故表示为 λ_{max} = 238 nm。文献资料在报告某化合物的紫外光谱数据时，通常连同最大吸收波长、测定时所用溶剂等一并给出。此外，应熟悉以下紫外光谱的几个常用术语：

(1) 生色团和助色团。分子中能引起电子跃迁的不饱和基团(如 C=O、C=C、C=N、—N=N—、$—NO_2$、—NO 等)均能产生紫外吸收，故称为生色团。对于与生色基团相连的—OH、$—NH_2$、—X、—OR 等，虽然它们本身无紫外吸收，但常可增加生色基团的吸收波长及强度，故称其为助色团。例如，苯 λ_{max} = 250 nm(ε 230)；而苯酚 λ_{max} = 270 nm(ε 1450)。

(2) 红移和蓝移。红移又称深色位移，是指因受取代基或溶剂的影响，吸收波段向长波方向移动的现象；蓝移又称浅色位移，是指因受取代基或溶剂的影响，吸收波段向

短波方向移动的现象。

(3) 增色效应和减色效应。使吸收强度增加的效应称为增色效应；反之，称为减色效应。

三、紫外光谱在结构分析中的应用

借助紫外光谱，人们很容易获得关于未知物是否存在共轭体系以及某些羰基官能团的信息。不过紫外分析法常受到限制，原因是大多数单官能团的吸收很弱或根本不吸收，大多数分子的紫外光谱相当简单。所以紫外光谱一般仅适用于判断化合物的结构类别。现将紫外光谱在结构分析中的主要用途及规律简单归纳如下：

(1) 判断分子的共轭程度。在波长 220～800 nm 无吸收的化合物，其结构中应不含不饱和共轭成分。若在 220～250 nm 有强吸收(ε～10 000 或更大)，表明化合物应属于共轭二烯、α,β-不饱和醛、酮类共轭不饱和化合物。若吸收信号落在 250～350 nm，且显示中或低强度吸收，说明是羰基或共轭羰基类化合物。若在 250～290 nm 出现中等强度吸收，且给出不同程度的精细结构，说明有苯环存在。若在 300 nm 以上有高强吸收，表明分子中存在较长的共轭体系，若此时看到明显的精细结构，则应判断化合物属于稠芳环、稠杂芳环或其衍生物。总之，随着共轭体系的延长，吸收波段红移，吸收强度增大。

(2) 区别分子的构型与构象。根据紫外光谱，有时可很容易地区别分子的构型异构体。例如，反式肉桂酸在 273 nm(ε 21 000)显示强吸收，而在顺式肉桂酸中，由于环和羧基之间存在空间的相互影响，二者不能共平面，故它只在 264 nm(ε 9400)显示较弱的吸收。另外，比较联苯与 2,2′-二甲基联苯的紫外吸收波长不难推测，前者应在长波处显示吸收峰，后者因存在甲基的位阻效应，所以应得到类似于简单苯的紫外光谱。

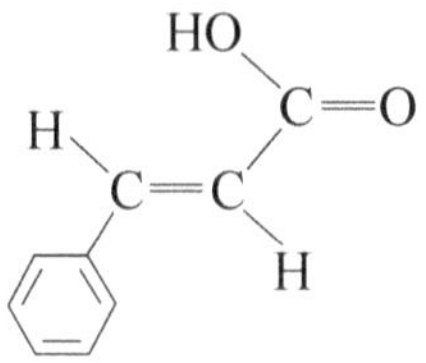

反-肉桂酸

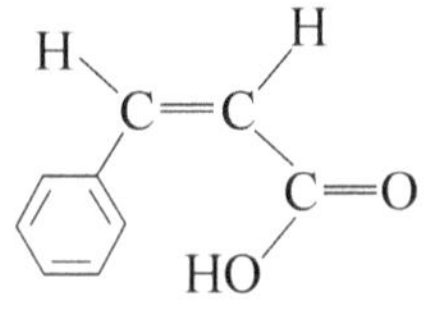

顺-肉桂酸

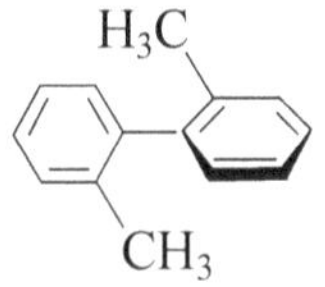

2,2 -二甲基联苯

$\lambda_{max}(\varepsilon)$　273 nm(21 000)　264 nm(9400)　220 nm, E_2带; 270 nm(800), B带

(3) 比较分子的骨架。将未知物与选定的模型化合物相比较，若两者谱图一致或接近，即可认为它们有相同的生色基团，从而确定未知物的骨架结构。

第二节　红 外 光 谱

可以利用紫外光谱判断化合物的结构类别，通过红外光谱，还可了解有关化合物官能团的情况。随着傅里叶变换红外光谱(Fourier transform infrared spectroscopy, FT-IR)技术的迅速发展，当前红外光谱测定法具备制样方便、样品用量少、测定速度快、使用范围广等优点。

一、红外光谱的产生

红外光谱是分子吸收了光能，引起分子振动能级或转动能级跃迁而产生的分子光谱，给出的是有机分子中各官能团共价键的信号特征。同一种官能团，在不同化合物中，其吸收峰的位置大致相同，所以通过红外光谱的测定主要可以知道化合物中存在哪些官能团。同时每种化合物都有其独特的红外光谱图，如果两种物质的红外光谱图相互吻合，则这两种物质必定是同一种化合物；还可以像鉴别指纹方式那样，通过红外光谱图来鉴别和判断化合物。

众所周知，分子中的原子处于不停的运动之中。可以将分子中的以共价键相连的原子比作用弹簧连接的小球，它们在不停地伸缩振动（用 ν 表示）或弯曲振动（用 δ 表示），如图 17－4 中箭头所示方向运动。用不断改变波长的红外光照射样品，当红外光的光能和分子运动所需吸收的能量相同时，就会产生吸收，形成显示结构特征的吸收峰。因此，根据部分吸收峰的波长数据，就能获知样品结构中所含官能团的信息。

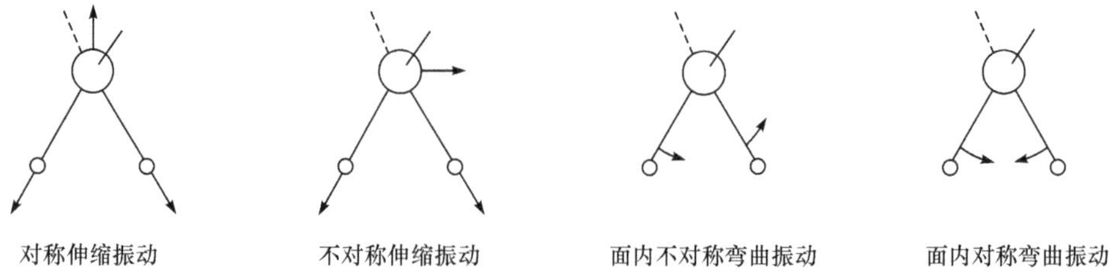

图 17－4　—CH_2—的振动形式

分子运动的振动频率取决于键合原子的质量及赖以结合的共价键的强度。原子越小，就像弹簧连接的球越轻，则振动越快。所以与氢相连的键（如 C—H、O—H、N—H 等）的振动频率要比 C—C、C—O、C—N 等质量较大原子间键的振动频率高。并且，短而强的弹簧比长而弱的弹簧振动快，所以短而强的键，如不饱和叁键的振动频率高于双键，而双键的振动频率则高于单键。

大多数 C—H 键、C—C 键、C—O 键、C—N 键等的振动频率都在红外区。简单地说，当照射光的频率与基团振动的频率一致时，则光便被分子吸收而使振动的振幅加大，通过红外光谱仪，便可记录下吸收峰的位置与强度。

二、红外光谱图

红外光谱图的横坐标为波数（下方横线，cm^{-1}）或波长（上方横线，μm），纵坐标为透光率（percentage transmittance），以 $T/\%$ 表示。由于对光的吸收越强，透光率越小，故红外光谱中的吸收峰表现为谷，谷的深度即表示吸收的强度。因分子振动所需能量对应的波长在中红外区，因此常见波数范围落在 4000～400 cm^{-1}。图 17－5 是对硝基氯苯的红外光谱。

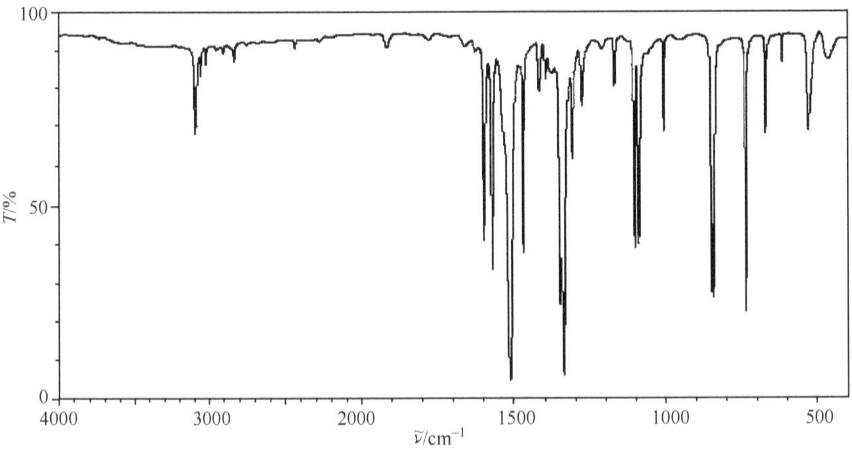

图 17－5　对硝基氯苯的红外光谱

红外光谱中给出的吸收峰的位置、形状和相对强度都是对化合物进行结构分析的依据。

三、主要吸收峰区段和特征峰

在红外光谱中主要划分为两大区域：

(1) 特征谱带区(或官能团区)，一般指 4000～1330 cm^{-1} 区域。此区域多为官能团的特征吸收峰，由于这些吸收峰受分子中其他结构影响较小，彼此间很少重叠，容易辨认，故熟悉和识别这些特征峰是解析红外光谱的基础。但这个区域中并非所有的峰都是特征峰，并且不一定都能一一做出判断。

(2) 指纹区，一般指 1330～650 cm^{-1} 区域。此范围主要是一些单键的伸缩振动和弯曲振动所产生的吸收峰。这一区域的吸收峰与分子结构联系密切，分子中结构的细微变化都会引起吸收峰位置和强度的明显改变，犹如人的指纹。每一种化合物在指纹区都有其特征光谱，从而可为分子的结构鉴定提供重要信息。例如，当确定两个化合物是否为同一物质时，除二者应具备相同的特征峰外，还必须查对指纹区峰形是否完全一致。此区域内吸收峰的数目同样繁多，其中大部分难以找到归属。

根据各官能团的特征吸收峰的位置，红外光谱的主要谱带可划分为九个区段(表17－2)。

表 17－2　红外光谱的主要区段

波长/μm	波数/cm^{-1}	引起吸收的键	化合物类别
2.7～3.3	3750～3000	ν_{O-H}、ν_{N-H}	醇、酚、胺、酰胺
3.0～3.3	3300～3000	ν_{C-H}(—C≡C—H 、>C=C< 、Ar—H)	炔、烯、芳香化合物

续表

波长/μm	波数/cm^{-1}	引起吸收的键	化合物类别
3.3～3.7	3000～2700	ν_{C-H}(—CH_3、>CH_2、>CH—、—CHO)	烷、醛
4.2～4.8	2400～2100	$\nu_{C\equiv C}$、$\nu_{C\equiv N}$	炔、氰
5.3～6.1	1900～1650	$\nu_{C=O}$	醛、酮、羧酸、酯
6.0～6.7	1675～1500	$\nu_{C=C}$(脂、芳族)、$\nu_{N=O}$	烯、芳香化合物、硝基化合物
6.8～7.7	1475～1300	δ_{C-H}	烷
7.7～10.0	1300～1000	ν_{C-O}、ν_{C-N}	醇、醚、羧酸、酯、胺
10.0～15.4	1000～650	δ_{C-H}、δ_{Ar-H}(面外)	取代烯烃、取代苯

红外光谱谱带分类的几点说明：

(1) 烷烃的 ν_{C-H} 通常低于 3000 cm^{-1}，如伯氢—CH_3 在～2960 cm^{-1} 和～2870 cm^{-1}(vs)，仲氢—CH_2 在～2930 cm^{-1} 和～2850 cm^{-1}(vs)，叔氢 R_3C—H 在～2890 cm^{-1}(w)；醛基(—CHO)的 ν_{C-H}在 2820 cm^{-1}和 2720 cm^{-1}(m)附近；不饱和烃的 ν_{C-H}大于 3000 cm^{-1}，如炔氢在～3300 cm^{-1}(vs)，烯氢在 3040～3010 cm^{-1}(m)，芳氢在～3030 cm^{-1}(m)。

(2) 烷烃的 δ_{C-H}(如甲基)在～1460 cm^{-1} 和～1380 cm^{-1} 有两个吸收峰，特别是当～1380 cm^{-1} 处发生分叉时，表明有偕二甲基[—$CH(CH_3)_2$]存在。亚甲基仅在～1470 cm^{-1}有吸收。利用 δ_{C-H}(面外)信息，还可以鉴别烯烃的类型和苯环上取代基的位置等(表 17-3)。

表 17-3 烯烃、取代苯 C—H 的面外弯曲振动的特征吸收

化合物种类		吸收峰位置 $\tilde{\nu}$/cm^{-1}	吸收峰强度
烯烃	RCH=CH_2	990 和 910(双峰)	s
	RCH=CHR(顺式)	690	m,w
	RCH=CHR(反式)	970	m→s
	R_2C=CH_2	890	m→s
	R_2C=CHR	840～790	m→s
取代苯	单取代(5 个邻接氢)	750 和 700(双峰)	m→s
	邻位取代(4 个邻接氢)	735～750	m→s
	间位取代(3 个邻接氢)	810～780 和 710～690	m→s
	对位取代(2 个邻接氢)	850～800	m→s

(3) 一些化合物不饱和键的伸缩振动吸收范围与其相对应的类型有关。例如

	R—C≡C—H	R—C≡C—R′		R—C≡N	Ar—C≡N
$\nu_{C\equiv C}$ /cm^{-1}	2140～2100	2260～2190	$\nu_{C\equiv N}$ /cm^{-1}	2260～2240	2240～2220

 可能有 4 个强吸收峰　　　～1600，　～1580，～1500，～1450

当苯环与其他基团有 π-π 或 p-π 共轭时，1580 cm^{-1} 才会出现。

鉴定某一化合物结构时，不仅要注意与其相对应的特征吸收峰，还应找出可能存在的相关峰，以便进一步确证。例如，$\rangle C{=}C\langle$ 应有以下几个相关峰：

ν_{C-H}/cm^{-1}　3040～3010(m)　　$\nu_{C=C}/cm^{-1}$　1680～1620(w)

δ_{C-H}(面外)$/cm^{-1}$　990～690

四、影响吸收波数(或频率)的因素

实际上，影响吸收波数(或频率)的因素很多，多数有机官能团的峰位都是通过实验进行积累、归纳和总结得到的，其波数只是在某一范围，而不是一个定值。现主要介绍结构变化对官能团的吸收波数造成的影响，这里仅以羰基化合物为例说明。

(一) 电子效应

(1) 诱导效应。具有吸电子诱导效应的基团使得羰基氧上的电子向双键偏移，从而增强了羰基的双键性，使吸收波数增大。例如

	$R-\overset{O}{\overset{\|}{C}}-R$	$R-\overset{O}{\overset{\|}{C}}-OR$	$R-\overset{O}{\overset{\|}{C}}-Cl$	$F-\overset{O}{\overset{\|}{C}}-F$
$\nu_{C=O}/cm^{-1}$	～1715	～1735	～1800	1928

(2) 共轭效应。芳醛、芳酮和 α,β-不饱和酮等的羰基振动波数均低于孤立羰基的振动波数，这是离域的 π 电子使羰基具有单键性。例如

	$CH_3\overset{O}{\overset{\|}{C}}CH_2CH_3$	$CH_3\overset{O}{\overset{\|}{C}}CH{=}CH_2$	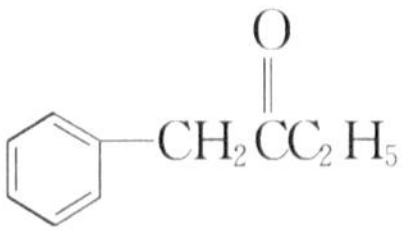	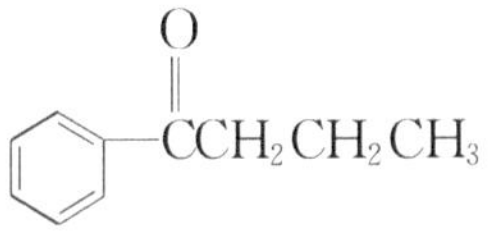
$\nu_{C=O}/cm^{-1}$	1710	1675	1715	1695

(二) 空间效应

(1) 随着环的张力增大，其官能团及其骨架的振动吸收移向高波数。例如

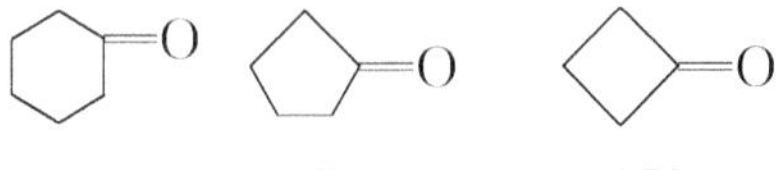

$\nu_{C=O}/cm^{-1}$　1715　　1745　　1780

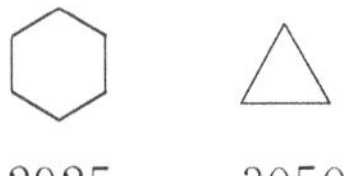

ν_{C-H}/cm^{-1}　2925　　3050

(2) 若结构中存在的共轭效应因空间阻碍而被破坏，则振动吸收移向高波数。例如

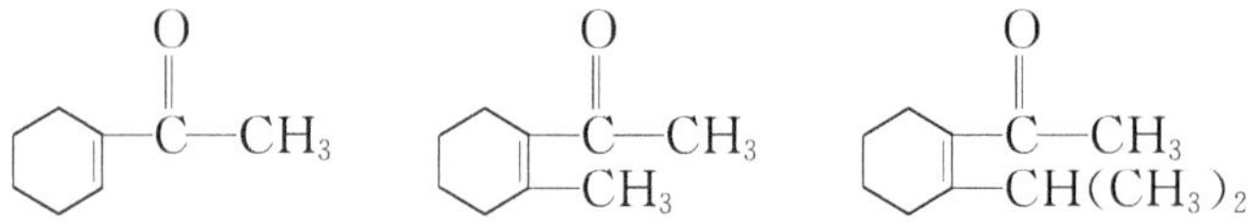

$\nu_{C=O}/cm^{-1}$　　1663　　1686　　1693

（三）氢键

无论是分子间氢键还是分子内氢键，都是因为电子云密度平均化而降低了键力常数，导致吸收波数低移。例如，游离的—OH 在 3650～3600 cm^{-1} 有吸收峰，形成氢键缔合后，伸缩频率移至 3450～3200 cm^{-1}，且峰强而宽。若形成分子内氢键，则波数降至更低，谱带变宽，但峰强不增。例如

$\nu_{C=O}/cm^{-1}$　　1717，　1738　　　3000(ν_{OH})，　1650($\nu_{C=O}$)

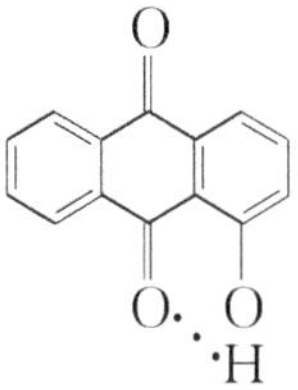

ν_{C-O}/cm^{-1}（游离）　1675

$\nu_{C=O}/cm^{-1}$（缔合）　1622

ν_{OH}/cm^{-1}（缔合）　2843

五、红外光谱解析

红外光谱比较复杂，解析有一定困难，主要靠实践经验，但大致有以下程序：

（1）纯化样品。

（2）收集理化数据，综合分析。

（3）解析谱图。通常解析红外光谱的顺序为：①从高波数到低波数识别出特征峰，判断可能存在的官能团；②寻找相关峰，以确证存在的官能团；③根据以上信息确定化合物的类别；④查对指纹区，以确证可能存在的构型异构或位置异构。

（4）与标准谱图对照，或做叠谱测定。

下面举一个简单的例子说明解析红外光谱的基本方法。

【例 17－1】 某化合物为挥发性液体，化学式为 C_8H_{14}，红外光谱如图 17－6 所示，推导其结构。

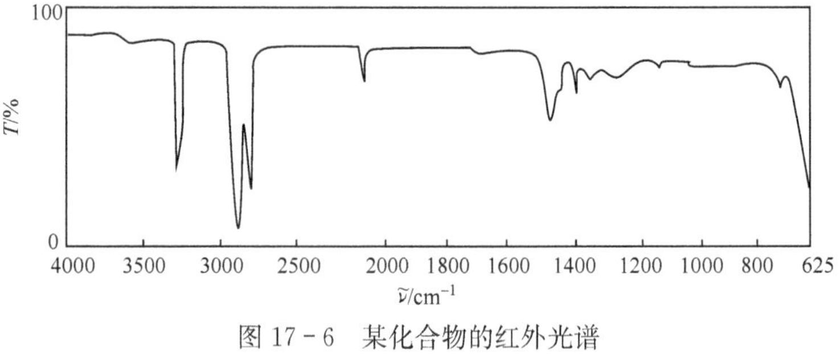

图 17－6　某化合物的红外光谱

解　(1) 计算不饱和度：

$$\Omega=1+8-14/2=2$$

(2) 各峰的归属(表 17－4)。

表 17－4　各峰的归属

$\tilde{\nu}/cm^{-1}$	归　属	结构单元	不饱和度	化学式单元
3300	$\nu_{C\equiv C-H}$	—C≡C—H	2	C_2H
2100	$\nu_{C\equiv C}$			
625	$\gamma_{C\equiv C-H}$			
2960～2850	ν_{C-H}			
1470	δ_{C-H}	$—(CH_2)_n—$		C_5H_{10}
720	ρ_{CH_2}	$(n\geqslant5)$		
1370	δ_{C-H}	$—CH_3$		$—CH_3$

(3) 分析说明：分子的不饱和度是 2，就必须寻找一个基团来满足这个条件。是否是烯烃呢？因为在 1650 cm^{-1} 没有任何强吸收峰，这就排除了分子中存在双键(烯)的可能性。然而在 3300 cm^{-1} 存在一个强而尖的吸收峰，表明分子中存在 C≡CH 键，它的不饱和度正好等于 2。所有 ν_{C-H} 的吸收峰都在低于 3000 cm^{-1} 区域，它们是饱和烃的 C—H 伸缩振动产生的。1370 cm^{-1} 的吸收峰是 $—CH_3$ 的对称弯曲振动吸收峰，而在 1470 cm^{-1} 的吸收峰是亚甲基的弯曲振动产生的。在 720 cm^{-1} 的峰表明，分子中还存在一系列亚甲基，通常在链中至少有 5 个亚甲基，才会出现这个由亚甲基面内摇摆振动引起的特征峰。到此，分子中只剩下一个碳原子没有得到解释。显然，它就是分子中唯一的一个甲基。综上所述，该化合物为辛炔，即

$$CH_3CH_2CH_2CH_2CH_2CH_2C\equiv CH$$

第三节　核磁共振谱

核磁共振谱基本上是吸收光谱的另一种形式，类似于以上介绍的紫外或红外光谱。在适当的磁场条件下，样品能够吸收射频区的电磁辐射，而且所吸收的辐射频率取决于样品的特性。分子中不同环境下的原子核都具有不同的吸收，吸收峰频率对吸收峰强度作图就构成 NMR 谱图。使用的仪器称为核磁共振波谱仪。

本节所谈的核磁共振谱是指氢核磁共振谱(^1H NMR，或 PMR，proton magnetic resonance)和碳核磁共振谱(^{13}C NMR)。通过 ^1H NMR，可以得到有关未知分子中氢原子的类型、数目及其所处的化学环境等线索；而通过 ^{13}C NMR，则可以得到相关复杂分子(多用于甾类、多糖类)中碳原子的骨架信息。

一、核磁共振谱的基本原理

碳和氢是构成有机化合物的主要元素，^1H、^{13}C 等质量数为单数的原子核可以产生核磁共振谱。由 ^1H 核产生的称为 ^1H NMR，由 ^{13}C 核产生的称为 ^{13}C NMR。

一个氢原子核就是一个带正电荷的自转单位，顺着它的自转轴会产生一个微小的自旋磁场。当把这个氢原子核放在一个强大的外加磁场内时，它将以两种方式排列：①平行式；②反平行式。

当自旋磁场与外加磁场方向一致，即为平行式时，氢核处于低能级状态，相反时则处于高能级状态。这两个能级之差为 ΔE，ΔE 极小。在光波很长的无线电波（能量很低）的范围内，图 17－7(a)就可以吸收一定的能量跃迁到高能的状态[图 17－7(b)]，这种辐射能的吸收和紫外光谱、红外光谱的吸收一样，也是量子化的。这种现象是由原子核吸收能量引起的，所以称为核磁共振。

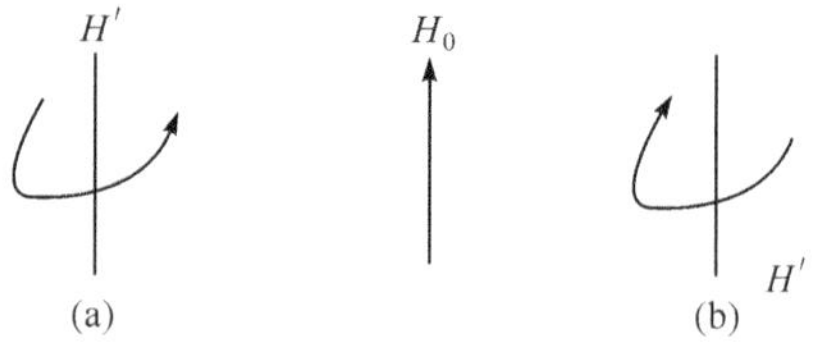

图 17－7　氢原子核在磁场中自旋方式

^{1}H 核由低能级向高能级跃迁时所需的能量 ΔE 与外加磁场强度 H_0 的大小成正比，H_0 越大，则 ΔE 也越大。如对 ^{1}H 核照射电磁波的能量（$E=h\nu$）正好等于一定 H_0 下跃迁所需的能量，即满足

$$2\mu H_0 = h\nu$$

或

$$\nu = 2\mu H_0/h$$

就可使 ^{1}H 核吸收能量而跃迁，能量的吸收可以以电的形式测得，并以峰的形式记录下来。

以上理论说明，要使氢核产生核磁共振现象，须具备两种条件：一是外磁场提供强 H_0，使其产生较大的自旋能级分裂；二是电磁场发射一定范围的电磁波，使自旋核完成能级跃迁。

获得核磁共振谱可采用两种手段：一种是固定外磁场的强度 H_0，不断改变电磁场的发射频率以达到共振条件，称为扫频法；另一种是固定电磁场的发射频率 ν，不断改变外磁场的磁场强度以实现共振，称为扫场法。因后者较简便，故目前最为常用。由于仪器的灵敏度和分辨率与磁场强度成正比，随着超导磁体技术突破性进展，核磁共振仪已由 20 世纪 50 年代的 30 MHz、60 MHz 发展到现在常用的 600 MHz，甚至 800 MHz 以及更高。

二、电子屏蔽效应

如果分子中所有的氢核跃迁时所需照射频率 ν 都一样，则在谱上只有一个信号，那么核磁共振谱将对结构鉴定毫无用处。

实际上，质子的外面被价电子包围，价电子在外加磁场的作用下又会产生一个感应磁场(也称对抗磁场)。若感应磁场与外加磁场是以反平行方向排列的，就会产生屏蔽效应；相反，如果感应磁场与外加磁场平行排列，则会产生去屏蔽效应。质子周围的电子云密度越高，屏蔽效应就越大。反之，若质子受某些因素(如与吸电子基团相连)的影响，其周围的电子云密度降低，则呈现出去屏蔽效应。总之，化学环境不同的氢核，由于受到的屏蔽效应不同，就会在不同的磁场区域给出共振吸收信号(图 17-8)。

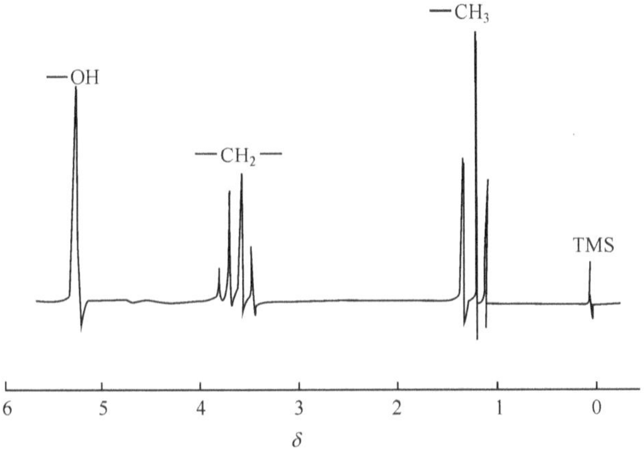

图 17-8 乙醇的[1]H NMR 谱

分子中环境(化学和磁环境)相同的氢核在谱上形成同一信号。例如，CH_4 的四个 H、CH_3—Cl 中的三个 H，它们分别只产生一组信号。反之，分子中环境不同的氢核，则在谱中就会出现不同的信号。例如，CH_3CH_2Br 就有两组吸收峰，这是因为它有两种化学环境不同的氢——$CH_3(H_a)$和 $CH_2(H_b)$，如图 17-9 所示。H_a 和 H_b 的吸收峰分别为三重峰和四重峰。因此，通过考察[1]H NMR 谱图，可以获得有关化合物中存在的质子类型的信息。

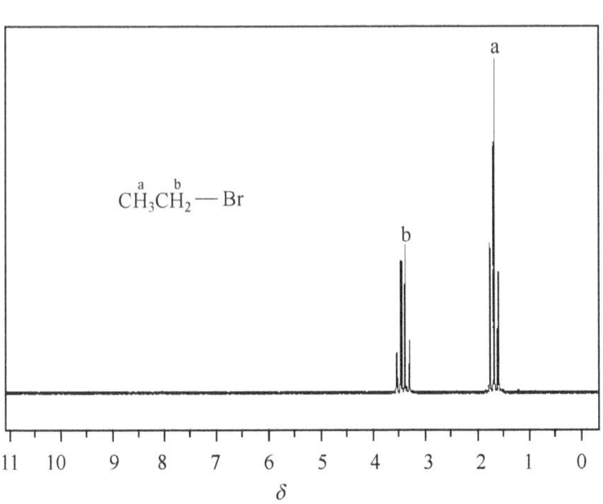

图 17-9 溴乙烷的[1]H NMR 谱

三、^{1}H NMR的主要参数

（一）化学位移——信号的位置

化学位移是指质子核磁信号出现的位置，是质子因所受的屏蔽效应不同而引起的信号位置的移动，它反映了质子处于不同的化学环境。但由于不同化学环境的质子受到的屏蔽效应的差别仅为百万分之几，很难测定出化学位移的绝对值，因此按IUPAC建议，把具有12个等性质子且其受到的屏蔽效应最大的四甲基硅烷[$(CH_3)_4Si$，tetramethyl silane，TMS]作为参照物，令TMS的信号位置为原点"零"，将其他氢核信号的位置相对于原点的距离定义为化学位移δ，δ值是无因次的量。

在^{1}H NMR中，横坐标用δ表示，按照左正右负的规定，$\delta_{TMS}=0$的值在谱图的右端，δ值减小的方向即表示磁场强度增大的方向。屏蔽效应使质子的信号出现在低场（图的左边，δ值大），去屏蔽效应使质子的信号出现在高场（图的右边，δ值小）。对有机化合物而言，大多数质子的δ为正值，一般为0～10。

仔细考察表17-5中各类质子的δ值，不难看出决定化学位移的屏蔽效应与电子云密度直接相关，而电子云密度的高低又与相邻原子或基团的类型联系在一起，因此熟记各类氢的化学位移对推测化合物结构至关重要。

表17-5 常见类型质子的化学位移（δ值）

Y	CH_3—Y	RCH_2—Y	R_2CH—Y	Y	CH_3—Y	RCH_2—Y	R_2CH—Y
R	0.9	1.3	1.5	$CR=CR_2$	1.7	1.8	2.6
Cl	3.1	3.5	4.1	C_6H_5	2.3	2.7	2.9
Br	2.7	3.4	4.1	CHO	2.2	2.2	2.4
I	2.2	3.2	4.2	COR	2.1	2.3	2.5
OH	3.4	3.5	3.9	COAr	2.6	2.7	3.5
OR	3.3	3.4	3.6	COOH	2.0	2.3	2.5
				COOR	2.0	2.2	
O—COR	3.8	4.0	5.0	$CONH_2$	2.0		
O—COAr	4.3	4.3	5.2	C≡CR	1.8	2.1	
NR_2	2.5	2.6	2.9	C≡CN	2.0	2.3	
R—C≡CH	2～3	$R_2C=CH_2$	4.5～6.0	$R_2C=CHR$	5.2～5.7		
Ar—H	6～9	R—CH=O	9～10	R—CO_2H	10～13		
R—OH	1～6	ArOH	4～8	RNH_2，R_2NH	1～5		

（二）质子的数目——信号的强度

观察对叔丁基甲苯的^{1}H NMR谱（图17-10），容易发现三组信号a、b和c分别属于烃基质子和芳型质子。不仅它们的信号位置不一样，而且它们的信号强度（吸收峰占有的面积)也不一样。

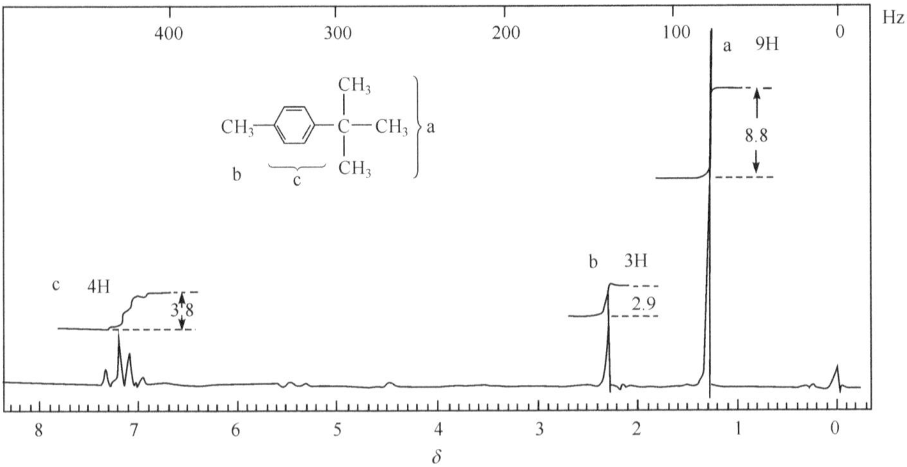

图 17-10　对叔丁基甲苯的^{1}H NMR 谱

三组信号面积之比约等于三种质子的数目之比。所以，通过计算各吸收峰占有面积的比值，再根据分子式中所含有的质子总数，即可得出各吸收峰所代表的质子数。在实际测试中，核磁共振自动积分仪将谱图中各峰的面积相对值给出，各个峰面积之比就是相应的质子数目之比。

从图 17-10 可以看出，三组峰的面积之比为a：b：c＝8.8：2.9：3.8，由分子式 $C_{11}H_{16}$可计算出各峰所代表的氢的数目：

$$\frac{16}{8.8+2.9+3.8}=1.03$$

a：1.03×8.8＝9.1(9 个 H)

b：1.03×2.9＝3.0(3 个 H)

c：1.03×3.8＝3.9(4 个 H)

（三）自旋偶合——信号的裂分

由化学位移δ值可推测分子中所具有的质子类型，而由谱图峰的形状可得知邻近不等性质子的数目及相对位置，这是利用^{1}H NMR 谱解析分子结构的基本出发点。

观察高分辨^{1}H NMR 谱就会发现，等性质子往往出现的不是单峰(singlet，s)，而是二重峰(doublet，d)、三重峰(triplet，t)、四重峰(quaterlet，q)，甚至更为复杂的多重峰(multiplet，m)等。这种信号裂分的现象是由邻近不等性质子相互干扰造成的。例如，3,3-二甲基-1,1,2-三溴丁烷的^{1}H NMR 谱(图 17-11)中有三组吸收峰，这是由于该化合物有三种不同化学环境的氢核。C_1—H_a、C_2—H_b、C_3—甲基中的氢核，在三组吸收峰中，只有甲基的氢核为单峰，H_a 与 H_b 都是双重峰。这是由于 H_a 和 H_b 受邻近氢核自旋的干扰，引起共振吸收峰被分裂。这种干扰就是自旋偶合(spin coupling)。

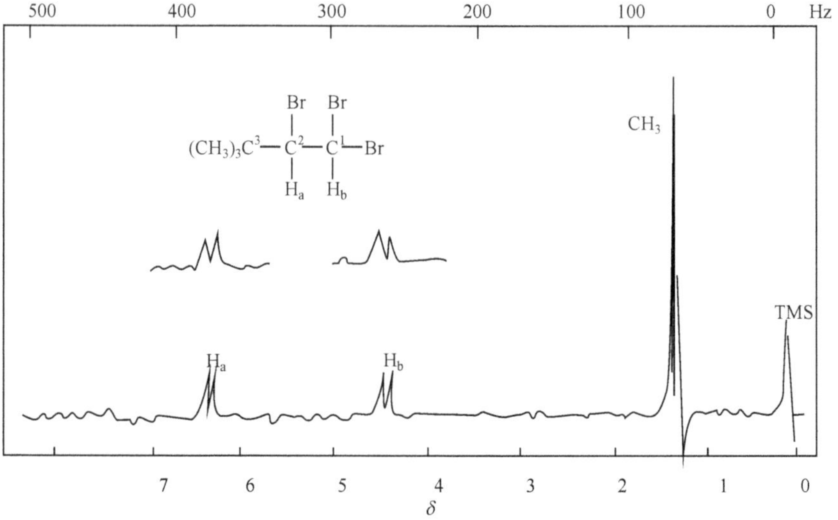

图 17－11　3,3-二甲基-1,1,2-三溴丁烷的^{1}H NMR谱

四、核磁共振谱图解析与应用

和红外谱图分析一样，同样需要对样品进行纯化、收集理化性质等步骤，解析^{1}H NMR谱图的一般顺序如下：

(1) 首先根据样品的分子式，确定所含有的氢核数。

(2) 凭借积分线高度和氢核总数，得出各组信号所代表的氢核数。

(3) 从信号的 δ 值，识别其可能归属的氢的类型。根据加 D_2O 后信号会消失来确定其中的活性氢。应考虑氢键对质子位移的影响，一般向低场移动。

(4) 根据峰的裂分度等信息，进而确定邻接碳原子上的氢核数和相互关联的结构片段。

(5) 对于简单化合物，综合上述因素就可进行结构判断。

(6) 对于已知物，可将样品谱图与标准谱图核对后加以确证。

下面举一个例子说明解析核磁共振谱图的基本方法。

【例 17－2】 某一化学式为 $C_5H_{10}O_2$ 的化合物，在 CCl_4 溶液中的^{1}H NMR 谱如图 17－12 所示，试推测其结构。

解　从图 17－12 中可知，该化合物有四种不同类型的氢核，其比例为 6.2∶4.2∶4.2∶6.2，从分子式中得知有 10 个氢原子，因此也就表示每个峰分别表示 3、2、2、3 个氢核。从 δ=3.6 的三个氢核单峰分析，它可能是一个独立的甲基峰，再查化学位移数据，可推测其为 O═C—O—CH_3 的结构。δ=0.9 的三峰为毗邻亚甲基的甲基信号，当与羰基(O═C)相邻时，亚甲基的 δ=2.2 左右正好对应两个氢。δ=1.5～2.1 的多峰，且氢数为两个，应该是两边连接具有不同环境氢基团的亚甲基。综合上述分析，故其结构应为 $CH_3CH_2CH_2C(=O)—OCH_3$ 。如有可能，可以与丁酸甲酯的标准谱图对比，确认该化合物的结构(这步在核磁共振谱图分析中通常仅在复杂的已知化合物中使用)。

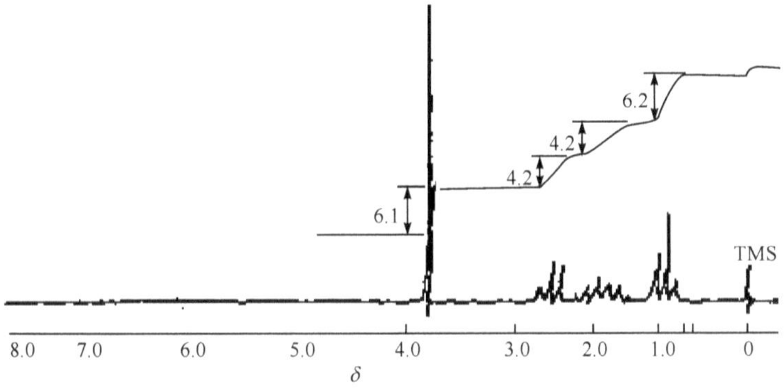

图 17－12　化合物 $C_5H_{10}O_2$ 在 CCl_4 溶液中的 ^1H NMR 谱

五、碳核磁共振谱简介

如同利用氢自旋核可获得 ^1H NMR 谱一样，利用碳自旋核则可获得 ^{13}C NMR 谱，简称碳谱(carbon spectrum)。不过，天然的 ^{13}C 丰度特别低(约为 ^{12}C 的 1.1%)，灵敏度比 ^1H 差(碳谱相对灵敏度约为氢谱的 1/6000)，曾一度制约了 ^{13}C NMR 的发展与应用。直到 20 世纪 70 年代，脉冲傅里叶变换(pulse Fourier transform，PFT)技术应用于碳谱，才使得 ^{13}C NMR 作为有效的分析测试工具而迅速发展起来。实际上，^{13}C 丰度特别低反倒成为一种优势，即由于 ^{13}C—^{13}C 之间偶合的概率非常小，因而可不予以考虑，使 ^{13}C NMR 谱变得相对简单。

^{13}C NMR 测定的基本原理与 ^1H NMR 相同：在外磁场中受到电磁波照射的 ^{13}C 核会从低能级跃迁到高能级；同样由于周围环境的影响，不同的碳核因受到的屏蔽效应或去屏蔽效应不同而给出不同的化学位移 δ 值；谱图仍使用 TMS 作为位移零点参照物。与 ^1H NMR 不同的是，将包括 ^{13}C 整个频带范围的射频以脉冲的方式作用于样品，使样品中所有的 ^{13}C 核同时发生共振，然后通过由脉冲获得的共振信号与连续波照射获得的信号互换(傅里叶变换)，再经计算机对信号进行累加后转变成常见的 ^{13}C NMR 谱。图 17－13 是 4-甲基-2-戊酮的 ^{13}C NMR 谱：δ=219 是羰基碳信号，其去屏蔽效应最强，

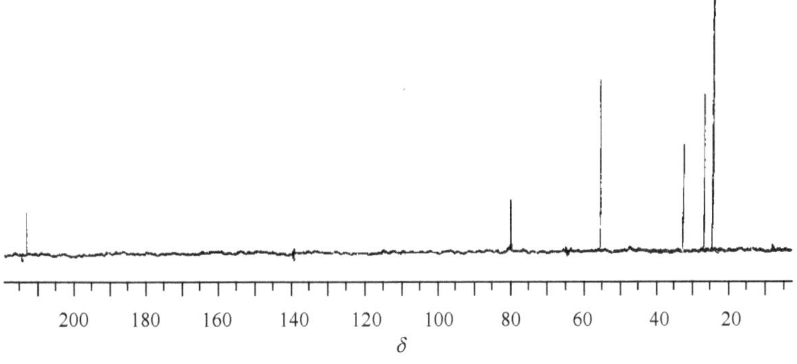

图 17－13　4-甲基-2-戊酮的 ^{13}C NMR 谱

在最低场；$\delta=23$ 是远离羰基的甲基碳，其受到的屏蔽效应最强，在最高场；$\delta=30$ 是邻接羰基的甲基碳，在较高场；亚甲基碳在 $\delta=53$，次甲基碳在 $\delta=25$。

从图 17－13 可看出，^{13}C NMR 谱具有以下特点：① δ 值范围(0～230)远大于 ^{1}H NMR(0～20)，大多数有机化合物中几乎所有不等性碳核都有对应的 δ 值(表 17－6)，从而使解析谱图变得更容易；②可直接提供有机物“骨架”信息；③无积分曲线，峰的高度与碳数无直接关系，不能提供各类碳的相对比例。

表 17－6　^{13}C NMR 谱中常见碳的化学位移值

碳的类型	δ_C	碳的类型	δ_C	碳的类型	δ_C
RCH_3(伯碳)	0～35	RCH_2NH_2	60～35	RCONHR	160～180
R_2CH_2(仲碳)	15～45	RCH_2OH	40～70	RCOOR	155～175
R_3CH(叔碳)	25～60	RCHO	175～205	$(RCO)_2O$	150～175
R_4C(季碳)	35～70	R_2CO	175～225	RCN	110～130
C═C(烯烃)	110～150	RCOOH	160～185	$(R_2N)_2CO$	150～170
C≡C(炔烃)	70～100		110～175	RCOCl	165～182

从以上简介可知，碳谱可以给出有机分子的“骨架”，氢谱可以提供有机分子的“外围”信息(质子的数目、类型、位置等)，二者相互补充，成为现代研究有机化合物结构最有用的分析方法。特别是二维核磁技术等的出现，使波谱法已成功地应用于合成反应机理研究、生物大分子的结构分析、临床诊断等诸多方面。

习　题

1. 红外光谱图一般分为哪几个区域？若某化合物在 1850～1600 cm^{-1} 有一强吸收峰，可初步推断它含有什么官能团？
2. 指出下列化合物在 ^{1}H NMR 谱中产生各将产生几组信号，每组信号包括几个 H。
   (1) CH_3CH_2OH　　(2) $CH_3CH_2CH_2CH_3$　　(3) CH_3CH_2Cl
3. 在一种蒿科植物中分离出分子式为 $C_{12}H_{10}$ 的化合物“茵陈烯”，UV 在 $\lambda_{max}=239$ nm 处有吸收峰；红外光谱在 2210 cm^{-1} 及 2160 cm^{-1} 处出现强吸收峰；^{1}H NMR 给出：$\delta=1.8$(s，3H)，$\delta=2.4$(s，2H)，$\delta=6.8$～7.5(m，5H)。试推测“茵陈烯”的可能结构。

参考文献

邓芹英,刘岚,邓慧敏. 2003. 波谱分析教程. 北京:科学出版社

高鸿宾. 2005. 有机化学. 4版. 北京:高等教育出版社

胡宏纹. 1990. 有机化学. 2版. 北京:高等教育出版社

李少华,胡满根. 2008. 有机化学. 3版. 南昌:江西高校出版社

吕以仙. 2001. 有机化学. 5版. 北京:人民卫生出版社

倪沛洲. 2007. 有机化学. 6版. 北京:人民卫生出版社

汪小兰. 2005. 有机化学. 4版. 北京:高等教育出版社

王芹珠,杨增家. 1997. 有机化学. 北京:清华大学出版社

邢其毅,裴伟伟,徐瑞秋等. 2005. 基础有机化学. 3版. 北京:高等教育出版社

徐春祥. 2004. 有机化学. 北京:高等教育出版社

薛红艳,尹彦冰,安红. 2006. 有机化学简明教程. 2版. 北京:化学工业出版社

Solomons T W G, Fryhle C B. 2004. Organic Chemistry. 8th ed. New York: John Wiley & Sons Ltd.